JN436483

보농서 역주

補農書譯註

보농서 역주 補農書譯註

A Translated Annotation of the
Agricultural Manual "Bonongseo"

張 履 祥 輯補
최 덕 경 역주

세창출판사

저자_ 청대(淸代) **장리상**(張履祥) 집보(輯補)
명대(明代) 심씨가 저술한 『심씨농서(沈氏農書)』를 장리상(張履祥)이 초록하고 보충하여 『보농서(補農書)』를 만들었다. 진항력(陳恒力)은 1963년에 이를 교석하여 『보농서교석(補農書校釋)』으로 출판했다. 1983년 왕달(王達)이 이 교석에 '교기(校記)'와 '교석자 고찰[校者按]'을 보완하여 최종 완성하였다.

역주자_ **최덕경**(崔德卿): dkhistory@hanmail.net
문학박사. 주된 연구방향은 중국고대농업사, 생태환경사 및 농민생활사.
현재 부산대학교 사학과 교수. 중국사회과학원 역사연구소 객원교수 및 북경대학교 사학과 초빙교수를 역임하였다. 2001년 한국 대표로 동아시아 농업사학회를 창립하였으며, 효원사학회 회장을 역임하였다.
저서로는 『중국고대농업사연구』(1994), 『중국고대 산림보호와 생태환경사 연구』(2009)가 있으며, 역서로는 『중국고대사회성격논의』(공역: 1991), 『중국사(진한사)』(공역: 2004)가 있고, 역주서로는 『농상집요 역주』(2012)가 있다. 그 외 중국농업사, 생태환경사 및 생활문화사 관련 논문이 80여 편 있다.

보농서 역주 補農書譯註

1판 1쇄 인쇄 2013년 5월 10일
1판 1쇄 발행 2013년 5월 20일

집보(輯補) | 清代 張履祥
역주자 | 최덕경
발행인 | 이방원
발행처 | 세창출판사
신고번호 | 제300-1990-63호
주소 | 서울 서대문구 경기대로 88 (냉천빌딩 4층)
전화 | (02) 723-8660 팩스 | (02) 720-4579
http://www.sechangpub.co.kr
e-mail: sc1992@empal.com

ISBN 978-89-8411-410-4 93520

이 번역도서는 2011년 정부(교육과학기술부)의 재원으로 한국연구재단의 지원을 받아 수행된 연구임(NRF-2011-421-A00001).

잘못된 책은 구입하신 서점에서 바꾸어 드립니다.
책값은 뒤표지에 있습니다.

이 도서의 국립중앙도서관 출판시도서목록(CIP)은 서지정보유통지원시스템 홈페이지(http://seoji.nl.go.kr)와 국가자료공동목록시스템(http://www.nl.go.kr/kolisnet)에서 이용하실 수 있습니다.(CIP제어번호: CIP2013005665)

역주자 서문

『보농서 역주補農書譯註』는 명말청초 중국의 가장 선진지역이었던 강남江南 지역의 농업, 농민 및 농촌의 모습을 이해할 수 있는 농서이다. 근대로 전향하는 길목에서 당시 가장 발달된 장강 하류지역의 역동적인 농촌사회의 실태를 이 책 한 권을 통해 구체적으로 들여다볼 수 있다. 이 지역의 경제력을 토대로 중국의 마지막 왕조가 다시 일어설 수 있었다는 점에서, 이 책은 청나라의 성장동력과 오늘날 중국경제 심장부의 토대를 동시에 살필 수 있는 책이라고 볼 수 있다. 특히 『보농서』는 기존의 농업서와는 달리 강남지역의 논농사, 양잠 및 가축사육은 물론 각종 부업 경영실태와 농촌사회의 변화 등을 사실적으로 묘사하고 있어 명말청초 격변의 시대를 이끈 농촌, 농업, 농민의 모습을 구체적으로 살필 수 있다.

『보농서補農書』는 명대明代 심씨가 저술한 『심씨농서沈氏農書』를 명말明末부터 장리상張履祥이 초록하고 보충하면서 탄생(1658년)되었다. 진항력陳恒力이 1963년에 이를 교석하여 출판한 것이 『보농서교석補農書校釋』이며, 1983년 왕달王達이 이 교석에 '교기校記'와 '교석자 고찰[校者按]'을 보완하여 북경의 농업출판사에서 출판하였다. 본서는 이것을 저본으로 삼아 역주하였다.

『심씨농서』, 즉 『보농서補農書』 상권上卷은 현재의 절강성 오흥현吳興縣 동부지역에 위치하고 있는 연천漣川의 심씨沈氏가 저술한 것으로 알려져 있다. 심씨의 본명을 거론하지 않은 것은 그가 반청反淸인물이었을 가능성이 있기 때문으로 추측하기도 한다. 심씨沈氏는 호주湖州 출신으로 알려져 있을 뿐 그가 누구인지는 명확하지 않다. 다만 그의 신분이 단순히 농민이었기보다는 지주 혹은 수공업 경영자였을 것으로 추정하고 있다. 그는 직접 농업생산에 적극적으로 참여하고, 농업연구에도 심혈을 기울였으며, 해당 시기 수리시설의 축조에도 적극 참여하는 등의 경험을 바탕으로 체계적인 농서를 저술하였기 때문에 농업실태에 대한 신뢰를 더해주고 있다.

『보농서補農書』 하권下卷의 저자라고도 볼 수 있는 장리상張履祥: 1611-1674은 호가 고부考夫이며, 절강성 동향桐鄕 출신으로, 몰락한 지주 집안에서 태어났다. 어려서부터 팔고문八股文을 익히며 과거시험에 응시했으나, 여러 차례 낙방하여 고향으로 돌아와 교편을 잡았다. 청조의 통치초기에 절강 및 강소 지주계급 중에는 반청적 성향을 지닌 부류가 있었는데, 장리상 역시 이러한 유형에 속하였다. 순치順治 4년부터 장씨는 후학 양성에 힘쓰는 한편 농사에 관심을 가지고, 『보농서補農書』의 편찬과 양잠생산기술의 연구에 종사하였다. 또 그는 잠상업이나 농업생산에도 직접 종사하였으며, 다른 지역의 농업과 농촌실태에 대해서도 관심을 가져, 강남의 농업경제와 농업기술에 대한 해박한 지식을 지니고 있었다.

본서는 명청시대 선진지역인 강남지역의 농민, 농업 및 농촌의 내용을 담고 있다. 상권에서는 「월별 농사일[逐月事宜]」편을 통해 월별 시간의 순서에 따라 강남지역 농업의 실태, 즉 월별 재배작물과 날씨에 따른 작업내용, 각종 기타 농사와 준비 작업을 비롯하여, 경작방식과 시비방식 등을 자세하게 안내하고 있다. 그리고 「토지이용방법[運田地法]」편에서는 벼농사, 잠상업과 뽕밭관리, 가축사육과 거름 만들기와 거름종류 및 고용노동자의 작업 등 강남지역의 농업경영방식을 구체적으로 묘사하고 있다. 특히 본서는 여러 대가들이 오랜 시간에 걸쳐 교석하는 과정에서 직접 현장을 답사하면서 부족한 부분을 보충하고, 바로잡았다는 점에서 감히 명품이라고 말할 수 있다. 이런 점에서 이 『보농서 역주補農書譯註』는 단순한 농업서라기보다는 명청시대 강남지역 사람들이 무엇을 하며, 어떻게 살았는가를 자세하게 안내한 책이라고 볼 수 있다.

그리고 하권에서는 「보농서후補農書後」와 「총론」편이 있는데, 「보농서후」편에서는 잠상방법과 벼 조기 파종법, 삼과 각종 채소재배법, 나무

심기, 물고기 양식 등의 농업경영과 가계수입 등이 기록되어 있으며, 「총론」편에서는 생산도구, 농가관리, 지주전호관계 및 농업경영 강령 등을 기록하고 있다. 마지막으로 「부록」에는 농사, 수리, 재황과 생계 등을 기록하여 자연환경에 따른 인간의 노력과 투쟁을 묘사하고 있다.

상권과 하권에서 가장 주요하게 언급한 것은 벼농사와 양잠인데, 상권에서는 벼농사를 주로 하고 양잠을 겸한 것으로 기록하고 있는 데 반해, 하권에서는 양잠을 중심으로 다루면서 벼농사 재배를 겸하는 것으로 서술하고 있어 시대의 흐름에 따라 강남지역의 농업경영의 변화를 잘 반영해주고 있기도 하다. 이 책에서 주목되는 또 다른 점은 다른 역사서에서 볼 수 없는 명말청초 고용노동자의 실태와 태도변화, 강남특유의 전통비료의 수집과 금비金肥의 출현, 각종 수익성 농업 등이 묘사되어 있다는 점인데, 이는 봉건왕조의 해체기에 농민과 농촌경제의 변화와 함께 당시 사회경제변화의 동인動因이 무엇이었는지를 잘 보여주고 있다.

『보농서』를 번역하게 된 것은 이 책이 지닌 경제적, 기술적으로 가치 있는 내용을 오늘날 유기농업생산에 응용하여 지속가능한 농업을 창출할 수 있도록 정보를 제공하기 위해서이다. 이 책의 가치는 이미 초판의 서문에서 진항력도 지적했듯이, 첫째는 농업경제상황을 정확하게 파악하여 가계의 인력과 물자를 운용하고 있다는 점이다. 둘째는 자연과 인간노동의 상호작용이 농업이라는 가르침이다. 셋째는 전통적인 농업의 경험과 지식은 오늘날 농업과학 기술이론의 근거가 된다는 점이다. 이러한 생태농업의 지혜는 품질이 좋은 것을 생산하기보다는 많은 것을 생산하는 데 가치를 두고 있는 오늘날 농업의 모습을 되돌아보게 하고, "생명을 위한 농산품"을 생산하는 데 보탬이 될 것으로 생각된다.

사실 오늘날은 산업구조가 바뀌고 변화의 속도도 빨라 대학생들마저 농민과 농촌의 실태를 전혀 이해하지 못하고, 전통 농업에 대해서는 기초적인 이해조차 부족하다. 주지하듯 농업은 전근대사회의 기간산업으로서 정치, 경제, 문화, 예술의 경제적 토대였다. 농업과 농민에 대한 이해 없이 어떻게 역사와 전통사회를 이해할 수 있겠는가? 본서에서 보여주고 있는 전통시대 농민, 농업, 농촌의 모습은 이러한 질문에 대한 답을 찾을 수 있을 것으로 믿는다.

이 책의 또 다른 특징은 자세한 '주석'과 '교석자 고찰[校者按]'에 있다. 특히 '교석자 고찰'은 『보농서』 중에서도 독특한 생산기술, 농업경영 관리에 관한 경험과 문제점 등을 집중적으로 서술한 것인데, 그것은 단순히 보충하거나 안내하는 수준을 넘어 관련 부문을 치밀하게 논증하여 수월하게 강남지역 농촌과 농업경제의 모습을 잘 안내하는 길잡이가 되고 있다.

이 같은 적극적인 농업활동과 생산력에 힘입어, 당시 불규칙한 날씨로 인해 발생한 각종 자연재해 때문에 전국이 큰 어려움에 처했지만, 강남지역의 경제는 무너지지 않았으며, 이 경제력을 토대로 명청의 정권교체 이후에도 청은 세계 최강의 국가로 도약할 수 있었던 것이다. 강남지역의 새로운 성장 동력이 바로 오늘날의 중국을 있게 한 힘의 원천이었다는 의미이다.

본서를 번역하면서 역주자 역시 새롭고 신선한 내용에 매료되었다. 특히 본서가 우리 시대와 그다지 멀지 않으면서 오늘날 중국경제의 근간이 되는 지역의 전근대 농민들의 삶의 실태를 들여다볼 수 있다는 점에서 매우 유익하다. 아마 중국에서 출판된 어떠한 농서보다 당시 선진지역이었던 강남의 중국인의 생생한 삶의 모습을 느낄 수 있다는 점이 본서의 특징이다. 또한 이 책은 한국을 비롯한 동아시아 각국에도 많은 영향을 주었기 때문에 이 책 속에서 분명 우리의 잃어버렸던 모습도 찾을 수 있을 것으로 생각된다.

본서의 책제목은 원래 신청한 대로 『보농서교석 역주』라고 하는 것이 합당하겠지만, 다소 번거로워 『보농서 역주』로 간단 처리하여 출판하게 된 것이다.

본 역주작업은 몇 단계를 거쳐 완성하였다.

먼저 역자는 번역을 하면서 가능한 원문에 충실하여 직역을 하였고, 필요시에는 독자의 이해를 돕기 위해 의역을 덧붙이기도 하였다. 그 번역을 토대로 '생태농서연구회'에서 매주 발표하고, 토론을 거쳐 수정하였다. 여전히 의심스러운 부분은 전문 기관에 문의하는 방식으로 진행하였다. 그리고 번역 후에는 원문과 일일이 대조하여 번역문과 조화를 이루도록 표점을 다시 조정하였으며, 마지막에는 해당 시대 전공자인 부산대학교 민경준 선생에게 열독을 부탁하여 번역의 실수를 최소화하려고 노력하였다.

문장을 교정하는 과정에서 익숙하지 못한 당시의 일상용어나 낯선 작물의 이름 등은 독자의 이해를 돕기 위해 [역자주]를 달아 설명한 것은 물론, 각종 사진 및 도상자료를 첨가하고, 필요시에는 지도와 그림을 그려 넣어 보완하기도 하였다. 이러한 작업 또한 '생태농서연구회'의 도움을 받았다. 특히 부산대학교 사학과 석사과정생인 남재선 군과 박춘우 군의 노력을 잊을 수 없다. 딱딱한 번역문장이 이나마 가능했던 것은 두 사람의 노력이라고 생각된다. 물론 본서가 번역을 통해 명말청초 강남지역의 특수성을 충분히 담아냈는지는 의문이다. 부족한 부분은 차후 질정을 겸허하게 수용하면서 바로잡아 갈 것이다.

끝으로 명저번역과제로 지원을 아끼지 않았던 한국연구재단 담당자분께 감사드리며, 연구회에 참석했던 많은 회원분들과 능숙한 편집 솜씨로 미리 앞서 알아서 일을 처리해주셨던 세창출판사의 김명희 실장님께도 진심으로 고마움을 전한다.

2013년 4월 22일

연무대로 떠나는 아들을 기념하며

역주자 **최 덕 경**

『보농서연구』 초판 서문[『補農書硏究』 初版序]

(초록)

1.

1956년 6월 농업과학 좌담회에서 농업사 서적을 정리하고 출판하는 일을 토의하였는데, 여러분들께서 『보농서』(『심씨농서』라고도 부른다)가 정리 및 출판의 가치가 있다고 보아 내가 책임지고 이 책을 정리할 것을 확정하였다. 그래서 왕달王達 선생과 함께 절강浙江, 가흥嘉興과 동향桐鄉 일대(이 책이 탄생된 장소)로 가 농촌 조사를 하였고, 가흥시 도서관에서 관련 지방 문헌을 열람하였다. 그러한 후 이 책에서 논의하고 있는 각종 문제(경제적, 기술적)를 다시 연구하고, 또한 현재 이 지역 농촌에 있는 현실적 문제를 연구하여 두 가지를 대조하고 나서야 어떻게 이 책을 정리할 것인가 하는 방법을 찾을 수 있었다.

이 이전인 1956년 4월 나는 중공중앙농촌공작부中共中央農村工作部의 왕관란王觀瀾 선생을 따라 가흥으로 가 농촌의 사례연구조사를 한 적이 있고, 왕달 선생도 일찍이 9월에서 12월까지 가홍 농촌에 머무른 적이 있었다. 따라서 우리는 가홍 일대의 농업생산 상황에 대해 이미 일반적인 이해를 하고 있었다.

2.

『보농서』 자체가 본래 가지고 있는 특징에 근거하면, 경제적·기술적 일반 상황에 대한 서술 외에, 정리와 비평을 통해 아래의 두 문제를 집중적으로 설명하고 해결해야 한다.

1) 명말청초 농업 생산방식의 성격은 무엇인가?

가홍에 가기 전에 우리는 명청시대와 관련된 역사 서적을 읽은 적이 있다. 어떤 것은 '자본주의 경영방식의 농촌 침투'를 설명하면서 『보농서』에서 심씨가 한 자본주의 경영을 예로 들고 있었다. 우리는 『보농서』에서 열거한 경영방식을 깊이 있게 연구하고, 명말청초(이후에 이르기까지)의 관련 역사 문헌을 참고하였으며, 아울러 항일전쟁 전후의 이 지역 지주의 경영방식을 대조하였다. 이를 통해 명말(항일전쟁 전후에 이르기까지) 이 지역 농촌에는 이른바 '자본주의 경영'이 존재하지 않았다는 것을 증명하였다. 명말은 봉건사회 후기에 속하기 때문에, 심씨의 경영 또한 여전히 지주 방식이지 자본주의 방식은 아니었다.

2) 지금의 현실적 필요성에 입각해 역사적으로 이 지역에서 어떤 농업유산을 계승할 것인가, 또한 장기적 농업발전 과정에서 역사가 현재에 어떤 문제를 남기고 있는가?

지금의 농업 성과는 어떤 방면에서는 역사를 초월하였다. 현재 분산된 소농 경영은 농업 집단화로 전환되어 공공의 특성을 지닌 근대 생산과정을 형성하고 있다. 집단노동과 생산수단의 집중은 과거의 지주경영과 비교할 수 없는 우월성을 가진다. 사회주의 생산수단의 공유제는 과거의 각종 사유제와 비교하면 본질적 차이를 가지고 있다. 이것이 곧 농업근대화(및 현대화)의 물질적 토대이다. 명말에서 항일전쟁 전후까지 소수의 지주경영은 300년의 역사를 가지고 있었지만, 생산력 수준은 간단한 재생산의 범위에서 벗어나지 못하였고, 농업경제와 농업기술 또한 늘 근대화의 근처에는 이르지 못했다. 근대적 생산과정의 공공성의 관점에서 보면, 해방에서 현재까지 불과 8~9년의 시간동안 이룬 농업의 위대한 성과는 역사발전의 300년을 이미 뛰어넘은 것이다.

지금의 농업성과가 비록 이전 역사를 앞선 것이지만, 농업역사에는 가치 있는 많은 기록들이 있다. 『보농서』가 바로 그 중 하나이다. 우리가 이 책을 정리하고자 하는 것은 이 책에서 가치가 있는 것(경제적, 기술적)을 가려내어 지금의 농업생산에서 응용하고 참고할 수 있도록 제공하기 위해서이다.

농업 현실과 농업 역사는 관련이 있다. 우리는 현실에 발을 딛고 미래를 주시해야 하지만, 그렇다고 역사를 단절시켜서는 안 된다. 중국의 특수한 상황하에서 과거에 농업생산력 방면에 추동 작용을 한 왕조는 종종 당시의 현실적 수요에 근거하여 기존의 역사적 농업유산을 종합적으로 평가한다. 예를 들어, 후위後魏의 『제민요술齊民要術』은 당시에는 중요한 전문 농서이다. 구체적으로 절서浙西 지역을 보면, 전문적 농업 저작인 『보농서』(또한 강희康熙 시대의 작품인 성백이盛百二의 『보농서』가 있는데, 지금은 찾을 수가 없다)가 있고, 각 지방지地方志(부지府志, 현지縣志, 진지鎭志)에도 각각 '농상農桑'을 특별하게 다루고 있다. 이를 모두 정리하면 지금의 농업생산에 매우 유익할 수 있다. 그렇다면 『보농서』는 오늘날 어떤 부분이 참고할 만한 가치가 있을까? 이는 다음과 같다.

첫째, 농업경제 방면이다. 심씨는 세밀하게 계산해 주위의 경제상황을 파악하였고, 모든 일을 '명확하게 파악'하여, 효과적으로 인력과 물자 등을 운용하였다.

둘째, 농업의 특징은 대자연이 노동 환경이 된다는 것이다. 그러나 구식 소농업과 근대 대농업에서 필요한 노동 환경은 각각 다르다. 『보농서』에 나타난 것은 한 가구[一家一戶]를 생산단위로 해 대자연을 변화시키는 것이다(『보농서연구』 부록 4 참조). 따라서 모든 대자연은 장기적이고 인공적인 개조를 통해 토지가 만들어지고 경지가 분산되고 평탄하지 못한 상황을 형성하였다. 지금은 많은 사람들의 집단노동을 생산단위로 하기 때문에, 생산수단인 토지는 집중되고 평탄해야 한다. 이는 한 방면에서는 현재 가진 인력과 물자의 작용을 발휘해 농업생산을 높일 수 있고, 동시에 농업의 전기화와 기계화를 위해 필요한 조건을 준비해야 하며 그 지역의 수리문제도 농업생산에서 더욱 중요한 의의를 가진다.

셋째, 농업기술 방면에서 지금의 농업과학 기술이론의 근거가 된다. 물론 현재는 과거보다 더 진보되었다. 그러나 중국의 자연자원(더욱이 절서지역의 자연자원) 조건 아래에서 농업생산을 진행하기 위해서는 반드시 농업의 특수한 역사적 전통 경험을 연구해야 한다. 만약 일률적으로 이런 특수한 역사 전통의 경험과 지식을 버리고 완전히 새로운 방법을 시행하고자 한다면, 이는 분명 실패할 것이다. 역사 속에는 귀중한 기술 방법들이 있다. 비료 축적과 설비 방면에서 『보농서』는 퇴비의 저장고 속에 인분과 가축분뇨를 저장하여 비료의 효과를 보전할 것을 요구하였으며, 『진부농서』에서는 헛간[糞屋]과 거름구덩이[糞池]를 설치할 것을 요구하였다. 그 외 깊이 갈아엎어 햇볕을 쬐고 뽕나무를 옮겨 심는 것과 같은 부분은 『보농서』 속에 자못 정밀하게 기재할 것을 요구한다. 만약 처음에 먼저 '깊게 갈고 세밀하게 가꾸는 것[深耕細作]'을 보편화할 것을 요구하고, 그 다음 다시 깊이 갈고 세밀하게 가꾸는 바탕하에서 점차 현대 과학기술을 응용한다면, 농업생산량의 향상에 많은 도움이 될 것이다. 따라서 만약에 깊이 갈고 세밀하게 가꿀 수 없다면, 현대 과학기술을 응용할 기초가 없게 된다.

3.

『보농서』는 명말청초에 만들어졌다. 이 책은 당시의 농업경제와 농업기술에 관한 구체적 상황을 반영하고 있다. 따라서 이는 학술적 가치가 있는 책임과 동시에 시대의 획을 긋는 의미를 가지고 있다. 심씨(『보농서』 상권)는 논벼[水稻] 생산력을 위주로 다루고 뽕나무 재배를 겸하고 있어 한 경제단계의 말기를 반영한다. 장리상[張氏](『보농서』)은 이와 달리 뽕나무 재배를 위주로 다루고 논벼 생산을 겸하고 있어 또 다른 경제단계의 시작을 반영한다.

『보농서』가 탄생한 원인과 결과를 설명하기 위해, 심씨와 장리상의 농업경영에서 서로 다른 중점을 설명하기 위해, 그 지역 농업생산의 변천을 설명하고, 또 그에 따른 가흥 지역의 역사적 상황을 아래와 같이 간단하게 설명하고자 한다.

1) 남송 시대 이전 가흥 일대는 높은 곡물 생산 지역이었다. 대표적인 예 하나로 이를 충분히 설명할 수 있다. 당대 이한李翰의 『가흥둔전정적기嘉興屯田政績記』(『가흥부지嘉興府志』 권24 기재)에서 아래와 같이 말하고 있다.

"가화嘉禾에 한번 풍년이 들면, 강회江淮는 그로 인해 풍족했고, 가화에 한번 흉년이 들면 강회는 그로 인해 절약해야 했다."

'가화'는 가흥의 또 다른 이름으로, 이 지역은 원래 가화군嘉禾郡이었다. … 가화가 강회에 곡식을 수출할 수 있었다는 것은 그 당시 곡식작물의 단위면적 생산량이 매우 높았다는 것을 증명한다. 무슨 이유때문이었을까? 갖고 있는 자료에서 아래의 몇 가지 이유를 찾을 수 있었다.

첫째, 그 당시 잠상蠶桑 상품경제가 아직 발전하지 못하여(잠상은 단지 자급단계였다), 사람들은 인력과 물자를 곡식생산 방면에 집중적으로 투자하였다.

둘째, 당대에서 오대에 이르기까지 가흥 지역의 수리시설이 좋아 수재와 한재가 매우 드물게 발생하여 농업의 풍년을 보장하였다.

셋째, 당시의 인구는 현재처럼 밀집되어 있지 않아 일부분의 황무지에서 사료로 쓸 수 있는 식물을 생산할 수 있었다(『가흥부지』 권32에는 명대 이전 순무[蔓菁], 씀바귀[苦蕒][1] 등의 식물이 있었다고 기재되어 있다). 농촌에서는 돼지를 많이 사육하였는데, 이는 곧 비료의 원천이 되었다. 북송 시대에 이르러서도 이 지역의 경제 중심은 여전히 곡물생산

1) 역자주 씀바귀[苦菜]라고도 하며 국화과에 속하는 다년생초본으로서 줄기가 곧고 가지가 많으며, 자홍색을 띤다. 아랫부분의 잎은 난원형(卵圓形), 장원형(長圓形) 혹은 피침형(披針形)이며 잎끝이 파도모양으로 갈라져 있고, 가래를 해소하고 지혈작용을 한다.

이었다. 『송사宋史』 권173의 「식화지상食貨志上」은 아래와 같이 기재하고 있다.

"[태종太宗 단공端拱 초] 강북江北의 백성들은 여러 곡식을 심었는데, 강남江南은 메벼만을 심었다. 비록 풍토에 각각 적합한 것이 있지만, 참식參植(벼 이외에 다시 약간의 맥과 콩 등의 작물을 심었다 — 인용자 주)을 하여 이로 홍수와 가뭄에 대비하는 것이 이미 오래되었다. 그래서 강남, 양절兩浙, 형荊, 호湖, 영남嶺南, 복건福建 여러 주州의 관리에게 조서를 내려, 백성들이 여러 곡식을 심어 이익을 얻도록 권고하였다. 하지만 백성 중에 조, 보리, 기장, 콩을 심는 자가 드물어, 회북군淮北郡에서 이를 공급하였다. 강북의 여러 주에는 물을 대어 메벼 심기를 명령하였다."

2) 남송 말기에 가홍 지역의 잠상 상품생산이 대두되기 시작했다. 명나라 말기에 잠상은 점차 발전되었지만, 곡물생산의 중요성이 감소된 것은 아니었다. 『복원지濮院志』에 기재하기를 곡부曲阜의 복봉濮鳳이 고종高宗을 따라 남쪽으로 오면서 연주兗州의 뽕나무 재배기술을 동향[濮院鎭] 일대에 가져왔다고 한다. 순淳, 경(景: 송宋 이종理宗 시대, 1241~1260년) 이후 복원에서 발전한 잠상과 견사 수공업은 점차 숭덕崇德, 오홍吳興 일대로 보급되었다. 『가홍부지』 권32[광서光緖]에 『가홍부지』[유지柳志]의 말을 다음과 같이 옮겨 기재하고 있다.

"가홍의 백성들은 평생 부지런한 사람들이어서 국가에 양식을 공급했다. 조금의 땅도 반드시 개간해 다른 고장에 입을 것을 주었다. 베틀 소리가 끊이질 않았다."

『가홍부지』[유지柳志]는 명明 홍치弘治 시대(홍치 원년은 1488년이다) 가홍 지부知府 유방용柳邦用이 편집한 것이다. 200년의 시간을 거치면서 잠상은 점차 발전해 그 지역에서 생산되는 비단을 다른 성省으로 수출할 수 있었다(다른 고장에 입을 것을 주었다). 하지만 사람들의 곡물생산은 자급 외에 정부에 곡물을 바칠 수 있게 되어, "강회江淮는 그로 인해 풍족하다." 혹은 "강회는 그로 인해 절약해야 했다."는 모습은 더 이상 없게 되었다. 또한 이때에 이르면 인구가 늘어나 아주 작은 황무지도 더 이상 존재하지 않게 되었다(조금의 땅도 반드시 개간하였다). 심씨가 기재한 것은 숭정崇禎 13년(1640년) 이전의 사실에 근거한 것인데, 명나라 말에는 벼 생산기술을 여전히 중시하였다.

3) 청대 초부터 농업경제의 중심이 점차 잠상과 방직 방면으로 옮겨 갔다. 장리상은 뽕나무 재배를 중시하였고 벼 생산은 부차적 위치에 두었다. … 하지만 많은 농촌에서는 여전히 곡물생산을 위주로 하였다. 건륭乾隆 『동향현지桐鄉縣志』 권2에 기재하기를 "백성들은 대부분 역전力田을 주업으로 했다."라고 하였는데, 전田은 논이고 역전力田은 논벼를 심는 것이다. 개별적으로 잠상이 특히 발전한 현縣에서는 양식이 부족한 현상이 생겨났다. 강희康熙 21년(1682년)쯤에 이르면, 숭덕현崇德縣의 백성들은 8개월밖에 먹지 못했다[고염무顧炎武 『천하군국이병서天下郡國利病書』 권84에 기재, 고염무는 이 해에 죽었다]. 함풍咸豊(1856년)에서부터 농민들은 보편적으로 잠상을 중시하고 양식생산은 소홀히 하였고, 심지어 여름작물도 사라지게 되었다(『남심지南潯志』 권30에 보임). 잠상경제는 함풍 시대와 광서 10년(1884년) 및 민국 10년(1921년)의 세 번의 큰 정점(『오흥농촌경제吳興農村經濟』 참조)을 거치면서, 잠상과 방직 사업은 발전했다. (반면) 양식 부족 현상은 더욱 심각해졌다.

4) 1921년부터 잠상은 점점 쇠퇴하였다. 항일전쟁 시기 이 지역 뽕나무 또한 일본의 침략에 의해 심각하게 훼손되었고, 이로 인해 잠상 경제는 급격하게 위축되었다. 1921년부터 1949년까지, 이 지역 잠상이 위축됨과 동시에 벼농사 또한 쇠퇴하였다. 1936년 가선嘉善의 벼는 평균 1무당 400근(『가흥일별嘉興一瞥』 참조)에 지나지 않았고, 1946년

동향의 벼도 평균 1무당 300근 정도밖에 되지 않았다(『동향연감桐鄕年鑒』 참조). 이 26년 동안이 이 지역 농촌경제에서 가장 혼란한 시기였다고 볼 수 있다.

5) 1950년에서 1957년까지 이 지역 인민정부는 농민이 농업생산을 회복하도록 양식생산을 중심으로 지도하였는데, 현재는 이미 초보적인 성과를 얻고 있다. 이전과 비교하면 아래의 표와 같다.

현	이전 1무당 벼 생산량 (근)	1956년 1무당 벼 생산량 (근)	후자와 전자의 비율 (%)
가선 (嘉善)	400	550	137.50
동향 (桐鄕)	300	550	183.33

벼 생산량은 현재 이전보다 37.5%에서 83.33%로 증가했다. 이는 작은 성과가 아니다. 하지만 이 생산량과 자연자원 조건의 우월성을 비교한다면 분명 아주 낮은 것이라 볼 수 있다.

이상이 근 1천년 동안의 가홍 지역 농업사의 간략한 정리이다.

4.

이 책은 많은 사람들의 노력에 의해 완성될 수 있었다. 지방지 및 관련 역사문헌의 자료를 조사하는데, 왕달 선생은 처음부터 끝까지 이 작업에 참여했다. 왕달 선생은 동향과 가홍 농촌으로 직접 가서 조사하였고, 농부 어르신과 농업사 간부와 함께 여러 차례 조사회를 개최하였다.

이 책의 편저 작업 중에서 제7장 벼 생산기술 부분 및 하편 『보농서교석』 부분은 왕달 선생이 먼저 초고를 작성하고 내가 다시 수정하였다. 부록 「보농서에 기록된 무畝당 도량형과 오늘날의 도량형과의 비교[補農書所記畝積度量與今市制之比較]」는 완전히 왕달 선생이 편찬한 것이고 그 나머지 부분은 내가 집필하였다. 그 뒤 왕달 선생과 몇 번이고 토론하고 두 번이나 수정을 거쳐 비로소 초고를 완성할 수 있었다.

진항력, 1957년 7월 3일 가흥에서

범　례凡例

1. 현재의 『보농서』는 원래 상하 두 권으로 나뉘어 있는데, 상권은 심씨가 저술한 것으로 『심씨농서』라고 하고, 하권은 장리상이 저술한 것으로 『보농서』라고 이름하였다(『보농서』 안에는 『심씨농서』를 포함하고 있다). 문장을 읽는 데 편리함을 위해 상권을 '심서沈書'라고 하고, 하권을 '장서張書'라고 하기로 한다.
2. 문맥을 분명하게 하고 인용서술을 편리하게 하기 위해 원래의 조문에 순서번호를 붙이는데, 예를 들어 「토지이용방법[運田地法]」 1단, 2단 … 「보농서후」의 제1단, 제2단 등이 그것이다. 동시에 각 단락마다 내용의 중심이 되는 큰 의미를 일목요연하게 하여 각 단락의 앞에 간략한 설명을 붙여 두었다. 어떤 '단락'은 편폭이 비교적 길었기 때문에, 혹은 논술의 편리함을 위해서 몇 개의 '조條'로 나누었다.
3. 많은 독자, 특히 청년 독자들이 읽는 데 편리하도록 하기 위해 번체자, 이체자는 모두 현행 간체자(본서를 번역하면서 독자에 맞게 번체로 다시 바꾸었다 ― 역자주)와 통용자[예를 들어, 근觔은 근斤으로, 개箇는 개個로 등등]로 고쳤다. 물건[事]과 이름[字]이 다른 것은 그 중 하나를 취하였고, 가능한 한 통일하려고 하였다. 원래의 문어체는 구어체로 번역하여 각 해당 편의 뒤에 부록으로 두었다. 전문은 단락으로 나누어 조판하여 인쇄하였다. 동시에 현재 습관적으로 사용하는 문장부호에 따라서 부호 표시를 했다.
4. 본서 중에 사용된 '현재', '지금', '농업사' 등과 같은 글자는 모두 1956년부터 1957년 인민 공사화公社化 이전의 일을 가리킨다. 왜냐하면 본서의 초판은 1957년에 집필된 것이기 때문이다.
5. 본서는 가능한 한 원문의 의미에 충실하려고 노력하되 간결하고 매끄럽게 번역하고자 하였다. 그래서 의미번역 방식을 채택하여 원문

의 글자와 문구에 구속되지 않았다. 어투를 부드럽게 하고, 의미를 완전하게 번역하기 위해서 원작의 기본 형태를 해치지 않는다는 원칙아래 일부 글자들에 대해 다소 감하거나 보태기도 하였다.

6. 시간 계산에서 원문은 모두 음력에 따라 기술하였으나, 지금은 「월별 농사일[逐月事宜]」 부분만 원래대로 하고 나머지 부분은 음력을 모두 양력으로 계산하여 기술하였다.
7. 고대 도량형, 토지면적제도는 아주 복잡해 시대와 지역에 따라 모두 달랐다. 우리는 『보농서』 연구의 필요에 따라 「『보농서』에서 기록하는 토지면적, 도량형과 오늘날의 도량형제도와 비교」를 추가 서술하였다. 『보농서연구』에 부록되어 있으니, 번거롭지 않을 것이다. 계산의 편리를 위해 그 비율을 아래서 발췌하고자 한다.

명말청초 가흥嘉興 · 호주湖州지역의 도량형과 토지 면적은 아래와 같이 오늘날의 도량형과 상당한다.

도度 : 1尺 = 0.8229시척市尺

량量 : 1升 = 1.070시승市升

형衡 : 1斤 = 1.195시근市斤

무畝 : 1畝 = 0.950시무市畝

8. 읽기에 편리하고 또한 편폭을 줄이기 위해 각 판본의 명칭을 간략하게 통일하기로 한다.

건륭 임인壬寅 복천濮川 진재陳梓가 출간한, 근선당勤宣堂 판본의 보완판은 '근선당'본이라고 약칭한다.

동치 신미辛未 진극감陳克鑒이 원본을 교감하고, 만곡천萬斛泉이 순서를 편찬한 강소서국이 발행한 것은 '강소'본이라고 약칭한다.

광서 정유丁酉에 발행된 연려각이 교열한 단행본은 '연려각'본이라고 약칭한다.

청대 초기 조용曺溶 편집의『학해류편』중에 수록된 청대 나계邏溪의 전이복錢爾複이 교정한 것은 '학해'본이라고 약칭한다.

나머지, 통학재通學齋가 출판한 것은 '통학재'본이라고 약칭한다.

9. 교열할 때 강소서국판을 위주로 하였으며, 기타 판본과 차이가 크고 의미가 통하지 않을 경우 고친 다음 '교기校紀'에 써놓았다. 일반적으로 문자만 다를 뿐 의미상의 변화가 없는 것은 생략하였다. 예를 들어,

(1) 의미는 같고 글자가 다른 것. 예를 들어 강소서국본에서는 '작조도斫早稻'이고, 학해본에서는 '수조도收早稻'인 것 등.

(2) 허자가 있거나 없는 것. 예를 들어 강소서국본에서는 '무충규지환의無蟲蛀之患矣'이고, 학해본에서는 '무충규지환無蟲蛀之患'인 것 등.

(3) 동사가 중복 사용된 것. 예를 들어 '비치備置' 항목 중, 강소본에서는 '차엽茶葉'이, 학해본에서는 '매차엽買茶葉'인 것 등.

(4) 글자 순서가 뒤바뀐 것. 예를 들어 강소본에서는 '매분소, 항買糞蘇、杭'이고 학해본에서는 '소、항주매분蘇、杭州買糞'인 것 등.

(5) 나머지 기타 판본 중에 틀렸다고 확인된 것. 예를 들어 상권의「월별 농사일[逐月事宜]」'정월正月' 항목 내 학해본에서 "두니각직적豆泥角直糴['록직甪直'이라고 해야 한다. 지명으로 지금의 강소성 오강吳江현 북부 지역 — 교석자주]"이고, 학해본에서는 '적두니북직糴豆泥北直'이라고 되어 있다. 또한 만일「토지이용방법[運田地法]」제21단락의 경우 학해본은 '향일사음, 현전역경이享逸思淫, 現錢易耕耳'[경耕 마땅히 모耗여야 한다 — 교석자주]와 같이 쓰여 있으며, 이와 같은 것들은 본서가 단지 강소본의 초록에 근거하고, 여기서는 일률적으로 논의하지 않았으며 '교기校記'에도 넣지 않았다.

10. 이 책의 각 부분[段]의 순서는 일반적으로 아래와 같다.

(1) '원문原文'

(2) '어역語譯'

(3) '교석[注釋]'(원문의 ①, ② … 글자의 번호로서 역주본에서는 각주로 처리하였다.)

(4) '교기校記'(원문의 ㊀, ㊂ … 글자의 번호로서 역주본에서는 ❶, ❷…로 표시하여 번역문 다음에 위치하였다.)

순서에 따라)

(5) '교석자 고찰[校者按]'

일러두기

1. 본서는 2단 편집하여 번역문과 원문을 대조하면서 한눈에 읽을 수 있도록 하기 위해 번역문의 문단을 조정하였다.
2. 본서의 각주는 1), 2), 3)의 번호 순으로 해당 페이지의 하단부에 삽입하고, 각주에 대한 역자의 주는 역자주 로 표기하고, 본래의 교석은 이 같은 표기를 하지 않았다.
3. 【교기】는 대개 판본의 차이를, 【교석자 고찰校者按】은 해당 주제에 대해 교석자의 생각을 정리한 것인데, 이는 문장의 마지막에 위치하였다. 【교기】는 ❶, ❷ 방식으로 역문의 다음에 삽입했다.
4. 서명은 『 』, 편과 절은 「 」로 표현하였다. 예컨대 『효경孝經』「원신계援神契」로 한다.
5. 한자표기는 뜻으로 표기할 경우 [ ] 안에 한자를 넣었으며, 발음이 동일한 한자를 삽입할 경우 본문의 경우 그보다 글자 크기를 작게 하여 옆에 붙여두었지만, 작은 주는 더 이상 글자를 작게 할 수 없어 ( )에 넣어두었다. — 한자의 원문을 표기할 때는 번역문 다음에 한자를 [ ] 속에 삽입하여 병기했다.
6. 그림과 사진은 최소한의 이해를 돕기 위해 절의 마지막에 넣어 처리했다.
7. 번역문은 가능한 직역을 위주로 작성하였으며, 부자연스러운 경우 ( )에 넣어 처리하거나 다소 의역으로 처리하였다. 이는 번역문의 의미를 효과적으로 전달하기 위한 것이므로 독자의 양해를 바란다.
8. 본서가 여러 사람을 거쳐 완성되었기 때문에 각종 서문이 지나치게 많아 목차를 찾기가 곤란하다. 따라서 "보농서연구 초판 서문"만 원래의 위치에 남기고 나머지는 모두 뒤쪽으로 돌려 별도로 "교석자의 서문과 이력"이라는 항목을 만들어 그 속에 배열해 두었음을 밝혀둔다.

차 례

부록

339

교석자의 서문과 이력

연려각교인서 然藜閣校印序

—청 광서 정유丁酉 맹하孟夏—

연려각교인서然藜閣校印序[1]
청 광서 정유丁酉[2] 맹하孟夏

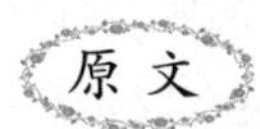

번역

공록恭錄황제가 제정한 『사고전서총목四庫全書總目』「자부·농가류존목子部·農家類存目」[3]:

『심씨농서』 1권은 편수관[4] 정진방程晉芳의 집에 있던 소장본이다.

『사고전서』의 편찬자는 아래와 같이 말한다.[5] 이 편은 동향桐鄕[6]현의 장리상[7]이 발행한 것으로 호주湖州 부근의 연천漣川[8]진의 심씨가

原文

恭錄欽定『四庫全書總目』「子部·農家類存目」:

『沈氏農書』一卷, 編修程晉芳家藏本.

案此編爲桐鄕張履祥所刊, 稱漣川沈氏撰, 不知沈氏爲誰

---

1) 안(按): 이 서문은 실제로 『사고전서총목』의 「농가류존목(農家類存目)」 중 『심씨농서』에 관해 언급한 원문을 초록한 것이다. 그래서 '공록(恭錄)' 두 글자를 덧붙였으며, 또한 연려각(然藜閣)의 서문으로 볼 수밖에 없는 것이다.

2) 청대 광서(光緖) 정유(丁酉)는 광서 23년이며, 1897년이다.

3) 『사고전서(四庫全書)』, 청대 건륭 38년(1773년)에 『사고전서』관을 열었다. 천하의 책들을 구하여 10여 년에 걸쳐 편성하였는데, 소위 '사고(四庫)'라는 것은 네 개의 궁정 서고를 가리키는 것으로 문연각(文淵閣), 문소각(文溯閣), 문진각(文津閣), 문원각(文源閣)이 그것이다. 『심씨농서』는 『사고전서』「자부」 중의 「농가류존목」에 들어 있다.

4) 청대에는 '한림원편수(翰林院編修)'라는 관리가 있었는데, 주로 역사 문헌 편찬 등을 주관하였다.

5) 『보농서교석(補農書校釋)』, 농업출판사, 1983, p.7의 "어역(語譯)"에서는 이 문장을 삽입하고 있다.

6) 동향(桐鄕)현은 오늘날 절강성의 가흥(嘉興)지역에 있다.

7) 장리상은 동향현 양원촌(楊園村)에 살았다. 이에 학자들이 그를 일컬어 '양원선생(楊園先生)'이라 하였다.

쓴 것이나, 도대체 심씨가 누구인지는 알 수가 없다고 한다. 이 책은 숭정말기[9]에 쓰인 것이다. 장리상은 이 책이 농업생산 작업에 큰 참고가치가 있다고 보았기 때문에 이를 다시 새롭게 교열하고 심사하여, 곡식을 심고 뽕나무를 재배하고 누에를 기르고 가축을 먹이는 수많은 방법들을 열거하였으며 또한 첫머리에 월령을 제시하여 분명히 "농사시기를 어기지 않도록" 하여 효과적인 노동을 할 수 있도록 하였다.

也. 其書成于崇禎末. 履祥以其有益于農事, 因重爲校定, 具列藝穀、栽桑、育蠶、畜牧諸法, 而首以月令, 以辨趨事赴功之宜.

심씨는 호주사람이다. 그래서 그가 기록하고 있는 농사는 모두 오중吳中: 태호주변의 일대의 풍토에 적합한 것으로 진부陳旉,[10] 왕정王禎[11] 등이 쓴 각 『농서農書』와 서로 일치하지 않는 부분들이 있다. 이 시기에 가까이 주곤朱坤[12]이 이미 『심씨농서』를 『양원전서』[13] 중에 편집해 넣고 인쇄・발행까지 했으며, 조용曹溶이 편집한 『학해류편學海類編』에도 『심씨농서』가 등재되었다고 한다.

沈氏爲湖州人, 故所述皆吳中土宜, 與陳旉、王禎諸本, 互有出入. 近時朱坤已刻入『楊園全書』中, 而曹溶『學海類編』亦備載之云.

---

8) '연천(漣川)'은 오늘날 절강성 가흥구의 오흥(吳興)현 동쪽을 말한다. 청대에는 원래 절강성 호주(湖州)부의 귀안(歸安)현(민국초기에 귀안과 오정 두 현을 합병하여 오흥현으로 만들었다)이었으므로 심씨를 호주사람이라고 한다.

9) 고증에 의하면 이 책의 내용은 명대 숭정 13년(1640년) 이전의 사실에 근거하고 있다. 숭정의 재위기간은 모두 17년이었고, 따라서 숭정 13년은 '숭정말기'라고 할 수 있다.

10) 『진부농서(陳旉農書)』는 1149년 남송대에 진부가 편찬했다.

11) 『왕정농서(王禎農書)』는 1313년 원대에 왕정이 편찬했다.

12) '주곤(朱坤)'은 청대 건륭 시대 사람이다.

13) 『양원전서(楊園全書)』는 모두 강희시대 범곤(範鯤)이 처음 판각하였고, 건륭시대 주곤(朱坤)이 다시 판각하였다. 건륭 47년 진재(陳梓)가 근선당(勤宣堂)에서 초간본을 발간하여 그 이름을 『양원선생전서(楊園先生全書)』라고 하였는데, 동치(同治) 10년(1877년) 해녕(海寧)의 진극감(陳克鑒) 등이 다시 판각하여 강소서국(江蘇書局)에서 간행하였다.

『보농서』 서문[『補農書』引]

번 역

『농서』를 보충하는 작업을 어떻게 해서 시작하게 되었는가? 지난날 오강재吳康齋 선생[1]께서 송대 이학理學의 사대유파인 염계濂溪의 주돈이周敦頤, 낙양洛陽의 정호程顥·정이程頤, 관중關中의 장재張載와 민남閩南의 주희朱熹의 학설[2]을 강의하실 때, 농촌에 은거하면서 제자들을 인솔하여 직접 농작물을 재배하셨다. 선생[3]께서 이를 흠모하여 그대로 본받아 실천하셨다. 책을 읽으시거나 수업하시던 중에도[4] 남는 시간에는 대부분 농가의 크고 작은 농사일[5]을 직접 하지 않으시는 것이 없었으며, 또한 이런 농사일에 대한 이치를 능히 설명하실 수 있으셨다. 또 '경작'과 '독서'라는 두 가지 일을 통해 후대를 교육하는 것을 진지하게 여겨 이는 『초학비망初學備忘』과 『훈자어訓子語』 등의 편[6]에 온전하

原 文

農書之補, 何爲而作也. 昔吳康齋先生講濂、洛、關、閩之學, 而隱于農, 率弟子以躬耕. 先生慕而效之. 讀書館課之餘, 凡田家纖悉之務無不習其事, 而能言其理. 諄諄以耕讀二字教後人者, 于『初學備忘』、『訓子語』中載之備矣. 而田裏樹畜之法, 則取『沈氏農書』爲本, 而更致詳于末務, 所謂

1) 오강재, 명말 가흥부(嘉興府) 사람, 산음(山陰) 유종주(劉宗周)의 스승이며 유종주는 장리상(張履祥)의 스승이다(『양원선생전집』 권53).

2) '염(濂), 낙(洛), 관(關), 민(閩)'은 송대 이학의 사대유파이다. '염'은 원래 도주영도[道州營道 — 지금의 호남성 도현(道縣)]에 살았던 염계 주돈이를 가리키고, '낙(洛)'은 낙양에 사는 정호·정이를 가리키고, '관(關)'은 섬서(陝西)의 롱관(隴關)과 함관(涵關) 사이의 장재를 가리키고, '민(閩)'은 복건(福建)에서 강의했던 주희를 가리킨다.

3) '선생(先生)'은 장리상(張履祥)을 말한다.

4) '관과(館課)', 즉 서당을 세워 제자를 받아 강의하는 것을 말한다.

5) '섬실(纖悉)'은 미세하고 상세하다는 뜻으로, 여기에서는 농가의 크고 작은 모든 일을 뜻한다.

6) 『초학비망(初學備忘)』, 『훈자어(訓子語)』는 『양원선생전집』 중의 두개의 목

게 기록되어 있다. 농업에서의 파종[7]과 가축을 사육하는 방법의 원칙에 있어서 『심씨농서』를 근본적인 근거로 삼고, 『심씨농서』 중의 부족한 부분을 더 상세하게 보충하는 데에 힘썼다. 그리하여 "조정에서 벼슬을 하든 농촌에 은거하여 농사를 짓든 모두 하나의 일인 것이다."[8] 라고 하였다. 혹자는 그분을 일컬어 춘추시대의 은사隱士 장저長沮, 걸익桀溺과 같은 사람[9]에 비유하지만, 그들이 어찌 양원선생의 심정과 그 생활의 의미를 알 수 있으리오?

후배 학자인 진극감陳克鑒이 삼가 기록하였나이다.

"廊廟山林俱有事"也. 或者目爲長沮、桀溺之流, 豈知先生者哉.

後學陳克鑒謹識.

록이다(본 전집의 제36권 및 제40권에 보인다).

7) 이 '수(樹)'자는 농작물을 재배하는 것을 말한다.

8) 이 말은 『양원선생전집』 권4 『여엄영생서(與嚴穎生書)』에 보인다. '낭묘(廊廟)'란 이른바 조정에 나가 관리가 되는 것을 뜻하고, '산림(山林)'은 농촌에 은거하는 것을 뜻한다. 전 구문의 뜻은 조정에서 관리가 되든 혹은 전원에 은거하든 간에 모두 하나의 일이라는 뜻이다. 장리상은 농업생산을 중시하였으므로 농업을 작은 일로 여기지 않았다.

9) 장저(長沮), 걸익(桀溺)은 춘추시대의 두 은사이다. 『논어(論語)』 「미자(微子)」 편 중에 "장저, 걸익우이경(長沮, 桀溺耦而耕)"이라는 말이 있다.

상 권 上卷

월별 농사일[逐月事宜][1]

번 역

정월: 입춘(2월 4~5일). 우수(2월 18~19일).
맑은 날: 논을 갈아엎는다.[2]

正月: 立春. 雨水.
天晴: 墾田.

1) '「월별 농사일[逐月事宜]」' 부분에 설명된 월분(月份: 12개월 월령을 포함하며 주석 속에 제시한 것)은 음력에 따라 기술하였다. 나머지 부분은 모두 양력에 따라 기술했으며, 음력월 부분은 '음력[農歷]'이라고 따로 표기하였다. 역자주 농가월령(農家月令)을 줄인 말로 12개월의 월령에 따라 주요 농사와 공구, 용품 구입 등을 열거하였다.

2) 절서(浙西) 일대에서 소를 이용하여 쟁기를 끌어 땅을 갈아엎는 것[翻土]을 '경(耕)'이라 하였고, 인력으로 쇠스랑[鐵扒]을 사용하여 땅을 갈아엎는 것을 '간(墾)'이라고 하였다. 가축을 이용한 경작은 중국에서 비록 2천년 이상의 역사를 지녔지만 절서지역은 명말 이후 점점 사용빈도가 줄었다. 장리상(張履祥)은 『보농서』 하권에서 "내 고향은 우경(牛耕)을 하기에 적합하지 않았다."(본서 하권 「보농서후」 첫째 줄)라고 하였으며 『천공개물(天工開物)』 「내립제일(乃粒第一)・도의(稻宜)」[송응성(宋應星), 1637년]에서는 "소가 없는 사람들은 두 사람이 U자형 따비[耜]에 줄을 걸고, 서로 마주보고 흙을 일구었다. 두 사람이 하루 종일 일하면 소 한 마리의 힘에 겨우 필적한다.[凡牛力窮者, 兩人以扛懸耜, 項背相望而起土, 兩人竟日, 僅敵一牛之力.]"라고 하였으며, 또한 "오군(吳郡)의 농부는 U자형 따비 대신에 호미를 사용하며 소의 힘을 빌리지 않는다.[吳郡力田者, 以鋤代耜, 不藷牛力.]"라고 하였다. 오군(吳郡)은 바로 태호(太湖)지역이며 절서(浙西)지역은 오군의 범위 내에 속해 있다.

절서 일대의 우경(牛耕)은 대개 19세기 중엽에 행해졌는데, 태평천국 이후 인구가 감소함에 따라 타지 사람들이 옮겨와서 황무지를 개간하기 시작하자 인건비를 절약하기 위해서 우경을 시작하였으며, 현지 농민들도 점차 이를 따랐다. 『오청진지(烏青鎭志)』 권7을 보면, "청대 함풍 경신년(1860), 동치 갑자년(1864)에 내 고향이 두 차례 전란을 겪어 촌락과 전답이 황폐해졌으나, 예(豫), 초(楚), 환(皖) 및 이 성의 녕(寧), 소(紹), 대(臺)지역의 사람들이 모두 황무지를 개간하였으며, 그 경작은 주로 소의 힘을 사용했다. … 경비와 인건비가 절약되자 우리 마을 역시 우경을 하는 사람들이 생겨나게 되었다."라고 했다.

뽕나무 모종을 심는다.	種桑秧.
채전菜田과 맥전麥田의 고랑을 다져 준다.3)	敲[1]菜麥溝.
밭[地]을 다시 갈아엎는다.4)	倒地.
하천바닥에서 진흙을 퍼낸다.5)	罱[2]泥.

역자주 간전(墾田)은 황무지의 개간을 말하는데, 『관자(管子)』「경중갑(輕重甲)」을 보면, "지금 임금이 쟁기로 개간하여 흙과 풀을 일으켜 몸소 곡식을 얻었다.[今君躬犁墾田, 耕發草土, 得身穀矣.]"라는 용례가 보이며, 『청사고(淸史稿)』「간의친왕덕패전(簡儀親王德沛傳)」에는 "농사를 지을 때는 억지로라도 개간을 권하는 것이 마땅하며, 학교를 설립하고 아울러 나무심기를 일깨워 주어야 한다.[治苗疆宜勸墾田, 置學校, 幷諭令植樹.]"라고 하였다. 또한 간전은 이미 개간한 토지를 말하기도 하는데, 이는 『국어(國語)』「주어(周語)」 중에서 "길에는 나무가 죽 심어져 있지 않지만, 개간된 토지에는 농사를 짓고 있는 듯하다.[道無列樹, 墾田若蓺.]"라고 한 것과, 『후한서(後漢書)』「광무제기하(光武帝紀下)」에 "주군에 조칙을 내려 개간한 토지의 면적과 호구 기록에 대한 실상을 조사했다.[詔下州郡檢覈墾田頃畝及戶口年紀.]"라는 부분에서 엿볼 수 있다.

3) 고(敲)는 '가볍게 두드리다'의 뜻이다. 이미 잘 파낸 밭두둑을 다시 가래[鐵鍬]로 다져서 밭두둑을 더 튼튼하게 만든다. 유채전(油菜田), 맥전(麥田)에 가래를 사용하여 밭두둑 사이에 도랑을 만들고 수시로 흙을 다져주면 밭두둑이 튼튼해지는데, 그 작용은 두 가지가 있다. 하나는 밭 가운데로 물이 고이지 못하게 비오는 날 배수를 하는 것이고, 다른 하나는 밭두둑의 함몰을 막아주고 물 흐름의 장애를 없애주어 잡초가 덜 자라게 하는 것이다.

4) 종자를 심기 전에 실시하는 1차 갈아엎기는 '간(墾)'이고, 그 후의 땅을 갈아엎는 것 '도(倒)'라고 한다. '도(倒)'라고 하는 것은 처음 개간한 것과 서로 반대되는 방향으로 하는 것이다. 예컨대 처음에 개간한 곳이 동에서 서쪽방향이라면 그다음 2차 3차는 서쪽에서 동쪽으로 진행하는 것이다. 이미 번토가 된 곳의 밭두둑을 뒤섞어 고르게 하여 흙덩이를 잘게 부순다. 이는 『왕정농서(王禎農書)』의 경작원리와 유사하다. 『왕정농서(王禎農書)』「농상통결(農商通訣)」에 이르기를 "밭을 경작하는 방법은, …, 재경하는 것을 전(轉)이라고 한다.[耕地之法, …, 再耕曰轉.]"라고 하였으며, 여기서 '전(轉)'과 '도(倒)'는 서로 비슷하며, 모두 재경(再耕)한다는 뜻이다. 또 '지(地)'는 뽕과 콩을 심는 한지(旱地)를 가리킨다. 때로는 뽕나무 밭만을 가리키기도 한다. '치지(治地)'는 뽕나무를 재배하는 것이다. 또 '전(田)'은 벼를 재배하는 논을 가리키는데, 때로는 벼를 파종하는 무논[水稻田]만을 가리키기도 하며, '종전(種田)'은 벼를 심는 것이며, 혹은 모내기[挿秧]하는 것을 가리킨다.

5) '남(罱)'은 일종의 하천의 진흙을 건져내는 공구이다. 여기서의 '남니(罱泥)'는 하천의 진흙을 건져내는 것을 말한다.

밭작물에 거름을 준다.[6]	下地壅.
뽕나무를 가지치기해서 해충[7]을 긁어내어 제거한다.[8]	修桑刮蟥.
습지와 한지의 토란밭을 갈아엎는다.[9]	倒芋艿田.
맥류와 유채에 거름물을 준다.[10]	澆菜麥.
흐리거나 비 오는 날: 뽕나무를 가지치기해서 해충(알)을 긁어내어 제거한다.	陰雨: 修桑刮蟥.
하천바닥의 진흙을 퍼낸다.	罱泥.
거름을 논에 운반한다.[11]	載壅.

6) '하지옹(下地壅)'은 한지에 뽕나무 등의 한전작물을 심어서 비료를 주는 것을 말한다.

7) 역자주 '해충[蟥]'이 구체적으로 어떤 해충인가에 대해서는 주석을 하고 있지 않지만 사전에서는 '황(蟥)'을 풍뎅이 또는 말거머리로 풀이하고 있다.

8) '수상(修桑)'은 곧 뽕나무를 가지치기 하는 것이다. 어떻게 가지치기를 하는가는 「토지이용방법[運田之法]」 제6단에 보인다. '황(蟥)'은 강소성과 절강성 일대의 뽕나무에 주요한 해충의 하나이다[자세한 것은 「토지이용방법[運田地法]」 상권 제6단락 3조 주석 참조].

9) '우잉(芋艿)'은 두 종류가 있다. 하나는 습윤한 성질의 수우(水芋)이고, 다른 하나는 건조한 땅에서 나는 한우(旱芋)이다[상세한 것은 본서 하권 「보농서후(補農書後)」 제13단의 주석에 있다]. 역자주 우잉(芋艿: yù nǎi)은 약칭하여 '우(芋)'라고 하며, 단자엽식물로서 다년생초본이다. 잎은 계란형이고 잎의 손잡이는 길면서 비대하며, 꽃은 황록색이다. 땅 속에 있는 둥근 뿌리는 전분(澱粉)이 풍부하여 식용할 수 있으며, 중국 남방에서 많이 재배한다.

10) '요채맥(澆菜麥)'은 밭의 맥류(麥類)와 유채(油菜)에 거름물을 뿌려주는 것을 말한다. '요채맥'과 '하지옹(下地壅)'은 모두 비료를 주는 것이지만 이 둘의 성격은 다르다. '요(澆)'는 거름물을 뿌려주는 것이다. 예컨대 「토지이용방법[運田地法]」 제4단락의 "맥류는 파종 후 종자에 똥오줌을 뿌려야 하고, 유채는 꽃이 필 때에 뿌려야 한다. 맥류는 파종할 때 한 번, 봄에 한 번 똥오줌을 뿌린다. 거름기가 너무 강하면 오히려 수확이 없게 된다.[麥要澆子, 菜要澆花. 麥沈下澆一次, 春天澆一次, 太肥反無效.]"라는 것을 보면 '요(澆)'는 분뇨를 뿌려 주는 것이지 맑은 물을 뿌리는 것은 아니라는 것을 알 수 있다. 역자주 맥류의 경우 정월에 맥을 파종해서 덮은 뒤에 한 차례 시비하고 그리고 봄에 맥류를 물에 선종(選種)할 때 가라앉힌 이후에 그 종자를 건져내어 다시 거름을 시비하는 방법이다.

11) 역자주 주광서, 「『심씨농서』 소재수도시비기술연구(『沈氏農書』 所載水稻施

논에 깔 진흙을 하천에서 건져낸다.12)	罱田泥.
장작을 팬다.	劈柴.
누에똥13)을 뿌린다. 경계선을 따라 모종한다.14)	撒蠶草3. 秧界繩.
잠렴蠶簾과 잠책蠶簀을 배열해 놓는다.15)	編蠶簾蠶簀.
기타 농사: 오물을 저장해둔다.16) 마로磨路17)를 저장해둔다.	雜作: 窖垃圾. 窖磨路.4

肥技術硏究)」『남경농업대학학보(南京農業大學學報)(사회과학판)』, 제6권 1기, 2006, p.70에서 '거름을 논에 운반한다'는 의미인 '재옹(載壅)'은 가공한 비료를 전지(田地)에 운반하는 것을 일컫는다고 한다.

12) 논에 주는 것을 '남전니(罱田泥)'라 하고, 밭에 주는 것을 '남지니(罱地泥)'라 한다.

13) 역자주 '잠초(蠶草)'를 학해본에서는 '잠사(蠶沙)'라고 하고 있는 것을 보아 비료로 사용했을 가능성이 있다. 「사월(四月) · 음우(陰雨)」편에 잠사비료 가공방식이 소개되어 있다. 혹은 잠초를 일종의 풀이름이라고 보기도 한다.

14) 모내기에 쓰도록 준비하는 못줄이다. 모내기할 때 고랑을 따라 줄을 당겨서 모내기 줄의 행렬을 좌우로 반듯해지도록 한다. 예컨대 『남심지(南潯志)』 권30에는 다음과 같이 실려 있다. "모심기는 못줄을 경계로 하는데, 이것을 '앙계승(秧界繩)'이라고 한다. 한 경계를 일태(一埭)라고 하는데, 태(埭)의 폭은 대략 3척(尺)이고, 그곳에 여섯 번 꽂아 심는다.[下秧必界以繩, 謂之'秧界繩'. 每一界爲一埭, 埭約廣三尺, 種秧六窠.]" 역자주 민국 『남심지(南潯志)』에, "매 층은 같은 원리이다. 매 층 앞뒤의 구덩이 간격은 8촌으로 띄운다. 또한 태의 폭은 3척인데, 그 사이에 6번 꽂아 심는다. 모종 간의 거리는 5촌이고, 줄 간격은 8촌이다. [層層相次. 每層前後穴八寸 爲之段. 亦卽埭廣3尺, 揷6穴. 株距5寸, 行距8寸.]"라는 구절이 있다.

15) '잠렴(蠶簾)'과 '잠책(蠶簀)'은 모두 양잠할 때 사용하는 도구이다. 이 두 가지 도구는 대나무나 갈대를 가지고 짠다.

16) 각종 쓰레기를 구덩이에 넣고 가축의 분뇨를 더해주면, 부패와 숙성을 촉진시켜 비료의 효능을 높인다.

17) '마로(磨路)'란 작업장의 연자방아를 소를 이용해서 돌릴 때, 소가 끌어서 돌리는 길에 깔아놓은 풀과 흙을 말한다. 소가 밟은 길 위에 깔아놓은 풀과 흙을 배설한 분뇨를 함께 섞으면 가장 좋은 비료가 된다. 본서의 4월 '사전준비[置備]'조에는 '매우옹마로(買牛壅磨路)'란 말이 있는데, 평망(平望)으로 주석하고 있어, 소가 밟은 거름인 마로를 평망진(平望鎭)에서 사온 것임을 알 수 있다. 당시에 평망은 연자방앗간[礱坊]이 집중된 곳으로, 연미호(碾米戶: 벼를 찧는 집)가 많았기 때문에 우분(牛糞), 마로(磨路), 저분(豬糞)을 많이 만들었다. 『평망지(平

사전준비: 쇠스랑과 괭이형 호미[18]를 준비한다.[19] 뽕나무 전지를 한다.	置備: 鐵扒鋤頭. 桑剪.
소주(蘇州)와 항주(杭州)에서 거름을 구매한다.	買糞蘇杭.
땔나무와 숯, 삽[鍬蒲]을 사 둔다.[20]	買柴炭鍬[5]蒲.
도롱이[21]와 삿갓을 준비해 둔다.[22]	蓑衣箬帽.
녹직甪直에서 콩깻묵을 구매해 둔다.[23]	糴豆泥甪直.
소주에서 술지게미로 만든 소주[糟燒酒][24]를	買糟燒酒蘇州.

望志)』에 보면 지금 이 지역에는 이미 이런 마로가 없어졌는데, 이는 기구를 이용해서 벼를 찧게 되었기 때문이다.

18) 역자주 서두(鋤頭): 주로 중국 남방 지방에서 사용하는 호미.

19) '철배(鐵扒)'는 '철탑(鐵搭; 쇠스랑: 땅을 파헤쳐 고르거나 두엄, 풀 따위를 쳐내는 데 쓰는 갈퀴 모양의 농기구－역자주)'이라고도 한다. 일종의 손으로 경작하는 농구이다. 철로 만들었으며 이빨이 4개(혹은 6개)이고, 이빨 앞의 끝부분이 굴착기[鑿形]처럼 안쪽방향으로 약간 구부러져 있으며, 자루는 대나무나 나무로 만들었다. 때문에 갈아엎어 놓은 흙덩이는 서로 겹쳐져 기와를 엎어놓은 형상과 같다. 그래서 철탑(鐵搭)이라고 칭한다. 이전에는 이 지역에서 우경하는 경우가 많지 않았다. 철탑은 인력으로 전지를 경작하고, 번토(翻土)하는 중요한 농구의 일종이다. 해방기 후에도 태호 유역의 몇몇 지역에서 광범위하게 사용되었다.

20) '초포(鍬蒲)'는 곧 철초(鐵鍬)이다. 일상적으로 사용하는 수농구이다. 가래는 몸체와 손잡이로 구성되어 있다. 몸체는 장방형으로서 단철로 만들어지며, 아랫부분은 칼날이 있고, 윗부분은 어깨부분으로 비교적 두꺼우며, 어깨부분 중앙에는 끼우는 관이 있어 나무자루를 관속에 끼운다. 가래는 흙을 자르거나 땅을 깎거나, 도랑을 파거나, 밭두렁을 만드는 데 쓰인다.

21) 역자주 도롱이[蓑衣]: 짚, 띠 따위로 엮어 허리나 어깨에 걸쳐 두르는 비옷. 예전에 주로 농촌에서 일할 때 비가 오면 사용하던 것으로, 안쪽은 엮고 겉은 줄거리로 드리워 끝을 너털너털하게 만든다.

22) '약모(箬帽)'는 농민이 비올 때 쓰는 일종의 모자이다. 대나무껍질이나 갈대껍질로 만든 것이 있다.

23) '적(糴)'은 구매한다는 뜻이다. '녹직(甪直)'은 지명으로 현재 강소성 오강현(吳江縣)의 북부지역이다.

24) 역자주 소주(燒酒)는 주로 남방의 황주(黃酒)생산구역에서 생산되는 술로, 황주를 압착시킨 후에 남은 찌꺼기를 원료로 하여 다시 발효시킨 후에 증류하여 만든다. 『심씨농서』 중에는 황주찌꺼기를 가지고 술지게미로 만든 소주[糟燒酒]를 만드는 방법을 기록하였다.

사들인다.

〈그림 1〉 서두(鋤頭)

〈그림 2〉 남전니(罱田泥) 장면

〈그림 3〉 도롱이와 삿갓

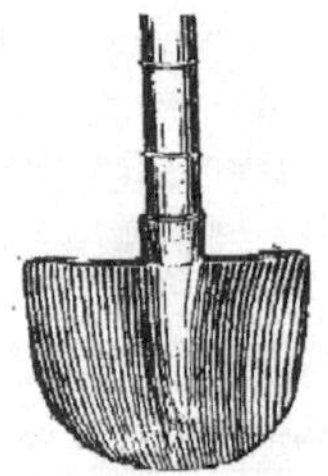

〈그림 4〉 삽[鍬蒲]

| 교 기 |

1 '고敲'는 『학해류편學海類編』본(이하 학해본으로 약칭)에는 '이理'로 되어 있다.

2 역자주 연려각본然藜閣本에는 '남篛'자로 나온다.

3 '초草'는 학해본에는 '사沙'로 되어 있다.

4 학해본에는 '교랄급窖垃圾'과 '교마로窖磨路' 두 항목이 없고, '치휴판治畦畈'과 '수로修路'라는 두 항목이 있다.

5 '초鍬'가 학해본에는 '험杴'으로 되어 있다.

번 역

이월: 경칩(3월 5~6일). 춘분(3월 19~20일).

맑은 날: 밭[地]을 다시 갈아엎는다.

뽕나무 해충을 긁어내어 제거한다.

유채에 거름을 준다.25)

논을 다시 갈아엎는다.

괭이[또는 가래]로 고랑을 파고 유채모종에 거름물을 준다.

하천바닥에서 진흙을 퍼낸다.

가래로써 도랑을 정리하여 배수하고 잡초를 제거한다.26)

모종할 밭을 다시 뒤집어 준다.

흐리거나 비 오는 날: 뽕나무를 가지치기해서 해충을 긁어내어 제거한다.

우전 내의 밭두둑을 보수하고 정비한다.27)

原 文

二月: 驚蟄. 春分.

天晴: 倒地.

刮蟥.

下菜壅.

倒田.

鍬溝澆菜1秧.

罱泥.

到2溝.

倒秧田.

陰雨: 修桑刮蟥.

做塍修潑.3

---

25) 정월의 작업 항목에는 '요채맥(澆菜麥)'이 있다. 이는 구정 설날 전후로 밀과 유채에 거름물을 한번 뿌려주는 것이다. 밀을 파종할 때 기비(基肥)를 한번 하고 정월에 다시 추비(追肥)하기 때문에 이후에는 비료를 쓰지 않아도 된다. 2월의 작업항목에는 '하채옹(下菜壅)'과 '요채앙(澆菜秧)' 두 가지만 있는데, 이는 유채에 다시 추비와 거름을 각각 한번 뿌려주는 것을 말한다. 유채는 잎이 자라나서 열매가 맺을 때 재차 거름을 뿌려줘야 한다. 「토지이용방법[運田之法]」 제4단락에서는 "맥류는 종자에 뿌려 시비하고, 유채는 꽃이 필 때 시비한다.[麥要澆子, 菜要澆花.]"라고 하였다.

26) '괄구(到溝)'는 즉 '산구(鏟溝)'이다. 이는 괭이로 고랑을 판다[鏟溝]는 의미로서 괭이나 삽으로 만든 도랑을 정리하고 아울러 이로써 잡초를 제거하게 되어 배수가 잘 되도록 하는 것이다. 여기서는 배수 작업을 매우 중요시하고 있다. 역자주 산(鏟): 삽의 일종으로 지금의 삽과는 형태나 재질이 다소 다르다.

27) 호주(湖州) 일대의 지대가 낮은 지역에는 수면이 논보다 높은데, 이러한 저지

괭이[또는 가래]로 고랑을 판다.	鍬溝.
하천바닥에서 진흙을 퍼낸다.	罱泥.
제방[圩岸]을 정비한다.	修圩岸.
장작을 팬다.	劈柴.
밭 가장자리[28]를 정리하며 두드려준다.	搗地灘.
차판[車扉][29]을 만들어 둔다.	鋸車扉.
논에 깔 진흙을 하천에서 건져낸다.	罱田泥.
거름을 논에 운반한다.	載壅.
뽕나무 가지를 끈으로 묶는다.[30]	捆桑繩.

대는 논을 만들 때 제방을 둘러쌓아 홍수의 침수 피해를 방지해야 한다. 이렇듯 둑으로 둘러싸인 논밭을 태호 유역에서는 '우전(圩田)'이라고 하며[강서(江西) 등의 지역에서도 '우전(圩田)'이라고 한다], 호남(湖南) 동정호(洞庭湖) 일대에서는 '완전(垸田)'이라고 부른다. 한 제방을 둘러싸서 300, 500무(畝)를 만들고, 어떤 곳은 1,000무(畝)가 되는 곳도 있다. 이 울타리 내에는 각각 작은 논으로 구획되어 있고 이는 다시 작은 제방으로 둘러싸여 있는데, 이를 '승(塍)'이라고 부른다. '전승제(田塍制)'는 북송시대부터 시작되었으며, 매 일승(一塍)마다 작은 단위의 논들이 들어 있다. 각각 작은 논두둑을 만들고, 이러한 작은 논두둑을 가흥(嘉興)과 호주(湖州) 일대에서는 '발(潑)'이라고 부른다. 논두둑은 사람들이 밟고 다니고, 비가 옴에 따라 훼손되기 때문에 매년 보수해주어야 한다. 삼오(三吳)지역 중 수면이 논보다 높은 곳은 제방으로 둘러싸서 수전(水田)을 보호하며 이러한 방제 둑을 '우안(圩岸)'이라고 하는데, 매년 보수해주어야 한다. 역자주 삼오(三吳)는 소주(蘇州), 상주(常州), 호주(湖州) 지역을 말한다. 당대(唐代) 『원화군현지(元和郡縣志)』와 두우(杜佑)의 『통전(通典)』에서는 소주(蘇州), 호주(湖酒), 단양(丹陽)을, 송(宋) 세안례(稅安禮)의 『역대지리지장도(曆代地理指掌圖)』에서는 소주, 상주(常州), 호주를, 명(明) 주기(周祁)의 『명의고(名義考)』에서는 소주, 진강, 호주를 각각 삼오라 하여 시대나 작자에 따라 가리키는 지역이 일정치 않다.

28) 역자주 지탄(地灘)은 밭 가장자리나 밭두둑의 끝을 지칭한다.

29) 역자주 물레방아의 차판, 즉 물레방아의 물을 담을 수 있는 통판을 말한다.

30) '곤상승(捆桑繩)'과 아래의 '삼월' 조항 중에서 '파상승(把桑繩)'은 바로 뽕나무의 가지를 묶기 위해 준비하는 끈이다. 그 작용은 다음과 같다. 하나는 뽕나무밭에 간혹 다른 한전(旱田) 작물을 사이짓기하는데, 작업의 편리성과 뽕나무 가지의 손상을 피하기 위해 항상 뽕밭에 간작(間作)하기 전에 끈으로 뽕나무 가지를

입산금지를 위해 금줄을 친다[架山繩].31)	架山繩.
장작을 펴놓는다[撒柴].	撒柴.
기타 농사: 뽕나무를 접붙인다.32) 나무굼벵이	雜作: 接樹桑. 看

느슨하게 한번 묶는 것이다. 또 하나는 늦가을 낙엽이 떨어지기 전 뽕나무 가지를 묶는 것으로, 예컨대 아래 '칠월' 말의 '파상(把桑)'과 『토지이용방법[運田之法]』 제6단 제2조의 오늘날 '결속(結束)'이라고 부르는 '박상(縛桑)'과 같은 것이다. 이는 겨울철에 뽕 농지를 작업하고 관리하는 데 편리함을 도모하기 위함이고 또한 적설로 인한 눈의 무게로 가지가 부러지는 것을 방지하기 위함이다.

31) 역자주 가산승(架山繩)이란, 입산금지를 위해 줄을 쳐 두는 것이 아닌가 한다.

32) '접(接)'은 접붙이기[嫁接]를 말한다. 송대 이전에 이 지역에서는 뽕나무를 심을 때 일반적으로 접붙이기를 하지 않았는데, 이를 '형상(荊桑)' 또한 '야상(野桑)'이라고 불렀다. '접'붙이기 한 적이 있는 것은 '노상(魯桑)' 또는 '가상(家桑)'이라고 부른다.

접붙인 것과 접붙이지 않은 뽕나무는 어떻게 다른가? 『호주부지(湖州府志)』 권30을 보면, "접붙인 적이 있는 것을 '가상(家桑)'이라고 하고, 접붙이지 않은 것을 '야상(野桑)'이라고 부른다. 가상의 오디는 적게 열리나 크며 야상의 오디는 많이는 열리나 크기가 작다. … 가상의 뽕잎은 둥글고 두터우며 물기가 많고, 예전에는 '노상(魯桑)'이라고도 했다. 야상(野桑)의 잎은 얇고 뾰족하며, 예전에는 '형상(荊桑)'이라고도 했다. 야상이 줄기가 굵은 것은 '망해상(望海桑)'이라고 하며, 가느다란 것은 '계각상(鷄脚桑)'이라고 한다. 양잠농가는 이들을 달갑지 않게 여겨 접붙이지 않을 수 없었다. 접붙이기하여 가상이 된지 몇 년이 지나면, 처마만큼 높으며 밑동이 잔이나 그릇처럼 굵어지는데, 이를 일러 '눈장상(嫩壯桑)'이라 한다."라고 한다.

이 지역은 고대에 초나라에 속해 있었는데, '형(荊)'은 바로 '초(楚)'의 별명이다. '형상(荊桑)'은 바로 장강 중하류 유역에 초나라에 옛날부터 있었던 뽕나무이다. 일설에는 '형상'은 강소성 의홍(宜興)현의 '형계(荊溪), 형남산(荊南山)'에서 이름이 유래되었다 한다. 혹자는 '형상(荊桑)'이 호북성으로부터 유래되었다고 하나 어느 것이 맞는지는 알 수 없다.

'노(魯)'는 산동성의 약칭이다. '노상(魯桑)'은 절강성 가흥(嘉興), 호주(湖州) 지역 사람들이 산동 연주(兗州)지방의 뽕나무를 접붙이는 기술을 배워서 형성한 일종의 새로운 뽕나무 유형이다. 그 후 가흥, 호주지역 사람들이 접붙이는 기술을 향상시키고 다른 땅으로 옮겨 일정한 방향으로 배양하여 점차 새로운 유형을 창조시킨 것이 '호상(湖桑)'이다.

가흥, 호주지역 사람들의 뽕나무 접붙이는 기술이 가장 일찍 발견되는 기록으로는 남송 소흥(紹興) 19년(1149)에 편찬된 『진부농서(陳敷農書)』가 있다. 이 책에서 말하기를, "접붙이기를 하려면, 옆으로 난 가지를 쓰지 않고 좋은 뽕나무의

의 가루[蛀屑]가 있는지 살핀다.[33]	蟲蛀屑.
오이와 포도씨를 파종한다.	下瓜葡子.
마름[34]을 파종한다.[35]	下菱種.
부추를 줄을 세워 심는다.	排韭.
삼씨[36]를 가라앉혀 선별한다. 삼으로 꼰 새끼는 배를 정박할 때 이용된다.	沉蔴子取足修船打索之用.4
사전준비: 일꾼을 불러 뽕나무 전지를 한다.[37] 농번기[忙月]에 쓸 일꾼을 미리 고용해 둔	置備: 喚工剪桑. 雇忙月人工.

위로 뻗은 가지를 따로 취하여, 오디가 붙어있는 것처럼 3, 4촌 길이 정도로 잘라내어 접붙이면, 그 잎이 배로 무성해지지만 또 쉽게 쇠락한다는 것은 모르는 이가 없다. 호주 지역의 안길(安吉)사람들은 이에 모두 능하다[若欲接縛, 卽別取好桑直上生條, 不用横垂生者, 三, 四寸長, 截如接果子樣接之, 其葉倍好, 然亦易衰, 不可不知也. 湖中安吉人皆能之.]"라고 하였는데, 여기에서 '호중안길(湖中安吉)'이란 지금의 절강성(浙江省)의 안길현(安吉縣)을 말하며, 당시에는 오흥현(吳興縣)에 속했다. '안길인개능지(安吉人皆能之)'는 당시 뽕나무 접목 기술에 대해 이전부터 다년간 거듭하여 왔기 때문에 이미 상당히 보편화되었다는 것을 알 수 있다. 남쪽으로 건너온 산동성 곡부현(曲阜縣) 사람인 복봉(濮鳳)의 후예들은 대대로 동향복원(桐鄕濮院) 일대에서 지속적으로 연주(兗州)에서 가지고 간 뽕나무를 심고 접붙이는 기술을 널리 보급하여[가흥(嘉興), 호주(湖州) 각 지방지의 기록 참고] 일찍이 그 지역의 양잠 경제 발전을 한층 더 촉진시켰다.

33) 나무굼벵이[蛀蟲]는 강소성, 절강성 일대의 뽕나무의 주요 해충 중의 하나이다. 해석은 상권 「토지이용방법[運田地法]」 제6단 제3조 주석을 참조. 역자주 위의 주석본에서는 「운전지법(運田地法)」을 「운전지방(運田地方)」으로 주석하고 있으나 이 내용은 「토지이용방법」 제6단 제3조의 내용을 잘못 적은 것으로 보인다.

34) 역자주 마름은 한해살이풀로서, 진흙 속에 뿌리를 박고, 줄기는 물 속에서 가늘고 길게 자라 물 위로 나오며, 깃털 모양의 물속뿌리가 있다. 잎은 줄기 꼭대기에 뭉쳐나고 삼각형이며, 잎자루에 공기가 들어 있는 불룩한 부낭(浮囊)이 있어서 물 위에 뜬다. 여름에 흰 꽃이 피고 열매는 핵과(核果)로 식용이 가능하다. 연못이나 늪에 나는데 한국, 일본, 중국 등지에 분포한다.

35) 호주(湖州) 수향(水鄕)에서는 저지대 지역에서 마름[菱]을 심어 재배하고 있는데, 이는 일종의 부업 생산이다. 그 수익성은 수전(水田)보다 더 많다(『양원선생전집』 제20권 『서개전비후(書改田碑後)』 참고).

36) 역자주 마자(蔴子)는 삼씨이다.

37) '환공전상(喚工剪桑)'은 농민이 지주의 돈을 빌려 쓰는 것으로, 노동력으로 상

다.[38]

우렁이[39]를 사서 못에 넣는다.[40]	糴螺螄入池.
광주리(양잠도구)를 잘 수리해 놓는다.[41]	修好筐簩.
숯은 교체해 놓는다.	換炭.
소금에 절인 갓[42]을 사둔다.	買芥菜鹽.
오리새끼를 사둔다.	買小鴨.
호괴지糊簩紙를 사둔다.	買糊簩5紙.

〈그림 5〉 마름[菱]

〈그림 6〉 삼씨[麻子]

환하는 것을 조건으로 하는데, 이를 '환공(喚工)'이라고 부른다. 그에 따른 조건은 매우 가혹하여 농민들은 종종 농번기에 지주로부터 부름을 받고 일을 해야 하므로 자신의 생산을 그르치게 된다.

38) '고망월공(雇忙月工)'은 생산이 바쁜 시기에 미리 단기적으로 일꾼을 고용하는 것이다. 4월에서 7월까지를 '망월(忙月)'이라 한다. 고용공(雇用工)과 환공(喚工)은 다르다. 고용공과 경영지주 쌍방 간에는 서로 조건을 논의할 수 있다.

39) 역자주 라사(螺螄)는 우렁이를 뜻한다.

40) 우렁이는 민물청어를 키우는 데 필요한 사료이다. 민물청어는 이윤이 크지만 투자 또한 많이 해야 한다. 이는 지주만이 경영할 수 있다. 양식한 민물청어는 지주가 경영하는 주요 상품생산 품목 중의 하나이다. 민물청어 생산 상황은 『화동농촌경제자료(華東農村經濟資料)』의 제1분책[화동군정위원회토지개혁위원회, 1952년 출간(華東軍政委員會土地改革委員會1952年編印)] 295~311쪽 참조.

41) '광(筐)'과 '괴(簩)'는 모두 대나무로 엮은 양잠 도구이다. 삼각형과 다각형의 그물눈[網眼]이 있고, 어떤 때는 종이를 붙여 준비해두어야 한다. 동치(同治)년 『호주부지(湖州府志)』 권30에서 말하기를 "호광(糊筐)은 종이를 광주리에 바르고 종이꽃으로 장식하는 것이다[糊筐: 用紙糊筐, 飾以紙花]."라고 했다. 역자주 광괴(筐簩)는 대오리(가늘게 쪼갠 대)로 엮어 만든 고기를 잡는 광주리 도구를 말한다.

42) 역자주 '개채염(芥菜鹽)'은 소금에 절인 갓을 의미한다.

〈그림 7〉 우렁이[螺螄]

〈그림 8〉 괄자(刮子)

| 교 기 |

1 '채菜'는 학해본에는 '상桑'으로 되어 있으며, 근선당勤宣堂본에는 '마痲'로 되어 있다.

2 '괄刭'은 학해본에는 '리利'로 되어 있다. '괄刮'자를 잘못 쓴 것으로 의심되는데, 타 지방에서는 모두 '괄刭'을 '괄刮'자로 쓰고 있기 때문이다.

3 '승塍'은 학해본에는 '승勝'으로 되어 있으나, '승塍'자를 잘못 쓴 것으로 의심된다. 근선당본에는 '발潑'이 '발墢'로 되어 있다.

4 학해본에는 '배구排韭'와 '타색打索'의 두 항목이 없다.

5 '괴䕠'는 학해본에는 '롱籠'으로 되어 있다.

번 역

原文

삼월: 청명(4월 4~5일). 곡우(4월 20~21일).

맑은 날: 사이갈이하여 제초한다.

작두콩[梅豆][43]과 늦콩[晩豆]을 파종한다.[44]

三月: 淸明. 穀雨.

天晴: 刭1地.

沉梅豆晩豆.2

43) 역자주 작두콩[梅豆]: 중국 남방에서는 작두콩[刀豆]을 매두라고 한다.

자운영[花草]을 심은 논을 갈아엎는다.45)	墾花草田.
뽕나무 묘목에 거름물을 준다.46)	澆桑秧.
하천 바닥에서 진흙을 퍼낸다.	罱泥.
논을 다시 갈아엎는다. 토란을 심는다.	倒田. 種芋艿.
콩밭 이랑을 긁어 김맨다.47)	削豆坂.3
흐리거나 비 오는 날: 자운영을 베어서 구덩이에 넣어 부식시킨다.48)	陰雨: 窖花草.

44) '침두(沉豆)'는 즉 콩을 파종하는 것이다. 일설에 의하면 '작두콩[梅豆]'은 동향현(桐鄕縣)의 특산물이다, 호주(湖州)에도 키우는 곳이 있으나 많지는 않고, 동향현 경계에 접해 있는 귀안현(歸安縣)의 동쪽 지역[村鎭]에 조금 있을 뿐이다. 현재는 멸종되었다(장리상 「보농서후」 제4단 주석 참고). 또 다른 설로 작두콩이 황두(黃豆)를 말하는 것이라는 설도 있다. 두 가지 설 중 어느 것이 맞는지 알 수 없다.

45) 3월이 되면 자운영(紫雲英) 등을 심은 '녹비(綠肥, 즉 화초)'를 재배한 논을 갈아엎어, 4월내에 올벼[早稻] 일부를 이른 모내기[早插]할 준비를 한다. 이 달에 '침곡종(浸穀種)'이라는 항목이 있는데, 이는 화초전(花草田)을 갈아엎은 이후 3월에 파종, 4월에 모내기를 하기 위한 것이다. 그러나 4월 안에는 올벼의 일부만을 심고, 대부분은 4월에 파종하여 5월에 모내기를 한다. 화초를 심는 밭은 이르게는 3월에 땅을 갈아엎는데, 첫째는 계절에 맞추기 위한 것이고, 둘째는 호주(湖州)에서 화초(즉 자운영)가 중시되지 않기 때문이다. 호주의 점성이 강한 토양의 조건 속에서는 화초의 생장이 좋지 못하여, 심씨가 화초를 심은 면적은 크지 않았다. 역자주 조도(早稻): 제철보다 일찍 여무는 벼로, 즉 올벼이다.

46) 이 '요(澆)'자 역시 거름 뿌리는 것을 가리킨다.

47) 콩밭 가운데 사이갈이하여 풀을 매는 작업이다.

48) '교화초(窖花草)'는 자운영을 베어 구덩이에 넣어 부식[腐熟]을 촉진시킴으로써 비료효과를 높이고, 그 작용을 빠르게 하는 일종의 비료 제조 작업이다. 이 지역에서는 일반적으로 자운영 밭에 갈아엎을 뿐, 다시 구덩이에 넣고 부식시키는 단계를 거치지는 않는다. 이 지역의 경험 있는 농부의 말에 의하면, "이같은 교화초의 방법은 청대 말엽부터는 아무도 이런 식으로 작업하지 않았다."라고 한다. 이 농부는 또 "윗대 어르신들이 말씀하시는 것을 들으니 동치 연간 이전에 몇몇 세심한 농부들은 여전히 교화초를 했다."라고 한다. 역자주 자운영은 콩과의 두해살이풀. 잎은 어긋나고 9~11개로 된 우상 복엽이다. 봄에 자줏빛 또는 흰색의 꽃이 산형(繖形) 화서로 피고 열매는 삭과(蒴果)이다. 어린잎과 줄기는 식용하거나 사료로 쓴다. 중국이 원산지로 우리나라 각지에 분포한다(국립국어원,

못자리를 만든다. | 做秧田.

두 번째 출현한 해충[49]을 긁어내어 제거한다. | 刮二蟥.

차판[車扉]을 만들어 둔다. | 鋸車扉.

거름을 논에 운반한다. | 載壅.

논에 깔 진흙을 하천에서 건져낸다. | 罱田泥.

뽕나무 끈을 조인다. | 把桑繩.

장작을 팬다. | 劈柴.

기타 농사: 일꾼을 고용하여 차판[車扉], 용골[鶴膝]을 만든다.[50] 3월 이전에는 해가 짧고 이후에는 일이 바쁘다. | 雜作: 雇工做車扉鶴膝 前此日短, 後此工忙.

양잠도구인 차장車仗 및 사차(絲車)을 수리한다.[51] | 修蠶具車仗幷絲車.

마름을 심는다. | 種菱.

마름을 꼬챙이에 고정하여 세운다. 아울러 식물의 가지 또는 줄기를 똑바로 세운다.[52] | 釘菱簽幷茭梗.4

『표준국어대사전』 참조).

49) 역자주 '황(蟥)'에 대한 설명이 다양한데 정월과 2월에는 '황(蟥)'으로 쓰고 있고 3월과 7월에는 '이황(二蟥)', 4월조에는 '삼황(三蟥)', 그리고 12월조에는 '두황(頭蟥)'이라 쓰고 있다. 이 '황(蟥)'의 의미가 종류인지 아니면 출현 및 노동횟수를 의미하는지는 구체적으로 알 수 없지만 여기서는 출현횟수로 해석했음을 밝혀둔다.

50) '차비(車扉)', '학슬(鶴膝)'은 모두 수차(水車)의 부속품이다. '차비'는, 즉 지금 일반적으로 '차판(車板)'이라고 부르는 것이고, '학슬'은 지금의 '용골(龍骨)'이라 통칭되는 것이다. 차비와 학슬이 합쳐져 수차에 물을 순환시키는 중요한 부분을 이룬다.

51) 고치에서 실을 뽑는 용도의 공구로 목재를 이용해 만든다.

52) 역자주 줄풀[茭梗]: 볏과의 여러해살이풀. 높이는 2미터 정도이며, 잎은 좁은 피침 모양이고 모여난다. 8~9월에 연한 노란색의 암꽃은 위쪽에, 붉은 자주색의 수꽃은 아래쪽에 원추(圓錐) 꽃차례로 피고, 열매는 영과(穎果)를 맺는다. 열매와 어린싹은 식용하고 잎은 도롱이, 차양, 자리를 만드는 데에 쓴다. 못이나 물

나무굼벵이를 잡는다.

오이류[瓜] 식물 및 창포콩의 모종을 파종한다.

볍씨를 물에 담근다.[53]

사전준비: 잎을 따 찻잎을 만든다.

갓[芥菜][54]을 소금에 절인다.

수충水梳을 구입한다.

捉蛀蟲.

種瓜秧幷蒲豆. 5

浸種穀.

置備: 茶葉.

腌芥菜.

買水梳.

〈그림 9〉 작두콩[梅豆]

〈그림 10〉 갓[芥菜]

〈그림 11〉 자운영

〈그림 12〉 토란[芋艿]

가에서 자라는데 한국, 일본, 중국, 시베리아 동부 등지에 분포한다.

53) '침종곡(浸種穀)'은 볍씨를 파종하기 전에 물속에 한번 담그는 것으로, 음력 3월에 화초를 갈아엎은 그 무논 일부에 모를 심는다.

54) 역자주 갓[芥菜]: 십자화과의 두해살이풀. 높이는 1미터 정도이며, 뿌리 잎은 넓은 타원형이고, 줄기 잎은 피침 모양이다. 봄부터 여름에 걸쳐 누런 꽃이 핀다. 채소로 재배하며 잎과 줄기는 식용한다.

| 교 기 |

1 '괄죄'은 학해본에서는 '괄쇄'로 쓰고 있으며 이하 모든 '괄죄'은 학해본에서는 모두 '괄쇄'로 쓰고 있어서 별도로 기록하지 않는다.

2 학해본에서는 '만두晩豆'라는 항목이 없다.

3 학해본에서는 '삭두판削豆坂'이라는 항목이 없다.

4 학해본에서는 '수정릉우릉경修釘菱芋菱梗'이라고 쓰여 있다.

5 학해본에서는 '종과두앙복種瓜豆秧蔔'이라고 쓰고 있다.

번 역

사월: 입하(5월 4~5일). 소만(5월 20~21일).[55]

四月: 立夏. 小滿.

55) 4월은 1년 중 가장 중요한 달로, 여러 가지 농사활동이 이 달에 집중되고 교차된다. 날씨, 작물수확, 재배와 관리, 인력배치에서 그 모순이 가장 두드러진다. 이 달과 관련된 각종 모순(작물, 날씨, 인력 등 각 방면)은 역사문헌에도 적지 않게 기재되어 있는데, 두 가지를 발췌해서 기록하면 다음과 같다.

『민재속설(民齋續說)』[청대 우동(尤侗) 편찬] 농언에 "날씨에 맞추어 일하기 어려운 시기가 4월이다. 누에는 따뜻함을, 보리는 차가움을 필요로 하고, 모는 태양을, 삼은 비를 원하고, 뽕잎 따는 아가씨는 맑고 건조하기를 바란다."라고 하였다.

4월은 '누에철'인데, 누에치는 방[蠶室]은 따뜻해야만 한다. 또한 누에를 치는 집마다 화로를 지펴 온도를 높여야 하며, 누에가 먹는 뽕잎 또한 잘 말려서 건조한 것이어야 하는데, 누에가 빗물을 머금은 뽕잎을 먹으면 병에 걸려 죽을 수 있기 때문이다. 소위 '보리는 차야 한다[麥要寒].'라고 하는데, '한(寒)'은 '난(暖)'과 상대되는 말로, 보리는 누에에 비해 차가워도 된다. 그러나 겨울과 같은 한랭한 기후를 필요로 하는 것은 아니다.

민국 『복원지(濮院志)』 권6 '풍속(風俗)'에는 "햇밀과 새 실은 동시에 생산되어, 실을 뽑고 보리를 거두는 일로 일제히 바빠진다."라고 되어 있다. 또 4월에 보리를 거두려고 하면 아주 촉박하다. 때문에 "보리 거두는 것이 불을 끄는 것과 같이 급하다."라고 실려 있다. 그리고 누에치고, 고치를 켜 실을 뽑는 것과 유채・누에콩을 수확하는 것도 4월달 내에 해야 한다. 이 모든 것과 무논을 정지하고, 모내기 하는 것이 서로 겹쳐 농가 일손을 분배하기가 아주 어렵다. 그래서

맑은 날: 백지와 콩밭을 사이갈이하여 제초한다.[56]	天晴: 刬地白地、豆地.
뽕잎을 따고 한 차례 거름을 준다.[57]	謝桑.
자운영[花草]밭을 갈아엎는다.[58]	倒花草田.
뽕나무 모종을 다져준다.	壓桑秧.
가지를 심는다.	種茄.
밭[地]을 다시 갈아엎는다.	倒地.
뽕나무를 전지한다. 아울러 뽕나무를 잘라 정리해준다.	剪桑幷修截.
뽕나무 묘목에 거름물을 준다.	澆桑秧.
늦콩을 파종한다.	沈晚豆.
뽕나무에 세 번째 해충[三蟥][59]이 있는지 살펴본다.	看三蟥.
유채와 밀을 수확한다.	收菜麥.
아침에 이슬을 머금었을 때 토란 모종을 심는다.	種芋艿秧帶露.
모판을 만든다.	做秧田.

소농은 이것을 돌보다 보면 저것을 돌볼 수 없게 된다. 옛 오나라 지역의 논벼 모내기는 아주 늦어(4월에 밭을 갈고, 5월에 심는다) 생산량 제고에 영향을 주는데, 바로 이와 큰 관계가 있다.

56) 이 지역의 밭에는 일반적으로 뽕을 많이 심는다. 그 중 뽕나무를 심지 않는 밭도 있는데, 이를 이르러 백지(白地)라고 한다.

57) 첫 뽕잎을 딴 이후에 비료를 한 번 주는데, 이 지역에서는 이를 "사상한다[謝桑]."라고 한다. 그것은 토양의 비옥함을 높여주고, 새 잎이 빨리 자라도록 촉진시키는 작용을 한다. 동치 『호주부지(湖州府志)』 권30에 "자르는 것을 마치면 즉시 그것에 거름물을 주는데, 이를 '사상'이라 이른다. 잎을 딸 때 비료가 보이지 않아야 하는데, 비료가 묻은 잎은 누에를 해친다."라고 기재되어 있다.

58) 심씨(沈氏)는 밭 일부에 자운영을 심었는데, 밭은 논보다 건조하지만, 그 생산량은 논에 비해 높았을 것이다. 청 말부터 지금에 이르기까지, 밭에 자운영을 심는 경우는 많이 보이지 않는다.

59) 역자주 세 번째 출현한 뽕나무 해충이란 의미이다.

모판에 볍씨를 뿌린다.60)	下種穀.[1]
흐리거나 비 오는 날: 뽕나무에 세 번째 해충[三蟥]이 있는지 살펴본다.	陰雨: 看三蟥.
(수확 후) 보리 이랑을 탄다.61)	拆麥棱.
누에똥과 식물줄기를 구덩이에 묻는다.62)	窖蠶沙梗.
논일을 한다.63)	下田.
누에콩64) 깍지를 구덩이에 묻는다.65)	窖蠶豆[2]搰.
모판의 물을 살핀다.	看秧水.[3]
보리를 탈곡한다.66)	甩麥.[4]
기타 농사: 오이와 콩류의 시렁을 설치한다.67)	雜作: 架瓜豆棚.
오이와 가지류 및 창포콩 모종에 거름물을 준다.	澆瓜茄幷蒲豆秧.
붉은 팥[赤豆]68)을 파종한다.	沉赤豆.

60) 4월에 파종하면, 한 달 남짓의 시간이 되어야 모종이 비로소 모내기할 수 있을 만큼 자라므로 5월을 모내기철로 한다.

61) 4월에 보리이랑을 타는 것은 보리가 비로소 수확되었기 때문이다. 이것 또한 벼를 심는 준비 작업을 지연시킨다.

62) 누에똥, 낙엽 등을 구덩이에 넣고 부패시키는데, 이는 일종의 비료를 제조하는 작업이다.

63) '하전(下田)'은 논에서 일하는 것을 가리킨다. 흐리거나 비 오는 날에도 쉬지 않는데, 그 이유는 4월은 농번기이기 때문이다.

64) 역자주 잠두(蠶豆)는 누에콩을 의미한다.

65) '누에콩[蠶豆]'은 '누에철[蠶月: 4월]'에 익는다. 고로 누에콩이라 한다[광서(光緖) 『가흥부지(嘉興府志)』 권32에 보임]. 누에콩 껍질과 줄기·잎을 구덩이에 넣고 가공하여 비료를 만든다.

66) 솔(甩)은 '솔(摔)'과 같이 읽으며 '솔(甩)'로 쓰기도 한다. 원래는 떨쳐버린다는 의미이다. 여기의 솔맥(甩麥)은 즉 보리를 탈곡하는 것이다.

67) 역자주 오이류, 완두콩류는 시렁을 설치하여 재배하는데, 덩굴손을 위해서 시렁을 설치한다.

68) 역자주 적두(赤豆), 즉 붉은 팥이다.

비온 뒤 밭고랑과 뽕나무모종를 살핀다.69)

사전준비: 뽕나무에 줄 거름을 사들인다. 평망에서 소 연자방아로 제조한 거름[牛壅磨路70)]을 구입한다.71)

청채72)를 소금에 절인다.

남심에서 보풀[繭黃: 견의]을 구입한다.73)

마늘 모종을 구입한다.

개미누에를 사서 연못[池]에 넣는다.74)

雨後看地溝5桑秧.

置備: 買糞謝桑.

買牛壅磨路平望.

腌青菜.

買繭黃南潯.

買蒜苗.

買蠶蟻入池.6

69) 매번 비온 뒤에 밭고랑을 살핌으로써, 논 사이의 배수 작업을 매우 중시하였다.

70) 역자주 '우옹마로(牛壅磨路)': 소 연자방아로 만든 거름이다('정월 기타 농사[雜作]'의 주석 참고).

71) '평망(平望)'은 지명으로, 지금의 강소성(江蘇省), 오강현(吳江縣)의 중부이다.

72) 역자주 '청채(青菜)'는 풋나물로 잎과 뿌리를 먹는 채소이다.

73) '견황(繭黃)'은 즉 '고치의 보풀[繭衣]'이다. 왕왈정(汪曰禎)이 『호잠술(湖蠶術)·택견(擇繭)』에 이르기를, "고치 밖의 실이 감겨 있는 것을 보풀[繭衣]이라고 하고, 민간에서는 이를 견황(繭黃)이라고도 한다. ㅡ동려주의 악부의 서문[董蠡舟樂府小序]에서 인용"이라고 한다. 또한 장행부(張行孚)가 『잠사요약(蠶事要略)·택견(擇繭)』에 이르기를, "견에서 고치를 켤 수 있다는 것은 고치 표면의 실[浮絲]을 다 벗겨내는 것이다[부사(浮絲)는 호남(湖南)에서 견황을 이르는 속칭이다]."라고 하였다. '남심(南潯)'은 지명인데, 지금의 오흥현(吳興縣)의 북부에 있다.

74) '잠의(蠶蟻)'는 어린누에로, 각종 물고기의 사료로 쓰인다. 청어(青魚)는 우렁이를 많이 먹고, 산천어[草魚]는 풀을 많이 먹지만, 어린누에는 각종 물고기가 모두 먹을 수 있다. 여기서는 아마도 어린누에를 가리키는 듯하다. 만약 살아 있는 것이라면, 가격이 높아 투자효율이 높지 않다. 위에서 2월에 우렁이를 사고, 여기서 다시 어린누에를 산다는 점을 보아 심씨의 지주 경영 어업의 규모가 작지 않음을 알 수 있다.

〈그림 13〉 잠두(蠶豆)

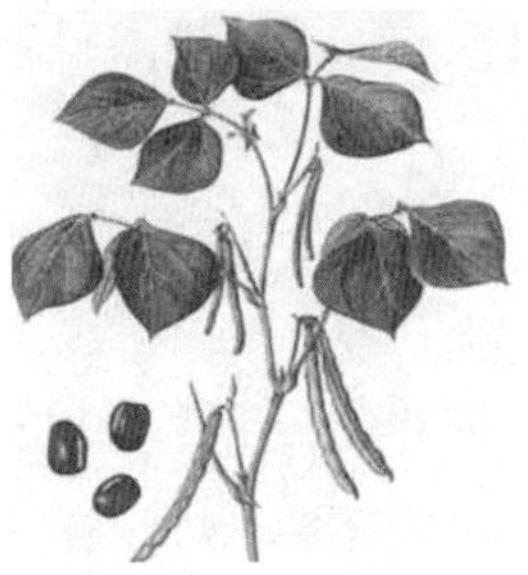

〈그림 14〉 팥[赤豆]

〈그림 15〉 청채(靑菜)

| 교 기 |

1 학해본에 '주앙전做秧田'과 '하종곡下種穀' 두 항목은 없고, '재상栽桑'이라는 항목이 있다.

2 '누에콩[蠶豆]'을 학해본에서는 '매두梅斗'라고 한다.

3 학해본에는 '간앙수看秧水'라는 항목이 없다.

4 '솔맥甩麥'을 학해본에서는 '할맥割麥'이라고 하였다.

5 학해본은 '우후간지구雨後看地溝'라는 항목을 '흐리거나 비 오는 날[陰雨]'조항에 넣었다.

6 학해본에는 별도로 '준음구과미浚陰溝過黴'와 '착루과미捉漏過黴'의 두 항목이 더 있다.

번 역

오월: 망종(6월 5~6일). 하지(6월 21~22일).

맑은 날: 사이갈이하여 제초한다.

뽕나무 묘목에 거름물을 준다.

오이・가지[瓜茄]류 모종에 거름물을 준다. 아울러 창포콩 등은 하지 이후 반달[半月] 동안은 거름물을 주면 안 된다.

흐리거나 비 오는 날: 밭의 풀을 뽑는다.

초당니草塘泥를 지고 가서 논밭에 낸다.[75)]

밭 가장자리 및 두둑의 풀을 베고 정리한다.

논일을 한다.

모를 찐다.

논에 모를 이앙한다.[76)]

기타 농사: 유채[77)]를 거두어들인다.

뽕나무의 곁가지를 제거한다. 아울러 잎을 가지런하게 한다.[78)]

原文

五月: 芒種. 夏至.

天晴: 刬地.

澆桑秧.

澆瓜. 茄秧幷蒲豆等惟夏至後半月不可澆灌.

陰雨: 拔地草.

挑草泥.

斫地灘幷塍脚.

下田.

拔秧.

種田.[1]

雜作: 打油菜.

扳桑附枝幷勻葉.

---

75) 겨울과 봄 사이 강에서 건져낸 진흙을 잡초 혹은 키운 녹비[綠肥: 화초]와 섞어, 부식시킨 후, 흐리거나 비 오는 날을 이용해 그것을 짊어지고 논밭으로 가서 한편에서는 비료로 쓰는데, 이 지역에서는 지금도 이를 '초당니(草塘泥)'라고 한다. 다른 한편에서는 흐리거나 비 오는 날의 한가한 시기를 충분히 이용하는 것으로, 지주가 인력을 경제적으로 이용하는 측면에 있어 정밀하고 계획적이라는 것을 알 수 있다.

76) 5월에 비로소 대규모의 논에 모내기를 하는데, 시기가 너무 늦다. 심씨의 벼 생산량이 더 이상 높아지지 않은 이유는 기술적인 면에서 이와 관계가 있다.

77) 역자주 유채(油菜): 청경채를 의미한다.

78) '부지(附枝)'는 곧 뽕나무 위의 곁가지이고, '반(扳)'은 곧 없앤다는 의미이다. 뽕나무에서 곁가지를 제거하는 것은 중요한 일이다. 이는 여름 뽕밭 관리 중 소홀히 할 수 없는 일 중 하나이다. 『중국상수재배학(中國桑樹栽培學)』(중국농업

사전준비: 장흥,[79] 감포[80]에서 보리를 사들인다.

삼베와 모시를 구입한다.

마늘식초용을 구입한다.

매실을 소금에 절인다.

소귀나무 열매[楊梅][81]를 훈제한다.

간장과 소금을 구입한다.

置備: 糴大麥長興、澉浦.

買苧麻布.2

買蒜醋用.

腌梅子.

薰楊梅.

買醬鹽.3

▎교 기▎

1 학해본에는 '발앙, 종전拔秧, 種田' 네 자가 없다.

2 학해본에서는 '매마포買麻布'라고 하고, 다른 본에는 모두 '매마저포買麻苧布'라고 했다. '마포麻布'는 구체적이지 않은데, 많은 종류의 마포가 있기 때문이다. '마저포麻苧布'도 알기 어렵다. '매저마포買苧麻布'라고 생각되는데, 이렇게 하는 것이 의미가 분명하다.

3 학해본에는 '매장염買醬鹽'이라는 항목이 없다.

과학원 잠업연구소편) 285쪽에서 말하기를, "여름에 가지치기는 적당하게 가지와 싹을 제거하고 싹이 트지 않는 마른가지를 제거하는 것이다."라고 하였다. 또한 "나무의 외곽[樹冠] 안쪽의 짧은 가지, 약해서 늘어진 가지, 병충해 입은 가지, 더불어 새로 자란 가지[生枝]와 마른 줄기[枯椿], 마른가지 등은 다 잘라내어 수관 내의 통풍과 채광을 좋게 하고, 병충해를 줄이며 잎을 채집하고 관리하는 것을 편하게 한다. 동시에 쓸데없는 가지를 줄여, 양분을 집중되게 한다."라고 하였다. 중국은 '뽕나무 곁가지를 자르는 것[扳桑附枝]'의 유구한 역사를 가지고 있다. 『후한서(後漢書)』「장담전(張湛傳)」에 곧 "뽕나무에는 곁가지가 없다[桑無附枝]."라는 말이 있는 것으로 보아, 중국의 가지치기 작업은 적어도 1900여 년 전에 이미 있었던 것을 알 수 있다. 역자주 수관(樹冠)은 나무줄기 윗부분의, 많은 가지와 잎이 달려 있는 부분이다.

79) '장흥(長興)'은 현의 이름이다. 지금의 가흥지구 경계의 서북부 지역이다.

80) '감포(澉浦)'는 지명이다. 지금의 절강성 해염현 경계의 남쪽 지역이다.

81) 역자주 양매(楊梅): 소귀나무과에 딸린 늘푸른큰키나무. 잎은 어긋맞게 나고 도피침형이며, 4월에 누르스름한 붉은 꽃이 암수딴그루에 핀다. 열매는 앵두처럼 둥근데 식용으로 쓰이며, 껍질은 물감으로 쓰인다. 산기슭 양지에 자란다.

번 역

유월: 소서(7월 7~8일). 대서(7월 23~24일).

맑은 날: 사이갈이하여 제초한다.

작두콩[梅豆]을 손으로 뽑아 수확한다.[82]

복(伏)일 이내에 유채밭을 갈아엎는다.[83]

첫 뽕나무 해충[頭蟥]을 집어낸다.

논을 김맨다.

흐리거나 비 오는 날: 논일을 한다.

기타 농사: 늦콩을 밀어버린다.

누런 삼대를 베어낸다.

종자를 누에콩, 작두콩, 대·소맥을 수확하여 저장한다.[84]

사전준비: 장을 만든다. 간장을 햇볕에 쬔다.

마른 뽕잎을 구입한다.[85]

야채와 오이[菜瓜[86]]류를 구입해서 장에 넣

原 文

六月: 小暑. 大暑.

天晴: 刬地.

拔梅豆.

墾倒種菜地伏內.

捏頭蟥.

鋤田.

陰雨: 下田.

雜作: 刬晚豆.[1]

斫黃麻梗.

收藏種子蠶豆、梅豆、大小穬麥.

置備: 合醬曬醬油.

定枯桑葉.

買菜瓜入醬.

---

82) 당시 콩을 수확하는 일에는 손을 사용했다. 이로써 수확도구가 낙후되어 있었음을 알 수 있다.

83) 역자주 『제민요술』「종촉개운대개자제이십삼(種蜀芥芸薹芥子第二十三)」참고.

84) '전맥(穲麥)'은 광서(光緖)『가흥부지(嘉興府志)』권32에서는 광맥(穬麥)이라고 하였다. 일설에는 보리[大麥]의 일종이라 한다. 즉 쌀보리[裸大麥]로 지금은 '원맥(元麥)'이라 통칭한다. 최식(崔寔)의 『사민월령(四民月令)』에 이르기를, 4월에 "쌀보리[穬麥]를 살 수 있다."라고 하였다. 주(注)에는 "보리에 껍질[皮]이 없는 것을 '광(穬)'이라 한다."라고 되어 있다. 역자주 보농서 주석본에는 최실(崔實)로 되어 있으나, 최식(崔寔)이 맞다.

85) '정고상엽(定枯桑葉)'은 부근 현(縣), 진(鎭)의 농촌에 가서 미리 겨울철의 마른 뽕잎을 사서 양의 사료로 만드는 것이다.

86) 역자주 채과(菜瓜, snake melon): 박과식물로 참외 종류 중 간장에 절이기에 알맞은 변종이다. 중국과 동남아시아 등지에 분포되어 있다.

는다.

준치[勒魚][87]를 구입해서 술지게미에 넣는다. 오이 말랭이[瓜乾]를 만든다.

메주[豆豉][88]를 만든다.

買勒魚入糟. 做瓜乾.

做豆豉.

〈그림 16〉 양매(楊梅)

〈그림 17〉 채과(菜瓜)

〈그림 18〉 준치[勒魚]

87) '륵어(鰳魚)'는 '준치'를 말한다. 지금은 '상어(鯗魚)' 혹은 '백린어(白鱗魚)'라 칭한다. 북방에서는 '회어(鱠魚)', '괴어(塊魚)'라 부르고, 남방에서는 '조백어(曹白魚)'라 하는데 입과 몸이 옆으로 납작하며 은백색을 띤다. 입은 위쪽에 위치해있고, 볼기지느러미는 길고, 배지느러미는 아주 작다. 배에는 각진 비늘[棱鱗]이 있다. 봄에서 초여름까지 외해에서 근해로 와서 산란한다. 중국 연안해에 골고루 분포되어 있다. 준치는 주요 식용어 중의 하나이다. 날 생선으로 판매되기도 하지만, 주로 소금에 절여 말린 고기를 실어와 판매한다.

88) 역자주 두시(豆豉): 콩을 발효시켜 메주를 띄우거나 청국(淸麴)과 비슷한 식품을 만드는 것인데, 『제민요술』 「작시법(作豉法)」에 의하면, 메주를 만드는 시기는 4, 5월이 가장 좋고 7, 8월이 그 다음이라고 한 것으로 미루어 보아 '두시'는 메주라고 해석하는 것이 바람직할 듯하다.

| 교 기 |

1 '괄만두刬晩豆'를 학해본에서는 '종만두種晩豆'라고 하였는데, 이는 잘못된 것이다. '4월' 초에 이미 '늦콩을 파종한다[浸(種)晩豆]'가 있는데, 한두 달 후에도 여전히 늦콩을 심는다면, 이는 너무 늦은 듯하다.

번 역	原 文
칠월: 입추(8월 7~8일). 처서(8월 22~23일).	七月: 立秋. 處暑.
맑은 날: 사이갈이하여 제초한다.	天晴: 刬地.
손으로 운탕耘盪을 이용하여 벼 사이를 써레질한다[盪田].	盪田.
논에 손으로 써레질하며 김맨다.[89]	芸田.

89) '탕전(盪田), 운전(芸田)'은 모두 중경제초(中耕除草)를 하는 것이긴 하지만 이 둘은 조금씩 차이가 있다. 탕전은 써레[耥杷]를 사용하는 것이다. 판상(板耥)과 승상(塍耥) 두 종류가 있다. 『남심지(南潯地)』 권21의 기록에 따르면, "탕파(盪杷)를 제작할 때 판의 길이는 1.5척(尺), 머리 쪽 폭은 2촌(寸), 끝 쪽의 폭은 3촌(寸)으로 판 밑에는 나란히 쇠못이 다섯줄 배열되어 있다. 위에는 대나무 장대가 부착되어 있으며 모종 사이의 빈 공간을 끌고 다니며 잡초뿌리를 최대한 뽑아내어 소생하지 못하게 한다."라고 한다. 운전은 즉 밭 사이의 풀을 제거하는 것으로 지금 현지 사람들은 이를 '김매기[耘田]'라고 부른다. 이 작업은 매우 힘든 것으로 사람이 무릎을 꿇은 채로 벼가 심어진 열을 따라 기어가면서 손으로 잡초를 뽑아내고 아울러 벼의 뿌리를 북돋운다. 『남심지(南潯地)』에 의하면, "탕전은 빈 두둑 사이를 끌고 당기며 제초하는 것으로, 매 층마다 심어 놓은 모들의 사이에 나거나 혹은 잔잔한 잡초가 났을 때는 탕으로 처리할 수 없다. 그래서 손수 김을 매어주어야 한다. … 상(搶)은 가로로 밀어 제초하는 것이고, 운(耘)은 세로로 꺾어 제초하는 것[攞]이다."라고 하였다. **역자주** 판상(板耥)은 판자가 달린 써레이고, 승상(塍耥)은 두둑사이로 써레질하는 데 이용하는 써레이며, 탕파(盪杷) 또한 써레의 일종이다.

두 번째로 출현한 해충을 집어낸다.

뽕나무를 가지치기 한다.

뽕나무가지를 묶어 지탱해 준다.

흐리거나 비 오는 날: 논일을 한다.

뽕나무 해충을 잡는다.

거름을 논에 운반한다.

뽕나무 가지를 전지한다.

뽕나무 가지를 묶어 지탱해 준다.

기타 농사: 덧거름[追肥]을 준다.[90] 밀과 홍당무의 모종을 심는다.[91]

물고기발을 설치한다.[92]

파를 심는다.

유채모종을 심는다.

사전준비: 상로에서 양에게 먹일 개보리풀[羊草][93]을 구입한다.[94]

捏二蟥.

修桑.

把桑.

陰雨: 下田.

捏蟥.

載壅.

修桑.

把桑.

雜作: 下接力. 下麥秧幷胡蘿蔔.

合魚1叢.

種葱.

下菜秧.

置備: 買羊草上路.

---

90) '하접력(下接力)', 즉 덧거름[追肥]을 주는 것이다. 모종이 분얼을 하거나 혹은 이삭이 나오기 전에 잎의 색이 누렇게 변할 때 속효성비료를 주어 이삭이 튼튼해지도록 한다.

91) 역자주 맥은 이미 7월 이전에 수확을 하고, 또한 맥은 모종을 파종하는 것이 아니므로, '하맥앙(下麥秧)'이라는 표현은 잘못된 것 같다. 이 부분이 기타 농사[雜作]부분에 등장하는 걸로 봐서 맥의 모종을 파종해서 다른 용도로 사용했을 가능성이 있다.

92) 물고기발을 설치하는 것이다. 물고기발은 집에서 사육하는 어류를 도둑맞지 않기 위한 일종의 조치로, 여름과 가을 사이에 나뭇가지나 대나무 줄기 등을 연못에 쌓아두어서 도둑이 그물을 쳐 물고기를 잡아갈 수 없도록 하는 것이다.

93) 역자주 개보리풀: 다년생 초본식물로 중국의 동북 지역, 한국, 몽골, 러시아 등의 지역에서 자라며, 말, 소, 양 등의 가축사료용으로 주로 쓰인다.

94) '상로(上路)'란 높은 곳을 말하는데, 호주수향(湖州水鄉)을 현지인들은 '하로(下路)'라 부르며, 동향(桐鄉)과 숭덕(崇德) 같은 지세가 약간 높은 곳을 현지인들은 '상로'라 부른다.

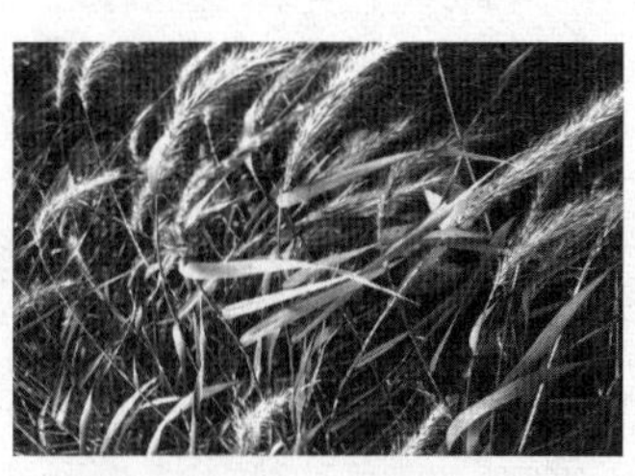

〈그림 19〉 개보리풀

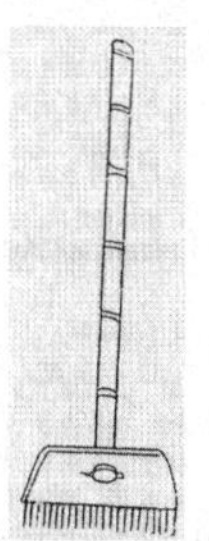

〈그림 20〉 운탕(耘盪: 왕정 『농서』)

| 교 기 |

1 '어魚'는 학해본에서는 '잠蠶'으로 쓰여 있다.

번 역

팔월: 백로(9월 8~9일). 추분(9월 22~23일).

맑은 날: 사이갈이하여 제초한다.

흙벽돌을 만든다.95)

八月: 白露. 秋分.

天晴: 刬地.

做泥磚.

95) '흙벽돌 만들기[做泥磚]'는 중요한 가내 부업생산의 하나이다. 벽돌을 만드는 데 드는 원가는 낮고 이윤은 높다. 해방기 이전까지 태호 평원의 경영지주들은 줄곧 이를 부업으로 삼아왔다. 『화동농촌경제자료(華東農村經濟資料)』 제1권(화동군정위원회토지개혁위원회(華東軍政委員會土地改革委員會, 1952), 415~416쪽에 다음과 같이 쓰여 있다. "벽돌을 만드는 원가는 극히 낮으며, 기술이 간단하여 쉽게 배울 수 있다. 모두 농한기에 작업하기 때문에 농업생산에 영향을 주지 않는다. 성에서 멀리 떨어지지 않고, 벽돌가마터와 인접하되 사람이 많은 곳에서는 날벽돌을 만드는 것이 주요한 부업이었다. 일반적으로 상반기에는 3월에서 5월까지 하반기에는 7월부터 9월까지 작업을 한다. 고급기술자라면 1년 중 농한기에 쌀 11섬에 달하는 날벽돌을 만들어낼 수 있는데, 원가인 한 섬을 제외하고도 열 섬이나 벌어들일 수 있다. 일반사람들도 6~7섬의 수익을 낼 수 있으

밭을 다시 갈아엎는다.

밭작물에 거름을 준다.

강의 진흙을 파내 논밭에 낸다.

하천 바닥에서 진흙을 퍼낸다.

홍당무를 뽑아낸다.

무를 파종한다.

유채모종을 흩어 심는다.

유채를 심는다.

흐리거나 비 오는 날: 밭가의 갈대를 베어 놓는다.[96]

밭에 깔 진흙을 하천바닥에서 퍼낸다.[97]

벼를 묶어세울 대나무 장대를 만든다.[98]

倒地.

下地壅.

挑[1]河泥.

罱泥.

刪[2]胡蘿蔔.

下白蘿蔔.

撒菜秧.

種菜.

陰雨: 斫地灘[3]蘆草.

罱地梗泥.

絞簥簽.[4]

며, 작업속도가 아무리 느리다 해도 3, 4섬은 벌 수 있다.[做磚成本極小, 技術簡單, 一學就會. 都在農閑時做, 不會影響農業生産. 在離城較近, 靠近磚窯而人多的地區, 做磚坯是其主要副業. 上半年一般從三月做到五月, 下半年從七月做到九月. 一個上等勞動力一年在農閑做磚坯可得米十一石, 除去成本一石米後, 尙可淨賺十石米. 一般人可賺六石到七石米, 最慢的也可賺三, 四石米.]"라고 하였다.

96) '노초(蘆草)'는 '노위(蘆葦: 갈대)'라고도 부르는데, 화본과의 여러해살이풀이다. 굵고 튼튼한 뿌리줄기가 땅속에 뻗어 있고, 잎은 길고 뾰족하다. 여름과 가을에 꽃이 피는데 그 모양은 원추화서(圓錐花序: 원뿔모양 꽃차례)이다. 큰 못이나 강변 혹은 길가에 자라고, 중국 및 전세계 온대지역에 걸쳐 넓게 분포되어 있으며, 땅을 보호하고 둑을 공고히 해주는 식물이다. 갈대는 일용연료공급원의 하나이며, 갈대줄기는 또 편직과 제지 등의 공업과 농촌의 소규모 건축 방면의 원재료이다. 갈대 뿌리줄기는 '노근(蘆根)'이라고 부르는데, 열을 내리고 화를 가라앉히는 약용으로도 쓰인다.

97) 역자주 전지에 사용할 진흙을 퇴적된 강바닥에서 퍼내거나 밭에 뿌리내린 갈대 등의 뿌리를 제거하는 작업이다.

98) '교첨(簥簽)'은 벼를 다발로 묶어세우는 데 쓰이는 도구로, 벼를 베기 전에 대나무 장대 세 개를 이용하여 삼각형으로 묶어두는데, 벼를 베고 나면 다발로 묶어 그 위에 세워둔다. 벼가 마를 때까지 기다렸다가 탈곡한다. 민국 『남심진지(南潯鎭志)』 권30을 인용한 『농사유문(農事幼聞)』에 다음과 같이 쓰여 있다. "벼는

발의 끈 및 분뇨통을 매는 끈을 엮는다.

기타 농사: 향부자를 뒤엎는다. 뿌리까지 제거한다.[99]

나무굼벵이를 잡아낸다.

수레에 기름을 친다.

발을 엮는다.

배를 수리한다.

누에콩을 밭가에 파종한다.

자운영 씨를 흩뿌린다.

논 두둑에 한두寒豆[100] 종자를 심는다.

복숭아나무를 접붙이기 한다.[101]

수탉을 거세한다.[102]

사전 준비: 벼를 묶어세울 대나무 장대와 벼를 걸쳐 말릴 깃대를 구입한다.

수확용구[稻鋏][103] 와 낫을 구입한다.[104]

押簾繩幷糞桶繩.

雜作: 翻千年久去根.

捉蛀虫.

抹車油.

押簾.

修船.

沉蠶豆地灘.

撒花草子.

下寒豆田塍. 5

接桃樹.

線鷄.

置備: 買篙簽幷稻杠.

買稻鋏幷鐮刀.

다발로 묶어야 하는데, 세 자루의 대나무장대에 나누어 펴놓는 것을 '교천(翹鑊)'이라고 부른다."

99) '천년구(千年久)'는 일종의 여러해살이 초본식물로서, '사초(莎草)'라고도 한다. 땅 속에 뿌리가 있어 생명력이 매우 강하기 때문에 반드시 땅 속 깊이 뒤집어 뿌리를 제거해야 하며, 해마다 뿌리를 제거하는 작업을 해야만 농작물에 대한 피해를 줄일 수 있다. 그러나 뿌리를 제거하기 매우 어려워 그 지역사람들은 이를 '천년구(千年久)'라고 부른다. 그 뿌리가 바로 '향부자(香附子)'인데 약용으로도 쓰인다. 동치년 『호주부지(湖州府志)』 권30에는 다음과 같이 기록되어 있다. "만약 땅에 '천년구'(그 뿌리를 곧 '향부자'라 한다)가 많이 자라 완전히 처리되지 않는다면, 삼복더위에 이를 갈아엎는다. 햇빛이 창창한 날 그 뿌리를 볕에 말리면 제거할 수 있다."

100) 역자주 한두(寒豆): 누에콩[蠶豆]의 다른 이름.

101) '접도(接桃)'는 복숭아나무를 접붙이는 것이다.

102) '선계(線鷄)'는 수탉을 거세하는 것을 말한다. 거세한 닭은 빨리 자랄 뿐만 아니라 살찌고 힘이 세다.

103) 역자주 절강지역에서 사용하는 낫과 같은 수확용구의 일종이다.

체와 키를 사둔다.[105)]
누룩을 배합한다.
채소를 절일 소금을 구입한다.
매운 향료를 구입한다.
계수나무를 적기에 구입해 둔다.
마름을 소금에 절여 둔다.

買篩籩.
合酒麴.
買菜鹽.
買辣火.
糴桂花.
腌6菱拇.

〈그림 21〉 향부자[千年久]

〈그림 22〉 남니(罱泥)작업

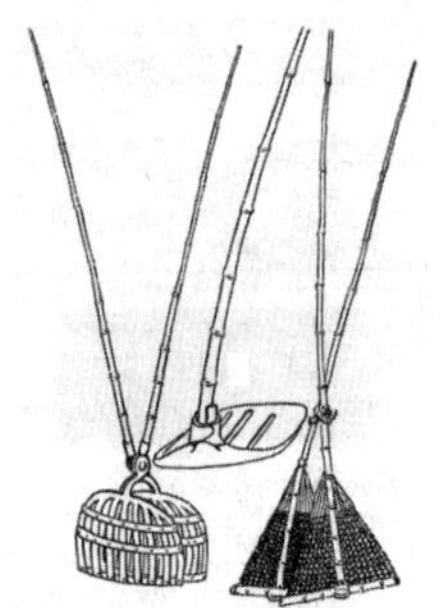
〈그림 23〉 강바닥의 진흙 채취 도구

104) '도협(稻鋏)'은 벼를 베는 농기구의 하나로 낫과 비슷하지만 같지는 않다. 철제 칼날과 나무 손잡이로 되어 있다.

105) '사(篩)'와 '변(籩)'은 모두 대나무로 만든 체와 같은 농기구로써, '사'는 구멍이 있는 것이고 '변'은 구멍이 없는 것이다. 역자주 어레미: 대오리, 철사 등을 엮어 만든 구멍이 숭숭 뚫린 용기로 가늘고 작은 덩어리는 밑으로 빠져나가고 비교적 큰 덩어리는 걸러낸다.

| 교 기 |

1 '도挑'는 학해본에는 '괄刮'로 되어 있다.

2 역자주 수확하는 '수收'자라고 해석할 수도 있는데, 왜 '삭刪'자를 중간에 썼는지는 알 수 없다.

3 역자주 양원선생집본楊園先生集本 『사고전서四庫全書』본에서는 '지토난地土難'으로 쓰여 있다.

4 '교첨簥簽'은 학해본에는 '고간篙竿'으로 나와 있으나, '교첨簥簽'을 잘못 쓴 것으로 보인다. 혹은 '고篙'자는 곧 '교簥'자를 잘못 쓴 것이고, '간竿'자는 '첨簽'자를 잘못 쓴 것이다.

5 '하한두전승下寒豆田塍'은 학해본에는 없는 항목이다.

6 역자주 양원선생집본楊園先生集本 『사고전서四庫全書』본에서는 '엄醃'자가 쓰여 있다.

번 역

구월: 한로(10월 7~8일). 상강(10월 22~23일).106)

맑은 날: 밭을 갈아엎는다.

올벼를 벤다.107)

原文

九月: 寒露. 霜降.

天晴: 墾地.

斫早稻.

106) 9월은 올벼를 수확하는 것과 보리, 밀, 유채를 심는 것이 교차되는 시기로 '농번기[忙月]'이다.

107) 9월에는 올벼를 수확하기 시작한다. 여기서 말하는 올벼란 실제로는 '중도(中稻)'(혹은 늦벼[晚稻])를 뜻한다. 『편민도찬(便民圖纂)』 「농무지도(農務之圖)」에 다음과 같이 말하였다. "한로 전후에 올벼를 수확하고, 상강 전후에 늦벼를 수확한다.[寒露前後收早稻, 霜降前後收晚稻.]" 이는 벼를 단지 올벼와 늦벼 두 기간으로만 나눈 것이다. 『오문사류(吳門事類)』에는 다음과 같이 말하였다. "오나라 풍속에는 춘분 후에 심고 대서 후에 수확하는 것을 올벼라 하고, 망종 후부터 하지까지 심고 백로 후에 수확하는 것을 중도라 하고, 하지 후 열흘 내에 심고

누에콩을 파종한다.

갈이하여 보리이랑[麥棱]을 만든다.108)

하천바닥의 진흙을 퍼낸다.

남아 있는 뽕잎을 모두 따낸다.

늦콩을 뽑아낸다.109)

비오거나 흐린 날: 흙벽돌을 지고 집으로 가져온다.

벼 탈곡장脫穀場을 만든다.

볏겨를 도정하여 벗겨낸다.

거름을 논에 운반한다.

하천 바닥에서 진흙을 퍼낸다.

침대에 깔 돗자리를 엮는다.110)

새끼를 꼬아 둔다.

기타 농사: 나무굼벵이를 잡아낸다.

대나무밭의 김을 맨다. 대나무의 가지치기를 한다.

논 가운데 볏짚이 섞여 있는 진흙[稻秆泥]을 나른다.111)

닭과 오리알을 품어서 부화시킨다.112)

沉蠶豆.

墾麥棱.

罱泥.

勒葉.

拔晩豆.[1]

陰雨: 挑泥磚到家.

做稻場[2].

打稻巴.

載壅.

罱泥.

押床簀.

絞繩索.

雜作: 捉蛀蟲.

鋤竹地修竹.

挑稻秆泥.

伏鷄鵝蛋.

한로 후에 수확하는 것을 늦벼라 한다.[吳俗以春分節後種、大暑節後刈者爲早稻, 亡種節後至夏至節種、白露節後刈者爲中稻, 夏至後十日內種、至寒露節後刈者爲晩稻.]" 이것은 올벼와 중도, 늦벼로 나눈 것이다. 이를 미루어 보아, 이는 한로에 수확한 벼로 중도(혹은 늦벼)이지 올벼라 할 수 없다. 왜냐하면 올벼는 2월 하순에 심고, 6월 하순에 수확하기 때문이다. 심씨(沈氏)는 올벼, 늦벼 두 가지로 나누었으므로 중도를 올벼에 포함시킨 듯하다.

108) 벼를 수확한 후에 곧 바로 보리와 밀을 심기 위해 밭을 갈아엎어 땅을 정돈하고, 도랑을 파고, 이랑을 지어 배수로를 확보하고 침수를 방지한다.

109) '뽕잎따내기[勒葉]'는 즉, 늦가을에 뽕나무에 남아 있는 모든 잎을 따내서, 마른 뽕잎을 호양(湖羊)의 월동 사료로 쓴다.

110) '상책(床簀)'은 침대에 까는 돗자리이다.

111) 역자주 논에 볏짚이 섞여 있어서 일반적인 진흙보다 거름기가 훨씬 많다.

솜을 탄다.

做絮.

사전 준비: 평망에서 소 거름[牛壅]113)을 구입한다

置備: 買牛壅平望.

서골絮骨을 구입한다.114)

買絮骨.

가지를 술지게미로 만든 장에 절인다.

糟茄醬.

풋콩을 훈제시킨다.115)

烘青豆.

산수유를 구입한다.

買茱萸.

대껍질로 절구를 동여맨다.116)

箍臼.

---

112) '복계아단(伏雞鵝蛋)'은 닭과 거위의 알을 품어서 부화시키는 것이다. 두 가지 용도가 있는데, 첫째, 계란을 부화시키는 것은 닭으로 키워 그 알을 식용으로 하기 위한 것으로 가계의 부업생산이다. 둘째, 거위를 키워 알을 낳게 하는 것은 거위 알을 숯으로 바꾸거나 판매하기 위한 것으로 상품가치를 지닌 부업생산이다.

113) 역자주 소 연자방아로 만든 거름이다('정월 기타 농사[雜作]'의 주석 참고).

114) 오래된 솜을 손으로 비벼서 굵고, 가늘고, 긴 모양 등의 줄을 엮어 문발 등과 같은 방한물품을 만드는데, 현지인들은 이를 '서골(絮骨)'이라고 부른다.

115) 풋콩[青豆]을 삶아 익힌 뒤 불에 훈제시켜 말려 염두(鹽豆)를 만든다. 동치년 『안길현지(安吉縣志)』 권8의 「물산(物産)·청두(青豆)」편에 다음과 같이 기록하고 있다. "풋콩[青豆]은 황두(黃豆)가 아직 다 자라지 않은 것을 말하는데, 푸른 것을 익혀서 훈제시킨 것으로 이를 홍두(烘豆)라고 하며, 건과류의 일종이다." 민국 『복원지(濮院志)』 권15의 「물산(物産)·황두(黃豆)」편에는 다음과 같이 말하고 있다. "이는 신선한 풋콩을 소금을 넣어 쪄서 말린 것으로 납작한 모양에 파란색을 띠며 맛이 감미롭고 부드럽다. '훈두(薰豆)'라고 칭하는데, 다른 지역에도 많이 있으나 복진(濮鎭)의 것이 가장 뛰어나다." 역자주 현대 중국어에서는 염두(鹽豆)란 황두를 물에 삶아 소금과 고춧가루 등을 넣어 발효시킨 청국장의 일종으로 소개되어 있다. 그러나 여기서 말하는 염두란 재료와 제조방법이 조금씩 다르다. 여기에서 말하는 '염두'는 어린 황두 즉 청대콩을 삶아 불에 쬐어 말린 건과류의 일종이다.

116) '절구[臼]'는 돌로 만들어진 것으로 쌀을 찧는 도구(전통적인 쌀 도정 기구)이다. '고구(箍臼)'란 대나무 껍질로 절구를 동여매어 깨어지는 것을 방지하는 것이다.

〈그림 24〉 산수유[茱萸]

〈그림 25〉 벼 말리는 시렁(笐, 왕정농서, 460쪽)

| 교 기 |

1 학해본에는 '발만두拔晩豆'라는 항목이 없다.

2 '장場'은 학해본에는 '지地'로 쓰여 있으나, 연려각然藜閣본에서는 '장場'으로 쓰여 있고 다른 본에서도 '장場'으로 쓰여 있어서 마땅히 '장場'으로 쓰는 것이 합당하다. '탈곡장[稻場]'은 농가에서 곡식을 탈곡하거나 바람과 햇볕에 말리거나 쌓아두는 곳이다.

번 역

시월: 입동(11월 7~8일). 소설(11월 22~23일).

맑은 날: 벼를 베어낸다.

갈이하여 보리이랑[麥棱]을 만든다. 맥(麥) 파종하고 유채를 파종한다.

유채와 밀 및 무에 거름물을 준다.

곡식을 햇볕에 말린다.

밭을 갈아엎는다.

原文

十月: 立冬. 小雪.

天晴: 斫稻.

墾麥棱沈麥, 種菜.1

澆菜麥及蘿蔔菜.

曬穀.

墾地.

흐리거나 비 오는 날: 벼를 탈곡한다.117) | 陰雨: 甩稻. 2

쌀을 도정한다.118) | 做米.

갈대를 벤다. | 斫蘆.

통가리를 만든다.119) | 縛囤.

새끼줄을 꼰다. | 絞繩索.

하천바닥의 진흙을 퍼낸다. | 罱泥.

기타 농사: 팥[赤豆]과 늦콩을 뽑아낸다. | 雜作: 拔赤, 晩豆.

갓과 청채를 심는다. | 種芥菜, 青菜.

토란을 파내어 종자를 저장한다. | 起芋藏種.

마름을 캐서 종자를 받아 놓는다. | 采菱留種.

(쳐 놓은)물고기발을 꺼낸다. | 起魚叢.

사전준비: 동향, 해녕에서 (뽕나무)마른 잎120)을 사온다.121) | 置備: 買枯葉桐鄉、海寧.

산리에서 땔감을 구입한다. | 買柴草 3 山裏.

평망에서 소 거름[牛壅]122)을 구입한다 | 買牛壅平望.

채소를 소금에 절여 말린다. | 腌菜乾.

---

117) '솔도(甩稻)'는 벼 절구통을 이용해서 벼를 찧는 것을 말하며 이는 곧 벼를 탈곡하는 것으로 이곳 사람들은 '관도(摜稻)'라고도 부른다. 역자주 탈곡기[稻桶: 탈립공구].

118) '주미(做米)'는 쌀 가공작업을 뜻한다. 『편민도찬(便民圖纂)·경획류(耕獲類)』에 이르기를, "'매통 돌리기[牽礱]'란, 벼타작마당에서 벼훑이[稻床]를 사용하여 벼를 훑어낸 뒤 햇볕에 말리고 바람에 찌꺼기를 제거하고, 흙이 매통 밑에 쌓이지 않도록 쭉정이와 겨를 까불려서 제거한 후, 체로 걸러내어 깨끗해지면 다시 절구질하는 것을 말한다."라고 한다.

119) '박돈[縛囤]'은 월동 식량을 저장하기 위해 통가리를 만드는 것이다. 역자주 통가리는 쑥대나 싸리, 뜸 따위를 새끼로 엮어 땅에 둥글게 둘러치고 그 안에 감자 따위의 곡식을 채워 쌓은 더미를 가리킨다.

120) 역자주 여기에서 마른 잎은 뽕나무의 마른 잎을 지칭한다.

121) '해녕(海寧)'은 현(縣)의 이름으로 지금의 가흥(嘉興) 남부에 있다.

122) 역자주 앞의 주 113)을 참조하라.

시월백을 주조酒造한다.123) 무를 말랭이로 만든다.

인근의 각 고을에서 (소가 밟은 거름인) 마로를 구입한다.124)

做酒十月白. 做蘿蔔菜乾.4

租窖各鎭.

〈그림 26〉 통가리

〈그림 27〉 탈곡기[攢稻]

| 교 기 |

1 '침맥, 종채沈麥, 種菜'는 학해본에는 없는 항목이다.

2 '솔도甩稻'는 학해본에는 '애도磑稻'로 나와 있다.

3 역자주 양원선생집본楊園先生集本 『사고전서四庫全書』본에서는 '초시草柴'라고 쓰여 있다.

4 역자주 양원선생집본楊園先生集本 『사고전서四庫全書』본에서는 '채건菜乾'이 큰 글자로 쓰여 있다.

123) '시월백(十月白)'은 오(吳) 지역 일대의 고급술이다.

124) '조교(租窖)'는 인근 마을의 거름 저장 구덩이[租糞窖]에서 거름을 구매하여 비료의 양을 추가 확보하는 것을 말한다. 그 곳의 읍[集鎭]에는 예컨대 기름집, 양조장, 연자방앗간 등과 같은 수공업 작업장이 있어 항상 소의 힘을 이용해서, '마로를 저장하는[窖磨路]'(본서의 「월별 농사일 · 정월」 부분의 주석을 참고할 것) 풍습이 있다. 여기서 말하는 '조교'는 소의 힘을 이용한 '마로'의 구덩이로, 소의 마리수를 계산단위로 삼는다. 본서의 뒷부분인 「양잠과 잡무[蠶務]」의 제9단에 "돼지와 양을 많이 기를 수 있고, 1년에 거름을 … 이는 거름을 생산하는 소 우리와 서로 비교하면 소 20여 마리의 우리와 맞먹을 수 있다.[多養豬羊, 一年得壅 肥料 … 比之租窖, 可抵租牛二十餘頭.]"가 바로 그러한 예이다.

번 역

십일월: 대설(12월 7~8일). 동지(12월 22~23일).

맑은 날: 갈이하여 유채이랑을 만든다. 유채를 파종한다.[125]

보리・밀・유채 밭의 고랑을 정돈한다.[126]

보리와 밀을 파종한다.[127]

곡식을 햇볕에 말린다.

밭을 갈아엎는다.

하천바닥에서 진흙을 퍼낸다.

흐리거나 비오는 날: 쌀을 도정한다.

쌀을 2차 도정한다.[128]

새끼줄을 꼰다.

통가리를 만든다.

뽕나무의 외뢰碨磊를 잘라낸다.[129]

原文

十一月: 大雪. 冬至.

天晴: 墾菜稜種菜.

提菜麥溝.

種大小麥.

曬穀.

墾地.

罱泥.

陰雨: 做米.

打米.

絞繩索.

縛囤.

截桑碨磊.

125) 11월이 되어서 유채를 심는 것은 너무 늦다. 8월부터 10월까지 계속 유채를 심는데, 올벼와 늦벼를 수확하는 시기가 일정하지 않기 때문에 유채 역시 한꺼번에 다 심을 수 없다. 이는 각종 농작물의 파종과 수확에 시기적인 모순이 있고 또 유채 수확량이 두루 증산되지 못하는 원인 중의 하나이다.

126) 보리와 밀, 유채를 심은 후에 밭고랑을 정돈하고, 토양의 습기를 조절하기 위해서 '밭 사이의 배수작업[田間排水]'에 주의하는 것이다.

127) 음력 11월이 되어도 여전히 보리와 밀을 파종하는 것은 늦은 감이 있다. 이 역시 각종 농작물의 수확과 파종의 시기적인 모순으로 인해 야기된 것이다.

128) '타미(打米)'는 벼의 두 번째 가공작업으로, 첫 번째 '주미(做米)'로 얻어진 것이 현미[糙米]이고, 두 번째 '타미' 작업을 통해 '정미(精米)' 혹은 '백미[熟米]'가 된다. 과거에는 백미를 만들 때 현미를 절구에 넣어 찧었다.

129) 지난 뽕나무 가지를 전지하거나 잎을 딸 때, 대체적으로 고정적인 몇몇 부위의 가지를 잘라낸다. 잘라낸 횟수가 많아지면 그 밑동[基部]이 마치 주먹과 같은

뽕나무의 해충을 긁어내어 제거한다.	刮蟥.
물고랑을 정돈한다.[130]	提溝.
거름을 논에 운반한다.	載壅.
하천바닥의 진흙을 퍼낸다.	罱泥.
기타 농사: 간익芊茷[131]을 베어낸다.[132]	雜作: 斫芊茷[1]
겨울에 양에게 먹일 마른 뽕잎을 운반해 온다.[133]	載羊葉.
논 가운데 볏짚이 섞여 있는 진흙[稻稈泥]을 나른다.[134]	挑稻稈泥.
씨앗으로 쓸 곡물[種穀]을 저장해 둔다.[135]	藏種穀.

형태가 되는 데 이런 주먹모양을 속칭 '외뢰(磈磊)' 또는 '괴뢰(傀儡)'라고 부른다. 뽕나무의 '외뢰'는 쉽게 부패되기 때문에 겨울이 되면 그 부분을 잘라낸다.

130) 날씨가 맑은 날에도 물고랑을 만드는 데 주의했으며, 흐리거나 비 오는 날 역시 수시로 물고랑을 정리해 주는 점을 보아 심씨(沈氏)는 배수 작업을 특별히 중시했다는 것을 알 수 있다.

131) 역자주 '간익(芊茷)'이라고 읽기는 하였으나, 두 번째 글자 '익(茷)'은 정확한 음을 알 수 없다. 다만 학해본에 '양익(羊芅)'으로 나와 있는 것을 참고하여 '익'으로 읽었다. '익(芅)'이란, 한자사전에는 양도(羊桃)를 일컫는 것으로, 괭이밥과에 속하는 여러해살이 만초(蔓草)를 뜻한다. 중국어 사전에는 '익(芅)'은 고문에서 보이는 일종의 식물로서, 참다래[=키위]를 뜻한다고 한다.

132) '간익(芊茷)'은 여러해살이[宿根] 화목과(禾木科) 식물로서, 키는 5~6척(尺) 또는 10척[丈] 정도이며 땔나무나 소형건축자재로 쓰인다.

133) 호양(湖羊)의 월동에 쓸 마른 뽕잎으로 동향(桐鄕)과 해녕(海寧) 등의 현에서 운반해 온다.

134) 역자주 건축용 재료로써, 벽을 바르는 등의 용도로 쓰였을 것이다.

135) 11월 말이 되어서 종자로 쓸 곡물을 저장하는 것은 섬세한 작업이다. 이렇게 늦게 곡물의 종자를 보관하는 것은 역사적 근거가 있다. 『천공개물(天工開物)』 「내립(乃粒)」 제1권에 다음과 같이 기록되어 있다. "올벼의 씨앗을 초가을에 저장할 때, 오후에 뙤약볕의 열기가 남아 있을 때 곳간 닫는 것이 너무 급하면, 씨앗이 열기에 끈적끈적해진다. 부지런한 농가가 오히려 이런 피해를 입게 된다. 이듬해 논에 거름이 있으면 토맥(土脈)이 달아오르고, 동남풍의 따뜻한 기운을 받아 뜨거운 열기를 뿜어내면 모종을 그르치게 되어 봉변을 당하게 된다. 만약 종자가 서늘해질 때를 기다렸다 곳간에 보관을 하거나, 혹은 … 얼음물을 저장

해 두었다가, … 청명에 … 물을 뿌려주면, 바로 열기가 해소되는데, 동남풍의 따뜻한 바람을 견뎌내면, 모종은 다른 것에 비해 더 뛰어나다.[凡旱稻種, 秋初收藏, 當年曬時, 烈日火氣在內, 入倉廩中, 關閉太急, 則其種黏帶暑氣. 勤農之家, 偏受此患. 明年田有糞肥, 土脈發燒, 東南風助暖, 則盡發炎火, 大壞苗穗, 此一災也. 若種穀晚涼入廩, 或 … 收貯雪水, … 淸明 … 激灑, 立解暑氣, 則任東南風暖, 以此苗淸秀異常矣.]"고 하였다.

종자를 얼음물에 담가두는 방법은 명・청대 이후의 농서 및 관련 저작에서도 많이 거론되었다. 위로 거슬러 올라가 보면, 현존하는 자료 중 가장 이른 것으로는 송대 소동파(蘇東坡)의 『격물추담(格物麤談)』(원대 사람들은 이를 소동파의 명의를 도용한 본이라고 말하며, 실제로는 1270년 전후의 작품이다)에서도 이미 "얼음물에 오곡의 씨앗을 담가두면, 가뭄을 견뎌내고, 벌레가 생기지 않는다[雪水浸…五穀種, 耐旱, 不生蟲]."고 지적하였다. 또 1240년 전후에 발간된 『조섭류편(調燮類編)』에도 "미리 얼음물을 저장해 두었다가 볍씨를 담가두면 벌레가 생기지 않는다.[豫(預)蓄雪水浸稻(種)則不生蟲.]"고 하였다.

눈물[雪水]에 씨앗을 담가두면 생산량을 늘릴 수 있다는 것은 중국농업생산사의 경험이 낳은 산물이다. 이러한 방법이 타당성이 있다는 것을 현대과학의 실험을 통해서도 증명할 수 있다. 눈물[雪水]은 일종의 생물 생장호르몬제이다. 눈물[雪水]에 씨앗을 담가두면 종자가 발아되는 비율이 40% 이상 올라가고, 온실에서 눈물[雪水]을 오이에 뿌리면 생산량이 210%까지 올라간다. 눈물은 동물에게도 자극작용이 있다. 눈물을 마시는 암탉은 수돗물을 마시는 암탉에 비해 계란생산량이 두 배에 달하며, 계란의 크기도 더 굵다. 돼지에게 눈물을 먹이면 생장속도가 빠르고 튼튼해지며 살이 오른다.

생물물리학자의 분석에 따르면 눈물[雪水]의 효능이 이렇게 뛰어난 이유는 눈물[雪水]에는 중수(重水)가 적게 함유되어 있기 때문이라고 한다. 중수는 생물생장을 억제하는 작용이 있다(자세한 내용은 『인민일보(人民日報)』 1963년 2월 3일판 및 『과학통보(科學通報) 1962년 제11기』 참고).

고대에는 또 높이 매달아서 종자를 보관하는 방법이 있는데, 『왕정농서(王禎農書)』 「농상통결(農桑通訣)・파종(播種)」편에 이르기를, "매년 곡식을 거둘 때는 그 중 잘 여물고 견실하고 속이 알찬 기타 잡곡이 섞이지 않은 곡식을 골라 햇볕에 잘 말려 높고 서늘한 곳에 보관했다가 청명절이 되면 꺼낸다.[每歲收種, 取其熟好堅實無秕不雜穀子, 曬乾藏置高爽處, 至淸明節取出.]"라고 하였다. 『제민요술(齊民要術)』 「수종제이(收種第二)」에 또 "이삭의 빛깔이 아주 선명한 것들을 골라 베어낸 뒤 높은 곳에 걸어 두었다가 봄이 되면 꺼내어 쓴다.[選好穗色純者劁刈高懸之, 至春治取.]"라고 하였다. 『범승지서(氾勝之書)』에서는 "항상 겨울에 눈물[雪水]을 저장했다가 용기에 담아 땅 속에 묻어두어서, 파종할 때 쓰는 것이 이와 같으면 평년보다 2배를 수확할 수 있다.[常以冬藏雪汁, 器盛埋於地中, 治種如此, 則收常倍.]"라고 하였다. 중국의 농민들이 종자를 보관하는 좋

사전 준비: (소가 밟은 거름인) 마로를 구입한다.

쌀 싸라기를 구입해 둔다.[136]

소금에 절인 채소[137]를 밟아 누른다.

게와 술지게미에 절인 게를 구입한다.[138]

향기로운 등자나무[139]를 구입한다.

벼의 겉겨와 숯가루를 구입한다.

생선을 소금에 절여 말리고, 훈제고기를 만든다.

겨를 구입해 둔다.

置備: 租窖.

糴白粞.

踏鹽齏菜.

買蟹、糟蟹.[2]

買香橙.

糴礱糠、炭屑.[3]

做風魚、火腿.

糴糠.

은 방법은 두 가지가 있다. 첫째는 이삭을 높은 곳에 매달아 종자를 건조시키는 것이고, 둘째는 용기에 종자를 보관하여 땅 속 깊이 묻었다가 눈물[雪水]이나 찬물에 담그는 것이다. 청대에 이르기까지 이 두 가지 방법이 모두 사용되었다. 역자주 〈화학〉 '중수(重水)'란, 중수소와 산소의 결합으로 만들어진 물이다. 보통의 물보다 무겁고, 끓는점과 어는점이 높다. 원자로의 감속재로 쓴다. 화학식은 D_2O이다.

136) '백서(白粞)'는 즉 쌀 싸라기를 말한다. 동치(同治)년의 『호주부지(湖州府志)』 권32의 「물산(物産)」에는 현미 싸라기를 일컬어 '조서(糙粞)'라고 하는데, 이는 주정을 만드는 데 쓰이며, 백미의 싸라기를 '백서(白粞)'라고 하는데, 이를 가지고 맥아당이나 떡, 과자를 만든다고 되어 있다.

137) 역자주 잘게 다진 채소는 주로 생강이나 마늘 등이다.

138) '조해(糟蟹)'는 남방의 부식품(副食品) 중의 하나이다. 조해는 술지게미를 사용하여 게를 가공 처리하여 만든다. 게는 남송 이후에 소농가에서나 부업으로 여겨왔으나, 일반 농가의 경제생활에서는 중요한 지위를 차지하지는 못하였다. 그러나 남송(南宋) 이전에는 게가 오(吳)지역 전체 사람들의 경제생활에서 어느 정도 중요한 지위를 차지하고 있었다.

139) 역자주 향등(香橙) : 운향과의 상록 활엽 교목. 높이는 3미터 정도이고 가시가 있으며, 잎은 두껍고 귤나무의 잎보다 크다. 첫여름에 흰 오판화(五瓣花)가 총상(總狀) 꽃차례로 잎겨드랑이에서 피고, 열매는 둥근 장과(漿果)로 겨울에 노랗게 익는다. 열매는 발한제, 건위제, 조미료, 향료로 쓴다. 원산지는 인도이며 따뜻한 지방에서 자란다.

교 기

1 '간익芉芅'이 학해본에는 '양익羊芅'으로 되어 있으나, 학해본이 잘못 간행된 듯하다.

2 역자주 양원선생집본楊園先生集本 『사고전서四庫全書』본에서는 '조해糟蟹'가 작은 글자로 쓰여 있다.

3 학해본에는 '롱강 탄설礱糠 炭屑'이라는 항목이 없다.

번 역	原 文
십이월: 소한(1월 6~7일). 대한(1월 20~21일).	十二月: 小寒. 大寒.
맑은 날: 밭작물에 거름을 준다.	天晴: 下地壅.
휴한지를 갈아엎는다.140)	墾坂田.

140) 겨울에 휴한지에 봄꽃이나 풀을 심지 않는 것을 속칭 '판전(坂田)'이라고 한다. 겨울을 날 때의 휴한지를 12월이 되어서야 일구는 것은 역시 늦은 감이 있다. 『천공개물(天工開物)·내립(乃粒)』 제1권에 이르기를, "논의 벼를 베어 수확을 하고 나서 다른 작물을 심지 않을 경우에는 마땅히 그 해 가을에 밭을 갈아엎어서, 묵은 그루터기를 부식시키면 거름의 효과는 배가 된다. 혹 가을에 가물어 물이 없거나 농사를 게을리 하여 봄갈이를 하게 되면 수확량은 적어진다.[凡稻田刈獲不再種者, 土宜本秋耕翻, 使宿稿化爛, 敵糞力一倍. 或秋旱無水及怠農春耕, 則收穫損薄也.]"라고 하였다. 『택농요록(澤農要錄)』 권3에서는 "논에 수확이 늦어져, 10월에 수확이 완료되면 곧 맑은 날 물이 없는 때를 골라 논을 갈아엎는다. 이때는 물의 깊이를 조절하여 항상 흙덩이가 반쯤 수면위로 올라오게 하는데, 얼었던 흙이 햇볕을 받아 쉽게 부서지며, 음력 2월에 흙 속의 양분이 일어나면 다시 밭을 일군다. 또 일등급 논이 있는데, 진흙이 심하게 깊어 소가 빠져 헤어 나오지 못할 것 같으면 논에 벼 깃대를 가로로 놓고 사람이 그 위에 올라서서 가래질을 한다.[下田熟晩, 十月收刈即畢, 即乘天晴無水而耕之, 節其水之淺深, 常令塊土半出水面, 日曝雪凍, 土乃蘇碎, 仲春土膏脈起, 即再耕治. 又有一等水田, 泥淖極深, 能陷牛畜, 則以稻杠橫亘田中, 入立其上而鋤之.]"라고

첫 뽕나무 해충을[141] 긁어내어 제거한다.

유채밭에 거름물을 준다.[142]

하천바닥에서 진흙을 퍼낸다.

흐리거나 비 오는 날: 하천 바닥에서 퍼낸 진흙을 간익芊茷이 자란 밭가에 넣어준다.

거름을 논에 운반한다.

뽕나무를 가지치기하고 해충을 긁어내어 제거한다.

쌀을 절구질한다.[143]

刮頭蟥.

澆菜.

罱泥.

陰雨: 罱泥上芊茷灘.

載壅.

修桑刮蟥.

打米.

하였다. 결론적으로 겨울의 휴한지는 반드시 되도록 빨리 밭을 갈아엎어 주는 것이 좋다. 이렇게 하면 경지를 햇볕에 말리고, 언 땅의 숨을 터주고, 해충을 없애고, 병을 줄이는 효과를 거둘 수 있어 작물의 생장발육에 유리하다.

141) 역자주 두황(頭蟥): 뽕나무 해충의 생활과 습성에는 일화성(一化性)과 이화성 그리고 삼화성이 있는데, 대개 알을 덮어 겨울을 넘긴다. 강소, 절강 일대에 이화성이 많이 생기는데, 제2대의 유충이 가장 심하게 피해를 주고, 제3대 유충은 피해를 주는 정도가 감소한다. 일반적으로 다음해 6월 초에 부화되기 시작하여 제1대 유충이 6월 하순에 부화되어 가장 번성하는데, 이것을 '두황(頭蟥)'이라 한다. 7월 중순에는 번데기가 되어 하순에는 날개가 나고, 산란을 한다.

142) 유채에만 거름물을 뿌리는 것으로, 맥류에는 밑거름을 충분히 주었기 때문에 정월에 1차로 덧거름[追肥]을 주면 되므로 12월에는 거름물을 줄 필요가 없다. 따라서 정월과 10월에 '요채맥(澆菜麥)'으로 되어 있는 것은 보리와 밀과 유채에 동시에 오줌물을 뿌리는 것으로써, 단지 '요채(澆菜)'라고 하는 것은 유채에만 거름물을 준 것이고 보리나 밀에는 뿌리지 않았다는 것이다.

143) 12월에 쌀을 절구질하는 것이 '동용(冬春)'이다. 이 시기에 쌀을 찧어 두는 것이 좋다고 전해진다. 겨울이 지나고 나서 절구질하는 것은 쌀을 손상시킬 우려가 커진다. 『편민도찬(便民圖纂)』「경획류(耕獲類)」에 "쌀 절구질: 해를 넘기기 전에 백미를 절구질하는 것을 '동용(冬春)'이라고 하는데, 이 때 절구질하게 되면 쌀이 둥글고 깨끗하다. 만약 봄이 되어서 절구질을 한다면 쌀이 발아되거나 심지어는 못쓰게 된다.[春米: 殘年內春白者, 謂之'冬春', 其米圓淨, 若來春春, 則米穀發芽, 甚是虧折.]"라고 하였다. 『농포편람(農圃便覽)』에도 이르기를 "벼는 겨울에 절구질하는 것이 좋다. 만약 봄기운이 돌게 되면 벼가 발아되기 시작하여 쌀이 부실해지며, 절구질을 하면 쉽게 부서지게 된다.[稻宜冬春. 若春氣動, 則稻芽浮起, 米粒不堅, 春必多碎.]"라고 하였다. 다만 이와 같은 견해가 도리에 합당한지는 알 수 없다.

새끼줄을 꼰다.

기타 농사: 유채와 맥류를 심을 밭에 남아 있는 벼뿌리를 제거한다.[144)]

나뭇가지를 벤다.

밭 가장자리와 두둑을 깎아 정리한다.

울타리를 엮는다.

연못에서 수차로 물을 퍼 올린다.

사전 준비: 느릅나무를 구입한다.

12월에 장작을 구입한다.[145)]

12월에 소금을 구입한다.

재와 인분을 뒤섞는다.

12월에 돼지기름을 가흥에서 구입한다.

과지過地[146)]의 부추 모종을 구입한다.

호주好酒를 만든다.[147)]

식초를 만든다.

絞繩索.

雜作: 了田菜麥田剩下者.

斫樹枝.[1]

削地灘脚塍.[2]

編籬笆.

車池潭.

置備: 買榆樹.

買臘柴.

買臘鹽.

換灰糞.

買臘猪油嘉興.

買過地韭秧.

做好酒.

做醋.

144) '요전(了田)'은 논 속의 볏짚에 남아 있는 뿌리를 제거하는 작업이다. 유채와 맥류를 심을 때 이미 볏짚뿌리를 제거하였으나 유채나 맥류를 심지 않고 겨울을 나는 휴한지는 12월에 이 작업을 진행하는데, 이를 가리켜 '요전(了田)'이라고 한다. '요전'과 겨울갈이[冬墾]는 서로 비슷한 작용을 한다. 광서(光緖)년에 왕일정(汪日禎)이 지은 『남심진지(南潯鎭志)』 권21 「농상(農桑)」에는 다음과 같이 적혀 있다. "겨울에 논을 갈아엎지 못했다가 모내기할 때가 되어서야 손으로 뒤집는 것을 일컬어 '선추전(筅帚田)'이라고 하였는데, 볏짚뿌리가 여전히 남아 있다.[有冬不及墾, 直至挿秧時爬轉者曰'筅帚田', 以稻根尙留也.]"

145) 음력 12월을 흔히 '납월(臘月)'이라고 부른다. 이 때 구입해두는 물건들에 종종 '납(臘)'자를 붙인다. 예를 들면 "섣달 소금을 산다.[買臘鹽.]", "섣달 장작을 산다.[買臘柴.]", "섣달 기름을 산다.[買臘油.]" 등이 있다.

146) 역자주 과지(過地)의 정확한 뜻은 알 수 없지만, 지명일 가능성이 있다.

147) '호주(好酒)'는 설에 판매할 술을 만드는 것이다. 심씨는 계절에 따라 각기 다른 술을 만들었다. 정월에는 '조주(糟酒)'를, 시월에는 '시월백(十月白)'을 만들었으며, 연말에는 시장에 공급할 '호주(好酒)'를 만들었다.

| 교 기 |

1 학해본에는 '작수지斫樹枝' 앞에 '비備'자가 한 자 더 있다.

2 학해본에는 '각승脚塍' 뒤에 '후춘령주候春另做'라는 네 글자가 있다.

교석자 고찰

심씨沈氏는 대규모의 경영지주이다. 그는 농업을 경영하는 것 외에도 가내수공업의 생산도 겸하였다. 방직(「양잠과 잡무[蠶務]」의 제4단락을 참고할 것) 외에도 증류주[燒酒]를 만들고, 유채기름을 짜고, 훈제고기와 흙벽돌을 만드는 등의 상품성 부업생산도 겸하였다. 이를 통해 심씨의 신분은 경영지주를 겸한 가내수공업의 업주였다는 것을 알 수 있다. 소금에 채소를 절이고 매실을 소금에 담근다든지 장을 만들고, 메주를 뜨고, 양매楊梅[148]를 훈제하고, 계수나무 꽃에 연기 나는 불을 피우는[날화(辣火)] 등의 가공작업은 순전히 가정의 일상적인 경영에 속한다.

---

148) 역자주 양매(楊梅): 소귀나무과에 딸린 늘푸른큰키나무. 잎은 어긋나게 나고 도피침형이며, 4월에 누르스름한 붉은 꽃이 암수 딴그루에 핀다. 열매는 앵두처럼 둥근데 먹을 수 있으며, 껍질은 물감으로 쓰인다. 산기슭의 양지에서 자란다.

토지이용방법 [運田地法][149)]

번 역

제1단 본 단은 논의 심경, 지력유지의 원리를 설명한 것이다.

옛말에 "깊게 갈고 자주 김을 맨다."라고 하였으니,[150)] 이는 전지田地를 모름지기 깊이

原 文

第一段 本段是說明稻田深耕, 保肥的原理.

古稱"深耕易耨", 以知田地全要墾深.

149) 토지를 어떻게 이용하는가에 대해 설명한다.

150) "심경이누(深耕易耨)"는 원래 『맹자(孟子)』「양혜왕(梁惠王)」편에서 보인다. '경(耕)'은 밭의 흙을 성글게 갈아엎는 것이고, '누(耨)'는 흙을 부수고, 사이갈이를 하고, 김을 매는 것이다. 『여씨춘추(呂氏春秋)』「임지(任地)」편에는 "오경오누(五耕五耨)"를 해야 한다는 말이 있다. '이(易)'는 적합한 시기를 뜻하며, 세밀하다는 의미이다. 『경의술문(經義述聞)』에서는, "이(易)는 급하다, 빠르다는 의미이다."라고 한다. 『관자(管子)』「탁지(度地)」편에는, "대서(大暑)에 이르면, 빨리 김을 매어 잡초를 없앤다."라고 하였다. '심경이누(深耕易耨)'는 갈아엎을 때 깊이 파야 하고, 시기에 맞추어 흙을 부수고, 사이갈이하며 잡초를 제거하는 것이다. 개괄적으로 말하자면, 곧 중국의 '정경세작(精耕細作)'이란 우수한 전통 중의 일부이다. 『국어(國語)』「제어(齊語)」에서는 "심경(深耕)하고 빨리 김을 매어 때맞추어 오는 비를 기다린다."라고 했으며, 『한비자(韓非子)』「외저설(外儲說)·좌상(左上)」에서는 "땅을 갈 때는 깊게 갈고, 김매기는 자주하여 땅을 부드럽게 한다."라고 하였는데, 바로 이것을 두고 하는 말이다.

심경(深耕)은 기본적인 토양 경작의 하나로 그 주요한 작용은 다음과 같다. 첫째, 경작층을 두텁게 해서 작물의 뿌리가 잘 뻗어나가도록 한다. 둘째, 토양이 더 많은 비료를 수용할 수 있게 한다. 셋째, 단단한 토양을 부드럽고 포슬포슬하게 하여 토양의 수분을 축적하고, 지력을 유지하고, 가뭄을 이길 수 있는 능력을 높여 준다. 넷째, 토양을 개량하여 죽은 흙을 살아 숨쉬는 흙으로 변하게 한다. 그러나 심경(深耕)도 역시 그 땅의 구체적인 조건에 따라 행해져야 한다. 염기성 토양[鹽堿土]의 염분 함유량, 작물의 종류, 숙성된 토양층의 두께와 비료의 양 등

갈아야 한다는 것을 말한다. 결코 흐리거나 비 오는 날 한가한 일손을 이용하려 해서는 안 되며, 반드시 아주 맑은 날씨에 갈이를 해야 한다.151) 동시에 이삼 층 깊이로 갈이하며,152) 작업할 때마다 절반 정도의 땅을 갈이하거나 6~7할 정도를 '뒤엎는다'고 한다.

切不可貪陰雨閑工, 須要老晴天氣. 二、三層起深,❶ 每工止墾半畝, 倒六、七分.

봄에 두 번을 갈아엎는데, 가능한 맑은 날씨에 해야 한다. 처음 뒤엎는 것은 아주 세밀하게 부술 필요는 없고, 이랑과 흙더미가 완전히 마를 수 있도록153) 확실히 뒤엎어 주면 된다. 만약 잡초가 있으면 아랫부분을 덮어 누르기 때문에154) 모든 이랑은 다 뒤엎어주는 것155)이

春間倒二次, 尤要老晴時節. 頭番倒不必太細, 只要棱層通曬, 徹底翻身❷. 若有草則覆在底下,❸ 合埨倒好. 若壅灰與牛

의 상황을 고려하여 결정해야지 무조건 심경(深耕)을 좇으려 하면 안 된다.

151) 계속 날이 맑아 온도가 높고 건조하며, 비가 올 징조가 없는 날을 그 지역에서는 '노청(老晴)'이라고 부른다.

152) '이삼층기심(二、三層起深)'은 이미 갈아엎었던 원래의 땅을 다시 한두 차례 갈아엎는 것인데, 경작층의 깊이를 유지함으로써 토양을 매우 부드럽고 포슬포슬하게 해준다. 현지의 경험 있는 농부에게 물어 본 바에 의하면, 첫 번째 층은 5~6촌 정도로 심경(深耕)하고, 두세 번째 층은 4~5촌 정도로 갈이해주면, 갈이한 깊이가 모두 일척 정도가 된다고 한다.

153) '능(棱)'은 갈은 후에 형성된 한 줄 한 줄의 이랑이고, '층(層)'은 갈은 흙덩이들이 서로 쌓여져 이루어진 층이다. '능(棱)'은 지면을 따라 종횡으로 배열된 것이고, '층(層)'은 지면을 따라 위아래로 쌓인 흙이다. 흙덩이는 가로, 세로, 위, 아래로 몇 번을 뒤집어야 비로소 바싹 마른다.

154) '약유초칙복재저하(若有草則覆在底下)'의 여덟 글자는 원래 작은 글자의 협주였으나 지금은 큰 글자로 바꾸었다.

155) 전지를 개간하여 뒤엎은 후에 고랑을 내어 보습하고, 이랑을 만드는 것이다. '륜(埨)'은 가흥[嘉]·호주[湖] 지역 특유의 술어로서, 동치(同治) 『호주부지(湖州府志)』 권30에 "땅을 호미질하며 밭이랑을 나누다.[鋤地分埨.]"라는 말이 있는데, 이에 대해 '륜(埨)은 흙을 북돋아 주는 것'이라고 주석하고 있다. 즉 '륜(埨)'은 '농(壟)'자와 같이 해석된다. 하지만 '농(壟)'과 '륜(埨)'은 차이가 있는데, 농(壟)은 비교적 높고 튀어나왔으며, 륜(埨)은 비교적 낮고 평평하다. '합륜도호

좋다. 만약 재두엄[156]과 소 우리의 두엄[157]을 밑거름으로 시비한다면,[158] 먼저 땅을 뒤엎은 후에 뿌리고, 그 다음에 땅을 갈아 흙속으로 넣어 덮어주면 효과가 더욱 좋다.

糞, 則撒于初倒之後, 下次倒入土中更好.

| 교 기 |

1 '이삼층기심二、三層起深'은 학해본에서는 '이층기심二層起深'이라 쓰여 있다.

2 '신身'은 학해본에서 '심深'이라 한다.

3 학해본에서는 '약유초, 합륜도호若有草, 合埨倒好'라고 하고, 기타본에서는 대개 '약유초칙복재저하, 합륜도호若有草則覆在底下, 合埨倒好'라고 하고 있다. '약유초칙복재저하若有草則覆在底下' 여덟 글자는 작은 글자로 된 주注로 되어 있었지만, 문장의 뜻에 의거하여 지금은 큰 글자로 바꾸었다.

(合埨倒好)'는 바로 모든 이랑[埨]을 완전히 갈아엎어 가장자리와 모서리도 내버려두지 않는다는 것이다.

156) '재[灰]'는 단순히 초목 등의 유기물을 태운 후에 마른 물질을 가리키는 것이 아니고, 사람과 가축의 분뇨와 뒤섞은 '재두엄[坑灰]'이다. 예컨대 본서의 제14단에서 "평망(平望)에서 돼지우리거름[豬灰]을 사거나 읍내[城鎭]에서 아궁이재를 산다."라고 하였다. '돼지우리거름'은 바로 돼지우리의 두엄으로, 돼지 똥오줌과 우리에 깐 잡초, 재와 흙 등의 혼합물이다. 지금도 현지에서는 여전히 우리두엄을 흔히 '회(灰)'라고 통칭하고 있는데, 돼지우리거름[豬灰], 양우리거름[羊灰] 등과 같은 것이다.

157) 역자주 '우분(牛糞)'은 소 우리에서 생산된 두엄이나 소똥을 말하지만, 여기서 밑거름으로 이용된 것으로 미루어 두엄으로 해석하였다.

158) 역자주 『보농서(補農書)』에 등장하는 '옹(壅)'은 대개 밑거름[基肥]을 뜻하지만, 덧거름의 용어로 사용되기도 한다.

교석자고찰

이곳에서 몇 가지 농사 문제를 설명하고자 한다.

첫째, 명대明代(및 청대)에 가흥[嘉]·호주[湖]지역은 대개 인력으로 쇠스랑[鐵搭][159]을 사용하여 갈이하였다. 쇠스랑은 흙을 갈이하는 기본적인 농기구이며, 비교적 낙후된 농구이다. 그러나 그 기술은 상당히 정교함을 필요로 한다. 여기에서 재미있는 모순이 발견된다. 서헌충徐獻忠의 『오흥장고집吳興掌故集』 권2에서 "중국에서 밭을 갈 때는 반드시 소를 사용한다. 쇠스랑으로 흙을 써레질하는 것은 동이東夷 담라국儋羅國[160]의 법으로서 오늘날 강남지역에도 모두 그것을 사용한다.[161] 중국은 원래 이 방법을 알지 못했는데, 아마 당대 이후부터

159) 역자주 쇠스랑[鐵搭]은 농기구 이름이다. 대략 2~5개의 안으로 굽은 철로 된 갈퀴가 있으며, 형태는 갈퀴와 손잡이 나무의 위치에 따라 수직형과 수평형 두 가지 종류가 있다. 쓰는 목적이나 용도에 따라 갈퀴의 수가 다른데, 주로 심경과 갈이도구로 사용되었다. 토양이 단단할수록 갈퀴가 적은 것을 사용하는 것이 용이하다. 괭이보다 날이 땅에 잘 박히기 때문에 땅을 찍은 다음 자루를 들어 올리면 흙덩이가 일구어진다. 그리고 일군 흙덩이는 쇠스랑의 등 부분을 이용하여 부수고, 써레질을 마친 논 가운데 흙덩이를 깰 때도 용이하게 사용된다. 그러나 점차 우마사육이 확대되고 우경이 일반화되면서 쇠스랑은 기경도구의 역할보다 집안에서 외양간의 퇴비를 치거나 운반하는 데 유용하게 활용되었다. 특히 수평형 쇠스랑은 기경과는 무관하게 처음부터 짚과 같은 각종 잡다한 물건을 옮길 때에 사용된 듯하다.

160) 역자주 담라(儋羅)는 곧 탐라(耽羅)로 오늘날 대한민국에 위치한 제주도 고대 국가의 명칭이다. 『신당서(新唐書)』「유귀전(流鬼傳)」에는 담라국(儋羅國)에 대해 "신라의 무주 남쪽 섬에 위치했으며 풍속은 미개하고 돼지가죽으로 옷을 지어 입었으며 여름에는 가죽천막에서 살았고 겨울에는 동굴 속에서 지냈으며 오곡을 재배했지만 소를 이용해서 밭갈이하는 것을 알지 못했고 쇠스랑으로 흙을 일구었다.[居新羅武州南島上, 俗樸陋, 衣大豕皮, 夏居革屋, 冬窟室, 地生五穀, 耕不知用牛, 以鐵齒杷土.]"라고 하였다.

161) 역자주 장강하류지역에는 주로 우경(牛耕)보다 쇠스랑을 많이 사용하여 심경(深耕)하였다는 것이 주목된다. 뢰우신(雷于新) 등 주편, 『관장중국전통농구(館藏中國傳統農具)』(중국농업출판사, 2002)에서 수집한 농구를 보면 쇠스랑[鐵搭]은 주로 강소성 소주(蘇州), 오강(吳江) 등지에서 집중적으로 발견되고 있다. 이 쇠스랑[鐵搭]은 본래 한반도의 제주도에서 유래되었으며, 당대(唐代)에 중국으로 유입되었다는 지적은 흥미롭다. 실제 한반도에는 기원전 1세기에 이미 광주(光州) 신창동 유적에서 목제 쇠스랑이 발견되었으며, 2세기 삼한(三韓)시대의 울산 하대(下垈) 유적에서 철제 쇠스랑이 등장한 후 5세기 무렵에는 한반

모방하여 사용한 것이 아닌가 한다."라고 하였는데, 이것은 당唐 이후로부터 줄곧 쇠스랑[鐵搭]으로 밭가는 방법을 채용하였음을 말해주는 것이다. 송응성宋應星의 『천공개물天工開物』 「내립乃立」[162] 제1권에는 "오나라 땅에서 밭갈이를 할 때는 호미[鋤]로 보습[耜]을 대신하고, 소의 힘을 빌리지 않는다."라고 한다. 1630년대[송응성의 책은 숭정 10년(1637년)에 편찬]에 소주蘇州에서는 여전히 우경을 하지 않았다. 반증기潘曾沂의 『반풍예장본서潘豊豫庄本書』에서도 "봄에 밭을 갈고, 경칩 이전에 한번 쇠스랑으로 갈아주면 만전萬錢의 가치가 있다."라는 말이 있는데, 이 책이 도광 14년(1834년)에 편찬되었으니 소주蘇州에서는 여전히 쇠스랑으로 땅을 갈았음을 알 수 있다.

쇠스랑[鐵搭]을 경작 도구로 사용하게 된 것에는 역사적 원인이 있다.

먼저 경제적인 면에서, 소농의 경제조건이 뒤떨어지기 때문이다. 『천공개물天工開物』에 이르기를 "소인이 생각하건데, 빈농의 집에서는 소 값과 수초水草의 비용을 계산하고, 소가 도난당하고 죽을 병에 걸리는 변고를 생각할 때, 인력만큼 편한 것이 없다. 만약 소가 있는 자이면 10무畝를 제공하여 처리하게 하고, 소가 없어도 호미를 사용하면 부지런한 자는 그것의 반 정도는 처리할 수 있다. 이미 소가 없다면 추수한 뒤에 밭에 가축을 방목하여 매번 풀을 먹여야 하는 근심도 없다. 그리고 콩, 밀보리, 삼, 채소 등을 부지런히 파종하여 생산량이 반밖에 되지 않는 황무지 논밭에서 두 번 수확하게 되면 거의 마찬가

도 전역에서 쇠스랑이 출토되고 있다. 그 형태도 중국보다 훨씬 다양하며, 특히 수평형 쇠스랑은 중국에서는 거의 볼 수 없다. 이런 점에서 쇠스랑의 기원지가 한반도 남부지역이었을 가능성도 없지 않다. 다만 쇠스랑과 용도와 형태가 비슷한 오치파(五齒耙)가 전국(戰國)시대에 이미 화북성 이현(易縣) 연하도(燕下都)에서 출토된 것을 보면 좀 더 심층적인 검토가 필요할 듯하다.

162) 역자주 『천공개물(天工開物)』은 명대 숭정 10년(1637년)에 처음 출간되었다. 이것은 중국 고대의 종합적인 과학기술저작으로, 어떤 이는 이것을 백과사전식 저작이라고도 한다. 저자는 명대 과학자 송응성(宋應星)이다. 외국 학자들은 이것을 '중국 17세기의 공예 백과사전'이라 하였다. 작자는 글에서 인류가 자연과 서로 조화롭고, 인력은 자연력과 서로 합쳐져야 함을 강조하고 있다.

지가 된다."라고 한다. 이 말은 인력을 이용하여 봄 작물을 많이 파종할 것을 분명하게 말하고 있다. 가령 우경牛耕으로는 10무畝를 경작할 수 있지만, 인력으로는 5무밖에 경작할 수 없다. 하지만 5무로 두 계절 작물을 수확하면, 한 사람의 노동력으로 1년간의 수입은 5무도 10무에 상당하는 것이다.

그 다음으로, 농민이 부역에 대항하기 위해서였다. 당대 이후부터, 소주[蘇]·송강[松]·가흥[嘉]·호주[湖]지역의 부세가 날로 증가하여, 일 년 동안 1무畝에 여러 번 파종을 하게 되면, 경작한 만큼 여러 번에 걸쳐 부세를 더 내야 했다. 같은 면적의 토지에서 일 년에 두 계절에 걸쳐 파종하고 수확하면, 경작면적에 따라 세금을 더 납부해야 하니, 고로 많이 심으면 적게 심는 것보다 못하였기 때문에 부역의 과중된 부담을 피하고자 적게 심었던 것이다.

또 쇠스랑을 이용한 인력 경작에는 그 나름의 장점이 있었다. 한 측면에서는 심경深耕도 할 수 있었다. 쇠스랑을 이용하여 경작하면 대개 6, 7촌寸 혹은 8촌寸 이상이나 깊이 갈 수 있다. "2, 3층 깊이로 갈이하면[二、三層起深]" 1척尺 정도의 깊이에 도달한다(오늘날도 여전히 그러하다). 『택농요록澤農要錄』 권3에서는 "농가는 벼를 옮겨 심으며 흙을 일구는데, 9촌寸이면 깊은 것이고, 3촌寸이면 얕은 것이다."라고 했다. 이전에는 이곳에서 소를 이용하여 경작하였는데, '보통 3촌'이고, 깊어도 4촌寸에 미치지 못하였다.

또, 쟁기를 이용한 경작에도 문제는 있었다. 마일룡馬一龍의 『농설農說』에는 "보습[鎡基][163]은 1촌 간격으로 갈이하여 쟁기질이 두루 미치지 못한다. 남은 땅이 비록 1촌이라 할지라도 훗날 벼의 뿌리가 그곳에 이르면 구부러져서 들어가지 못하고, 잎은 비록 무성하나 머지

163) 역자주 무계유(繆啓愉) 교석, 『제민요술(齊民要術)』(중국농업출판사, 1998)에 의하면, '자기(鎡錤)'는 조기(趙岐)의 해석에 비추어 볼 때 삽 형태의 농기구[鍬臿類]를 뜻한다고 한다. 이에 반해 반소이랑·굴미상지(飯沼二郎·堀尾尙志)의 『농구(農具)』(법정대학출판국, 1976)에 등장하는 가래[鍬]는 ㄱ자 모양이 괭이형과 삽형에 모두 있으며, 기경(起耕)과 제초 등 다양한 용도로 사용되고 있다.

않아 점차 잎이 쇠해져서 다 떨어지게 된다. 오늘날에는 이런 현상을 흔히 '축과縮科'라고 일컫는다. 때문에 쟁기와 호미는 반드시 수 차례 뒤집어 갈아주어야 한다. 갈지 않은 땅이 없어야만 그 땅에 불모의 병폐도 없어진다."라고 한다.

옛날 쟁기는 쟁기바닥이 평평하지 않아서 경작한 후에 완벽하지 못한 곳이 있었는데, 오늘날에는 속칭 '보습흔적[犁脊]'(섬서 등지에서는 '격조隔條'라고 부른다)이라고 한다. 밭에 쟁기보습의 흔적[犁脊]이 있으면, 작물뿌리가 뻗어나가는 데 영향을 준다. 반드시 써레질을 서너 차례 하고 나서야 보습흔적의 결함을 보완할 수 있다. 이처럼 쟁기는 경작 효율은 높으나 갈이가 얕으므로 반드시 품을 들여 써레질로 보완하여야 한다. 하지만 쇠스랑으로 갈면, 깊게 갈게 되어 써레품으로 더 보충할 필요가 없다. 종합해보건대, 쇠스랑과 쟁기 갈이는 그 효율 면에서도 대략 비슷함을 알 수 있다. 오늘날 농기구를 개량할 때도 반드시 이런 특징을 참고할 필요가 있다.

마지막으로, 깊게 갈아 햇볕을 쬐여 말릴 필요가 있었기 때문이다. 뿐만 아니라, 태호 지역은 지세가 낮고, 토질의 점성이 강하기 때문인데, 심씨沈氏가 땅을 일구는 데에는 "날씨가 아주 맑고 … 이랑[棱]과 흙더미[層]를 햇볕을 쬐어 바싹 말리고, 깊게 갈아야 한다."는 점을 지적하고 있다. 그러나 이 같은 힘은 종종 일반적인 소의 힘만으로는 감당할 수 없다. 우경은 대부분 관개해서 무논갈이를 하는 데 이용되며, 이것으로는 '바싹 말리는' 목적을 이룰 수 없다. 따라서 '땅도 좁고 사람도 많은' 태호 지역에서 노동력이 허용하는 상황에서는 차라리 사람이 갈이를 할지언정 우경은 사용하지 않았던 것이다.

둘째, 경작의 정밀도가 높다.

먼저, 맑은 날에 '바짝 말려야[通曬]' 한다. '바짝 말린' 뒤에 다시 평탄작업을 한다.

그 다음으로, 토양을 부드럽게 잘 부숴야 한다. 경작기술상에서 토양을 부드럽게 부순다는 것은 매우 중요한 점이다. 『천공개물天工開物』「내립乃立」 제1권에서는 "무릇 한 번 갈고 난 뒤에 부지런한 자는 재경, 삼경을 한 후에 써레질을 한다. 그렇게 되면 토질이 고르게 부서지고, 그 속에 땅의 막힌 모세관[膏脈]이 풀린다."라고 하였고, 『택농요록澤農要錄』 권3에서는 "햇빛이 내려쬐고 눈이 내려 땅이 얼면, 흙은 퍼석퍼석해진다."라고 하였으며, 『반풍예장본서潘豊豫莊本書』에서 "땅을 아주 깊게 갈려고 하면 기다리지 말고 경칩驚蟄164) 이틀 전에 재갈이를 하여 부드럽고 평평하게 해주어야 한다."라고 하였는데, 이는 모두 토양을 잘게 부수는 중요성을 설명한 것이다.

『반풍예장본서』에서 "파종은 중요한 것으로, 이를 위해 써레질을 잘하면 흙덩이가 부드럽고 균일하게 되며, 써레질이 잘 되지 못하면 흙이 거칠고 부실해진다. 파종 후에 비록 싹이 보일지라도 흙이 거칠면 뿌리에 흙이 달라붙지 못하고 가뭄을 이기지도 못한다. 그래서 축 늘어져서 죽거나 벌레 먹어 죽거나, 말라 죽는 등 각종 병이 생기게 된다. 써레질을 하게 되면 흙이 부드럽고 견실하게 되어, 이 속에서 뿌리가 잘 내린다. 써레질을 하고 또 밟아주어 뿌리의 흙이 잘 붙으면 자연히 가뭄도 견뎌내고 모든 병이 생기지 않는다."라고 하였다. 토양이 부드럽고 포슬포슬해지면 작물 성장에 중요한 작용을 한다는 것을 알 수 있다. 그리고 토양이 포슬포슬하다는 것은 써레질의 효과가 두루 미쳤음을 알 수 있다. 심씨沈氏는 갈이한 뒤에 두 차례에 걸쳐 갈아엎는 작업을 하였다. 첫 번째는 갈이하여 이랑[稜]·흙더미[層]에 햇볕을 쬐어 바짝 말리고, 두 번째는 평평하고 가늘게 갈아 토양을 부드럽게 부수어 작물뿌리가 토양에 잘 붙을 수 있도록 하는 것이다. 이런 토양에 뿌리가 내리면 자연히 '행근行根'(심씨는 작물의 행근을 강조하는데 이후에 각 단에서 볼 수 있다)이 가능해진다. 이것이 바로 심씨 정경세작 기술의 핵심이다.

다음은 시비기술에 관한 내용으로, 비료를 흙 속에 깊이 묻어서 그 효과를 보존하는 것이다.

---

164) 역자주 경칩(驚蟄)은 매년 양력 3월 5일이나 6일이다. 『일주서(逸周書)』「시훈해(時訓解)」에는 경칩 때의 물후현상으로 복숭아꽃이 피기 시작하고, 꾀꼬리[倉庚]가 운다고 한다.

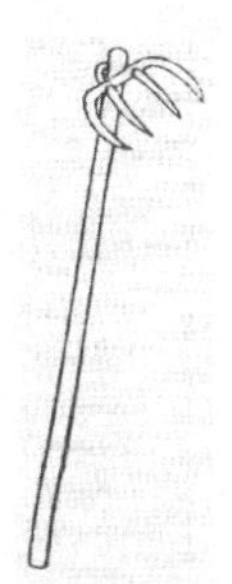

〈그림 28〉『왕정농서』 농기 도보의 쇠스랑[鐵]

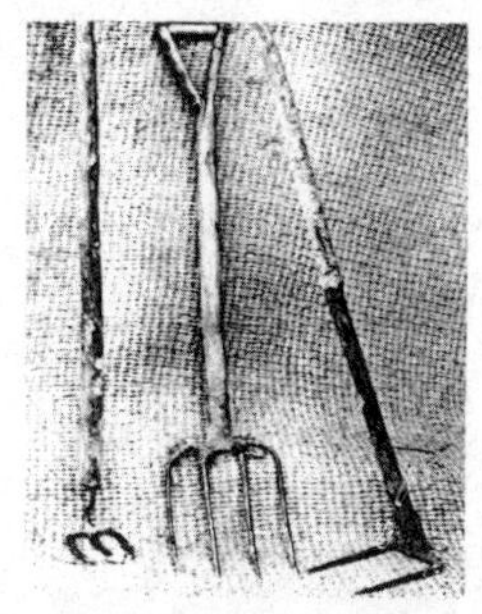

〈그림 29〉 한국의 다양한 형태의 쇠스랑 (김광언,『한국의 농기구』)

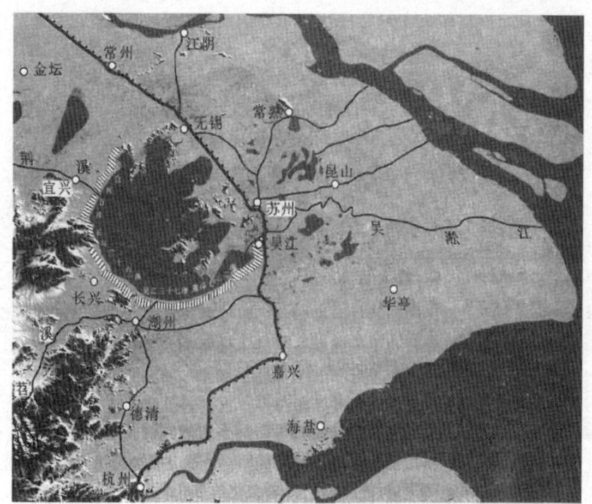

〈그림 30〉 태호 평원지역의 지형도

번 역

제2단 본 단에서는 논벼의 재배과정 전부를 서술하였다. 논벼를 재배하는 데 있어서 주의해야 할 몇 가지 문제를 제기하고자 한다.

原文

第二段 本段敍述種植水稻的全部過程. 把種植水稻必須注意的幾個關鍵性問題提了出來.

하나, 이앙[165]은 너무 빠를 필요가 없다. 이 지역의 땅은 비교적 척박하기 때문에 일찍 파종(이앙)하면,[166] 충해의 우려가 있다.[167] 만약에 그 해에 비가 와서 이앙을 하였다면, 이앙은 망종芒種을 전후로 하는 것[168]이 가장 최상이다. 만약 가뭄이 들었다면 수차[169]를 이용해서 모내기를 하고, 하지夏至가 되어 모내기해도

一、種田之法，不在乎早. 本處土薄，早種每患生蟲. 若其年有水種田，則芒種前後插蒔爲上. 若旱年，車水種田，便到夏至也無妨. 只要倒

165) 일반적으로 논벼를 심는 것을 '종전(種田)'이라고 한다. 간혹 '종(種)'자를 '재(栽)'의 의미로도 말한다. '종전'은 즉 벼를 이식해서 심는 것이고, 종맥(種麥)은 곧 맥을 이식해서 심는 것이다. 논벼의 파종(播種)은 '낙곡(落穀)' 혹은 '하종곡(下種穀)'이라고 한다.

166) 이른바 이르고 늦는 것[早晚]은 상대적인 것이다. 명말청초에는 망종(芒種)이나 하지(夏至)에 이앙하였다. 이후 늦벼[晚稻]를 파종하는 계절보다 약간 빨랐다. 청대 중엽 이후에 이 지역의 늦벼는 일반적으로 소서(小暑)시기에 이앙하였다. 심씨가 농서를 쓰기 전에는 간혹 좀 더 빨리 이앙하기도 하였다. 왜냐하면 해충의 피해를 피하기 위해 시간을 앞으로 당겼기 때문에 이앙 역시 앞으로 당길 수 있었던 것이다. 현재 연작(連作)하는 올벼의 이앙은 이미 곡우(穀雨) 전후까지 앞당기고 있다.

167) '생충(生蟲)'은 여기에서는 삼화명충(三化螟蟲)을 말한다. 절서(浙西)지역 일대에서 일모작 늦벼의 이앙을 늦춤으로써 제1대 마디충[螟蟲]의 성충이 이 논에서 산란하는 것을 어느 정도 면할 수 있었다. 이미 이앙을 한 논에 산란을 했다면, 이앙한 모가 아직 덜 자랐기 때문에 마디충이 성장발육하기에 불리하다. 모를 뽑아 옮겨 심는 것을 동시에 한다면, 또 일부의 유충을 없앨 수 있다. 따라서 제2대 마디충의 발생량은 크게 감소하고, 이 때문에 제3대 역시 이에 상응하여 적어진다. 이렇게 이앙시기를 늦춰서 마디충[螟蟲]의 번식을 억제하는 방법은 지금까지도 일모작 논벼[單季稻] 지역에서 여전히 사용되고 있다. 역자주 '명충(螟蟲)': 마디충을 말하는 것으로, 농작물에 피해를 입히는 해충이다. '삼화명(三化螟)', '옥미명(玉米螟)' 등 많은 종류가 있다. 삼화명충이 제3차 변태를 한 유충을 말하는 것인지, 아니면 변태를 세 번하는 유충을 말하는 것인지는 분명하지 않다.

168) '시(蒔)'는 즉 모를 나누어[分秧] 옮겨 심는 것이다. '시앙(蒔秧)'은 즉 모심는 것[播秧]이다. 역자주 모내기를 할 때 묘판에서 모가 자라면, 그것을 나누어서 심는데, 이것을 '분앙(分秧)'이라 한다.

169) 역자주 이는 배수 관개용 수차(水車)로서 『왕정농서』에는 다양한 수차(水車)의 모습을 볼 수 있다.

상관없다. 논바닥의 흙을 갈아엎고 흙덩이를 깨고 평평하게 골라 모내기 준비작업을 끝내고,[170] 비가 오기를 기다린다. 비가 오지 않으면 용수차로 물을 끌어들여 파종하는데, 첫째 날은 용수차를 사용하여 물을 대고, 둘째 날은 써레질을 하여 평탄작업을 하고, 셋째 날은 모내기를 한다. 이렇게 하면 흙속의 열기를 모두 발산시켜 이후에는 해충의 걱정이 없게 된다.

平田底, 停當生活, 以候雨到. 雨不到則❹車種, 須❺要一日車水, 次日削平❻田底, 第三日揷秧. 使土中熱氣散盡, 後則無虫蛀之患矣.

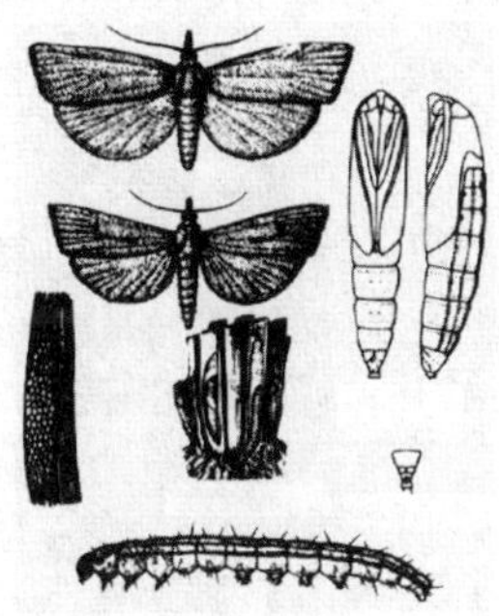

〈그림 31〉 명충[螟蟲]의 일생

〈그림 32〉『왕정농서』의 번차(翻車)

〈그림 33〉『왕정농서』의 고차(高車)

170) 일반적인 속어로 농사일을 '생활(生活)'이라고 한다. 여기서는 모내기 전에 준비 작업을 모두 마치는 것을 말한다.

| 교 기 |

4 '즉則'자는 학해본에 '이而'로 되어 있다.
5 '수須'자 아래에 '전前'자가 있다.
6 '평平'자가 학해본에는 없다.

교석자고찰

여기서는 오吳지역의 재배기술 가운데서 한 부분을 설명하고 있다. 이앙시기에 관해서 심沈씨는 "이앙[種田]은 너무 빠를 필요가 없다.[種田不在乎早.]"라고 하였고, 심지어 "하지夏至171)까지 해도 상관없다.[便到夏至也不.]"라고 하였다. 당시에 가흥, 호주지역의 농가에서는 '소서전小暑田'(「보농서후補農書後」 제7단 참고)을 금기한다는 말이 있었는데, 소서小暑는 하지夏至와 겨우 보름 정도 차이가 난다. 심씨는 비록 아직 '소서전小暑田'까지는 미친 것이 아닐지라도, 하지夏至에 이앙한 것을 시기적으로 빠르다고 할 수는 없다. 심씨가 이렇게 늦게 이앙시기를 잡은 이유 중에는 기술적 원인도 있고, 경제적 원인도 있다. 오나라의 역사자료를 보면 파종 시기의 역사적 변천을 찾을 수 있다. 몇 가지의 사례를 통해 알아보자.

1. 소동파의 시구詩句에 "오정의 늦벼가 사람의 입맛을 돌게 한다.[烏程霜稻晩稻襲人香.]"[오정烏程은 현재 오흥현吳興縣의 일부이다.]라고 했다.

   "청명淸明 전에 볍씨를 파종하고, … 나누어 이앙하는 것이 초여름에까지 미친다.[種稻淸明前, … 分秧及初夏.]"라고 되어 있는데, 북송시대 호주에서는 청명淸明: 4월 상순 전에 파종하고, 입하立夏: 5월 상순 초에 이앙했다.

2. 양만리楊萬裏의 시구詩句에 "2월 초에 침종하고, 4월 중순에 이앙하고 … 오吳나라의 소금이 눈꽃처럼 하얗고, 마을의 술은 죽같이 진하다.[浸種二月初, 揷秧四月中 … 吳鹽雪花白, 村酒粥麵濃.]"라고 하여, 남송시대의 오중吳中지역에는 음력 2월초에 침종浸種하여 4월에 이앙했다고 한다.

171) 역자주 하지는 양력 6월 21일 전후, 소서는 양력 7월 7일 전후이다.

3. 『왕정농서王禎農書』 「파종播種」편의 기록을 보면 "남방의 논벼는 그 이름이 하나가 아니다. … 매년 종자를 거둘 때는 그 중 잘 익어 쭉정이가 없고 견실하고 잡곡이 섞이지 않은 것을 골라 햇볕에 잘 말려 높고 서늘한 곳에 보관했다가 청명절이 되면 꺼낸다. 항아리에 따로 담아서 침종하고, 삼일이 지나서 걸러낸다. … 모가 자라면 소만小滿, 망종芒種 사이에 나눠서 심는다.[南方水稻, 其名不一 … 每歲收種, 取其熟好, 堅栗無秕, 不雜穀子, 矖幹葧藏高置爽處, 至淸明節取出. 以盆盎別貯浸之. 三日漉出, … 秧生旣長, 小滿, 芒種之間, 分而蒔之.]"라고 하였는데, 원대元代 남방에서는 일반적으로 청명淸明절에 파종하여 음력 4월 하순[소만小滿, 망종芒種 사이]에 이앙한다는 것이다.
4. 가정嘉靖 『태창주지太倉州志』에는 『오문사류吳問事類』를 인용하여, "오나라 풍속에는 춘분春分 후에 파종하고, 대서大暑 후에 수확하는 것을 올벼[早稻]라고 한다. 망종芒種 이후부터 하지夏至까지 심고, 백로白露 이후에 수확하는 것을 중도中稻라고 한다. 하지 이후 10일 안에 파종하고, 한로寒露 이후에 수확하는 것을 늦벼[晩稻]라 한다. 만약 하지 후 10일이 지나면, 파종해도 자라지 않는다.[吳俗以春分節後種, 大暑後刈者爲早稻. 芒種節後及夏至節種, 白露節後刈者爲中稻. 夏至節後十日內種, 至寒露節後刈者爲晩稻. 若過夏至節後十日, 雖種不生矣.]"라고 하였다.

대략 명대明代 가정嘉靖 연간 [『태창주지太倉州志』 가정嘉靖 27년(1548)]에 이르면 오중吳中의 논벼 이앙시기는 거의 정형화되었다. 그러나 늦벼[晩稻]의 이앙시기가 하지夏至: 6월 21일 경인 것은 북송北宋 시기의 늦벼[晩稻]를 입하立夏: 5월 5일 경에 했던 것보다 1개월 반이나 늦춰진 셈이다. 심씨가 "하지까지 해도 상관없다.[便到夏至也不妨.]"라고 말한 것에 대해서 역사적 근거를 찾아 볼 수 있다.

어째서 늦벼[晩稻] 이앙 시기를 50여 일이나 늦춘 것일까?

그 원인은 남송南宋시대에 시작된 도맥稻麥의 이모작 보급에 있는데, 보통 보리[大麥]는 5월 상순에 수확하고, 밀[小麥]은 5월 말에 수확하였다. 이러한 관습이 청대까지 줄곧 이어져 왔다. 『반풍예장본서潘豊豫莊本書』에 "논에는 여전히 겨울맥[宿麥]이 있어서, 춘경을 하지 못한다. 대개 맥을 수확한 이후에 벼를 이앙한다. 당시에는 '수재, 한재[水旱]'를 예측하지 못하고, 어린 싹[苗嫩]은 뿌리가 얕아서 쉽게 손상되기 때문에 마땅히 일찍 파종하였다.[田有宿麥, 遂廢春耕. 而大概蒔秧在刈麥後. 其時水旱不測, 苗嫩根淺, 最易受傷, 故宜早種.]"라고 기재되어 있다.

그리고 밀[小麥] 수확 시기는 대개 5월 말이다. 범성대范成大의 시詩에 보면, "오월 오강의 맥은 처량하다.[五月吳江麥秀寒.]"라고 한다.[『가홍嘉興 1956년 농사력農事歷』 참조)] 음력 5월은 장마철로, 3~4월처럼 '날씨가 화창하고 공기도 상쾌[天朗氣淸]'하지 못하다. 그렇기 때문에 청대淸代에는 논에 밀을 심지 말자는 주장[임칙서林則徐, 반증기潘曾沂, 해성奚誠 등]이 적지 않았다. 심씨가 중도中稻, 늦벼[晩稻]는 5월에 이앙해야 한다고 한 것은 당연히 생산량의 제고에 영향을 주기 때문이다. 중도中稻, 늦벼[晩稻] 파종시기의 역사변천은 앞으로 심층적인 연구가 필요하다. 기술적인 면에서도 필요할 뿐만 아니라, 나아가 농작시스템, 정치, 경제제도 각 방면에서도 마땅히 그 원인을 탐구해야 할 것이다. 향후 이러한 지속적인 연구가 기대된다.

〈그림 34〉『왕정농서』의 물로 돌리는 번차

〈그림 35〉『왕정농서』의 괄차(刮車)

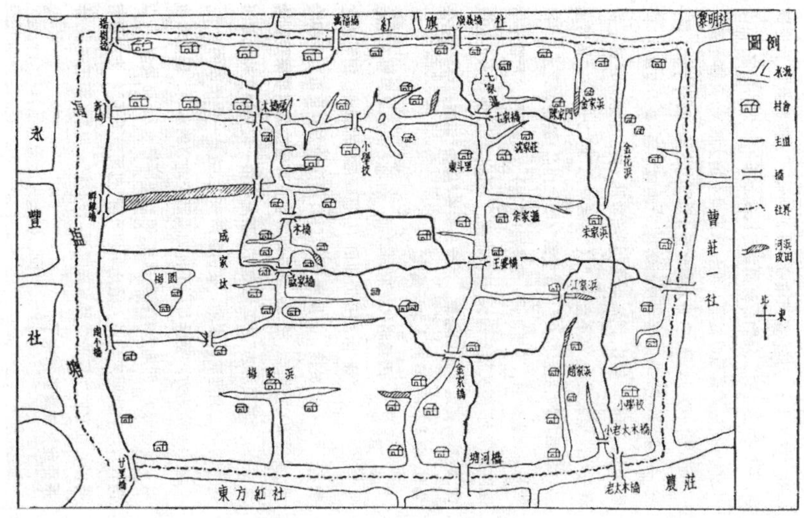

〈그림 36〉 가흥(嘉興) 지구 농업사(農業社)를 이루는 하류와 지형분포도

번 역

제2단 제2조

무릇 벼를 심을 때에는 항상 "시비를 충분히 해주고 부지런히 돌봐야 한다[糞多力勤]."라는 네 글자를 벗어날 수 없는데,[172] 밑거름[173]은

第二段 第二條

凡種田總不出"糞多力勤"四字, 而墊底尤爲緊要. 墊底多,

172) '분다역근(糞多力勤)'은 농사를 잘 짓는 기본 원칙이다. 그러나 그 중 기비(基肥)를 주는 것은 더욱 중요한 일이다. 북방의 속담에 "시비를 많이 해주고 부지런히 일하는 것은 물어볼 필요도 없다.[糞多力勤, 不用問人.]"는 말도 이와 같은 뜻이다.

173) '점저(墊底)'는 밑거름을 하는 것이다. 『남심지(南潯志)』 권30에 "무릇 시비하는 데에는 시기와 방법이 있는데, 이앙하기 며칠 전에 하는 것이 '밑거름[墊底]'이다.[凡用糞有時與法, 用之未種之先日'墊底'.]"라고 한다. 지금 이 지역 사람들도

더욱 중요하다. 밑거름을 충분히 해주면 비록 홍수를 만나더라도 벼 이삭이 빨리 자라 수면 위로 드러나 물에 잠기지 않으며, 가뭄을 만나 늦게 심더라도 생장 발육에 용이하다.

則雖遇大水,7 而苗肯參種長浮面, 不至淹沒, 遇旱年, 雖種遲, 易于發作.

모 심는 방법: 모의 행과 행 사이를 7촌 간격으로 드물게 한다. 반면 포기 사이는 조밀해야 하는데, 제초용 써레[174]가 들어갈 수 있는 정도면 된다.[175]

其揷種之法: 行欲稀, 須間七寸. 段欲密, 容蕩8足矣.

밑거름을 '점저'라고 한다.

174) 역자주 본서의 「월별 농사일[逐月事宜]」 칠월(七月)편의 주석(註釋)을 참고하라.

175) '행(行)'은 이랑 간격을 말하는 것이며, '단(段)'은 포기 사이를 말하는 것이다. 지금까지 동향(桐鄕) 등의 지역의 농민들은 포기 사이를 '단두(段頭)'라 부르고 있다. 명대 '절척(浙尺)'으로서 1척(尺)은 지금의 8촌(寸) 2푼[分] 3리(糎)가 된다. 그래서 명대 절척의 7촌은 지금의 시제(市制)로 5촌 7푼 6리에 해당한다. 포기 사이는 "제초용 써레[蕩耙]가 들어갈 수 있는 정도면 충분하다.[容蕩足矣.]" 제초용 써레[蕩耙]의 폭은 대략 3~4촌으로 거기에 벼 심을 구멍이 차지하는 면적을 더하면 포기 간격은 많아도 5시촌(市寸) 이내이다(포기 사이[段]가 좁아야 한다는 것은 포기의 간격이 행간보다 좁다는 것을 알 수 있다). 즉 매 포기[簇: 옛날에는 과(顆), 과(科) 혹은 과(窠)라고 불렀다]가 차지하는 면적은 대략 5.76×5 = 28.8평방시촌[方市寸]이다. 1시묘(市苗)에 심어지는 모종의 포기의 수는 약 600,000방촌(方寸)÷28.8방촌 = 20,833포기[簇]가 된다. 다른 두 문헌자료에서도 이를 입증하고 있다. 『가흥부지(嘉興府志)』 권32에는 (명말의) 『해염도경(海鹽圖經)』을 인용하여 다음과 같이 기록하고 있다. "무릇 논 1무에는 … 6과[顆: 포기]를 1륵(肋)이라고 하고, 8륵이 1개(箇)가 되어 무(畝) 당 360개의 벼를 수확하였다.[凡田一畝…顆六爲肋, 肋八爲箇, 每畝獲稻爲箇者三百六十.]" 1과(顆)가 바로 1혈(穴)이며, 1무(畝)에는 모두 대략 360×8×6 = 17,280혈(穴)이 만들어진다. 명대의 1무(畝)는 지금의 시무(市畝) 9푼 5리이다. 그러므로 매 시무마다 18,144혈이 만들어진 셈이다.

『남심지(南潯地)』 권30에는, "모심기는 반드시 못줄을 경계로 하는데, … 한 경계를 일태(一埭)라고 한다. 태(埭)의 폭은 대략 3자[尺]이고, 그곳에 여섯 모를 파종하고, 층층이 서로 연결되어 있어 매 층의 앞뒤간격은 8촌이며, 이를 단(段)이라고 한다.[下秧必界以繩, … 每一界爲一埭, 埭約廣三尺, 種秧六窠[과(顆)와 같음 — 인용자], 層層相次, 每層前後穴八寸, 謂之段.]"라고 한다. 태의 폭은 3자

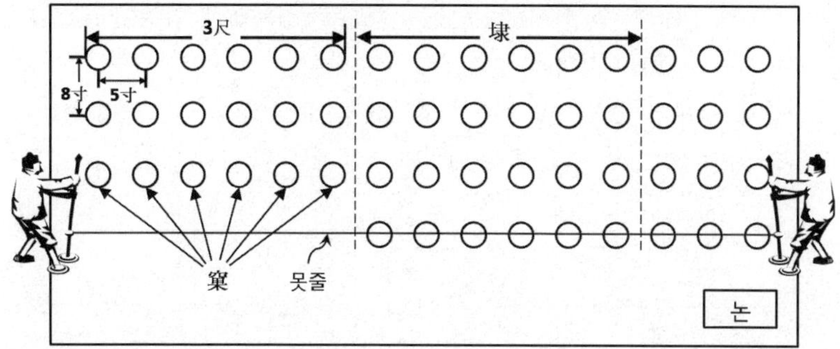

〈그림 37〉『남심지(南潯地)』에 보이는 못줄을 이용한 모내기방식

| 교 기 |

7 역자주 양원선생집본楊園先生集本『사고전서四庫全書』『보농서』본에는 '대수大水'가 '수대水大'로 되어 있다.

8 역자주 양원선생집본楊園先生集本『사고전서四庫全書』본에는 '탕蕩'이 '탕湯'으로 되어 있다.

로 그 사이에 6개의 구덩이를 내고, 매 포기의 간격은 5촌으로 하며, 이랑 간의 간격은 8촌으로 한다(역자주 본서의 「월별 농사일」 정월조 참조. 『남심지(南潯志)』 권30에는, "層層相次, 每層前後穴八寸, 爲之段, 亦卽埭廣三尺, 揷六穴, 株距五寸, 行距八寸"이라고 기록하고 있다). 『남심지(南潯地)』는 청대 초에 지어진 것으로 청대의 영조척(營造尺)을 표준으로 계산한 것이므로 포기 간격이 시척(市尺)으로 하면 4촌 7푼 6리가 되며, 행간은 시척으로 7촌 6푼 1리가 되며, 1시무(市畝)는 600,000÷(4.76×7.61) = 16,565 혈이 된다. 이를 통해 중국 태호 지역의 논벼의 조밀한 이앙[密植]은 이미 오랜 역사를 지녔음을 알 수 있다. 그러나 심씨(沈氏)의 이앙의 조밀함 정도는 더 높다. 역자주 당시 1시척(市尺)은 지금의 33.3㎝이고, 영조척(營造尺)은 청대의 건축용 자로서 1척은 32cm였다[구광명(丘光明) 편저, 『중국역대도량형고(中國歷代度量衡考)』, 과학출판사, 1992 참조]. 시제(市制)란, 중국의 전통적 도량형제도에 미터법의 요소를 가미하여 1929년에 제정한 도량형제도이다.

300여 년 전에, 심씨沈氏는 논벼를 매우 빽빽하게 심었던 것 같다. 우리가 가흥嘉興지역의 농촌에서 조사한 바에 따르면, 해방 전에 이앙할 때에는 흔히 무畝당 6천 포기[簇]는 듬성듬성하고, 12천 포기는 조밀하다고 하였는데, 이를 심씨와 비교해 보면 다음과 같다.

시기별	매 무(畝)당 포기 수	백분비	
해방전	6,000	100	
	12,000		100
명말 심씨	20,833	347.2	173.1

심씨는 일반 밀식도密植度보다 73.1% 혹은 247.2% 정도 높았지만, 심씨의 밀식에는 조건이 있었다.

첫째, 심경을 기초로 한다. 이 지역의 토양을 갈아엎는 깊이는 1촌이며, 무당 기경하여 부드럽게 부순 흙[鬆土]의 양은 약 5만 근이다(절강과학보급협회 편, 『벼 증산의 좋은 방법水稻增産的好辦法』, 절강인민출판사, 1953년 참조).

해방 전에 일반적으로 나무쟁기[木犁: 보습은 철제]로 3촌[이른바 '노삼촌老三寸']의 깊이로 갈이하고, 매 무마다 일군 흙의 양[鬆土[176]量]은 15만 근이었는데, 심씨는 쇠스랑[鐵扒]으로 '2, 3층層 깊이로 일구어' 심경하고, 갈아엎은 깊이는 10촌을 기준으로 하여, 무당 송토량이 50만 근이나 되었다. 이를 비교해 보면 다음과 같다.

농기구별	심경(深耕)	매 무당 송토(鬆土) 무게 (1斤=500g)	백분비
나무쟁기[木犁] 천경[淺耕]	3(寸)	15만	100
쇠스랑[鐵扒] 2, 3층(層) 심경(深耕)	10(寸)	50만	333

이를 통해 볼 때, 심경深耕의 송토는 천경淺耕의 3배가 넘으며, 천경을 하면, 방치한 2/3 이상의 토양이 농작물의 생장에 도움을 주지 못한다는 것을 알 수 있다. 즉 중국이 역사적으로 심경을 강조하는 의미가 여기에 있다는 사실을 알 수 있다. 다시 말해 포기[簇]마다 할당된 송토鬆土 근斤수는 먼저 나무쟁기로 '3촌 깊이[老三寸]'로 천경한 예

176) 역자주 송토(鬆土)는 갈이하여 부드럽고 포슬포슬한 흙을 지칭한다.

를 들자면, 매 무당 송토가 15만 근으로 아래 표와 같다.

나무쟁기로 천경한 '3촌 깊이[老三寸]'의 땅에는 1무당 6천 포기를 심는 것이 비교적 합당하다. 매 포기 할당된 송토는 25근인데, 예를 들어 12,000포기를 심으려면 매 포기 송토 12.5근이 소요되므로, 송토량이 충분하지 못하다. 21,000포기 정도를 심는다면 매 포기 송토가 겨우 7근 정도밖에 되지 않아 송토량은 더욱 적어진다. 이를 통해 볼 때, 중국의 옛 농가에서는 심는 모종의 포기 수와 심경도의 비례가 적절히 안배되었음을 알 수 있다. 다시 12촌[177]을 심경하는 것을 예를 들어 보면, 매 무마다 송토가 50만 근이며, 그 계산은 다음과 같다.

매 무당 포기 수	매 포기당 할당된 송토(鬆土) 무게	백분비	
6,000	25	100	
12,000	12.5	50	100
20,833	7.2	28.8	57.6

쇠스랑[鐵扒]을 써서 '2, 3층 깊이로 일구면' 매 무마다 2만 포기의 모종을 심을 수 있는데, 포기마다 쓰이는 송토의 근수斤數는 '3촌 깊이[老三寸]'로 매 무당 6천 포기의 모종을 심는 것에 상당하게 된다. 만약 단지 6천 포기만 심는다면, 매 포기당 송토량은 80여 근이 되므로 너무 많게 된다. 그래서 심는 포기 수는 갈아엎는 깊이와 정비례하는 것이다. 한 경험 많은 농부가 우리들에게 만약 밀식만 생각하고 밀식密植과 심경深耕의 비례 관계를 생각하지 않는다면, 성공할 수 없다는 사실을 일러주었다. 이를 통해 심씨가 규정한 모 심는 포기 수는 전통적인 경험을 토대로 한 것으로 보인다.

매 무당 포기 수	매 포기당 할당된 송토(鬆土) 무게	백분비	
6,000	83.33	100	
12,000	41.62	50	100
20,833	24.04	28.8	57.6

177) 역자주 주석에는 12촌으로 나와 있으나, 앞서 서술한 내용을 참고하면 10촌이 맞는 것으로 생각된다.

그러나 쇠스랑[鐵扒]을 사용하여 갈아엎는 것은 일반적으로 심씨와 같이 세심하게 할 수 없는데, 현지의 조사에 따르면 이 경우 대개 깊이를 6~7촌 정도밖에 갈아엎을 수 없으므로, '2, 3층의 깊이로 일구어야' 비로소 10촌 이상의 심경深耕을 할 수 있다.

둘째, 심경도가 밀식의 주요조건인 것 이외에도 시기적절하고 충분한 시비와 합리적인 관개灌漑라는 두 가지 필수 요소와 조화되어야 한다. 이는 본 단 이후에도 계속 제기하고 있다.

번 역

제2단 제3조

모내기 전에 논바닥을 평평하게[178] 고를 때, 잡초가 있으면 반드시 다 없앤다. 만약 깎았는데도 다 없애지 못했다면, 반드시 뽑아 없앤 후에 논바닥을 평평하게 해야 한다. 대개 모를 심고 20일을 기다려서야 비로소 논에 나가 잡초를 뽑을 수 있는데, 혹 이앙할 때 묵은 잡초가 남아 있는데,[179] 거름을 주면 함께 경쟁하듯 자라기 때문에 모가 자랄 수 없게 된다. 그

第二段 第三條

平底之時, 有草須去盡. 如削不能盡, 必拔去而後平底. 蓋插下須二十日方可下田拔草, 倘插時先有宿草, 得肥驟興, 秧未見活. 而草已滿, 拔甚費力, 此俗所謂

178) '평저(平底)'는 즉 논바닥을 평평하게 깎는 것인데, 이는 땅을 고르는 하나의 중요한 절차로, 곧 경지를 뒤집은 후 흙덩이를 부수어 평평하게 정리하는 것이다. 이는 수도 경작기술상 매우 중요한 것으로, 만약 논바닥이 평평하지 않은데, 모를 심어 높낮이가 생기면, 높은 곳에는 물이 닿지 않고, 낮은 곳의 모는 물에 잠겨버린다. 논바닥을 평평하게 깎는 것은 전적으로 농부의 눈썰미에 달려 있어, 다년간의 경험이 없다면 할 수 없는 일이다.

179) '숙초(宿草)'는 모내기 전에 논 사이에 이미 나 있는 풀이다.

리고 잡초가 이미 가득하면, 뽑는 데 더욱 힘이 들어, 이를 민간에서는 "논 1무畝의 잡초를 뽑는 데 3일이 걸린다."라고 한다. 만약 이앙할 때 잡초를 미리 뽑아 깨끗이 해놓으면, 잡초가 자라기 전에 모[苗]가 이미 성장하여, 20일이 되기 전에도 잡초를 뽑을 수 있다. 잡초가 적으면 일손을 덜 수 있으니, 이를 민간에서는 "하루 만에 논 3무의 잡초를 뽑을 수 있다."[180]라 이른다. 단지 이 두 마디 말만으로도 비교가 명백하지 않은가!

"畝三工". 若插時拔草先淨, 則草未生而苗已長, 不消二十日便可拔草. 草少工省, 此俗所謂"工三畝". 只此兩語, 豈不較然.

하물며 수재나 가뭄이 수시로 있어, 수차를 이용해 물을 퍼 올려 관개 혹은 배수하는 것[181]을 쉼 없이 하는데, 이 때문에 반드시 미리 달품팔이를 부르고, 날품팔이를 많이 고용해야 한다. 잡초가 자라기 전에 미리 제거하여[182] 처음에 말끔히 해 놓으면, 다음번에는 계속 힘을 아낄 수 있다. 오늘 잡초를 뽑았다면, 다음 날 바로 작은 써레로 포기 사이에 김매기를 해야 하는데,[183] 이른바 (중경제초는) "첫 번

況又有水旱不時, 車戽不暇, 須預喚月工, 多喚短工. 攙先做起, 頭番做得乾淨, 後番次次省力. 今日拔草, 明日卽要橫鋤, 所謂"頭番不要早, 二番不要遲", 當使草嘗無處著脚.

180) '무삼공(畝三工)'은 1무(畝)의 논[田]에서 잡초를 뽑는 데 3일이 걸린다는 것이고, '공삼무(工三畝)'는 하루 만에 3무의 잡초를 뽑을 수 있다는 것으로 그 효율이 9배나 차이가 난다.

181) 수차(水車)를 이용해 물을 퍼 올려 관개하고 배수하는 것을 모두 '차호(車戽)'라고 한다.

182) '참선주기(攙先做起)'의 '참(攙)'은 그 지역의 방언으로, '참선주기(攙先做起)'의 의미는 '모심기 전, 잡초가 자라기 전에 미리 잡초를 모조리 없앤다는 것'을 의미한다.

183) 서전(鋤田)은 잡초를 뽑은 후에 쇠호미[鐵鋤]로 하는 작업으로, 남아 있는 잡초를 제거하기도 하고, 또 한편으로는 벼를 사이갈이하여, 뿌리의 성장을 촉진

째는 빨리 할 필요가 없고, 두 번째는 늦게 해서는 안 된다."는 것으로, 마땅히 잡초가 뿌리내리지 못하게 하는 것이다.

두 번의 김매기는 모두 흙을 뒤집어엎는 것으로, 단지 표토층만을 긁어주는 것이 아니다.[184] 소서小暑부터 입추立秋까지를 헤아려보면, 30여 일을 넘지 않는데, 두 번의 써레질[鋤], 한 번의 평탄작업[蕩],[185] 한 번의 제초작업[耘] 등 네 번의 작업을 모두 배정해야 한다. 요컨대 하지 않을 수 없다면, 먼저 하는 것이 더 낫다.

兩鋤俱要將土翻個轉身, 不徒移動場屋.[9] 計小暑後到立秋不過三十餘日, 鋤、蕩、耘四番生活一鋤二、蕩一、耘一,[10] 均匀排定. 總之不可免, 落得上前爲愈也.

입추立秋 전후로[186] 논의 물을 빼고 중경작업[蕩]을 하거나 제초작업[耘]을 하는데, 반드시

立秋邊或蕩乾, 或耘乾, 必要田乾縫裂

시키는 작용을 한다. '횡서(橫鋤)'는 포기 사이[段頭]를 따라 진행하는 것으로, 행(行)은 세로이고, 단(段)은 가로이다. '횡서(橫鋤)'에 쓰는 농구는 이빨이 4개인 작은 쇠써레[鐵耙]이다. 모양은 쇠스랑과 비슷하지만 그보다 더 작고, 이빨의 길이는 5촌 가량이며, 폭은 유사하다. 이러한 '횡서(橫鋤)'작업과 (그) 농구는 당시 가흥[嘉], 호주[湖] 지역에서 아주 보편적인 것이었다. 민국(民國) 때의 『쌍림진지(雙林鎭志)』에 이르기를 "잡초를 정리하고 나면, 또 논[田]에 구멍을 파는 일이 남아 있다. 모내기한 이후에도 논[田]에 아직 덩어리가 져있다면, 곧 작은 쇠써레[小鐵耙]로 빈 부분을 세심하게 뒤집어 깎아준다. 진흙덩어리를 풀게 되면 잡초 또한 쉽게 없앨 수 있다."[쌍림진(雙林鎭)은 동향(桐鄕)에서 호주(湖州)까지에 걸쳐 있다]라고 한다.

184) '도이동장옥(徒移動場屋)'은 김매기 한 후에 표토층을 뒤엎어 주는 것을 말한다.

185) 역자주 『시경(詩經)』「제풍(齊風)・남산(南山)」조에는 "노나라의 길은 평탄하며 제나라의 딸은 그 길로 시집갔다.[魯道有蕩 齊子由歸.]"라 하고, 『모전(毛傳)』에는 "탕은 공평하게 하는 것이다.[蕩, 平易也.]"라고 하여 평탄(平坦)의 의미로 해석하고 있다. 따라서 '탕(蕩)'은 중경 평탄작업임을 알 수 있다.

진항력 편저, 왕달 참교, 『보농서연구』, (중화서국, 1958)에서는 「토지이용방법」 제2단 3조의 동일한 문장에서 '탕(蕩)'자를 '탕(盪)'자로 쓰고 있다.

186) '입추변(立秋邊)'은 입추 전후 며칠 이내를 가리킨다.

논[田]이 건조하여[187] 균열이 일어나는 것이 좋다. 옛사람들은 "6월에 논을 말리지 않으면, 쌀이 나지 않아도 하늘을 원망할 수 없다."라고 하였다. 이렇게 한 번만 '논을 말리면[188]', 뿌리가 깊게 뻗어져 나가고, 모가 튼튼해지고, 이삭이 옹골차며, 수재와 가뭄에도 걱정이 없게 된다.

입추 전에 논을 말리면 많이 건조하더라도 며칠은 크게 문제되지 않지만, 입추 이후에 말리면 균열이 생기기만 해도 수차로 바로 물을 대어 주어야 한다. 대개 처서處暑: 8월 하순쯤에 이삭을 배는데,[189] 이때는 물이 부족하면 안 된다. 옛말에 이르기를 "처서에 뿌리부분의 흙이 말라 하얗게 되면, 농부가 크게 놀란다."[190]라고 했다.

方好. 古人云: "六月不乾田, 無米莫怨天." 惟此一乾, 則根派深遠, 苗秆蒼老, 結秀成實, 水旱不能爲患矣.

乾在立秋前, 便多乾幾日不妨, 乾在立秋後, 才裂縫[11]便要車水. 蓋處暑正做胎, 此時不可缺水. 古云: "處暑根頭白, 農夫吃一嚇."

---

187) 현재 강남 일대에서는 벼[水稻]를 키우는 과정에 물을 빼고 말리는 조치를 일러 '고전(烤田)'이라 한다. '고전(烤田)'을 '낙건(落乾)', '각전(擱田)'이라고도 한다. '고전(烤田)'을 거친 논 표면에 햇볕을 쬐면, 토양의 물리·화학적 상태를 개선할 수 있어, 토양 중 양분의 분해를 빠르게 하여 벼의 뿌리가 아래로 더욱 깊게 파고들고, 새로운 뿌리가 나는 것을 촉진시키며, 비료 흡수력도 높여준다. 논을 말리는[烤田] 데에는 경중(輕重)이 있는데, 경고전(輕烤田)은 논의 표면이 조금만 건조해져도 물을 대는 것이고, 중고전(重烤田)은 표면에 균열이 나타난 후에 비로소 관개하는 것이다. 고전(烤田) 시기가 같지 않다는 것은 작용 또한 같지 않다는 의미이다. 분얼(分蘖)시기에 고전(烤田)을 하면 분얼을 억제할 수 있고, 발절(拔節)시기에 고전(烤田)을 하면 줄기 마디 사이를 줄일 수 있어, 줄기가 튼튼해진다. 이러한 까닭으로 각 생육 기간마다 적절하게 고전(烤田)을 진행하면 벼를 조화롭게 생장시킬 수 있다. **역자주** '고전(烤田)'이란, 배수를 해서 물을 뺀 후 바짝 말린 논을 말하고, '분얼(分蘖)'은 벼, 보리 따위의 뿌리에 가까운 줄기의 마디에서 가지가 갈라져 나오는 것을 말하며, '발절(拔節)'은 벼, 밀, 수수 등의 줄기마디가 빨리 자라는 것을 의미한다.

188) **역자주** 햇볕에 바짝 말린 논을 말한다.

189) 속어로 벼가 이삭을 배는 것을 '주태(做胎)'라고 한다.

190) '근두백(根頭白)'은 벼 모종 뿌리 부분의 토양이 건조해져 흰색을 띠는 것을 가리킨다. 벼의 이삭을 배는 기간에는 많은 양의 수분이 필요한데, 만약 물이 부

〈그림 38〉『왕정농서』에 보이는 후두(戽頭)

〈그림 39〉『왕정농서』에 보이는 김매기 장면과 고수(鼓手)

〈그림 40〉『왕정농서』에 보이는 김매기용 손톱

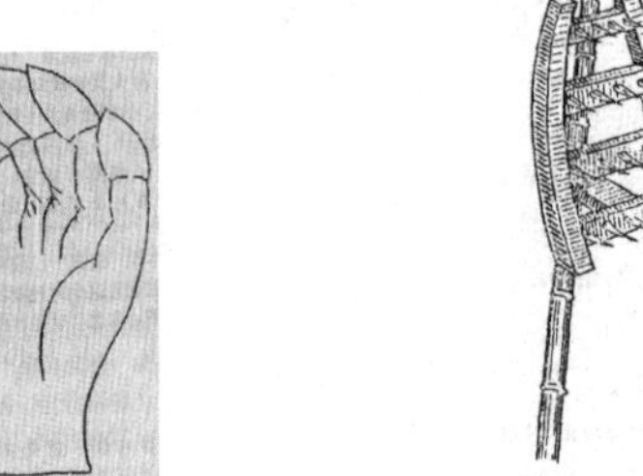

〈그림 41〉논의 제초용 공구[蕩]

| 교 기 |

9 학해본에는 아래에 두 행의 작은 글자 주석이 끼워져 있는데, '옥당독와, 거성屋當讀窩, 去聲' 등 6자이다.

10 '서이鋤二、탕일蕩一、운일耘一'은 원래 작은 글자로 주석이 끼워져 있는데,

족하면 바로 생산량에 영향을 준다. 그래서 농민들은 이 때 벼에 물이 부족해 뿌리부분의 토양이 건조해져서 흰색을 띠는 것을 발견하면 매우 놀랐던 것이다.

지금은 큰 글자로 고쳤다. 그러나 학해본에는 이 여섯 자가 없다.

11 역자주 양원선생집본楊園先生集本 『사고전서四庫全書』 『보농서』본에는 '재열봉才裂縫'이 '봉렬봉縫裂縫'으로 되어 있다.

교석자 고찰

이 조에는 우리가 중시해야 할 몇 가지 주요한 문제가 있다.

중국 남방의 벼 재배 기술은, 그 역사적 경험이 아주 풍부하여, 물을 필요로 하는 원칙에 있어 명대에 이르면 이미 상당히 세밀하게 관찰되었고, 인식 또한 상당히 심오했다. 오늘날의 생산에도 참고할 만한 가치가 있고, 귀감이 될 만하다.

첫째, 물을 빼고 논을 말리는 문제에 관하여

심씨는 '고전烤田'의 의의에 대해 매우 명확하게 언급했다. 고전은 "뿌리가 깊게 뻗어져 나가고, 모가 튼튼해지고, 이삭이 옹골차져서, 수재와 가뭄에도 걱정이 없게 되는[根派深遠, 苗稈蒼老, 結秀成實, 水旱不能爲患]" 작용을 한다고 하였다.

고전의 작용이 다방면에 걸쳐 나타남은 실질적으로 증명되었다. 전반적으로 말하자면, 그것은 지상부의 줄기와 잎이 쓸데없이 웃자라는 것[徒長]191)을 억제하고, 튼튼한 모를 배양하고, 또한 땅속에서 뿌리가 뻗어나가는 것을 촉진하여 거름을 흡수하는 능력을 높인다. 뿐만 아니라, 토양의 물리적・화학적 상태를 개선시키고, 또한 유기양분의 분해를 가속화시켜, 벼가 정상적으로 생장하고 발육하기 위한 좋은 조건을 만들어준다. 그런 까닭에 벼의 뿌리가 깊어져, 모가 튼튼해지고, 적은 양의 거름에도 잘 견디며, 가뭄에도 강하다. 고전은 벼가 생육하는 각 단계에서 서로 다른 작용을 한다. 분얼分蘖 후에 '고전'을 하면, 쓸모없는 분얼을 억제할 수 있고, 마디가 자랄 때[拔節期]에 고전을 하면 줄기마디 사이를 줄일 수 있어, 줄기가 튼튼해진다. 이러한 까닭으로 각 생육 기간마다 적절하게 고전을 진행하면 벼

191) 역자주 '도장(徒長)'은 쓸데없이 너무 자라는 현상으로 잎과 줄기만 무성하고 열매가 충실하지 못한 현상을 말한다.

의 조화로운 생장을 촉진할 수 있다.

그러나 고전의 시기와 고전을 하는 과정에도 신경을 써야 한다. 심씨는 입추立秋 전에 중고重烤하고, 입추 후에 경고輕烤하고, 이삭이 열리는 시기에는 논을 말리지 않는 것이 좋다고 하였는데, 이는 일정한 도리가 있는 것이었다. 일반적으로 말하면, 당시 일모작 늦벼는 대부분 입추 전후에 마디가 길게 자라며[拔節], 분얼 말기부터 마디가 자라는 시기까지 절서浙西 일대는 기온이 높고, 비가 많이 오는 계절이라서 모의 생장이 왕성해지므로, 이 때 중고重烤를 통해 뿌리의 조직을 강화하여, 뿌리가 아래로 뻗어나갈 수 있도록 촉진했다. 심씨는 후술하는 바와 같이 "토양이 실하고 뿌리가 단단하여, 모가 튼튼하니 적은 양의 거름에도 잘 견디며, 넘어질 걱정이 없다."는 목적을 이루었던 것이다.

아울러 일모작 늦벼는 생장기간이 길기 때문에 발절拔節한 후에도 10여 일이 지나서야 비로소 어린 이삭이 분화한다. 이 때문에 입추 후에도 여전히 고전할 수 있는데, 단지 고전하는 과정에서 구체적인 상황을 살펴보고 정해야지, 너무 과중하게 해서는 좋지 않으며, 어린 이삭의 발육에 영향을 주지 않을 정도로 해야 한다. 이 때 경고輕烤를 적당하게 하면, 뿌리와 줄기의 성장에 이로울 뿐 아니라, 어린 이삭의 발육에도 좋다.

전국 노동자의 모범인 진영강陳永康 씨는 오랜 벼 재배의 경험에서, 빽빽하게 심고[密植], 집중적으로 시비施肥하는 상황에서 "중간에 중고重烤하고, 처음과 끝에 경고輕烤한다"라는 벼의 고전의 경험을 총결하였는데, 이는 중국의 역사적 경험과 일맥상통하는 것이다.

둘째, 벼 생장 후기의 물 공급 문제

심씨는 일모작 늦벼가 처서에 이삭을 밸 때 물이 부족하면 안 된다고 지적했는데, 이는 정확한 견해이다. 벼의 일반적인 습성에 대해 말해보자면, 올벼, 중벼, 늦벼에 상관없이, 이삭을 배는 기간은 모든 생육 기간 중에 물을 가장 많이 필요로 하는 시기로 반드시 충분히 공급해주어야만 비로소 어린 이삭이 분화, 발육하는 데 필요한 요소를 만족시킬 수 있다. 만약 그렇지 않으면, 가지와 꽃의 형성을 방해하여 이삭이 감소할 뿐 아니라, 기형의 꽃이 생기거나 작은 이삭도 배지 않을 수 있다. 이 때 만약 논에 물이 부족하여, 벼 뿌리부분의 흙이 백색을 띨 정도로 마르게 되면, 농민은 놀랐던 것이다. 현재 절서浙西 일대는 아직 "처서處暑에 벼의 뿌리(부분의 흙이)가 희면, 숭늉을 마실 수 없다." 그리고 "천 번, 만 번 물을 대도, 처서에 한 번 대느니만 못하다."는 속담이 전해져 오니, 이는 충분히 주목할 만한 것이다.

벼가 이삭을 밴 후부터, 이삭이 패고, 꽃가루가 날려 물알[192]이 들고, 성숙하는 과정을 거치는데, 요컨대 생리적으로 물이 비교적 많이 필요한 시기이다. 동시에 (지금도 마찬가지지만) 심씨가 생산을 할 때에는 강남의 일모작 늦벼를 재배하는 지역의 이삭이 패는 시기가 백로白露 이후로, 이때부터 기온이 서서히 내려가는데, 이 때문에 일정량의 수분 공급을 해주어야만, 벼의 생리적 요구를 만족시킬 수 있다. 뿐만 아니라, 물은 논의 온도와 습도를 조절하고, 벼가 잘 성장하고 발육하도록 하며, 이삭이 크고 가지런하고, 알이 많고, 튼실할 수 있는 조건을 제공해 준다. 그래서 심씨는 다음 조항에서 "입추 이후부터 절대 물이 부족하면 안 된다."라고 단호하게 이야기하고 있는 것이다. 그렇게 하지 않으면 이삭이 패고, 꽃가루가 휘날려서 수정하고 물알이 결실을 맺을 때 영향을 주는데, 이것을 곧 "물이 없으면, 벼가 부실해진다."라고 일컬은 것이다.

192) 역자주 물알은 아직 덜 여물어서 물기가 많고, 말랑한 곡식알을 일컫는다.

번역

제2단 제4조

덧거름을 줄 때는[193] 모름지기 처서處暑[194] 이후, 벼의 이삭이 밸 때, 벼의 색깔이 황색일 때 해야 한다. 만약 모의 색이 황색이 아니라면, 절대 덧거름을 줘서는 안 된다. 황색을 띠지 않으면, 결코 해서는 안 된다는 것이다. 만약 모의 분얼이 왕성하다면, 뒷날 힘이 부족할 것을 헤아려야 하며, 이삭이 팬 후에 무畝당 깻묵 세 말[斗]을 시비하면, 저절로 잘 생장발육하게 된다. 아직 황색을 띠지 않았는데 절대로 먼저 시비해서는 안 된다. 모가 좋아 보인다고 해서 좋은 벼가 나오는 것은 아니다.

논[田]에서 농사짓는 것은 비교적 용이한 일인데, 다만 덧거름을 주는 것은 반드시 때를 살피고, 모의 색깔을 관찰해야 하는데, 이는 농가를 위해 가장 중요한 일이다.[195] 가난한 농가

第二段 第四條

下接力, 須在處暑[12]後, 苗做胎時, 在[13]苗色正黃之時. 如苗色不黃, 斷不可下接力. 到底不黃, 到底不可下也. 若苗茂密, 度其力短, 俟抽穗之後, 每畝下餅三斗, 自足接其力. 切不可未黃先下. 致好苗而無好稻.

蓋田上生活, 百凡容易, 只有接力一壅, 須相其時候, 察其顏色, 爲農家最要緊機

193) 역자주 본서에는 밑거름[基肥]을 하점(下墊)으로, 덧거름[追肥]은 하접(下接)으로 묘사하고 있다.

194) 역자주 처서(處暑)는 양력 8월 23일이나 24일쯤인데, 『일주서(逸周書)』「시훈해(時訓解)」에 의하면, 이때 물후(物候)로는 서늘한 바람이 불고, 백로(白露)가 내리며 한선(寒蟬)이 운다고 한다.

195) 덧거름하는 것은 벼를 파종하는 데 가장 중요한 관건이다. 시기는 일러도 안 되고, 늦어도 안 된다. 또한 지력의 비수(肥瘦), 기후변화, 재배방법, 비료종류와 작물의 생태 특성 등을 고려해야 한다. 이것이 바로 『남심지(南潯志)』에서 말하는 시비에는 때와 법이 있다는 것이다. 이런 규율에 따라 일을 하지 않으면, 거름을 많이 주어도 반드시 수확이 좋지만은 않다.

는 거름을 적게 주어 낮은 생산 때문에 고생하고, 거름이 많은 농가에서는 종종 거름을 많이 주었음에도 이삭이 웃자라 쭉정이가 많다고 근심한다.[196] 그 원인을 따져보니, 결국 어린 모종에 거름을 많이 주었기 때문이다. 이를 억제하는 방법은 다음과 같다.

關. 無力之家, 旣苦少壅薄收, 糞多之家, 每患過肥穀秕. 究其根源, 總爲壅嫩苗之故. 而扼要之法.

하나, 깊이 갈아엎는다. 깊게 갈면 비료의 기운이 흙 안에 깊이 파고들어, (발육과정에서) 서서히 그 기운을 받아들이고, 뿌리가 더욱 깊고 멀리 뻗어나가면, 반드시 줄기가 튼실해져서 수재와 가뭄에도 잘 견딜 수 있다. 이렇게 되면 설령 덧거름이 적더라도 원래의 밑거름으로 버틸 수 있다. 곧 다시 시비를 많이 하더라도, 마치 건강한 사람이 잘 먹고, 많이 마시더라도 문제없는 것과 같다. 이것이 첫 번째이다.

一在墾倒極深. 深則肥氣深入土中, 徐徐討力, 且根派深遠, 苗幹必壯實, 可耐水旱. 縱接力薄, 而原來力可以支持. 卽再多壅, 譬如健人善飯, 量高多飮, 亦不害事. 此爲第一著.

또 하나는 밑거름을 많이 하는 것이다. 밑거름이 많으면 모내기를 하고 곧 왕성해져 입추가 되면 모가 이미 충분히 자라고, 비력도 완전히 흡수하게 되어, 벼 줄기는 반드시 노쇠해지고 잎은 황색을 띠게 된다. 이때 덧거름은 많이 줄수록 좋다.

一在多下墊底. 墊底多, 揷下便興旺, 到了立秋, 苗已長足, 壅力已[14]盡, 秆必老, 色必黃. 接力愈多愈好.

다른 하나는, 6월 안에 고전烤田을 한 번 한다면, 토양이 실하고 뿌리가 단단하여 모가 튼튼하니 거름에도 잘 견디며, 넘어질 걱정은 없다.[197]

一在六月內乾過一番, 則土實根牢, 苗身堅老, 堪勝壅力, 而無傾倒之患.

196) '비(秕)'는 이삭이 꽃이 피고 열매를 맺지 않는다는 의미이다. 즉 벼가 팬 후에도 물알이 실하지 못하다는 것이다.

그러나 입추立秋 이후부터는 절대 물이 부족하면 안 되니, 물이 적으면 바로 수차로 물을 대고, 벼를 벨 때가 되어서야 비로소 멈춘다. 농언에 이르기를 "벼가 마치 꾀꼬리처럼 붉고, 사방에서 물을 공급받네."라고 한다. 만약 날씨가 갑자기 추워져 서리가 일찍 내려도, 무릇 논에 물이 있으면, 벼가 서리에 손상되지 않는다. 물이 없는 논은 (결실률이 낮거나) 벼의 쭉정이가 많다. 옛 농부가 남긴 "물이 흡족하면 곡식이 넉넉해진다."라는 말은 이것을 일컫는 것이다.

但自立秋以後, 斷斷不可缺水, 水少卽車, 直至斫稻方止. 俗云, "稻如鶯色紅[15], 全得水來供." 若値天氣驟寒, 霜早, 凡田中有水, 霜不損稻. 無水之田, 稻卽秕矣. 先農有言, "飽水足穀", 此之謂也.

〈그림 42〉 논벼에 분뇨시비 장면[康熙御製 施肥圖]

197) 이 조항은 덧거름 하는 것의 중요성을 반복한 것이다. 사람들이 이 부분을 가장 쉽게 간과하기 때문에 심씨는 더욱 중점적으로 설명하여 사람들에게 가슴 깊이 새기도록 하였다.

교 기

12 '처서處暑'가 학해본에는 '차서次暑'라 되어 있고, 더불어 그 아래에 '차서기대서야次暑豈大暑耶'라는 2행의 작은 글자로 된 주문注文이 있다.

13 학해본에는 '재在'자 앞에 '편便'자가 있다.

14 학해본에는 '이已'자를 '장將'자라 하였다.

15 학해본에는 '홍紅'자 아래에 다음과 같은 두 줄의 작은 글자 주석이 있다. 즉 "홍紅은 황黃이다. 이 지역 마을 사람들은 노랗다는 황黃의 음을 홍紅과 같이 취급하고 있다.[紅者黃也, 鄕人呼黃音同紅.]"

교석자 고찰

이 조항의 내용을 보면, 심씨는 벼에 대해 이미 상당히 뛰어난 시비 기술을 가졌다는 것을 알 수 있다. "그 때를 보고, 그 색깔을 살핀다."라는 것은 현재 사람들이 말하는 "모[苗]의 상태를 보고 시비한다."는 것이다.

작물에 덧거름[追肥]할 필요성과 그 시간과 정도는 보통 그 생장 발육 과정 중의 그루를 통해 드러난다. 그렇다면 과연 어떻게 파악했을까? 과거에는 경험에 따라 처리하는 것이 불문율이었다. 바로 송응성宋應星이 『천공개물天空開物』에서 이야기한 "무릇 논에 거름을 주는 것은 … 삼가 천시天時를 살피고, 경험 많은 농부의 계획[心計]에 달려 있다."라고 한 것과 같다.

"모[苗]의 상태를 보고 시비한다."는 것을 중국 역사문헌에서 처음 제시한 이는 심씨이다. 그는 시비에 대해 구체적으로 논하고 과감하게 시행했는데, 이는 심씨 시대에 벼의 시비 기술에 대한 경험이 성숙되었음을 말해준다.

해방 후에는 모의 상태를 보고 시비하는 문제가 이론적으로도 명확하게 되었다. 전국 노동자의 모범인 진영강陳永康 씨는 '삼황삼흑三黃三黑'의 이론을 제시하였다. 심씨는 "모[苗]가 이삭을 밸 때, 모의 색이 황색일 때" 덧거름[追肥]해야 한다고 지적하였다. 이것은 진영강陳永康의 '삼황삼흑三黃三黑'의 이론 중의 두 번째로 흑색에서 황색으로 전환된다는 시기에 해당한다. 곧 벼의 이삭이 분화하는 시기(즉 이삭이 배는 시기)에 줄기와 잎의 색깔이 변화될 때 한 차례 밴 이삭에 거름을 준다는 것이다. "만약 모의 분얼이 많아 왕성하게 자란다면, 뒷날 힘이 부족할 것을 헤아려야 하며, 이삭이 팬 후에 무畝당 깻묵 세 말斗을 시비하면, 스스로 생장 발육하게 된다. 단, 아직 노랗게 되지 않았는데 먼저 시비해서는 절대 안 된다.…" 이는 진영강 씨가 제시한 삼황삼흑三黃三黑"의 이론 중에 세 번째로, 흑색에서 황색으로 변하는 것이다. 이 역시 벼가 물알을 맺을 때, 줄기와 잎의 색깔이 변할 때에 그 이삭의 낟알을 위해 시비하는 것이다. 이처럼 벼 생장 후기에 덧거름을 주는 목적은 이삭이 크고, 낟알을 실하게 해주며, 많은 생산을 거두기 위해서이다.

진영강 씨는 늦벼가 전 생육 과정 중에서 세 차례 황색과 흑색黃黑으로 변하는 것은, 곧 줄기와 잎의 색깔이 짙은 녹색에서 담녹색으로 변하고, 담녹색에서 짙은 녹색으로 변화하는 것으로 늦벼가 영양생장, 생식생장 및 결실기로 전환되면서 나타나는 정상적인 현상이라고 여겼다. 만약 오랫동안 짙은 녹색이 변하지 않는다면 도리어 비정상적인 것이다. 예컨대 적합하지 못한 덧거름을 재차 시비한다면, 풍장瘋長[198]이나 탐청貪青,[199] 엎어지거나 넘어지고, 병충해에 걸리게 된다(『화동농업과학통보華東農業科學通報』, 1957년 7월호, 「벼논 관리의 몇 가지 문제에 대한 논의」 참조).

심씨가 "모의 상태를 보고 시비한다."라고 한 것은 중국 정경세작의 주된 내용이며, 진영강 씨의 '삼황삼흑三黃三黑'설은 시비의 역사적인 경험을 이론과 실천적인 면에서 발전시킨 것이다.

198) 역자주 풍장(瘋長)은 이삭이 웃자란다는 의미이다.

199) 역자주 탐청(貪青)은 농작물이 누렇게 익을 때가 되어도 줄기와 잎에 녹색을 띠는 현상이다.

번 역

제3단 본 단은 어떤 볍씨를 선택하는지를 연구한 것이다. 종자를 선택하는 것은 우선 생산량을 제고하기 위한 것이고, 또 하나는 수확시기를 조절하기 위한 것이다.

하나, 벼의 품종은 '조백도早白稻'[200]를 최고로 치는데, 다만 시비기술을 조정하기가 쉽지 않다. 비료를 적게 주면 잘 자라지 않고, 비료

原文

第三段 本段研究如何選擇稻種. 選擇種子, 一是爲了高産多收, 一是爲了調劑收割季節.

一, 稻種以"早白稻"爲上, 只肥壅不易調停, 少壅不長,

---

200) 여기서 말하는 '조백도(早白稻)'는 실제로는 '중백도(中白稻)'이다. 심씨가 「월별 농사일[逐月事宜]」에서 음력 5월에 모를 심고, 9월에 올벼를 수확한다는 점을 보아 명대(明代)에 올벼[早稻], 중도(中稻), 늦벼[晩稻]가 이미 비교적 보편화되었다는 것을 알 수 있다. 그 중 올벼와 중도는 대부분 점성도(占城稻)를 개량한 것이다. 심씨는 단지 중도와 늦벼[晩稻] 두 종류만 심었기 때문에 조(早), 만(晩)이란 두 글자로 설명하였다. 이는 흔히 부르는 명칭과는 일치하지 않는다. 『오홍장고집(吳興掌故集)』과 각 부지(附志) 및 현지(縣志)의 기록에 따르면, 송(宋) 진종(眞宗) 때에 장강(長江)과 회수(淮水) 및 절강(浙江)지대에 큰 가뭄이 들어서, 그 지역의 늦벼가 큰 피해를 입자, 조정은 복건성(福建省)에서 '점성도' 3만 곡(斛)을 가져다가 절서(浙西) 등의 지역에 나누어 재배하게 하였다고 한다. 훗날 점차 올벼·중도의 우량 품종들로 변했으며, 60일 점(六十日占), 80일 점(八十日占), 100일 점(百日占), 120일 점(百二十日占)과 같은 이름도 있다. '조백도'는 점성도의 일종이다. 1956년까지만 해도 현지의 노인들은 그곳의 올벼·중도의 내력에 대해 얘기할 수 있었다. **역자주** 점성도(占城稻)는 인도차이나반도의 생산도가 높고 일찍 여물고, 가뭄에 잘 견디는 벼의 품종이다. 송대에 중국으로 들어와 빠르게 강남지역으로 보급되었다. 그 원산지가 베트남 중남부의 점성에서 건너왔기 때문에 점성도라 부른다. 곡(斛)은 곡식의 분량(分量)을 세는 데 쓰는 그릇의 한 종류로, 사각형(四角形)으로 생겼으며 주둥이가 작고 밑이 넓다. 본래는 '십두(十鬥)'가 '일곡(一斛)'이었으나, 송대 이후부터 '오두(五鬥)'로 바뀌기 시작한다.

를 많이 주면 모종에 해롭다. 그러나 그 쌀이 굵고 단단하며, 밥을 지었을 때 양이 많아[201] 마땅히 많이 심었다.

多壅又損苗. 但喜其米粒粗硬而多飯, 所宜多種.

'황도黃稻'는 수재와 가뭄에 강하여 시비를 많이 해도 상관없는데,[202] 다만 일찍 서리가 내리면 쌀이 충실해지지 않는다.

"黃稻"能耐水旱, 多壅不害, 只怕霜早, 米不圓滿.

다른 벼들도 좋고 나쁨이 같지 않지만, 황

其餘稻色好歹不

201) "그 쌀이 굵고 단단하며, 밥을 지었을 때 양이 많아진다.[其米粒粗硬而多飯.]" 아울러 음력 5월에 모를 심고 8, 9월에 익는 품종으로 명, 청대에는 이를 '사고갱(師姑秔)'이라고 불렀다. 명대 황성증(黃省曾)의 『이생옥경(理生玉鏡)』「도품(稻品)」편에 이르기를 "그 낟알이 희고 까끄라기가 없고, 줄기가 짧아 5월에 심고 9월에 익으니, 이를 '사고갱'이라 일컫는다. 『호주록(湖州錄)』에 이르기를, '그것은 까끄라기가 없다.' 사방에서 그것을 '왜백(矮白)'이라고 불렀다.[其粒白無芒而稈矮, 五月而種, 九月而熟, 謂之'師姑秔'. 『湖州錄』云: '言其無芒也'. 四明謂之'矮白'.]"라고 한다. 소주[蘇], 송강[松], 가흥[嘉], 호주[湖]의 각 부지(附志) 및 현지(縣志)에 모두 유사한 기록이 있다. 일반적으로 벼는 모두 까끄라기가 있는데 오직 이 품종만 까끄라기가 없어, 일반인들이 머리카락이 있는데 비구니는 머리를 삭발한 것에 빗대어 '사고갱(師姑秔)'이라 불렀던 것이다. 메벼[秔]는 찰벼[糯]와 다른데, 전자는 찰기가 적지만, 후자는 찰기가 있다. '사고갱' 쌀은 찹쌀에 비해 굵고 단단하며, 밥을 하면 양이 많아 강소(江蘇), 절강(浙江) 일대의 사람들이 이를 즐겨 먹었다.

202) '황도(黃稻)'는 늦벼[晚稻]이다. 이 지역의 경험 많은 농부의 말에 의하면, 동향(桐鄉)과 오강(吳江)현에서 모두 이 황만도(黃晚稻)를 많이 심었다고 한다. 『강소농작물품종지(江蘇農作物品種志)』의 제1분책의 229쪽에는 "'황곡갱(黃穀粳)은 오강현의 농가 품종의 하나로 늦메벼[晚粳稻]에 속하는데 성상(城廂) 일대에 분포하였다. 이 지역에서 재배한 지는 이미 상당히 오래 되었고, 일반적으로 1무(畝)에 600근(斤) 정도 생산되고, 많게는 700근 이상이나 생산된다. … 볍씨의 모양이 반듯하고 중등 품질이다. 황갱곡(黃粳穀)은 분얼능력이 보통이며, 분얼 성공률이 약 50%에 달한다. 적은 비료에도 잘 견뎌 쉽게 넘어지지 않는다. 마디충[螟蟲]의 피해가 적고, 비교적 늦게 익는다. 망정(望亭)에서 재배할 때 5월 18일에 파종하고, 6월 18일에 옮겨 심고, 9월 9일에 이삭이 나오고, 11월 5일에 익으므로 생장기간이 172일이 된다."라고 하였다. 이 기록은 모두 『심씨농서(沈氏農書)』「월별 농사일[逐月事宜]」의 음력 5월에 늦벼[晚稻]를 이앙하고, 10월에 수확하는 것과 서로 부합한다.

도와 조백도만한 것이 없다. 그래서 각각 반씩 나누어 심고, 성장속도에 따라 차례로 수확하면 시간에 쫓기지 않게 된다.[203] 옛날 농민들은 점을 쳐 좋은 품종을 선택하여 약간 많이 심었다.

同, 總無如黃、白二種. 所宜對半均種,⑯ 以便次第收斫, 不致忙促. 先農嘗卜其吉者而多種之.⑰

❙교 기❙

⑯ 이 구문은 학해본에는 '기여도색부동. 총무여차이종, 소의사, 육분종, 혹균분종지其餘稻色不同. 總無如此二種, 所宜四, 六分種, 或均分種之'로 되어 있다.

⑰ 이 구문은 학해본에는 '선농상복도색지길자이다종지, 역시일법先農嘗蔔稻色之吉者而多種之, 亦是一法'이라고 한다.

203) 농업생산의 특징은 계절성이 매우 강하다는 것인데, 특히 남방의 논은 여름에 벼만 심기 때문에 더욱 그러하다. 가을은 수확과 파종이 동시에 진행되는 시기이기 때문에 양자가 서로 교차되면서 농사일이 집중되어 매우 분주하다. 종종 수확 시기를 놓쳐 생산에 손실을 입기도 한다. 심씨는 이러한 특징을 살펴서 생장시기가 서로 다른 우량품종을 선택하여 조절하였다. 각 부지(附志)와 현지(縣志)에도 60일, 80일, 100일, 120일 등 생장기간이 서로 다른 각종 벼 품종을 기록하고 있다. 대략 명대 중엽부터 시작하여 이 지역의 농민들은 생장시기가 서로 다른 각종 벼 품종을 선별하여 재배하였다. 이는 수확 시기와 노동력을 조절하는 데 유리하다.

번역

제4단 본 단은 맥류(麥類)와 유채를 심는 방법을 기술하고, 춘화[여름수확작물]를 재배하는 데 반드시 지켜야 할 요건을 제시하였다.

하나, 맥류 밭을 갈아엎어 이랑을 만들 때는, 마른 밭을 갈아엎는 것이 가장 좋다.[204] 만약 난전爛田[205]이라면 반드시 밭을 갈아엎고 며칠이 지난 후, 밭이랑의 등이 마르게 되면 곧 파종할 수 있다.[206] 만약 파종시기가 늦어졌다면, 씨를 물에 담가 발아시키고 밭이랑이 마르기를 기다린다. 절대 습기가 있을 때 땅을 밟아서는 안 된다. (그렇게 되면) 유채와 맥류의 뿌

原文

第四段 本段敍述種植麥類、油菜的方法，提出培育春花的嚴格要求.

一、墾麥棱，惟乾田最好. 如爛田，須墾過幾日，待棱背乾燥，方可沈種. 倘時候已遲，先浸種發芽，以候棱乾. 切不可帶濕踏實. 菜麥不能行根，春天必萎死，卽

---

204) 이 지역 호주(湖州) 수향(水鄕)은 논밭이 가장 낮은 지대이다. 낮은 곳에 있는 논은 말라있을 때에 맞춰 춘화(春花)를 심어야만 하는데, 이는 쉬운 일이 아니다. 이렇게 하려면 반드시 날씨를 잘 살피고 계절에 대한 깊은 관심을 기울여야 한다.

205) 이 지역에서는 전지 중에 수분함량이 너무 많고 점성(黏性)이 강한 땅을 일컬어 '난전(爛田)'이라고 한다.

206) '침종(沈種)'은 즉 파종을 뜻한다. 난전(爛田)에 맥류를 심을 때 반드시 '밭이랑이 건조해질[棱背乾燥]' 때를 기다려야 한다는 것은 심씨(沈氏)의 엄격한 원칙이었다. 역자주 '침(沈)'은 『한어대사전(漢語大詞典)』에 '강락(降落)', '추락(墜落)'과 같은 떨어진다는 의미가 있어 파종한다는 것으로 해석하였다. 비슷한 예로 본서의 「월별 농사일[逐月事宜]」편에도 '침마자(沈麻子)', '침매두(沈梅豆)' 등이 보인다. 주목할 만한 점은 후술하는 바와 같이, 『심씨농서』의 관례에 따르면 '침맥(沈麥)', '침잠두(沈蠶豆)'와 같이 직파하는 것을 '침(沈)'이라 하고, '종전(種田)'과 같이 옮겨 심는 것은 '종(種)'이라고 했다는 점이다.

리가 뻗어나가지 못하여[207] 봄이 되면 반드시 싹이 말라 죽거나, 죽지 않는다 해도 오랫동안 왕성하게 자라지 못한다.	不死亦永不長旺.
맥을 파종할 때는 파종한 곳을 잘 덮어주어야 하며, 종자를 흩어 뿌릴 때는 균일해야 한다.[208] 일손은 아끼지 말아야 하며, 부녀자와 아이들도 큰 도움은 되지 않더라도 농사일을 돕게 한다.	沈麥, 蓋潭要滿, 撒子要勻. 不可惜工, 而令婦女小厮苟且生活.
맥은 파종할 때 종자에 똥오줌[淸水糞][209]을 뿌려서 시비하고, 유채는 꽃이 필 때에 뿌려야 한다.[210] 맥을 파종할 때 한 번, 봄에 한 번 거름 물을 뿌린다. 거름기가 너무 강하면 오히려 수확이 없게 된다.	麥要澆子, 菜要澆花. 麥沈下澆一次, 春天澆一次. 太肥反無收.
보리[大麥]와 광맥[穬麥][211]은 모두 거름기 많은 것을 싫어하지 않지만, 생장 후반기에 시비	大麥、穬麥則不厭肥, 又要肥在後半.

207) 만약 습기가 있을 때 밭을 밟게 되면, 토양이 덩어리지게 되어 뿌리가 뻗어나가지 못하게 된다. 항일전쟁 전후부터 사람들이 이 경작기술에 대해 크게 중요하게 생각하지 않았다.

208) '담(潭)'은 맥류의 씨를 점종할 때 파는 구멍으로, 씨를 뿌린 후에 바로 분뇨를 뿌리고 아울러 잘 덮어주어야 비력이 보존되고 습도가 유지된다.

209) 역자주 '요(澆)'는 물과 같은 액체를 대거나 뿌리는 작업으로, 여기서는 뒷 문장의 '태비(太肥)'라는 의미로 미루어 시비용 거름물이 중심이었음을 알 수 있으므로, 똥오줌으로 봐야 할 것이다.

210) 맥류는 파종할 때 거름물[분뇨]을 뿌려주며, 유채는 꽃이 필 때 뿌려야 하므로, 시비시기에 주의를 기울여야 한다.

211) 역자주 뇌맥(穤麥): 본서의 「월별 농사일[逐月事宜]」 6월조에도 '뇌맥(穤麥)'이라 표기하고 있다. 이를 광서(光緖) 『가흥부지(嘉興府志)』 권32에서는 광맥(穬麥)이라고 하였다. 일설에는 보리[大麥]의 일종이라 한다. 즉 벗긴 보리로 지금은 '원맥(元麥)'이라 통칭한다. 최식(崔寔)의 『사민월령(四民月令)』에 이르기를, 4월에 "벗긴 보리[穬麥]를 살 수 있다."라고 하였으며, "껍질[皮]이 없는 보리가 '광(穬)'이다."라고 주석하고 있다.

하여야만 한다.

만약 8월 초에 먼저 맥을 파종했다면, (벼를 수확한 후) 겨울에 논을 갈이한 후 다시 옮겨 심어야 한다.[212] 열대여섯의 맥류 뿌리마다 직파와 같은 방식으로 겨울과 봄 각 한 차례씩 수분을 뿌리고, 또 우분[牛壅]을 흩어 시비한 후 가래로 고랑의 흙을 파서 잘 덮어주면 맥의 줄기가 튼튼해져 두 배의 수확을 올릴 수 있다.[213]

若八月初先下麥種, 候冬墾田移種. 每顆十五、六根, 照式澆兩次, 又撒牛壅, 鍬溝蓋之, 則秆壯麥[18]粗, 倍穫厚收.

유채는 맥에 비해 분뇨를 배로 뿌려주어야 한다. 또 간혹 퇴비를 주거나 소똥을 시비하고, 가래[鍬]로 고랑의 흙을 파서 덮어주며 다시 꽃이 필 때에 분뇨를 뿌려줘야 한다.[214] 그렇게 하면 (매 무마다) 1석石의 수확을 할 수 있으며, 벼를 심을 때 밑거름[基肥]을 하지 않아도 된다.[215]

菜比[19]麥倍澆. 又或垃圾、或牛糞, 鍬溝蓋, 再澆煞花.[20] 卽有滿石收成, 種田不須墊底.

무릇 유채와 맥류 밭은 가래로 고랑을 파서 흙표면이 마르기를 기다렸다가 다시 한 번 뒤집어 갈아주는데, 매 무마다 반나절만 작업

凡菜、麥鍬溝之後, 候乾再刭一番, 每畝不過半工. 而泥鬆

212) 이는 맥류의 모종을 밭 안에 옮겨 심어야 한다는 것을 말한다.

213) '배획후수(倍獲厚收)'는 생산량이 평소보다 배가 된다는 것이다. 생산량을 두 배로 높이기 위해서는 반드시 지켜야 할 요건이 있다. 즉 마른 밭[乾田]에 (혹은 밭이랑이 마르기를 기다렸다가) 씨를 뿌리고, 파종 구멍을 내어 씨를 심고 분뇨를 두 차례 뿌리거나 옮겨심기를 하는 것이다. 청대 말기에 이 지역의 밀 생산량은 저조하였는데, 그 이유는 이렇게까지 많은 공을 들이지 않았기 때문이다.

214) 유채꽃이 필 때 다시 거름을 뿌리는 것으로 속칭 '살화비(煞花肥)'라 하는데, 이른바 "유채는 꽃이 필 때 시비한다.[菜要澆花.]"는 것을 말한다.

215) 유채와 맥류를 심었던 밭은 토양이 비옥해져서 별도의 밑거름을 할 필요가 없으며, 먼저 해둔 시비가 뒤에 심는 작물인 벼에 밑거름[基肥]을 해준 것과 같은 작용을 한다.

하면 된다. 그렇게 하면 진흙이 가늘고 부드럽게 부풀리어, 거름기도 잘 보존되며, 아울러 잡초가 생기지 않는다. 또 (덮어준 흙이) 뿌리를 감싸고 북을 돋아주어[216] 유채와 맥이 바람에 넘어질 걱정이 없게 된다.

碎, 易討力, 且不起草. 又可挨麥[21], 不患風倒.

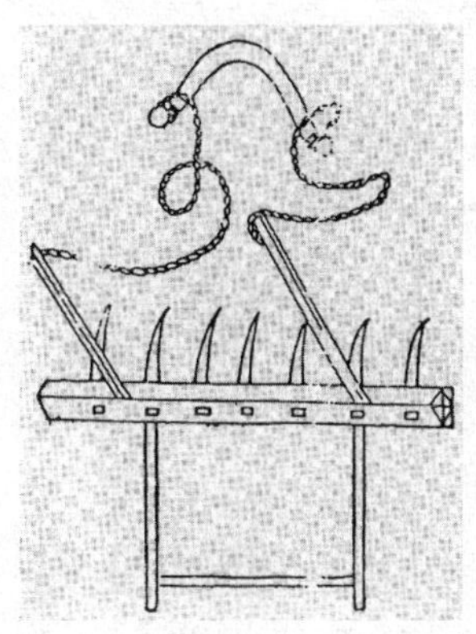

〈그림 43〉『왕정농서』에 보이는 써레[耖]

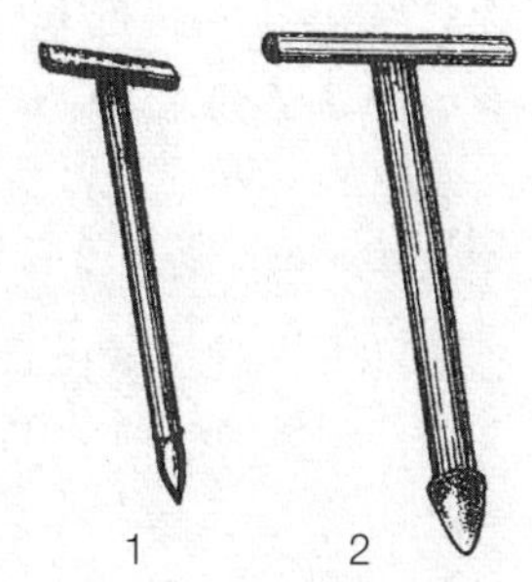

〈그림 44〉 콩(豆: 1)과 채맥[菜麥: 2] 파종용 말뚝[椿]

| 교 기 |

[18] '맥麥'은 학해본에는 '입粒'으로 되어 있다.

[19] 원본은 '화化'로 되어 있으나, 근선당본勤宣堂本 및 학해본學海本에 의거하여 '비比'로 고쳤다.

[20] 이 부분은 강소서국江蘇書局과 통학재通學齋 등의 판본에서는 모두 '초구재요살화鍬溝再澆煞花'로 되어 있다. 근선당본은 '초구개요살화鍬溝蓋澆煞花'로

216) 가래를 이용해 고랑을 파서 작물에 흙을 덮어준 후, 다시 사이갈이[中耕]와 써레질로 흙을 부드럽게 부수고[鬆土], 제초해주면 뿌리를 감싸고 북을 돋우는 작용을 한다. 당시 일반적으로 이를 '애맥(挨麥)'이라고 불렀다.

되어 있으며, 학해본에는 '초구개재요살화鍬溝蓋再澆殺花'로 되어 있는데 학해본에 의거하여 바꾸었다.

21 '맥麥'은 학해본에는 '근根'으로 되어 있다.

교석자고찰

여기에서는 맥과 유채를 심는 몇 가지 기술에 대해 설명하고 있다.

첫째, 심경과 송토(鬆土) 문제

깊이 갈고 흙을 부드럽게 부수며, 아울러 밭을 건조시키는 것은 유채와 맥류가 뿌리내리기 쉽게 하기 위한 것이다. 유채의 원뿌리는 비교적 땅 속 깊이까지 뻗어 가는데, 종자가 아직 여리기 때문에, 어린 싹이 흙을 뚫고 쉽게 올라오고, 또 뿌리의 발육을 돕기 위해서 모든 땅을 깊이 갈아엎고 두텁게 북돋우고 토양을 잘게 부수어, 부드럽고 평평하게 만들어야 한다. "심경이 밀[小麥]의 생산량을 급속히 증가시켰던 이유는 대개 경작층을 두텁게 하여 뿌리가 땅속에 들어가는 영역을 확장하였기 때문이다. 이 때문에 밀은 모든 생장과정에서 충분히 양분을 공급받아 각 기관으로 하여금 모두 적합한 발육을 진행한다."[『작물재배학作物栽培學』, 하남인민출판사河南人民出版社, 1959년 참조]. 『농정전서農政全書』「곡부穀部」에는 "남방에는 보리와 밀을 심을 때 물기를 가장 기피한다."라고 하였다. 심씨가 심경과 송토 및 토지를 건조시킨 것은 과학적 이치에 부합되는 것이다.

둘째, 시비시기의 적절성 문제

"맥은 종자에 뿌려 시비한다[麥要澆子]."란 맥류를 심을 때 물이나 분뇨[水糞]를 뿌려준다는 것을 말하고, 아울러 "맥을 파종할 때에는 파종 구멍을 잘 덮어주어야 한다.[沈麥蓋潭要滿.]"라고 하였다.

물과 분뇨의 시비는 두 가지 작용이 있다.

1. 맥이 가뭄의 피해를 입지 않게 된다. 『농정전서』「곡부穀部」에는 농언農諺을 인용하여 "국수를 먹으려면, (밀이) 진흙 속에서 자라야 한다.[要吃麵, 泥裏纏.]", "겨울에 눈이 내리지 않으면, 보리와 밀이 열

리지 않는다.[冬無雪, 麥不結.]"라고 하였다. (가흥, 호주 지방지 「상이祥異」편에 의하면) 가흥嘉興과 호주湖州지역은 겨울에 눈이 적어, 맥류를 파종할 때는 반드시 물이나 분뇨를 뿌려야만 건조해지지 않는다.

2. 밑거름이 충분하게 된다. 밑거름을 충분하게 주면, 겨울밀이 겨울이 되기 전에 잘 분얼할 수 있는 뿌리체계를 형성하여 밀의 모종이 튼튼히 자라도록 하고, 무사히 겨울을 나도록 하는 데 큰 작용을 한다. 사람들은 밀을 '속이 꽉 찬[胎裏富] 농작물'이라고 말한다. 밑거름은 유기성비료를 위주로 하며, 심경할 때 더불어 시비하고, 밑거름이 차지하는 비중은 총 비료량의 50% 이상이 되어야 한다. "맥류는 종자에 뿌려 시비한다.[麥要澆子.]"는 것과 같은 이치이다.

"유채는 꽃이 필 때 시비한다.[菜要澆花.]"라는 것은 유채는 봄에 꽃이 필 때 덧거름을 많이 줘야 한다는 것을 말한다. 유채는 줄기가 나면서부터 꽃이 피고 열매를 맺을 때까지 발육이 가장 왕성하여 비료도 가장 많이 필요로 한다. 이때 적정량의 속효성 비료를 덧거름으로 주면 열매를 맺는 비율이 증가되고 낟알을 잘 영글게 한다. … 꽃이 필 때 덧거름을 주는 양은 총 시비량의 50% 정도는 되어야 한다.

맥류의 시비는 "종자에 뿌리고[澆子]", 유채는 주로 "꽃이 필 때 뿌린다[澆花]"고 하였는데, 이는 유채와 맥류의 생장 발육에 필요하기 때문이다.

셋째, 배수와 파종법 문제

밭을 갈아 이랑을 만들고 또 고랑을 가래질[鍬]하는 것은 배수의 편의를 위한 것이다. 『농정전서農政全書』 「곡부穀部」에서 "겨울에 맥의 고랑을 깨끗이 정리하는 것은 깊고 바르게 하여 물이 잘 배출되도록 하는 것으로, 봄비가 쉽게 스며들어 맥의 뿌리를 잠기지 않게 하는 것이다.[冬月宜清理麥溝, 令深直瀉水, 卽春雨易洩, 不浸麥根.]"라고 하였다. 『심씨농서』의 「월별 농사일[逐月事宜]」에서 음력 11월에 "유채와 맥류 밭의 고랑을 정돈한다.[提菜麥溝.]"라고 하고, 정월에는 "유채와 맥류 밭의 고랑을 다져준다.[敲菜麥溝.]"라고 한 것은 바로 여름에 수확하는 작물의 배수 작업을 잘 해야 한다는 것이다. 소주와 절강지역의 저지대[低洼]의 논에는 수시로 배수에 신경 쓰는 것이 경작기술의 중요한 조치 중의 하나이다.

유채와 맥을 파종할 때 중요한 관건은 다음의 3가지이다.

1. 파종을 빨리 해야 한다.

2. '(손가락을 이용하여 파종하는) 촬자撮子'법이 아닌 '혈종穴種'법을 이용한다. '혈종穴種'은 깊은 구멍을 내는 것으로, 『농정전서』「곡부」에서는, 맥을 파종할 때는 구멍에 파종하는 것이 좋다고 하였다. 혈종을 해야만 비로소 "유채와 맥류가 뿌리를 내릴 수 있다.[菜麥行根.]" 게으른 농부는 '촬자撮子'법을 이용하는데, '채맥의 말뚝[菜麥樁]'을 이용해 (갈이하지 않은) 밭 가운데에 구멍을 뚫어 종자를 집어넣어 파종한다. 이렇게 하면 유채와 맥류의 뿌리가 뻗어나가는 데 제한을 받게 되어 정상적으로 발육할 수 없게 된다.

3. 농사시기에 맞추고 또 유채와 맥이 생장할 수 있는 시간을 길게 하기 위해서 사전에 모종을 키워 밭을 모두 정리하고 나서 옮겨 심는다. 『심씨농서』의 「월별 농사일[逐月事宜]」에는 '하맥앙下麥秧'과 '살채앙撒菜秧'이라는 두 항목이 있는데, 바로 가을과 겨울 두 계절에 유채와 맥의 일부를 이앙하는 것이다. 당연히 일부는 직접 파종한다. 「월별 농사일[逐月事宜]」 음력 10월의 '침맥沈麥'은 직접 맥류를 파종하는 것이고, '종채種菜'는 유채를 옮겨 심는 것이다. [『심씨농서』의 관례에 따르면 직파하는 것을 '침沈'이라 하였다. 예컨대 '침맥沈麥', '침잠두沈蠶豆' 등이 있다. 옮겨 심는 것은 '종種'이라고 하였다. 예를 들어, 5월의 '종전種田' 따위가 그것이다.]

넷째, 맥의 옮겨 심는 시기의 적합성 문제

지금까지 밀을 옮겨 심는 방법이 있는 문헌자료 중 가장 오래된 것은 『심씨농서』이다. 그러나 도대체 언제부터 시작되었는지는 아직 확실한 근거가 없다. 남송이 항주杭州를 도읍지로 정한 후 북방에서 남하한 지배층이 나날이 늘어나면서 밀의 수요가 증가하였다. 그러나 항주와 가흥 및 호주지역은 늦메벼[晩粳] 생산 지역으로, 늦메벼의 수확이 늦은 반면에 밀은 또 가능한 일찍 심어야 하므로 농사일이 서로 충돌한다. 『보농서』 하권에서 "우리 마을은 춘화春花: 여름수확작물의 이익이 절반을 차지하는데, 만약 잠두와 밀의 파종이 늦어지면 수확이 적다.[吾鄕春花(夏收作物)之利居半, 若蠶豆、小麥遲, 俱薄收也.]"라고 하였다. 한쪽은 늦고 한쪽은 빠른 두 모순을 해결하기 위해 옛 농부들은 농사경험을 통해 모종을 키워 옮겨 심는 법을 고안했던 것이다.

모판에 파종하는 시기에 대해 심씨는 「월별 농사일」에서 음력 7월(입추, 처서)에 한다고 하였고, 「토지이용방법[運田之法]」에서는 8월 초에 한다고 하였으며, 장리상張履祥은 「보농서후補農書後」에서 중추절 이전이라고 하였다. 결론적으로 모두 양력 8월 상순에서 9월 하순 사이에 해야 한다고 말하고 있다.

모종을 옮겨 심는 일에 관해서는 일찍이 1947~1948년에 절강대학 농학원浙江大學農學院에서 아르디토矮立多, ardito 품종을 가지고 항주에서 실험한 적이 있는데,(『농업과학통신農業科學通訊』, 1950년 9호 참조) 모종육성기간은 10월 하순에서 11월 상순까지가 가장 적합하며, 옮겨 심는 시기는 12월 중순이 가장 좋다고 하였다. 옮겨 심는 시기는 파종 후 40~45일쯤에 모종의 키가 4~5촌寸까지 자라고 분얼이 2~3개 되었을 때가 가장 적합하다. 그러나 심씨와 장리상 두 사람의 파종기간이 양력 8, 9월 사이까지 앞당겨지고, 옮겨 심는 시기가 소설小雪・대설大雪・동지冬至 때[11월 하순에서 이듬해 1월 상순까지]이므로 모종기간이 모두 2~3개월이나 된다. 이렇게 되면 커버린 모종이 안전하게 월동할 수 있는지와 어떻게 춘화처리春化處理[217]를 완성하는지가 의문으로 남는다.

217) 역자주 춘화처리(春花處理: 미추린농법 또는 야로비농법이라 칭한다)는 농작물의 싹이나 씨를 고온 또는 저온으로 처리하여 발육에 변화를 주어 수확기를 조절하는 방법이다.

번역

제5단 본 단은 뽕나무밭의 심경 및 제초의 원리를 서술하였다.

하나, 뽕나무 밭을 일굴 때는[218] 반드시 동지冬至 이전에 하되, 겨울의 엄동설한을 이용해 바람으로 땅을 얼리고 햇볕을 쬔다.[219] 반드시 개간법에 따라 2, 3층 깊이로 일구어야 한다.[220] 뽕나무의 가는 뿌리는 끊어져도 큰 해가 없으니 다만 이랑층은 널찍하게 해주어야 한다.[221]

만약 두벌갈이할 때 봄에 때맞춰 비가 많이 내리면 지면은 쟁기로 평평하게 갈이해서,[222] 물이 고이지 않게 하고 지나간 발자국도 모두 평평하게 골라주어야 한다.[223]

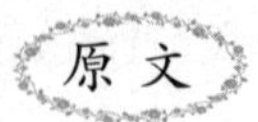

原文

第五段 本段敍述桑地深耕及鋤草的道理.

一、墾地須在冬至之前，取其冬月嚴寒一風日凍曬. 必照墾田法，二、三層起深.[22] 桑之細根，斷亦無害，只要稜層空敞.[23]

若倒地，則春天雨水正多，地面又要犁平，使不滯水，背後脚迹，盡數揉平.

218) '간지(墾地)'는 뽕나무밭[桑地]을 일구는 것을 말한다.

219) '풍일동쇄(風日凍曬)'는 글을 쓰는 데 편하게 하기 위한 것으로 사실은 '풍동일쇄(風凍日曬)'가 마땅하다. **역자주** 토양의 풍화를 촉진시키기 위함이다.

220) 뽕나무밭을 갈아엎는 것은 논을 갈아엎는 것과 마찬가지로 심경(深耕)을 해야 하므로, 2~3층 깊이로 일구어야 한다. 동치(同治)『호주부지(湖州府志)』권30에 이르기를, 뽕나무밭은 "갈아엎기는 반드시 4차례 해야 하고 깊이는 1척 정도 일구어야 한다.[墾必數四, 深必尺許.]"라고 하였는데, 이는 옛날에 뽕나무를 심을 때 정경세작의 정도가 매우 높았던 점을 말해준다.

221) 2~3층 깊이로 일구기 때문에 갈아엎은 흙덩이의 양이 많아서 이랑층이 두텁고 널찍하다.

222) '리평(犁平)'은 '쇠스랑으로 평탄작업을 하는 것[扒平]'을 의미한다.

223) 사람이 밭을 갈아엎으면서 앞으로 가면 지나간 뒤에 발자국으로 인해 움푹 파이게 되므로 몸을 돌려 파인 곳을 평평하게 골라주어야 한다.

겨울에 초벌갈이할 때는 잡초뿌리를 지면 위로 뒤집어 올리고, 봄에 두벌갈이할 때는 풀뿌리를 뒤집어엎어 묻는다.[224] 이것이 옛 농부가 이르는 "추울 땐 노출시키고, 더울 땐 묻는다."라는 것이다.

冬天墾地, 草根翻在上, 春天倒[24]地, 草根翻在下. 先農所謂 "寒則浪[25], 熱則藏" 也.

초벌갈이든 두벌갈이든 모두 날씨가 아주 맑을 때가 아니면 안 된다. 만약 갈아엎고 하루 동안 햇볕을 쬐어주지 않았는데 갑자기 비가 내리게 되면 아예 갈아엎지 않느니만 못하게 된다.[225]

墾地、倒地, 非天色極晴不可. 若倒下不曬一日, 卽便逢雨, 不如不倒爲愈.

밭에 사이갈이하여 제초할 때는 특히나 더 맑은 날이어야 하며, 더욱이 잡초가 아직 자라기 전에 먼저 사이갈이하여 제초한다. 여름에는 약 20일마다 한 번씩 사이갈이를 해준다. 잡초가 자라기 전에 미리 사이갈이를 한다는 것은,[226] 20일이면 아직 풀이 돋아나지 않았을 때인데, 풀이 많아진 뒤에 사이갈이를 하면 10일도 못돼 이미 무성해진다. 풀이 자랐을 때 제초하는 것이 어찌 아직 풀이 돋아나기 전에 제초하는 것과 같겠는가?[227] 잡초가 막 자랐을

至于刬地, 尤要大晴, 尤要草未生而先刬. 夏天約二十日一刬. 未草先刬, 二十日尚未起草, 草多而刬, 不十日草已茂矣. 一樣用此工夫, 常在草頭做去, 孰若攙先做上, 頭番做得乾淨, 永不易起草,[26] "一年

224) 겨울에 초벌갈이를 하여 잡초뿌리를 뒤집어 올리는 것은 그 뿌리를 얼려 죽이기 위한 것이고, 봄에 두벌갈이를 하여 잡초를 흙속에 파묻는 것은 깊이 묻어 부패시켜 비료로 쓰기 위한 것이다.

225) 갈아엎기는 맑은 날에 해야 하며, 만약 햇볕이 내려쬐지 않으면 갈아엎지 않느니만 못하다는 것을 재차 설명하고 있다. 항일전쟁 이전시기부터 사람들은 뽕나무밭의 갈아엎기를 그리 중요하게 생각하지 않았다.

226) 사람과 잡초의 투쟁과정에서 '풀이 나기 전에 먼저 사이갈이 한다'는 것이 요체라는 것을 재차설명하고 있는데, 이는 곧 잡초가 싹을 틔우기 전에 미리 손써서 잡초가 자랄 틈을 주지 않는 것이다.

때 제초해주면 영영 풀이 돋아나기가 쉽지 않다. "일 년의 계획은 봄에 세운다."는 말은 바로 이를 일컫는 것이다.

計在春", 正此謂也.

| 교 기 |

22 '이, 삼층기심二、三層起深'이 학해본에는 '간심이층墾深二層'으로 되어 있다.

23 원래는 '능층공창棱層空廠'으로 되어 있었으나, '창廠'자는 해석하기 어려운 것으로 보아 '창敞'자를 잘못 쓴 것으로 의심되므로, 이를 고쳐 썼다. 학해본에는 '능층공기棱層空起'로 되어 있다.

24 '도倒'는 근선당본에 '간墾'으로 되어 있고 학해본에는 '간지墾地'와 '도지倒地'가 모두 없으며, 단지 '동천초근번재상, 춘천초근번재하冬天草根翻在上, 春天草根翻在下'만 쓰여 있다.

25 '랑浪'은 학해본에 '랑朗'으로 되어 있다.

26 학해본에는 '영불이기초永不易起草'라는 말이 없으며, '후차생력後次省力'이란 구문이 더해진다.

교석자 고찰

본 조항은 뽕나무밭의 심경 기술의 요령을 서술하고 있다. 뽕나무밭은 반드시 겨울철에 깊이갈이를 해야 한다. 북방은 땅이 어는 시기가 비교적 이르기 때문에 가을에 깊이갈이를 하는 것이 가장 좋지만, 남방은 겨울철에 땅이 얼지 않거나 혹은 매우 추운 해에나 얇은 동토층이 형성되기 때문에 깊이갈이가 겨울철에도 가능하다.

호주湖州는 남방에 있기 때문에 동지(음력 11월) 전에 겨울갈이를 했다. 심씨의 「월별 농사일[逐月事宜]」 11월에는 '간지墾地'라는 작업항목이 있는데, 이는 바로 남방의 기후 조건에 부합하는 것이다. 동지

227) 역자주 본서의 「토지이용방법[運田地法]」 제2단 3조의 주석과 같이, '참선주기(攙先做起)'의 의미는 '모심기 전, 잡초가 자라기 전에 미리 잡초를 모조리 없앤다는 것'을 의미한다.

에 땅을 갈아엎는 것은 가장 적합한 시기이다. 장리상의 「보농서후補農書後」 제6단에는 "동지에 갈아엎는 것을 금구金溝라 하고, 대한 전에 갈아엎는 것을 은구銀溝라 하며, 입춘 후에 갈아엎는 것을 수구水溝라 한다.[冬至墾爲金溝, 大寒前墾爲銀溝, 立春後墾爲水溝.]"라고 하였다. 심씨 농서의 「월별 농사일」에서는 음력 1, 2월에는 '도지倒地: 초벌갈이를 한 뒤에 다시 갈아엎는 것'만 있고 '간지墾地: 초벌갈이'는 없다. 즉 '금구金溝'에 힘쓰고 '수구水溝'를 하지 않았으며, 12월에도 '간지墾地'가 없는 것을 보아 '은구銀溝' 역시 하지 않았다.

동지에 갈아엎는 것을 왜 '금구金溝'라고 했을까? 동지에 초벌갈이를 한 뒤에 겨울과 봄을 지나는 비교적 긴 시간동안 풍화작용을 하여 토양이 숙성될 수 있으며, 이와 동시에 깊이갈이를 통해 토양이 부드럽고 포슬포슬해져 비와 눈이 쉽게 스며들 수 있게 된다. 그렇기 때문에 '2, 3층으로 깊이 갈아엎는' 것이 필요하다. 겨울에 초벌갈이를 한 뒤에 봄에 두벌갈이를 한다. 경작이 이미 세밀해진 것이다.

번역

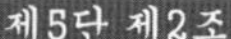
제5단 제2조

본 현의 서쪽지역[西鄕]은 단지 두벌갈이만 할 뿐 사이갈이하여 제초하지 않는데, 여기서는 사이갈이만 하고 두벌갈이하지는 않는다. 사이갈이라 할지라도 2, 3촌寸 깊이까지는 설령 소나기를 만나더라도 흙이 빗물에 떠내려가지 않는다. 만약 단지 풀을 제거하는 데서 그치면 이랑의 겉흙은 부드러우나 아래쪽 흙은 굳어져

第五段 第二條

西鄕只倒不刬, 本處只刬不倒也.[27] 須刬深二、三寸, 雖大陣雨, 不將浮泥衝淋入水. 若止于刮草, 棱面上浮下實, 一逢大雨, 盡將面泥淋剝.

있어 큰비를 만나게 되면 표면의 흙은 모두 유실된다. 1년에 하천의 진흙으로 밭의 흙을 어느 정도 늘리면 이와 같은 심각한 침식을 받을 수 있겠는가? 다만 부드럽게 갈아엎는 것이 필요하며 반드시 풍속에 따를 필요가 없다고 말한다.[228]

하물며 뽕잎이 날 때는 매일같이 맑은 날일 수가 없으므로 밟은 땅이 굳어지는 것은 피할 수가 없는데, 이때는 최대한 맑은 날을 이용해 밭을 갈아엎고 햇볕을 쬐어주어야만 장마철에[229] 잡초가 쉽게 생기지 않는다.[230] 만일 장

計一年罱泥, 所增幾何, 堪此淩削.[28] 論來只宜抹倒, 不必徇俗也.

況發葉時, 未必日日晴, 未免踏實, 此時決宜趁晴倒曬, 則黃霉不易起草. 萬一黃霉久雨不能剗倒,

228) '도(倒)'는 두벌갈이[再耕]를 말하고, '괄(剗)'은 사이갈이[中耕]하여 흙을 부드럽게 하고 잡초를 제거하는 것으로 두 작업은 서로 다르다. 만약 두벌갈이만 하고 사이갈이를 하지 않으면 곧 지면의 흙덩어리가 부서지지 않아 평평하지 않고, 만약 사이갈이만 하고 두벌갈이를 하지 않는다면 비록 지면은 평평하겠지만 아래층의 흙은 단단해진다. 심씨는 이 두 작업을 반드시 겸해서 해주어야 하며, 잡초를 제거하는 것도 단지 표면을 긁어주는 것에 그치는 것이 아니라 깊이가 2, 3촌까지 들어가야 한다고 일러두었다. 만약 표면의 진흙만 긁어주면 겉흙은 부드러우나 아래층은 단단하여, 큰비를 만나게 되면 토양이 물에 씻겨내려 지면이 잠식되고 비료가 유실되어 버린다. 이렇듯 두벌갈이와 사이갈이에 세세한 공을 들이는 경우는 어른들의 말에 의하면 양잠흥성기[蠶桑興盛時代]에도 흔치 않았다고 한다.

229) 중국의 장강 중하류 지역은 6, 7월 사이에 종종 흐리고 비 오는 날이 계속되는 경우가 있다. 이때는 마침 매실이 무르익을 시기라 '매우(梅雨)'라고 부른다. 또 이 시기에는 기후가 무덥고 습하여 옷에 곰팡이가 생기기 쉽기 때문에 '매우(霉雨)'라고도 부르는데, 이런 장맛비가 내리는 시기를 일컬어 '매우계절(梅雨季節)' 혹은 '황매천(黃霉天)'이라고 한다. 장마철은 이르기도 하고 늦어지기도 하는데, 장강 중류는 대개 6월 중순에서 하순이고, 상해(上海)와 안경(安慶) 사이는 6월 15일에서 7월 9일 정도이다.

230) 맑은 날에 땅을 사이갈이하는 그 첫 번째 작용은 비력의 보존이고, 두 번째 작용은 제초이다. 만약 맑은 날 잡초를 완전히 제거하면 장마철에 잡초가 쉽게 나지 않는다.

마철이 되어 오랫동안 비가 내려 밭을 갈아엎을 수가 없어서 잡초가 무성해졌다면 손으로 뽑거나 가래질해서 제거한다.231)

若草盛, 宜拔去之, 或鍬去之.

배수 도랑을 반드시 준설하여 물이 잘 빠지도록 하는데, 단지 한 번만 갈아엎어서는 진흙덩이가 배수구에 빠져 물의 흐름을 막을 수도 있다. 큰비가 내린 후에 반드시 곳곳을 자세히 살피고 물이 고인 곳은 즉시 준설해 주며, 비가 내릴 때마다 매번 살펴보아야 한다.232)

地溝必開浚卸[29]水, 但刬倒一番, 未免有泥塊落溝壅滯. 遇大雨後, 必處處看瞭, 有水卽開浚之, 雨一番, 看一番可也.

| 교 기 |

[27] 역자주 『보농서』 교석에는 '본처지괄불도. 야수괄심이, 삼촌本處只刬不倒. 也須刬深二、三寸'과 같이 마침표가 야也자 앞에 있었으나, 앞 뒤 문맥을 보아 야也자가 앞 문장에 붙어 어기조사로 쓰이는 것이 합당하다고 판단된다.

[28] '준삭浚削'이 근선당본에는 '선삭朘削'으로 되어 있고, 학해본에는 '박삭剝削'으로 되어 있다.

[29] '사卸'는 '설泄'을 잘못 쓴 것으로 의심된다.

교석자 고찰

본 조항은 중경제초의 요령을 서술하였다. 『심씨농서』는 음력 3, 4, 5, 6, 7, 8월의 6개월에 모두 '괄지刬地'라는 항목이 있고, 뿐만 아니라 모두 '맑은 날[晴天]'에 하도록 하였다. '괄지'는 즉 중경제초 하는 것이다. 중경은 두 가지 작용을 한다.

231) 이는 특수한 시기의 제초방법이다. 만일 사이갈이를 할 수 없다면 장마철에 땅에 잡초가 생기기 때문에, 손으로 뽑아내거나 가래[鐵鍬]를 이용해 깎아내는데, 반드시 잡초를 말끔히 처리해야 한다.

232) 비가 온 뒤에 잘 살펴서 배수구가 막히지 않도록 해야 한다. 노인들의 말씀에 의하면 부지런한 농사꾼만 이렇게 할 뿐이고, 일반인들은 매번 소홀히 한다고 한다.

첫째, 토양의 상태를 개선한다.

중경은 토양의 물리·화학적 상태를 개선시키고 토양의 모세관을 끊음으로써 수분증발을 감소시켜, 토양 중의 수분을 보존하는 동시에 토양을 부드럽게 하고 토양의 통풍을 양호하게 하여 미생물의 왕성한 활동을 촉진시키며, 토양의 비력을 높이고 뽕나무의 생장에 유리한 환경을 조성한다.

둘째, 잡초 및 기생하는 해충을 소멸시킨다.

뽕나무밭에는 각종 잡초가 자라 토양 중의 대량의 양분과 수분을 빼앗아, 뽕나무의 생장발육에 직접적인 영향을 끼친다. 호주湖州의 뽕나무 밭에 가장 흔히 보이는 '천년구千年久'(그 뿌리는 곧 향부자)는 재생력이 대단히 강해 한 줄기의 뿌리만 있어도 다시 자랄 수 있다. 그래서 『심씨농서』의 「월별 농사일」에서 음력 8월에 "향부자를 뒤엎어 뿌리를 제거한다.[翻千年久幷去根.]"는 작업항목이 있는 것은 주로 여러해살이 잡초의 뿌리덩굴을 제거하여 뽕나무와 양분 및 수분을 다툴 '적敵'을 소멸시키는 것이다.

심씨는 "최대한 맑은 날을 택해서 중경제초 해주어야만 장마철에 잡초가 쉽게 생기지 않는다.[決宜趁晴倒轣, 則黃霉不易起草.]"라고 말하였다. 잡초가 만연해지는 건 주로 장마철에 그 기반을 잡는데, 지금 덕청현德淸縣 농민들이 뽕나무 밭에 대해 '장마잡초[黃霉草]'의 제거를 위주로 하는 것도 바로 이러한 원리이다. 이 지역에는 "만약 뽕나무가 좋으려면, 뽕나무 밭에 풀이 보이지 않아야 한다.[若要桑樹好, 桑地不見草.]"라는 농언農諺이 있다.

또 잡초는 직접적으로 뽕나무에 해를 끼칠 뿐만 아니라 각종 해충의 기생과 번식의 장소이기도 하다. 어떤 해충은 잡초를 이용해 산란하고 부화하며, 어떤 해충은 잡초를 이용해 월동하기도 하며, 또 어떤 해충은 주식主食인 뽕나무가 부족할 때는 잡초를 이용해 생존하기도 한다. 그렇기 때문에 잡초를 제거하는 것은 해충박멸에도 중요한 일이다.

번 역

제6단 본 단은 종자의 선별에서 가지치기, 해충 잡기, 잎따기 등에 이르기까지 뽕밭[桑地]의 기술적 관리 과정과 중요 사항을 설명한 것이다.

뽕나무를 심는 데 있어서, '하엽상荷葉桑', '황두상黃頭桑', '목죽청木竹靑'과 같은 품종을 상上품으로 치며, 그 중에서 견실한 가지와 줄기를 취하면,[233] 쉽게 썩지 않으며, 눈마다 싹이 돋아 나오고, 잎도 크고 두툼하다.[234] '오두상五頭桑',[235] '대엽밀안大葉密眼'과 같은 품종은 그 다음으로 치며, '세엽밀안細葉密眼'을 최하등품으로 친다. 또 '화상火桑'이라는 품종이 있는데, 다른 품종에 비해 비교적 5, 6일 정도 잎이 일찍 자라서, 더 빨리 조생 누에[早蠶]를 칠 수 있다.[236]

第六段 本段從選種到整枝, 捉蟲, 打葉等, 說明桑地的技術管理的過程和要點.

種桑以"荷葉桑"、"黃頭桑"、"木竹靑"爲上, 取其枝幹堅實, 不易朽, 眼眼發頭, 有斤兩. 其"五頭桑"、"大葉密眼"次之, "細葉密眼"最下. 又有一種"火桑", 較別種早五、六日, 可養早蠶.

233) 동치(同治) 『호주부지(湖州府志)』 권30에는 뽕나무 품종 21종에 대해 기록하고 있는데, 그 중에서 "하엽상(荷葉桑), 황두상(黃頭桑), 목죽청(木竹靑) 3종이 가지와 줄기가 견실하고, 눈마다 싹이 돋아 나오는 것"으로 상등품종(上等品種)이라고 되어 있다.

234) '안(眼)'은 곧 뽕나무의 싹눈이며, 싹눈이 많으면, 뽕나무 잎이 많이 나온다. 또 나무줄기도 견실하고, 잎도 크고 두툼하며, 잎 생산량도 높기 때문에, 이 지역에서는 속어로 '유근량(有斤兩)'이라고 한다.

235) '오두상(五頭桑)'은 동향현(桐鄕縣) 일대에서는 '오안청(五眼靑)'이라고도 한다. 이 지역에는 지금도 여전히 이 품종이 있다.

236) '화상(火桑)'은 조생(早生)하는 일종의 야생 뽕나무(野桑) 품종이다. 화상은 늦봄에 발아(發芽)하여 호상(湖桑)에 비해 5, 6일 빠른데, 일반적으로 어린누에의 뽕나무[稚蠶用桑]로 이용된다. 가지의 껍질 색은 자줏빛을 띤 갈색이며, 껍질

무릇 (시절이 빨라) 음력 2월에 청명절清明節이 지나면, 뽕잎이 반드시 늦게 자란다. 그 뽕잎을 기다려 누에를 먹인다면, 누에치는 시기가 느려질 수 있기 때문에 집 앞뒤로 뽕나무 100여 그루를 심으면 부족한 뽕잎을 대비할 수 있다.

凡過二月淸明，其年葉必發遲．候桑[30]下蠶，蠶恐後期，屋前後種百餘株，備用可也．

뽕나무를 종식하는 방법은 듬성듬성 심는 것[稀植]이 좋은데, 가로와 세로의 간격은 각각 7척이며, 무畝당 약 2백 그루를 심을 수 있고,[237] 그루마다 무성하게 뽕잎이 자라, 무당 뽕잎의 생산량은 2천 여 근(100개)[238]에 이르므로,[239] 더 이상 생산량을 높일 필요는 없다.

種法以稀爲貴，縱橫各七尺，每畝約二百株，株株茂盛，葉必滿百，不須多也．

마을 부근에[240] 뽕나무를 심을 때는 연말

內地年前，春初皆

에는 구멍이 많고, 크고 튀어나와 나무껍질이 거칠다. 잎은 하트모양[心髒形]이며, 크고 두터우며, 잎의 뾰족한 부분은 꼬리 모양이다. 새로운 가지에서 나온 연한 줄기는 발그스름하므로, '화상(火桑)'이라 부른다. 화상 나무의 성질은 가지치기[剪伐]에 대한 내성이 없으므로 잎만 채취하며, 가지를 자르지 않거나, 혹은 몇 년에 한 번 가지치기하여, 나무가 쇠약해지는 것을 방지한다.

237) '종횡각칠척(縱橫各七尺)'은 명대(明代) 절강성 지역의 척[浙尺]으로 1척은 현재의 시척(市尺) 8촌 2푼 3리와 같으므로, 그루[株]마다 차지하는 면적(평방척)은 33척 1촌 8푼 정도이다. 시무(市畝)당 181그루를 심을 수 있다. 동향(桐鄕) 지역과 같이, 당시에는 토지가 협소하여, 땅의 단위 면적당 심은 뽕나무가 비교적 밀집되어 있었으므로, 현재로 환산하면 무(畝)당 200그루의 뽕나무를 심을 수 있었을 것이다.

238) '엽필만백(葉必滿百)'은 뽕나무 잎의 생산량 100개(個)를 지칭하는 말이다. 관련 지방지의 기록에 의거하면, 뽕나무 잎(桑葉)의 생산량은 '개(個)'로 계산하였는데, 개당 무게는 20근(斤)이다. 100개라면, 무게로 2,000근이 되는 것이다. 명, 청대의 1근은 현재의 시근(市斤)으로 환산하면 1근(斤) 1량(兩) 9전(錢)이 된다. 1무를 9분(分) 3리(釐)로 환산해서 계산해 보면, 1무당 2,000근은 현재의 시근(市斤)·시무(市畝)로 약 2,513근이 된다.

239) 역자주 명대의 1근은 약 590g 정도이다.

240) '내지(內地)'는 마을 부근의 뽕밭을 지칭한다.

과 초봄부터 모두 가능하다. 마을에서 멀리 떨어진 곳은[241] 도둑맞을 우려가 있으므로, 청명절(4월 상순) 전에 심어야 한다. 연말에 뽕나무를 심을 때는, 모종이 큰 것이 좋다. 청명절 즈음에 뽕나무를 심으면, 모종은 가는 것이 좋다.[242] 왜냐하면 큰 뽕나무 모종은 청명절에 이르면 가지 끝에서 싹이 트며, 뿌리 눈도 이미 자라지만, 가는 뽕나무는 뿌리 눈이 아직도 싹이 움트는 상태이기 때문이다.

可種. 外地患盜者, 清明前種. 年前種, 桑秧以大爲貴. 清明邊種, 桑秧以細爲貴. 以大桑到清明頭眼已發, 根眼已盲[31], 細桑則根眼尚綻故也.

(뽕나무의 묘목을 옮겨 심을 때에) 뿌리는 반드시 많이 남길 필요는 없는데, 수염뿌리는 깔끔하게 없애야 하며,[243] 가는 뿌리 몇 가지만 남기면 된다. 사방으로 자연스럽게 배열하여 조금씩 진흙을 넣으면서 잘 다져주고,[244] 똥오

根不必多, 刷盡毛根, 止留線根數條. 四方排穩, 漸漸下泥築實. 清水糞時時澆灌, 引出新根. 黃霉

241) '외지(外地)'는 마을과 멀리 떨어진 뽕밭을 지칭한다.

242) 가늘다는 것은 작다는 의미이다. 현지의 방언으로 '작다[小]'는 것은 '가늘다[細]'는 것을 의미한다.

243) '모근(毛根)'은 매우 가는 수염뿌리이며, 깨끗이 없애지 않아도, 옮겨 심은 후에는 자연스럽게 죽어서 떨어지게 된다.

244) 동치 『호주부지(湖州府志)』 권30에 '뽕나무 심는 법'이 기록되어 있는데, "뽕나무 모종을 심고, 어린 뽕나무를 처음 심는 것을 모두 '상앙(桑秧)'이라 한다. 뽕나무를 심는 법에 있어서 듬성듬성 심는 것이 좋은 방법이며, 가로 세로 각각 7척(尺) 간격으로 심는다. 겨울철에 심을 때는 모종이 큰 것이 좋고, 청명절 전후에 심을 때에는 모종이 가는 것이 좋다. 그 뿌리가 길든 짧든 거칠든 가늘든 이를 막론하고, 모두 흔들리지 않게 심고 오직 곧게 심어야 한다. … 6촌 깊이의, 바닥이 평평한 구덩이를 파는데[開六寸深平潭], 커야 하고 작아서는 안 된다. 한 사람이 모종을 쥐고 구덩이에 넣는데, 뿌리는 곧게 펴주며[將根理挺鋪直] 만약 긴 뿌리가 있으면 또한 구덩이를 길게 파서, 뿌리가 굽지 않도록 해야 한다.[如有長根, 亦須將潭開長, 根不宜曲.] 한 사람이 논 가운데 볏짚이 섞여 있는 진흙[稻稈泥]을 취하여 펴서 뿌리 위에 덮어 눌러주고[一人壂取田中稻稈泥鋪壓根上], 이어 땅위의 마른진흙으로[繼以地上燥泥], 그 구덩이가 꽉 차게 덮고[蓋滿

줌[淸水糞]245)을 수시로 뿌려주어, 새로운 뿌리가 나오도록 해야 한다. 장마철[黃霉]에는 특히 거름물을 더 뿌려주어야 한다.246) 거름 물을 줄 때에는 줄기에 붙지 않아야 하고, 한 자 거리를 두어서 사방으로 빙 둘러 거름물을 뿌려주면, 새로운 뿌리가 비료를 향하여 멀리까지 뻗어나간다.247)

尤宜澆灌32. 澆法不宜著幹, 當離尺許, 繞圍33周圍匝, 使新根向肥遠34去.

뽕잎이 나온 후에는, 반드시 자주 살펴보고, 만약 잎이 손상이 된 것을 보면, 반드시 땅

發葉之後, 不時要看, 若見損葉, 必有

其潭], 발로 평평하게 밟으며[以足踏平], 다시 손으로 뽕나무 가지를 살짝 한번 들어주고[再用手將桑枝輕輕一提], 다시 그 위에 가는 흙을 덮고[再覆上細泥], 살짝 그곳을 밟아준다.[略踏之.] … 무릇 뽕나무 심기는 반드시 두 사람이 해야, 뿌리가 곧게 펴질 수 있는 것이다.[方得本直根挺.]"라고 한다. 이 방법은 심씨(沈氏)가 말하는 바와 거의 유사하다.

245) 동치 『호주부지(湖州府志)』 권30에는 뽕나무를 심을 때 똥오줌[淸水糞]을 주는 것에 대해 이야기하고 있는데, "맑은 날 물과 인분(人糞)을 배합하여 뽕나무에 뿌려주는데[天晴用水糞對配澆之], 3, 4차례에 걸쳐 뿌려주면 살아난다."라고 되어 있고, 또 "만약 맑은 날, 이틀 간격으로 인분 1/4에 물 3/4을 배합하여, 고루 뿌려주면 점차 모종이 나온다. 거름물을 많이 주되, 똥거름을 너무 많이 해서는 안 된다. 이것을 민간에서는 '똥오줌[淸水糞]'이라고 일컫는다."라고 기록되어 있다.

246) '황매(黃霉)'는 여기서는 장마철을 지칭한다. '요관(澆灌)'은 똥오줌[淸水糞]을 뿌려주는 것을 말한다. 본문에는 "똥오줌을 수시로 뿌려준다.[淸水糞時時澆灌.]"라는 말이 있다. "장마철에는 특히 거름물을 더 뿌려주어야 한다.[黃霉尤宜澆灌.]"라는 말은 이 지역의 장마철에는 비가 많이 내려 똥오줌의 유실이 많으므로, 수시로 보충해 줌으로써 뽕나무에 필요한 비료를 충족해주기 위함이다.

247) 동치 『호주부지(湖州府志)』 권30에서 또한 이르기를, "무릇 땅 위에서 거름을 줄 때는[凡用肥於地上], 뽕나무에서 1척(尺) 정도 떨어져서 주고[離桑尺許], 2척 넓이로 파고[墾二尺闊], 반 척 깊이의 구덩이를 만들어[半尺深之潭], 거름을 구덩이 안에 채우고[盛肥在潭內], 진흙으로 구덩이를 덮어[用泥蓋潭], 기운이 아래로 뻗치게 하면[使其氣下降], 뿌리가 이에 날로 깊어진다.[根乃日深.] 만약 직접 그 나무에 거름물을 주면[若直灌其本], 위축병[癃]에 걸려 죽게 된다.[則癃而死矣.]"라고 한다.

속에 해충이 있는 것이므로, 즉시 해충을 찾아 내어 박멸해야 한다. 만약 큰비를 만나면, 비가 그친 후 한 그루 한 그루 검사하고, 흙탕물에 뽕나무 싹눈이 잠겨 있는 것을 보면,[248] 재빨리 물길을 터준다. 그렇지 않으면 죽게 된다. 비가 올 때마다 살피는 것을 소홀히 해서는 안 된다.[249]

地蟲, 亟搜殺之. 如遇大雨, 一止必逐株踏看, 如被泥水淹眼, 速速挑開. 否, 卽死矣. 雨一番, 看一番, 不可忽也.

〈그림 45〉 하트모양의 화상[火桑]

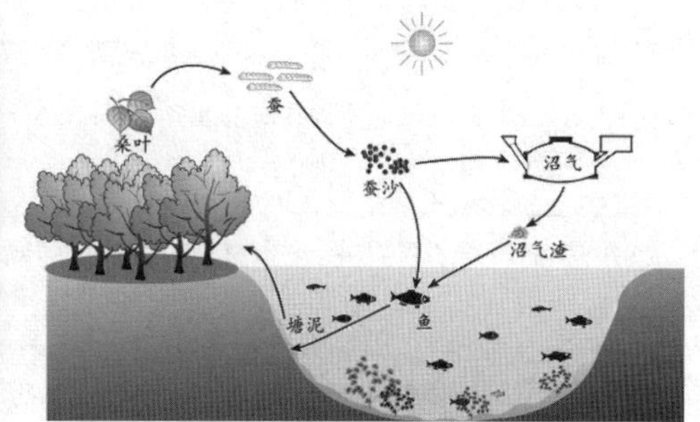

〈그림 46〉 상기어당(桑基魚塘)

| 교 기 |

30 '상桑'은 학해본學海本에는 '엽葉'으로 되어 있다.

31 '맹盲'은 학해본學海本에는 '모冒'로 되어 있으며, 연려각본에는 '맹盲'으로 되어 있다.

32 학해본에는 '관灌'자가 없다.

248) '엄안(淹眼)'은 뽕나무 가지가 흙탕물에 빠진 것을 가리키는 것으로, 뽕나무 잎의 싹눈이 흙탕물에 매몰되면 반드시 꺼내야 한다.

249) 이는 잎이 나올 때 병충해를 주의해야 함을 설명하는 말이다. 비가 그치면 반드시 그루마다 검사해야 한다.

33 '위圍'는 학해본에는 '수樹'로 되어 있다.
34 '원遠'은 학해본에는 '생生'으로 되어 있다.

번역

제6단 제2조

뽕나무 가지치는 방법은[250] 비록 이 현縣 서부의 '누자樓子'형 품종[251]과 같다고 할 수 없지만, 이 현縣 동부의 '권두拳頭'형 품종[252]과도

原文

第六段 第二條

其剪法, 縱不能如西鄕"樓子"35樣, 亦斷不可如東鄕"拳

250) 뽕나무 가지치기와 정지(整枝)는 뽕밭 관리의 한 방법이다. 즉 적당한 시기에, 사람들의 필요와 뽕나무의 생장 습성에 근거하여, 쓸모없는 가지를 제거해야 하는 것이다. 그 목적은 다음과 같다. 첫째, 반듯한 나무모양을 조성하고, 나무의 건강을 증진시킨다. 둘째, 통풍과 채광이 잘 되게 하여, 병충해를 감소시킨다. 셋째, 수세(樹勢)의 강약을 조절해서, 양분의 소모를 감소시킨다. 넷째, 생산량을 증가시키고, 품질을 높인다. 다섯째, 관리를 편리하게 하여 작업 효율을 높인다는 것 등이 있다.

251) '누자양(樓子樣)'은 뽕나무를 전지하여 키운 뽕나무 수형(樹形)의 하나이다. 키가 비교적 크고, 가지가 여러 층으로 나누어져 있다. 무성하게 자란 후에는 생산량도 안정적이고, 수령(樹齡)도 길며, 수형도 비교적 가지런하고 미관도 좋다. 그러나 숲을 이루는 기간이 길어지면, 수확기간이 늦어지고, 잎의 경화(硬化)가 빨라진다. 가지치기할 때 가지의 밑 부분[基部]을 비교적 길게 남겨두어, 나무의 키가 점점 커진다. 모든 수형은 일정한 층이 있는데, 겉보기에 다층집[樓房]과 유사하므로, '누자(樓子)'와 같다고 일컫는다.

252) '권두(拳頭)'라는 뽕나무 품종은 주된 줄기를 누자(樓子)보다 짧게 가지치기하며, 잎을 딸 때, 해마다 상대적으로 고정된 부위의 가지 밑 부분을 가지치기하는데, 가지의 밑 부분을 전지할 때 남은 부분이 비교적 짧아서 그것이 점차 자라 주먹[拳頭] 모양처럼 되므로, '권두' 모양, 혹은 '권두상(拳頭桑)'이라고 한다.

『잠상집요』(청 동치 연간에 귀안현—지금의 오흥 사람 심병성의 저술이다)에 권두상을 배양하는 과정에 대해 이르기를 '이듬해 정월[待次年正月]'이 되어 날

결코 같지 않다. '권두상拳頭桑'을 시험해 보면, 가지치기한 뽕나무에 눈이 많아, 나무 몸체가 마른 섶柴과 같아서, 1년간 시비하지 않으면, 싹눈이 말라 죽어 발아發芽하지 않는다.253) '밀안상密眼桑'을 전지함에 있어서는, 가지의 밑둥을 반 촌寸 정도 남겨두고, '오두상五頭桑', '황두상黃頭桑'은 2촌寸 정도 남겨두는데,254) 차라리 '기름병 주둥이[油甁嘴]' 모양이 생기더라도,255) (바싹 잘라서는 안 되고) 별도의 날에 전지剪枝하는 것이 좋다.

頭"樣. 試看"拳頭"桑, 桑丁眼多, 身如枯柴, 一年缺壅, 便不能發眼, 卽行悶死矣. "密眼桑"留半寸許, "五頭", "黃頭"留二寸許, 寧可有"油甁嘴", 另日修剪可也.

어린 뽕나무를 가지치기할 때에는 많이 남겨둘 필요는 없고,256) 깨끗하게 잘라야 한다.

嫩桑不必多留塊磊, 36 須盡截去. 古

씨가 맑은 날에 땅에서 2척 떨어져서, 윗가지를 가지치기하고, 싹이 돋아나기를 기다려, 단지 두 개의 싹만을 남겨두면, 가을 이후에 가지를 형성하니, 또한 5, 6척 정도 된다. 다음해 정월을 기다려, 갈라진 가지에서 1척 정도 떨어져, 재차 전지하여 Y자 모양으로 만든다. 다시 꼭대기 부분에 각각 두 개의 싹을 남기고, 나머지 싹은 제거한다. 이듬해, 또 새로운 가지를 가지치기할 때에는 모두 1척 정도 남겨두어, 이전의 방법에 따라 가지치기하고 다시 남겨둔다. 그러면 가지는 배로 증가한다. 대략 5, 6년이 지나 입하에 이른 후에 다시 가지치기하는데 잎이 달린 가지를 모두 가지치기하여 누에를 먹인다. 가지치기한 지 수 년 후가 되면 뽕나무는 권식(拳式)을 이루는데, (다른 것들과) 달리 8, 9, 10권은 이를 '권상'이라 한다. 권중에 큰 것은 다른 것들과 달리 3, 4, 5개의 가지를 남길 수 있다. 다음해 입하에 또 권부분을 잘라 누에를 먹인다.

253) 싹눈이 생장할 수 없고, 발아(發芽)할 수 없다는 의미이다.

254) 가지치기할 때, 가지의 밑 부분을 남겨두는데, 품종이 다르면 뽕나무 밑둥치의 길이도 다르다.

255) '유병취(油甁嘴)'는 가지를 전지하고 남겨진 밑둥 부분이 일반적인 것보다 약간 길게 남겨져 있는 것으로, 이것이 기름병 주둥이[油甁嘴]와 닮았기 때문에 붙여진 이름이다.

256) '괴뢰(塊磊)'는 괴뢰(傀儡)와 동일하다. 이는 동일한 곳에서 여러 차례 전지해서, 그 밑동 부분에 공 모양의 흙더미모양[球狀塊磊]이 형성되는 것을 가리키는 것으로, 이를 속칭 '흘탑(疙瘩)' 혹은 '사권두(死拳頭)'라 한다.

옛 사람들이 말하기를 "대나무 심기는 부모에게 순종하는 것처럼 자연적으로 잘 자라고, 뽕나무 심기는 부모에 거역하는 것처럼 돌보는 사람이 전지를 해 주어야 잘 자란다."라고 했다.[257]

云: "孝順種竹, 忤逆剪桑."

뽕나무 전지는 일상적인 작업으로, 농사일을 크게 그르치는 작업이 아니기에, 보통 1년에 4차례 전지를 해야 한다.

剪桑乃一件正經事, 不甚費忙工夫, 約一年要修剪四番.

이엽二葉, 즉 하엽(夏葉)에서 일부를 떼어낼 때,[258] 잎을 많이 떼어내서는 안 되는데, (많이 떼어내면) 어린 가지가 부러질 수 있다. 이 때 뽕나무가 비정상적으로 성장하는 것을 방지하기 위해서는 뽕잎을 어느 정도 남겨 두어야 한다. 모심기가 끝나면, 뽕나무를 세밀하게 살펴보고, 남겨둔 어린 가지와 새롭게 자라난 촘촘한 뽕잎은 전부 깨끗하게 잘라내어야 한다. 음력 7월 뽕나무 가지를 느슨하게 한 번 묶어줄 때[縛桑],[259] 뿌리 아래의 가는 가지와 교차점에 있는 쓸모없는 가지[丫襠陰枝][260]는 모두 잘라낸다.

二葉初匀[37]時, 不可多打葉片, 致嫩條軟折. 此時預防損抑[38], 不免多留. 種田畢, 細看一番, 但多留嫩條及新發叢葉, 盡情裁去. 到七月縛桑之際, 凡根下細條及丫襠陰枝, 又一切去之.

겨울철과 봄철에 이르러 뽕나무 전지를 할

至冬春修截之時,

257) 대나무 재배[種竹]는 그 본성에 순응하여 스스로 성장해 가는데, 그것은 효자가 부모에게 순종하는 것에 비유할 수 있다. 이에 반해 뽕나무 재배[種桑]는 사람이 돌보며, 항상 쓸모없는 가지는 전지해야 하므로, 뽕나무는 스스로 성장하지 못하고, 말을 잘 듣지 않는 불효자에 비유할 수 있다.

258) '이엽(二葉)'은 두잠[二蠶: 하잠(夏蠶), 조추잠(早秋蠶)] 누에에게 먹이로 주는 잎이며, 하엽(夏葉) 혹은 이상(二桑)이라고도 한다. '균이엽(匀二葉)'은 이엽(二葉)에서 일부를 떼어내어 두잠(二蠶) 누에를 기르는 것이다.

259) 「월별 농사일[逐月事宜]」 이월조(二月條)의 주(注) 참조.

260) '아당(丫襠)'은 '하당(呀當)'과 독음이 같은데, 나뭇가지가 서로 교차하는[枝岔] 분기점을 말한다.

때에는 가늘고 쓸모없는 가지와 번잡한 가지가 있는가를 살펴본 후에 모두 잘라내야 한다. 뽕나무 전지가 끝난 후, 다시 한 번 살펴보아 이전에 전지하는 데 장애가 되어 다 자르지 않고 남겨둔 가지와 오래되어 가치가 없는 가지는 모두 잘라내야 한다.

又看細小不堪及蔭下繁密者, 又一切去之. 到剪桑畢, 又看以前碍鋸而截不盡塊磊及老枝不成器者, 又一切去之.

'오래 된 기름병 주둥이 모양의 가지[老油瓶嘴]'는 맑은 날에 딱딱하여 전지하기 어려우므로, 겨울철이든 봄철이든 관계없이 많은 비가 내린 후, 비가 그치면 모든 사람들이 나가 전지를 하면서 이를 모두 잘라내어야 한다.

其"老油瓶嘴", 晴時堅硬難剪, 不論冬春, 凡遇久雨之後, 雨一止, 卽群出修剪, 期于淨盡.

만약 위축병萎縮病에 걸린 뽕나무가 있으면,[261] 즉시 제거해야 하며, 아까운 마음에 그

設有癃桑, 卽番去之, 不可愛惜, 使其

261) '융상(癃桑)'은 탑상(塔桑), 묘이타(貓耳朵), 라두피상(癩頭皮桑)이라고 한다. 이것은 일종의 위축병(萎縮病)으로, 뽕나무의 모든 생육기간에 해를 입힌다. 이 병에 걸리면 뽕잎이 시들어 얇아지거나 작아지고, 잎의 배열순서가 뒤죽박죽이 되며, 가지와 마디 사이가 짧아진다. 병세가 악화되면 가지 윗부분에 겨드랑눈[腋芽]과 덧눈[副芽]이 싹 트고, 측면에 많은 가는 줄기가 생기며, 잎의 색깔도 황색으로 변하며, 잎의 질도 조잡해지고, 잎이 떨어지는 것도 빠르다. 병세가 위중해지면, 잎은 고양이 귀처럼 말리며 수축되고, 모자이크병[花葉病]이 발생하고, 가지도 대빗자루 모양처럼 무질서하게 자란다. 뽕나무가 위축병[癃病]에 한번 걸리면 고치기 어렵다. 동치『호주부지(湖州府志)』권30에 "위축병에 걸린 뽕나무[癃桑]는 즉시 갈아엎어 뿌리째 없애버려, 다른 정상적인 뽕나무에 전염되지 않도록 해야 한다. 대개 이 병에 걸린 뽕나무는 치료하는 방법이 없다."라고 기록되어 있다. 근대 과학적 연구에 의하면, 뽕나무 위축병은 노란색으로 변하는 형태[黃化形]와 꽃잎 형태[花葉形] 2종류로 나눌 수 있다. 이 병은 일종의 바이러스성 전염병이다. 이 병의 원인은 세균과 바이러스[病毒] 사이에 위치하고 있다. 그러므로 과학자들은 이를 마이코플라즈마[類菌質體, mycoplasma]라 칭한다. 이 병원균은 전자현미경을 통해서야 비로소 볼 수 있는 마이코플라즈마이며, 마름무늬 잎 매미[菱紋葉蟬, Hishimonoides sellatiformis Ishihara]라 불리는 아주 작은 곤충이 매개가 되어 형성된 것이다. 일찍이 3백여 년 전, 옛 사람들은 이 병이 전염병의 일종이라는 사실을 알았는데, 이는 오랜 기간 동안 축적된 경험에

것을 남겨두어 다른 건강한 뽕나무에게 전염되게 해서는 안 된다. 뽕나무가 위축병에 걸리는 것은 전지할 때 사용하는 칼을 통해서이다. 무릇 뽕나무가 한번 시들게 되면, 다시 고칠 방법이 없으므로, 결코 이러한 뽕나무를 남겨두어서는 안 된다.

纏染, 皆緣剪時刀上傳過. 凡桑一癃, 再無醫法, 斷不可留者.

한대의 사람들이 자사刺史의 덕정德政을 칭송하며 이르기를, "뽕나무는 곁가지가 없도다.[桑無附枝]"[262]라고 한 것은 뽕나무를 전지하는 것이 얼마나 중요한 것인가를 나타내 주는 말이다.

漢人頌刺史德政曰, "桑無附枝", 甚言修桑爲重事也.

뽕나무 가지치기에 사용하는 톱은 목공용으로 사용하는 생철로 만든 톱을 구입해야 한다. 전지에 사용하는 가위는 석문진石門鎭[263]에서 생산한 것을 구입해야 한다. 가위 하나의 가격은 5푼[分]이다.

桑鋸, 須買木匠生鐵鋸.[39] 桑剪, 須在石門鎭買, 五分一把.

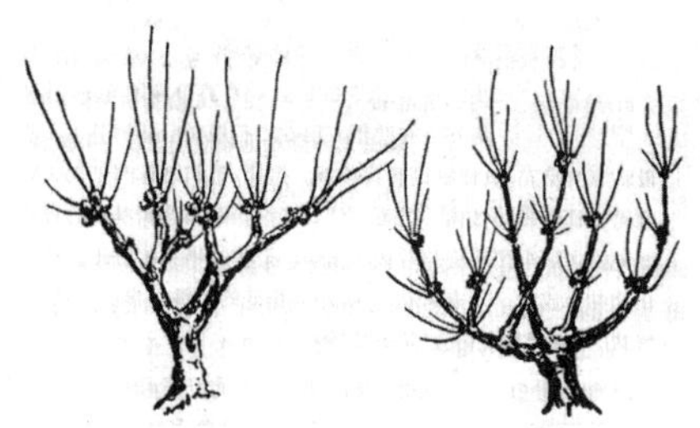

〈그림 47〉 권두(拳頭)형 품종(좌). 누자(樓子)형 품종(우)

서 나온 정확한 판단이라고 할 수 있을 것이다.

262) 자사(刺史)의 덕정(德政)에 관해서는 『후한서』 「장담전(張湛傳)」 참조. '상무부지(桑無附枝)'에 관해서는 「월별 농사일[逐月事宜]」 오월조(五月條) 참조.

263) '석문진(石門鎭)'은 지금의 동향현(桐鄕縣) 서남부에 위치해 있다.

| 교 기 |

35 '누자樓子': 정리소조에서 확인한 몇 개의 판본에는 모두 '누자樓子'로 되어 있다. 하지만 절강잠상연구소浙江蠶桑研究所 등에서 편찬한 『절강잠업사연구문집浙江蠶業史硏究文集』 제1집의 '전상剪桑'조에는 '누우樓宇'로 되어 있다.

36 '괴뢰塊磊'는 학해본學海本에서는 '괴뢰傀儡'로 되어 있다.

37 '균匀'은 학해본에서는 '운芸'으로 되어 있으며, 『상보桑譜』에는 '운耘'으로 되어 있다.

38 '억抑'은 학해본學海本에서는 '절折'로 되어 있다.

39 '수매목장생철거須買木匠生鐵鋸'라는 문장은 학해본學海本에서는 '수목장용생철철자가須木匠用生鐵錤者佳'로 되어 있다.

교석자 고찰

본문에서는 뽕나무의 재배, 조형, 전지 등에 관한 기술을 설명하고 있는데, 명대에 이르러 이미 상당한 성과를 거두고 있었다. 뽕나무 재배에 있어서 중국이 가진 특징은 인위적 조형에 있다. 뽕나무는 전지剪枝에 잘 견디는 특성을 지니고 있으며, 재배과정에서 인위적으로 관리할 수 있었는데, 중국 농민들은 생산과정에서 이러한 방법을 알고 있었던 것이다.

중국농업과학원 잠업연구소에서 편찬한 『중국상수재배학中國桑樹栽培學』에서는 "뽕나무는 재생 기능이 매우 강한 특성이 있어, 뽕나무 전지는 휴면상태에 있는 싹이나 잠복상태에 있는 싹으로 하여금 새로운 가지를 나게 할 수 있으며, 뽕나무에 대한 시비 관리를 강화하면, 가지가 빨리 자랄 수 있다."라고 되어 있다. 『심씨농서』 중의 '오역전상忤逆剪桑'[264]의 원리는 바로 근대 과학의 합리적 이론과 서로 가깝다.

뽕나무 재배방면에는 4가지 특징이 있다.

첫째, 접붙이기

수목을 접붙이기 한다는 것은 사람이 의도한 대로 재배한다는 정

264) 역자주 '오역전상(忤逆剪桑)'이라는 말은 뽕나무 심기는 부모에 거역하는 것처럼 돌보는 사람이 전지를 해 주어야 잘 자란다는 것이다.

향재배定向栽培의 중요한 기술적 방법이다. 뽕나무는 접붙이기를 함으로써 생장이 빨라지고 면역성도 강해진다. 또 잎도 커지며, 즙액도 많아지고 양분도 풍부해진다.

둘째, 조형造型

뽕나무는 자연형에서 전정형剪定型으로 변하는데, 이는 오吳, 즉 강소성 남부와 절강성 북부일대 지역에서는 오랜 역사가 있다. 일반적으로는 인위적인 방법으로 '주먹모양[拳頭樣]'을 만드는데, 그 방법은 비교적 간단하지만, 잎의 생산량은 많지 않다. '누각모양[樓子樣]'은 가지나 줄기가 층을 이루면서 많아지므로, 잎의 생산량은 비교적 많지만, 만드는 기술면에서는 비교적 복잡하다. 수관樹冠의 형상을 보면, '주먹모양'은 미관상 좋지 않아, 이른바 "몸통이 마른 섶과 같다.[身如枯柴.]" '누각모양'은 미관상 좋아 일반 사람들은 '사다리[步步高]'라고 부른다.

송대와 원대 이전에 잠상부분에 대해 언급하고 있는 서적에서는 대부분 북방지역의 정황을 설명하고 있을 뿐만 아니라, 뽕나무 종류도 '교목상喬木桑'이 많다. 또 조형부분에 대해서도 그다지 언급되어 있지 않다. 명, 청대에 이르러 태호 지역에서는 상품 경제가 점차 발전함에 따라, 잠상업도 빠르게 발전하였다. 그리하여 잠상부분을 언급하고 있는 서적도 대량으로 출현하였다. 『심씨농서』에서는 당시 유행하고 있던 뽕나무의 몇 가지 조형에 대한 장단점을 비교하며 이르기를, "비록 서쪽 마을의 '누각모양'과 같은 형태는 못할지라도, 결코 동쪽 마을의 '주먹모양'과 같아서는 안 된다."라고 하고 있는데, '누각모양', '주먹모양' 등과 같은 뽕나무는 당시의 뽕나무 수종 가운데 널리 재배하고 있던 유형이었다. 다만 이 뽕나무 수종들을 재배하기 시작한 시점에 관해서는 관련 기록이 없어서 구체적으로 알 수가 없다. 송대 말기, 원대 초기에 편찬된 『몽양록夢梁錄』「목지품木之品」에 기록되어 있는 뽕나무의 품종으로는 '청상青桑', '백상白桑', '권상拳桑', '대소매大小梅', '계각조鷄脚爪' 등이 있다. 이 가운데 문헌에서 가장 빨리 언급되고 있는 것은 '권상'인데, '권상'과 '청상', '백상' 등과 같은 품종을 나열하고 있는 것으로 보아, 아마도 '권상'은 하나의 품종이지, 나무의 형태는 아니라고 볼 수 있다.

주광명周匡明 선생은 「중국 뽕나무 접목기술의 역사변천」이라는 논문에서 "'권상拳桑'은 실제로 전정剪定 형식인데, 품종으로 잘못 배열해 놓은 것은 명대부터 시작되었으며, 문헌에서는 '권상'이 나타나지 않는다."라고 하였다. 원대 당체唐棣의 「상복재낭중上復齋郎中」이라는 시詩(『오흥시존吳興詩存』 제3집, 권3 참조)에 "오 지방의 누에고치에서 실이 캐는 것이 은과 같아[吳蠶繅出絲如銀], 더벅머리 새까만 얼굴에 힘든 것도 잊어버리네[蓬頭垢面忘苦辛], 초계의 작은 뽕나무 실이 더욱 좋구나[苕溪矮桑絲更好], 해마다 관에 보내 직조를 바치네.[歲歲輸官供織造]"라고 되어 있다. 여기서 '초계苕溪'는 동초계東苕溪, 서초계西苕溪를 지칭하며, 모두 항주, 가흥, 호주 일대에 있다. '왜상矮桑'은 저예상低刈桑 혹은 중예상中刈桑을 가리킨다.

이로 보아 가흥, 호주지역의 뽕나무는 가지치기로 인해 낮은 줄기나 중간 줄기를 가진 형식이었으며, 이는 늦어도 원대에 이미 보편화되었을 것으로 보인다. 해당 지역 농민들의 장기간에 걸친 생산과정에서 끊임없는 재배와 기술 개발을 통하여, 명청시기에 이르러 뽕나무 전지의 형식이 상당히 완비되었다. 현재의 강소성, 절강성 일대의 뽕나무 재배에서 채용하고 있는 '권식拳式' 전지, '무권식無拳式' 전지, '층권식層拳式' 전지 등의 방법도 모두 해당지역의 농민들이 종래의 방법을 기초로 발전해 온 것이다.

셋째, 전지剪枝

『심씨농서』에서는 뽕나무 전지를 매우 중요시하였다. 『심씨농서』 「월별 농사일[逐月事宜]」에서는 1년 중의 7개월이나 전지에 대해 언급하였다. 구체적인 작업과정으로 4단계로 분류하였다. 이른바 "1년 동안 4번 전지를 해야 한다."는 것이다. 동시에 각 작업단계의 진행시기와 기술에 대해서도 규정해 놓았다. 즉 제1기는 뽕잎을 따기 전의 전지(음력 정월, 2월)이다. 제2기는 뽕잎을 따는 기간의 전지(음력 4월, 5월)이다. 제3기는 뽕잎을 따고 난 후 뽕나무를 느슨하게 한 번 묶어줄 때의 전지(음력 7월)이다. 제4기는 겨울과 봄 시기의 전지이다. 동시에 뽕나무의 품종, 생육기간, 그 외의 다른 정황을 고려하여, 여름철 전지할 때는 서로 다른 조치를 취해야 한다. 예를 들면 "밀안상密眼桑은 반 촌 정도 남겨두며, 오두상五頭桑・황두상黃頭桑은 2촌 정도 남겨둔다." 또 "이엽二葉, 즉 하엽(夏葉)에서 일부를 떼어낼 때에, 잎을 많이 떼어내서는 안 되고", "음력 7월 뽕나무 가지를 느슨하게 한 번 묶어줄 때[縛桑], 뿌리 아래의 가는 가지와 교차점에 있는 쓸모없는 가지[丫襠陰枝]는 모두 잘라낸다." 등을 들 수 있다.

넷째, 이엽二葉에서 떼어내는 것

이엽二葉은 이잠二蠶, 즉 하잠(夏蠶)과 조추잠(早秋蠶)의 사료로 사용됨과 동시에, 다음 해에 생장하는 뽕잎의 기초이므로, 합리적으로 이엽을 떼어내는 작업은 잠상업의 관건 중의 하나이다. 『호주부지湖州府志』에 "누에는 두잠頭蠶과 이잠二蠶이 있으므로, 잎에도 두엽頭葉과 이엽二葉이 있다. 모름지기 농부가 이엽을 잘 채취해야 한다는 것은 그 가지를 남겨놓아 다음해에 잎이 생겨나도록 하기 위한 것이다. 두엽과 같은 것은 모두 떼어내어야 좋다."라고 되어 있다. 『상보桑譜』에 이르기를 "이엽은 오직 잎이 무성하고 가지가 많은 곳에서 채취해야 한다. 두엽과 같은 것은 나무에 남겨두고 또한 채취할 수 있다. 그러나 누에의 사료로는 어리고 파릇한 이엽이 가장 좋다."라고 되어 있다. 『광잠상설廣蠶桑說』에는 "초상初桑을 제거하지 않으면 다음해 봄의 뽕잎은 얇아지므로, 비록 누에가 다 먹지 않았더라도 모두 제거해야 한다. 이상二桑은 반드시 제거할 필요는 없다. 서리가 내린 후에 잎을 따서 양羊의 먹이로 주면 매우 좋다."라고 되어 있다. 또 "초상初桑의 잎은 두잠頭蠶의 먹이로 사용되고, 이상二桑의 잎은 이잠二蠶의 먹이로 쓰인다. 다만 두잠의 먹이는 가지가 촘촘한 곳이거나 연약한 가지를 헤아려 잘라내고 잎을 닦아내어 두잠의 누에에게 먹인다. 잘라낼 가지가 없다면, 각 가지에서 잎을 떼어내어 누에에게 먹이는데, 각 가지는 3분의 1만 떼어낸다. 이때는 주먹모양 부분의 가까운 곳에서 떼어낸다."라고 한다.

『잠상췌편蠶桑萃編』의 기록에 의거하면, "이상二桑의 잎으로 하잠夏

蠶에게 먹이는데, 남길 것을 고려하여, 너무 많이 따서는 안 된다. 잎의 손상이 너무 심하면 봄에 뽕나무가 무성할 수 없다."라고 하는데, 이처럼 이엽二葉을 떼어내는 것은 뽕나무 재배의 중요한 부분이며, 또한 고도의 기술이 필요하다. 『심씨농서』에서는 "이엽二葉에서 일부를 떼어낼 때에 잎을 많이 떼어내서는 안 되는데, (많이 떼어내면) 어린 가지가 절단될 수 있다. 이 때 뽕나무가 비정상적으로 성장하는 것을 방지하기 위해서는 뽕잎을 어느 정도 남겨 두어야 한다."라고 하였는데, 이는 실로 귀중한 경험담이다.

올바른 조형, 전지, 채엽 작업에 의해, 수형이 바르게 되고 미관도 좋게 된다. 또한 어린 나무의 생장 발육에도 좋고, 나무가 자라는 형세도 올바르게 하며, 나무의 건강도 증진시키며, 너무 무성하게 자라는 것을 억제시켜 나무의 수명도 연장시켜 준다. 게다가 동시에 양분도 집중시켜, 뽕잎의 생산량과 질을 향상시키고, 뽕나무밭의 관리 및 병충해 방지 등에도 중요한 의미를 지니고 있다.

『후한서』「장담전張湛傳」에 "뽕나무에 곁가지가 없다[桑無附枝]."라고 칭송한 것은 바로 뽕나무 가지는 전지를 잘 해야 하며, 양분을 소모하는 '곁가지[附枝]'를 남겨두어서는 안 된다는 것을 말하는 것이다. 이처럼 전지는 뽕나무 재배에서 매우 중요한 일임을 알 수 있다.

한편, 여기에서 언급해야 할 또 하나의 문제는 『심씨농서』에서 제기한 '칠월박상七月縛桑'의 문제이다. 음력 7월에 박상縛桑: 뽕나무를 느슨하게 한 번 묶어주는 작업을 진행하는 것이 시기적으로 너무 빠른 것인가 아닌가에 관해 고려할 필요가 있다. 당시의 '박縛'은 사방으로 흩어져 나온 가지를 끈으로 묶어 뽕나무의 형태를 조정하여, 가지가 위로 곧게 자라도록 하는 조치로 볼 수 있다. 당시 높이가 중간 이상의 줄기 위에 있는 가지를 끈으로 묶어 줌으로써 겨울철에 뽕나무밭 관리가 순조롭게 진행될 수 있었다. 이는 현재의 뽕나무 묶는 작업을 늦가을 낙엽이 떨어지는 시기에 진행하는 것과는 차이가 있다.

그 외에도 『심씨농서』에서는 당시의 과학기술 수준의 한계로 말미암아, 여타 농사 작업과 마찬가지로 뽕나무 전지는 경험적인 단계에 머물러 있었으며, 체계적인 이론에 대한 설명도 결여되어 있다(당연히 이것은 우리들이 옛날사람에게 지나치게 요구할 수 없다). 『심씨농서』에서는 '뽕나무 위축병[癃桑]'이 발견되면 즉시 위축병에 걸린 잎을 제거하는 조치를 취하였는데, 이는 올바른 방법이기는 하지만, 소극적인 방법이기도 했다. 농서 편찬자인 심씨가 뽕나무 위축병균을 이해하기는 어려웠다.

이 병균의 발생 원인을 보면, 주로 마름무늬 잎 매미와 같은 곤충이나 병에 걸린 묘목, 뽕나무 접붙이기 작업을 통하여 병균이 전파되는 것 외에, 전지와 잎 채취작업 과정에서도 유발된다. 동시에 지하수위가 지나치게 높거나, 질소비료를 과다하게 사용하고 여름 덧거름[夏肥]을 적게 사용하거나, 여름철 기온이 높은 것 등과 같은 것에 의해서도 발생하기 쉽다. 이 병을 방지하기 위한 현재의 과학기술 대책으로는 다음이 있다. 첫째, 묘목과 접붙인 가지에 대한 검역을 실시한다. 둘째, 병이 없는 대목臺木과 면역성이 강한 묘목을 심는다. 셋째, 면역성이 강한 품종을 선별하여 심는다. 넷째, 병에 걸린 묘목을 소독한다. 즉 2%의 황산암모늄, 0.1%의 티오 황산나트륨 용액을 섭씨 55도에서 10분간 가열 처리한다. 다섯째, 전지와 채벌작업을 합리화하고, 병에 걸린 가지가 발견되면 즉시 제거하여 불태운다. 여섯째, '마름무늬 매미충(rhombic marked leaf hopper)'과 같은 해충을 예방하고 퇴치한다. 일곱째, 질소비료, 인산비료, 칼리비료 등을 알맞게 사용한다.

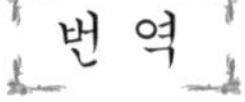

제6단 제3조

해충 알을 제거하는 것은,[265] 모름지기 세 번을 해야 한다. 겨울과 봄 사이에 두황頭蟥을

第六段 第三條

其刮蟥 也須三番. 冬春看頭蟥, 淸明前

살피고, 청명 전에 이황二蟥을 살피고, 전지를 마친 후 삼황三蟥을 살핀다.	看二蟥, 剪桑畢看三蟥.
한 가지에 있는 백 개의 알을 제거하였어도 만약 한 알이라도 남으면 또다시 해충[蟥]이 다 퍼지고 만다.[266] 반드시 앞과 같이 서너 번 제거해야 하고, 또 완전하지 못할까를 헤아려야 한다.	一株上百顆盡刮, 若遺剩一顆, 亦足蟥盡. 必如此三番四覆, 亦料不能淨盡.
또 6월 안에 두황을 제거하고, 7월 안에 이황을 제거하는데, 두황은 더욱 세심히 살펴야 한다. 두황이 1개라도 남으면 곧 이황이 백배	又要六月內捏頭蟥, 七月內捏二蟥, 而頭蟥尤宜細看. 留頭

265) 이 조는 뽕나무벌레 잡기의 중요성을 설명한다. '상황(桑蟥)'은 백잠(白蠶), 백황(白蟥), 양백잠(洋白蠶), 황충(蝗蟲)이라고도 한다. 암컷 성충은 황색이고 비대한 모양이며, 수컷 성충은 짙은 황색이고 마르고 작은 편이다. 알은 편평하고 타원형이며 유백색인데, 부화하기 전에는 분홍색이다. 유충은 긴 통 모양이고 몸 위에 흰 가루가 있는데 뒤에 누런 가루로 바뀐다. 번데기는 긴 통 모양이고 유백색이다. 한 해에 나타나면 3대에 이르는데, 알집 상태로 가지 위에서 월동한다. 중요한 것은 유충이 뽕잎에 해롭다는 것이다. 뽕잎이 나무좀에 뜯어 먹혀 많은 구멍이 생긴다. 피해가 심할 때는 잎이 단지 줄기만 남고, 뽕잎 생산이 크게 줄어들게 된다. 예방법은 첫째, 겨울 또는 이른 봄에 오래된 나무 껍질 아래에 있는 알 덩어리를 제거하는 것이다. 『심씨농서』에서는 '서너 차례 제거할 것[三番四覆]'을 요구하는데, 이 일은 아주 세심히 하는 것이 좋다. 둘째, 어린 뽕의 기생벌을 보호하고 놓아두어야 한다. 셋째, 2.5%의 로테논[rotenone; 魚藤精] 800배에서 900배 액이나 어등정 거품 400배의 액을 분사한다. 또는 파두유제(巴豆油劑)를 분사하여 유충을 박멸한다. 동치(同治) 『호주부지』 30권에 이르길 "황충은 새끼가 나무에 살고 모여서 작은 더미를 이룬다. 그 위가 진흙이 있는 것 같다. 대개 뽕누에 새끼도 나무에 사는데 흩어져서 더미를 이루지 않는다. 이 두 종자는 색이 뽕나무 색과 서로 비슷하므로, 세심히 살펴야만 한다. 있으면 긁개를 사용하여 제거한다. 나무에 이끼 비슷한 청태(青苔)가 생기면 또한 제거해야만 한다."라고 한다. 역자주 어등(魚藤; derris): 콩과의 소관목. 줄기의 높이는 20미터 정도이며, 잎은 깃모양 겹잎이다. 꽃은 나비 모양으로 붉고, 뿌리에 다량의 유독 성분이 들어 있어 살충제의 원료로 쓴다. 동인도가 원산지이다.

266) '약유잉일과, 역족황진(若遺剩一顆, 亦足蟥盡)'은 한 알의 황충 알 덩어리나 유충이라도 남기면 전체 나무의 뽕잎을 해치게 되는 것을 가리킨다.

로 늘어나는데, 밭일이 매우 바쁠 때여서, 사람들이 자주 소홀히 하고 긴장하지 않는다. 잎이 한 번이라도 해충의 피해를 입은 것을 알지 못하면, 비록 시비를 하고, 관리를 하더라도 구제하기가 쉽지 않다. 그러므로 반드시 신속하게 주의를 기울여야 한다.

蟥一, 則二蟥便有百, 此時田工甚忙, 人每忽略, 不上緊. 不知葉一經蟥[40], 縱有肥壅, 有工力, 亦不易救. 決宜早早用心.

농가에서는 이 부분이 가장 힘들고 어려운 작업이다. 이 작업은 수행하기가 매우 힘들어서 많은 노력을 할 수밖에 없는데, 구역을 나누고 임무를 나누어야 빠르게 책임을 달성할 수 있다.[267]

農家惟此項最辛苦. 工夫最難稽考, 不得不多下功力, 分地各任, 庶可責成耳.

좀을 잡는 것도 반드시 세 번 하는데, 춘분에는 나무 구멍에 가루가 있는 좀을 잡아내고, 추분에는 가지 교차점에 있는 좀을 잡아낸다.[268] 전지를 마친 때나 9월에 세심하게 살펴

其捉蛀也須三番, 春分邊捉出屑蛀, 秋分邊捉條丫蛀. 剪桑畢, 或九月[41]又細看

---

267) 일을 나누고 책임을 지고 각각 맡은 지역에서 해충을 잡는 것이다.

268) 동치 『호주부지(湖州府志)』 권30에 이르기를 "만약 나무좀을 제거하는데 일찍 제거하지 못하면, 벌레가 나날이 자라 나무에 구멍이 커지고, 벌레가 성충이 되면 변태하여 흑각충(黑殼蟲)으로 변하는데 날개와 수염이 생긴다. 사람들이 '뽕나무 하늘소[桑牛]'라고 하는 것이 이것이다. 일설에는 벌레가 껍질 안에서 자라는데, 그 어미를 뽕나무 하늘소라 하니 이것이 곧 '천수우(天水牛)'다. 버들에 있으면 양갑(楊甲)이고 뽕나무에 있으면 '뽕나무 하늘소'라 한다. 한 여름에 생기고 입에는 한 쌍의 집게가 있는데, 날카로움이 가위와 같고 벌린 집게로 물면 곧 부러진다. 알을 낳을 때는 나무껍질을 물어뜯어서 알을 껍질 안에 감춘다. 기름기가 흘러나오는 곳을 살펴서 그 껍질을 떼어내고 그 속에 쌀알 같은 알이 있으면 채취하여 으깨어버린다. 만약 성충이 되었으면 반드시 그 출입하는 집을 살피는데, 집 밖에 반드시 좀이 만든 가루가 있으니 찾기 쉽다. … 벌레는 또한 반드시 3번은 잡아야 한다. … 만약 잡는 것 때문에 뽕을 상하게 할까 두려우면 장약 도화선을 사용하여 좀벌레 구멍에 넣고 불을 지르면, 곧 벌레가 죽는다."라고 한다.

뽕나무 좀벌레는 상투우아(桑透羽蛾), 상조충(桑條蟲), 주충(蛀蟲), 조할(條

서 잡아야 한다.

또한 제일 잘 잡는 사람 중에는 일부러 큰 좀을 잡지 않고 남겼다가 겨울에 뽕나무 재배 농가에 천연두가 발생하기를 기다려[269] 큰 이익을 꾀하기도 하였다. 그래서 때때로 살펴서 잡는데 집에 철사 끝을 갖추어 두었다가[270] 벌

細捉.

又有一等包捉之人, 故留大蛀不捉, 以待冬間出痘之家, 規取厚利. 須時時照瞭, 隨見隨捉, 或自備線

割)이라고도 한다. 성충은 흑갈색이고, 암컷 나방은 크고 수컷 나방은 작다. 유충은 긴 통 모양, 알은 둥근 통 모양으로, 한 해 발생하여 1대에 그친다. 유충일 때 짧고 가느다란 가지 속에서 월동한다. 성충은 낮에 활동하고, 알은 잎 뒷 줄기의 양쪽 가장자리에 낳는다. 유충은 부화한 뒤에 잎자루를 따라서 기어 내려가, 잎자루의 밑 부근에서 좀벌레가 새 가지로 들어간다. 좀벌레가 들어간 곳은 황갈색의 끈적거리는 물질이 있다. 좀벌레 유충이 뽕가지에 들어간 후, 대부분 아래로 향하여 먹는다. 뽕나무가 해를 입은 후, 좀 구멍 사이의 껍데기층이 찢어지기 시작하여 뽕나무의 성장이 가로 막히고, 가지의 발육이 좋지 않고, 잎도 가늘고 작아지며, 심지어 뽕나무 싹이 말라죽게 된다. 유충이 성충이 된 뒤에 좀은 장방형의 번데기가 날개가 있는 성충이 되기 위한 구멍[羽化孔]을 만드는데, 아울러 나무의 껍질을 깨물어 엷은 층을 형성하고, 거주하는 구멍 입구를 막고, 그 안에서 번데기로 변한다. 예방법: (1) 줄기의 가장 아랫면의 좀 구멍에 BHC살충제나 산화칼슘[氧化鈣 CaO] 가루를 주입하여 유충을 죽인다. (2) 철사침을 사용하여 좀 구멍 안의 유충과 번데기를 찔러 죽인다. (3) 우화구멍을 막거나 파괴하여 번데기가 성충으로 우화하는 것을 막는다.

뽕나무하늘소[桑牛]는 또 상천우(桑天牛), 주충(蛀蟲), 상교(桑嚙), 철포충(鐵炮蟲)이라고도 한다. 성충은 흑색이고 햇볕을 좇는 성질[趨光性]이 있다. 유충은 유백색이고 원통형이며, 앞가슴이 특히 크다. 2~3년에 걸려 한 차례 발생한다. 유충은 가지와 줄기 속에서 월동한다. 성충은 연한 껍질층을 먹어 해를 끼치고, 연한 나무껍질이 있는 것을 좋아하고, 1cm 뽕나무 가지위에 산란하기를 좋아한다. 항상 가지마디를 꺾거나 고사시킨다. 유충이 부화 후에 좀은 목질부(木質部)에 들어가서 아래로 향하여 좀 먹어서 구멍을 낸다. 뽕나무가 해를 입은 후에는 생장이 불량하고 심하면 고사한다. 예방법: (1) 성충을 잡아 죽이거나 벌레 알을 제거한다. (2) 갈고리 침을 이용하여 유충을 찔러 죽인다. (3) 5월 중순이나 봄에 뽕나무가 싹을 틔우기 전에 0.5% DDT를 좀 구멍에 주입하여 유충을 박멸한다.

269) '출두지가(出痘之家)'는 그 지역의 아이가 겨울 무렵에 천연두[痘], 홍역[疹] 등 병을 앓으면 어른들은 좀을 잡는 일을 하지 못하는데, 좀을 잡는 사람은 이 기회를 틈타 비교적 높은 보수를 요구하는 것을 일컫는다.

레를 잡을 필요가 있을 때 사용한다.	鑿, 爲不時之需.[42]

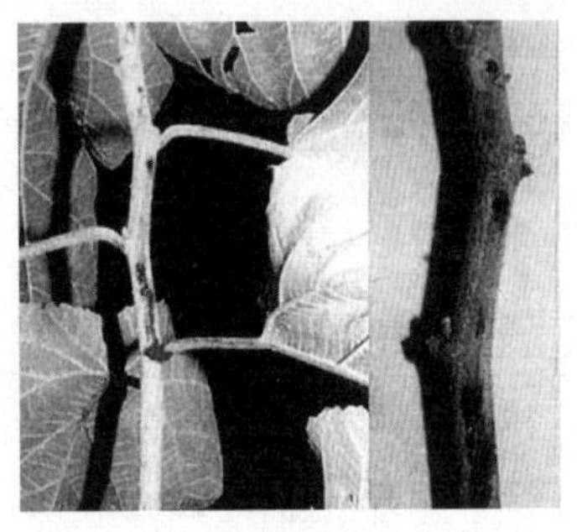
〈그림 48〉 상조충(桑條蟲)

〈그림 49〉 주충(蛀蟲)

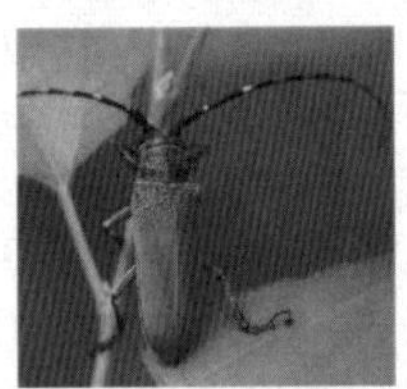
〈그림 50〉 뽕나무 하늘소[桑牛]

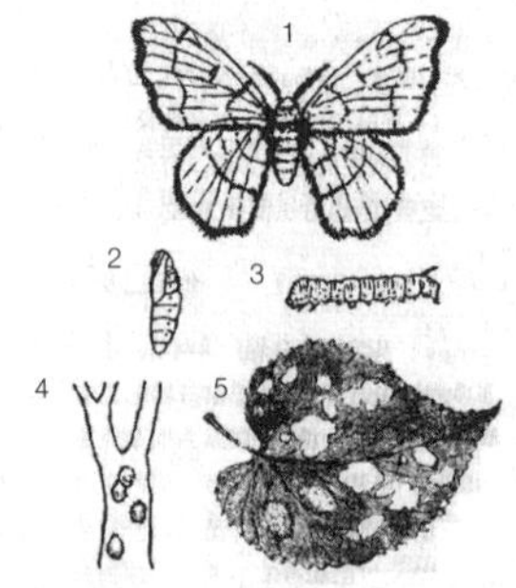

〈그림 51〉 뽕나무벌레[桑蟥]의 성장과정

| 교 기 |

[40] 학해본學海本 '황蟥'자 아래에는 '괴壞' 한 글자가 있다.

[41] 학해본學海本에서는 "8월 혹은 9월 …"이라 한다.

[42] 학해본學海本의 구절 끝에는 '방호方好'의 두 글자가 있다.

---

270) '선착(線鑿)'은 일종의 가늘고 긴 철제의 작은 끌이다. 펴서 좀 구멍에 넣어 해충을 후벼내어 죽일 수 있다.

번 역

제7단 본 단에서는 비료의 구입처를 서술하고 있다.

하나, 비료를 구하려면, 비료가 생산되는 평망진 일대에서 구할 수 있다.[271] 마로磨路,[272] 저회猪灰는 논의 비료로 가장 좋다. 4월, 10월의 농번기에 분糞은 대부분 값이 싸니 마땅히 품을 들여서라도 많이 사야 한다.

인분人糞을 구입하려면 반드시 항주로 가야 한다. 방죽 위에서 사서 가득 실어서는 안 되고,[273] 오도五道 앞에서 반쯤 사서 싣고,[274]

原文

第七段 本段敍述買肥料的去處.[43]

一, 要覓壅, 則平望一路是其出産. 磨路、猪灰, 最宜田壅. 在四月、十月農忙之時, 糞多價賤, 當幷工多買.

其人糞, 必往杭州. 切不可在壩上買滿載, 當在五道前買半

271) 평망진(平望鎭)에서 소똥[牛糞]을 생산한다. 『평망지(平望志)』 권1에 이르기를, "우리 마을에서는 쌀을 주생산물로 한다. 겨울 방아를 찧어, 우리 마을에서 쌀을 생산한다. 그러므로 평망진은 '소풍교(小楓橋)', '소장안(小長安)'으로 불리기도 한다."라고 하였다. 『평망속지(平望續志)』 권12에 또 이르기를, "마을에는 쌀 판매를 생업으로 많이 하는데, 맡아서 판매하는 곳을 미행(米行)이라고 부른다. 시장은 후계(後溪)에 모여 있다. 각 방(坊)에서 쌀을 모아 두는 곳을 잔(棧)이라 하고, 잔(棧) 가운데 농방(礱坊), 대방(碓坊)이라고 하는 정미소가 있다. 마을 사람 옹광평(翁廣平)이 지은 『저구경(杵臼經)』에서, '잔(棧) 가운데 정미하는 기계에 대해 상세하게 말하고 있다.'고 했다."라고 하였다. 소를 이용하여 쌀을 정미하는데, 쌀에는 많은 겨가 있어 돼지를 기를 수 있기 때문에 평망진에서는 소똥과 돼지똥을 생산한다고 하는 것이다.

272) '마로(磨路)'는 「월별 농사일[逐月事宜]」 저회(豬灰), 즉 저구비(豬廐肥) 조에 풀이가 보인다.

273) 동향(桐鄕)에서 항주(杭州)로 가는 길은 몇 개의 큰 방죽을 지나가야 하는데, 배가 방죽을 통과할 때 뱃머리가 떨려 요동치기 때문에, 가득 실으면 반드시 손실을 본다.

다음날 일찍이 배를 수문 밖으로 밀어내어 방죽을 통과해도 5~6할 정도로 숙성되는데, 여기에 신선한 인분을 더 채워도 비료의 효과는 더 좋다.[275]

載, 次早押到門外, 過壩也有五六成糞, 且新糞更肥.[44]

사상謝桑은 바로 소만小滿: 5월 하순 즈음에 누에치는 일이 가장 바쁜 날짜이다. 그래서 다만 가까운 읍[鎭]에서 인분을 사서 모으는데,[276] 오전에 사러 가서 오후에 분뇨를 뿌려주는 것이 가장 좋다.

至于謝桑, 于小滿邊, 蠶事忙迫之日, 只在近鎭買坐坑糞, 上午去買, 下午卽澆更好.

〈그림 52〉 사상(謝桑)

〈그림 53〉 분선(糞船)

| 교 기 |

[43] 본 단 및 제8, 9단은 학해본에는 본서 제13단 뒤에 있다.
[44] '경비更肥'의 '경更'자가 학해본에는 없다.

274) '오도(五道)'는 지명인데 위치는 알 수 없다.
275) 역자주 이 문장은 "방죽을 통과해도 5~6할 정도의 인분이 남아 있다. 그리고 새로운 인분은 더욱 비료 효과가 크다."라고 번역할 수도 있을 것이다.
276) '좌갱분(坐坑糞)'은 곧 읍내[城鎭]에 있는 변소의 인분뇨(人糞尿)이다.

번 역

제8단 본 단은 뽕밭의 시비 및 시비 효과의 보존 방법에 대하여 서술하고 있다.

하나, 봄에 뽕나무 밭에 거름을 하는데, 퇴비는 반드시 무당 30~40단担을 해야 한다. 입춘立春: 2월 상순 즈음에 청명한 날을 택해 토양이 바짝 마르면 바야흐로 시비할 수 있다.

지면이 평평해야 물이 고이지 않고, 고랑은 깊지 않아야 거름이 손실되지 않는다. 때때로 파낸 하천의 진흙[罱泥]을 배토하면, 봄비가 비록 오래 내리더라도 피해가 없다. 오직 봄이 되기 전에 미리 시비하면 거름기가 흙 속에 스며들어가, 한층 뿌리가 튼튼해지게 되니, 뽕나무의 싹눈[桑眼]이 부풀어 터지면서277) 각각 싹이 터서 뽕나무 잎은 반드시 (평상시) 배로 많아진다.

청명清明: 4월 상순 즈음에 다시 인분을 뿌리는데, 이를 '촬상撮桑'278)이라고 하며, 1전錢의 인

原 文

第八段 本段敍述如何給桑地施肥及保存肥效的方法.

一，春天壅地，垃圾必得三，四十担. 在立春左右，揀天色老晴，土色乾燥，方可倒入.

地面要平，使不受水，溝不要深，則不走肥. 隨罱泥蓋土，雖遇春雨，久亦無害. 惟未春先下壅，令肥氣浸灌土中，一行根便討力，桑眼飽綻，個個有頭，葉必倍多.

清明邊，再澆人糞，謂之"撮桑"，澆

---

277) '포탄(飽綻)'은 완전히 포만(飽滿)하다는 의미이다. 포만하여 거의 터지려고 하는 것이다.

278) '촬상(撮桑)'은 뽕나무에 양분을 주어서 건장하게 생장하도록 하는 것을 말한다. 시비 등을 뽕나무에 양분으로 제공한다. '촬(撮)'이라고 하는 것은 재촉하는 것으로, 그것으로 하여금 빨리 생장 발육하게끔 하는 것이다.

분을 뿌리면 2전의 뽕잎이 증가한다. 뽕나무 전지를 마치면 다시 인분을 뿌리는데, 이를 '사상謝桑'이라 하고, 1전을 뿌리면 1전의 뽕잎이 증가한다. 그러므로 조금도 손해 없이 좋은 뽕나무를 잘 기를 수 있다. 사상謝桑은 가장 중요한 작업 조치로서 일체 소홀하게 다루어서는 안 된다.

一錢, 多二錢之葉.[45] 剪桑畢, 再澆人糞, 謂之"謝桑", 澆一錢多一錢之葉.[46] 毫不虧本, 落得桑好. 謝桑尤是要緊工夫, 切不可因循.

〈그림 54〉 싹눈[桑眼]

|교 기|

[45] '요일전, 다이전지엽澆一錢, 多二錢之葉'을 학해본에서는 '요일분다일분지엽澆一分多一分之葉'이라 쓰고 있다.

[46] '요일전, 다일전지엽澆一錢, 多一錢之葉'을 학해본에서는 '요일분다일분지엽澆一分多一分之葉'이라 쓰고 있다.

번 역

제9단 본 단은 비료 제조 및 똥오줌[清水糞]을 뿌려주는 방법을 서술하고 있다.

하나, 소똥을 싣고 돌아와 반드시 구덩이에 쏟아 붓고[279] 물을 부어 부숙腐熟시켜서, 조금씩 뿌려준다. 만약 평망진平望鎮에서 마른 똥을 사왔다면 반드시 인분을 몇 단担 보태주거나 또는 푸성귀 절인 물[菜鹵]이나 돼지오줌[猪水]을 함께 첨가해 주면, 신속하게 부패 숙성된다.[280]

무畝당 시비하는 양은 소똥 40단担: 1단은 60kg[281]에 물을 희석하여 100단이 되게 한다. 소똥을 뿌릴 때, 처음에는 이랑 옆에 뿌려주고, 다음에는 이랑의 위쪽 모서리에 뿌려준다. 구덩이[潭][282]는 깊고 커야 하고, 구덩이마다 1통

第九段 本段敍述制造肥料及澆清水糞的方法.

一，牛壅載歸，必須下潭， 加水作爛，薄薄澆之. 若平望買來乾糞，須加人糞幾担，或菜鹵，猪水俱可，取其肯作爛也.

每畝壅牛糞四[47]十担， 和薄便有百担. 其澆時，初次澆棱旁，下次澆棱背. 潭要深大，每潭一桶，當時

279) 이 '구덩이[潭]'는 비료를 모아두고, 가공하는 용도의 크고 깊은 구덩이다. 북방에서는 '구덩이[坑]'이라고 한다. 이 구덩이[潭]는 크고 작은 것이 있는데, 비료를 모아 두는 것은 큰 구덩이[大潭]이고, 물을 모아두는 것은 깊은 구덩이[深潭]이다. 보통 작물을 파종(예컨대 맥류와 뽕나무의 파종)할 때 판 구덩이는 작은 구덩이[小潭]와 얕은 구덩이[淺潭]이다.

280) 푸성귀 절인 물[菜鹵], 돼지오줌[豬水] 등을 사용하여 부패, 숙성을 촉진시킨다. 현지 노인들의 말에 따르면 이 비료 제조 방법은 현재는 없다고 한다.

281) 무(畝)당 40단(担, 1단은 약 100근, 약 60kg) 즉 4000근(斤)의 소똥을 사용한다. 시비량이 상당히 많고 또 시비 방법이 합리적인데, 이는 하나의 좋은 경험이다.

桶283)을 넣어서 때에 맞추어 덮어주는 것이 좋다.284) 만약 인분을 뿌리게 되면, 곧바로 구덩이를 덮는 것이 좋다.

卽蓋好. 若澆人糞, 尤要卽刻蓋潭方好.

소똥은 물을 섞어 매우 연하게 해야 하고, 인분은 물을 섞어 매우 맑게 해야 하는데, 결코 다른 일에 비해서 노력을 소홀히 해서는 안 된다. 주인은 반드시 직접 감독하면서 일꾼이 게을러서 물을 적게 섞지 않도록 해야 하는데, 이것이 가장 중요한 것이다.

牛壅要和極薄, 人糞要和極淸, 斷不可算工力. 主人必親監督, 不使工人貪懶少和水, 此是極要緊所在.

| 교 기 |

47 학해본에는 '사四' 아래에 하나의 '오五'자가 있다.

교석자 고찰

비료의 가공 작업은 비료의 효과를 보존하는 아주 좋은 방법이다. 청대 후기부터 항일전쟁 전(1936년)에 현지에서는 인내심을 갖고 비료를 가공하고 제조하는 습관을 잃어버려서 비료효과에 손실을 입게 되었다. 이것은 농사일을 하는 사람과 인민공사에 관련된 사람들에게 아주 긴밀한 주의를 요구한다.

282) 이 '담(潭)'은 뽕나무 뿌리 부근의 작은 구덩이를 만드는 것을 가리키는데, 똥을 집중하여 뿌리기에 편하고 아래로 침투하여 흡수할 수 있게끔 해주어, 똥물이 넘쳐서 흘러 유실되지 않도록 한다.

283) 소똥(牛糞) 40단(擔)은 희석하면 100단이 되는데, 1단은 2통(桶)이며, 합 200통이 된다. 무당 뽕 200그루[株]를 심는다(「토지이용방법[運田地法]」제6단 참조). 1구덩이[潭]당 1그루이다. 구덩이마다 1통이 적합하다.

284) 시비한 뒤 구덩이를 덮으면 비료 효과를 유지할 수 있다. 더욱이 인분은 질소성분이 비교적 많아서 때맞추어 덮지 못하면 빨리 휘발하여 날아가 버리기 쉽다.

번 역

제10단 본 단은 하천의 진흙 채취하는 방법을 서술하고 있다.

옛 사람이 이르기를, "집이 흥하지 못하는 것은 마음 다스림이 모자란 것이고, 뽕나무가 왕성하게 자라지 못하는 것은 하천 진흙이 부족하기 때문이다."라고 하였다. (이처럼) 하천에서 흙을 채취하는 일[罱泥]은 제일 중요한 일인데, 한 해 동안 비에 의해 씻겨나간 흙을 채워 보충할 뿐만 아니라, 하천에서 채취한 흙 때문에 흙이 견실해지고 성글게 되어 비가 내리고 나면 바로 마르게 된다.[285] 뽕나무의 성질이 마른 것을 좋아하니 무성하고 왕성해지기 쉽다. 만약 하천에서 채취한 흙을 보충하지 않고 줄곧 비가 내리면, 흙이 연두부처럼 물을 따라 흘러서 유실되어 여린 뿌리가 뻗어나가지 못하고, 늙은 뿌리는 이슬에 노출되어, 설령 거름을 줄지라도 아주 무성해질 수가 없다.

매년 겨울과 봄 사이에 함께 진흙을 건져낸다. 혹자는 이르기를, 하천에서 채취한 진흙

第十段 本段敍述罱河泥的方法.

一, 古人云, "家不興, 少心齊, 桑不興, 少河泥." 罱泥[48]第一要緊事, 不惟一歲雨淋土剝借補益, 正由罱泥之地, 土堅而又松, 雨過便乾. 桑性喜燥, 易于茂旺. 若不罱泥之地, 經雨則土爛如腐, 嫩根不行, 老根必露, 縱有肥壅, 亦不全盛.

每年冬春間罱一番. 或云: 罱泥固好,

285) 하천에서 채취한 진흙은 3가지 역할을 한다. 첫째, 뽕밭에 새 흙을 채워서 1년 동안 비에 의해서 흙이 씻겨 내려간 손실을 보충하여 준다. 둘째, 흙을 견실하고 건조하게 해준다. 왜냐하면 뽕나무는 마른 것을 좋아하기 때문에, 토양이 성기고 마르게 되면, 생장이 아주 왕성해지기 때문이다. 셋째, 토양에 양분을 증가시켜 주어, 뽕나무가 흡수하게 한다.

은 실로 좋은데, 논 가운데 볏짚이 섞여 있는 진흙[稻稈泥][286]을 운반하는 노력을 줄일 수 있다. 8월에 일제히 진흙을 채취하는데, 6명의 노동력이 필요하다.

挑稻秆泥亦可省工. 八月罱一番, 每番須六工.

구덩이를 파는 사람 또한 보조 노동력[287]을 이용해서는 안 되는데, 이것은 아마도 구덩이를 파고 진흙을 나르는 사람이 보조를 맞추지 못하여 하천의 진흙을 파는 사람이 잠시 멈추어 기다려야 하기 때문이다.

做溝之人, 也不可用搭頭, 恐做溝扒泥不及, 罱手亦停候矣.

맑은 날에 하천에서 채취한 진흙은 뽕나무밭 가운데 두고, 흐린 날에 채취한 진흙은 논가[埂地] 위에 놓아두고,[288] 비 오는 날 채취한 진흙은 구덩이[潭] 안에 둔다.[289] 마르기를 기다려서 먼 곳의 뽕나무 밭으로 나르는데, 이어 진흙이 마르면 맑은 날에 조각처럼 잘라 뒤집어서, 마치 마름 껍질모양처럼 펴서 햇빛에 말린 후에, 두드려 가루처럼 만들면 좋은 비료가 된다.

晴天罱在大地, 陰天罱在埂地, 雨天罱在潭裏.[49] 候乾挑在遠地, 泥乾趁晴倒刭, 曬曝如菱殼樣, 敲碎如粉方肥.

286) 역자주 주광서(周廣書), 「『심씨농서』에 있는 수도시비기술연구[「『沈氏農書』所載水稻施肥技術研究」]」 『남경농업대학학보(사회과학판)』, 제6권 1기, 2006, pp.70~71에 의하면, '도초니(挑草泥)'는 겨울과 봄에 하천에서 건져낸 하니(河泥)를 잡초나 재배한 녹비(綠肥)와 섞어 썩힌 후, 구름 낀 날에 전지로 가져오는 것으로 오늘날 현지에서는 '초당니(草塘泥)'라고 한다.

287) '탑두(搭頭)'는 반(半) 노동력 또는 보조 노동력을 가리킨다.

288) 이곳에서 말하는 '대지(大地)'는 비교적 면적이 큰 뽕밭이다. '경지(埂地)'는 양쪽 가장자리 부분이 농전(農田)이 되고, 그 중간에는 비교적 넓은 두둑[堤埂]이 있는데, 보통 콩류의 밭작물을 심어서 '경지(埂地)'라고 부른다.

289) 하천 진흙은 맑은 날, 흐린 날, 비 오는 날 각각 채취하는 법이 있다. 채취한 흙을 각기 놓아두는 곳이 있는데, 그곳은 매우 정교하고 세밀하다.

교 기

48 '남니罱泥'의 두 글자는 강소본에서는 두 줄의 작은 글자의 주注로 되어 있다. 현재 근선당본과 학해본에 따라 큰 글자로 고쳐서 본문으로 하였다.

49 '음천陰天 … 담리潭里'의 10여 자는 강소본에서는 두 줄의 작은 글자의 주注로 되어 있다. 현재 근선당본과 학해본에 따라 큰 글자로 고쳐서 본문으로 하였다.

교석자 고찰

본 단은 현지에서 강가의 진흙을 건져내는 작업의 번거로움을 말하고 있다. 1956년 우리들은 가흥현 농촌에서 농민들이 강가의 진흙을 건져 올리는 작업이 전 노동일수의 1/3 이상을 차지하는 것을 보았다. 건져 올린 진흙[罱泥]은 오대 오월국의 요천군潦淺軍에서부터 시작되었다. 당시 매년 강江, 호湖, 하河, 항港을 준설하여 대량의 퇴적된 진흙을 파내어서 논의 비료로 삼았다. 이로 인해 강의 진흙이 비료로 쓰였으며 점차 오중지역으로 보편화되었다(전 장강의 삼각주 범위에서 강의 진흙을 비료로 삼는 것은 오대 오월의 오중지역에서 비롯되었다).

『심씨농서』의 「월별 농사일」에 기록된 남니罱泥를 건져내는 데 소모되는 노동력은 아주 많으며 다음과 같다.

정월, 맑은날[天晴] — 남니罱泥.	흐리거나 비 오는 날[陰雨] — 남니罱泥, 남전니罱田泥, 남지니罱地泥 세 종류가 있으며 용도는 각각 다르다.
2월, 맑은 날 — 남니.	흐리거나 비 오는 날 — 남니, 남전니.
3월, 맑은 날 — 남니.	흐리거나 비 오는 날 — 남전니.
5월,	흐리거나 비 오는 날 — 도초니挑草泥('초광니草壙泥'를 일컫는다).
8월, 맑은 날 — 도하니挑河泥, 남니.	
9월, 맑은 날 — 남니.	흐리거나 비 오는 날 — 남니.
10월,	흐리거나 비 오는 날 — 남니.
11월, 맑은 날 — 남니.	흐리거나 비 오는 날 — 남니.
12월, 맑은 날 — 남니.	흐리거나 비 오는 날 — 남니.

1년 중에 9개월은 모두 남니와 같은 노동이 있는데 이것은 오중지역의 농사의 독특한 특징을 반영하고 있다. 본서의 가르침에 의거하여 우리들이 가흥과 호주 농촌 현지를 관찰해보면 오늘날에도 여전히 이와 같은 상황을 볼 수 있다. 농민은 하루 종일 하河, 호湖, 광壙, 빈浜에 가서 진흙을 건져 올리는데 노동이 아주 고되고 또 시간도 길다. 무엇 때문에 이렇게 하는가? 첫째는 비료가 부족하기 때문에 대량의 하천 진흙으로 소모된 지력을 보충해야만 한다. 둘째는, 하천 진흙을 건져 올리는 공구가 낙후되어 있다. 현지의 노인에게 물어보면 진흙을 건져 올리는 방법은 조상들에게서 전해내려 온 것으로 진흙을 채취하는 도구인 남포罱蒲는 종려나무로 꼰 새끼로 그물을 만든 것으로 진흙을 건져 올리는 성능이 아주 낮고 또한 수심이 8척 이상의 하천 진흙은 건져 올릴 수 없다. 환남皖南의 선성宣城과 무호蕪湖 일대에서 진흙을 건져 올리는 공구는 모두 철로 만들어서 그 효능은 가흥지역보다 좋다. 오늘날 농촌지역에서는 이와 같이 공구와 배를 개선하여 노동력의 손실을 줄일 것을 요구하고 있는데 현지의 과학연구와 농촌기관에서는 마땅히 귀담아 들어야 할 것이다.

번 역

제11단 본 단은 뽕나무 가지를 묶는 법에 대해 서술하고 있다.

하나, 뽕나무 가지를 묶는 끈은 뽕잎이 가장 무성한 땅에서[290] 마르고 가는 줄 약 8근斤

第十一段 本段敍述把搭桑繩.

一, 把桑繩,[50] 上好茂盛地, 約乾細繩八

290) '상호무성지(上好茂盛地)'는 뽕잎이 무성한 상등지(上等地)를 가리킨다.

이 소요되며, 그 이하는 많고 적은 차이가 있다. 농업노동자[291]가 끈을 꼬는데, 숙련된 사람은 하루 7~8근斤 정도 꼬며, 평균적으로 5근 정도 꼰다.

斤, 以下多寡有差. 生活人搓51繩, 上等一日七、八斤, 酌中五斤.

|교 기|

50 '바상승把桑繩' 아래에 학해본에는 '간지기看地起'라는 세 글자가 있다.
51 원래는 '추搊'인데 학해본에 '차搓'라 되어 있어, 이를 고쳤다.

번 역

제12단 본 단은 고용 일꾼[노동자]의 작업 안배를 어떻게 할 것인가를 서술하고 있다.

하나, 날씨는 정상적인 상황에서 맑은 날이 7일이면, 비 오는 날이 3일을 차지하고 맑든 비오든 각각의 할 일이 있다. 다만 정월의 우수雨水 즈음은 바로 농공의 일이 가장 번잡할 때이므로 비 오는 날 실내에서 작업하는 것을 제외하고는 비가 그치면 곧 뽕나무를 가지치기하고, 벌레를 살펴 잡고, 언덕을 정비하는데, 논과 밭을 갈아엎는 일은 쾌청한 날이 아니면 안

原 文

第十二段 本段敍述如何安排雇工工作.

一, 天時大約晴七雨三, 晴雨各有生活. 獨孟春雨水之際, 正農工湊聚之時, 除雨留家外, 雨止卽可修桑、看蟥、修岸. 至于墾倒田地, 非大晴不可. 人家雇長年,

291) '생활인(生活人)'은 일하는 사람, 또한 바로 농업노동자이다.

된다. 다만 일 년의 농공을 고용했다면[292] 비 오는 날 실내에서 할 일이 없으면 부득이 논을 갈이하러 나가지 않을 수 없다. 만약 배가 있어서 진흙을 건질 수 있다면 반드시 구덩이를 파서 진흙을 보관하여 비 오는 날 한가한 노동력을 잘 이용한다. 논밭의 농업 활동은 반드시 맑은 날을 기다려서야 겨우 나가서 할 수 있다.

天雨無生活可做，不得已而墾田. 若有船可以罱泥，定須開潭罱泥[52]，消磨雨工，其田地生活，必待天晴方做.

| 교 기 |

[52] '니泥' 학해본에는 '저貯'로 되어 있다.

번 역

제13단 본 단은 어떻게 돼지와 양을 길러서 퇴비를 만들고, 아울러 가축의 질병을 예방할 것인가를 서술하고 있다.

第十三段 本段敍述計算如何養猪羊以積肥幷預防牲畜疾病事宜.

하나, 논밭에 파종할 때는 밑거름을 내는

一，種田地，肥壅

292) '장년(長年)', 즉 한 해 고용한 농공이다. 해방 전 농촌 지주와 부농은 모두 농촌 빈민을 농공으로 고용했는데, 연공[長年], 월공(月工), 일공[臨散工]의 차이가 있었다. 『가선현지(嘉善縣志)』에 이르기를, "무산자(無産者)가 고용될 때 임금을 받는 방식에 장공(長工), 단공(短工), 망공(忙工), 한공(閑工)의 구별이 있다. 일 년을 계산하여 임금을 받으면 장공이고, 시간을 계산하면 단공, 바쁠 때는 망공, 한가할 때는 한공이라고 한다."라고 하였다.

것이 매우 중요한 일이다. 인분은 힘이 왕성하고, 우분은 오래 가니[293] 어느 한쪽에 치우치면 안 된다.	最爲要緊. 人糞力旺, 牛糞力長, 不可偏廢.
거름 구덩이를 만드는 것[租窖]은 하나의 근본적인 일이나, 다만 근래 똥값이 비싸고 인건비도 비싸며 운반하는 데 비용이 많이 들어 몰래 훔쳐가는 폐단이 많아져서 오직 똥을 저장하는 구덩이에만 의지할 수 없으므로, 돼지와 양을 길러서 퇴비를 만드는 일을 더욱 간편하게 한다. 옛 사람이 이르기를, "밭갈이를 하면서 돼지를 기르지 않고, 수재秀才가 되려 하면서 책을 읽지 않는다."라는 것은 반드시 성공할 수 없음을 뜻한다. 그래서 돼지와 양을 기르는 것은 농사지으면서[294] 해야 할 가장 중요한 일이다.	租窖乃根本之事, 但近來糞價貴, 人工貴, 載取費力, 偸竊弊多, 不能全靠租窖, 則養猪羊尤爲簡便. 古人云: "種[53]田不養猪. 秀才不讀書."[54] 必無成功. 則養猪羊, 乃作家第一著.
1년간 양이 먹는 사료는 양모와 새끼양을 얻으면 보상이 되고, 나머지 필요한 것은 우리의 깔 풀에 불과하지만, 이것은 온전히 땅의 비료가 된다. 돼지를 기르면 예로부터 원가도 거두지 못하는데, 만약 동시에 어미돼지를 치게 되면 수지를 맞출 수 있어서 원래의 손실을 메울 수 있다.	計羊一歲所食, 取足于羊毛、小羊, 而[55]所費不過墊草, 宴然多得肥壅. 養猪, 舊規虧折猪本, 若兼養母猪, 卽以所賺者抵之, 原自無虧.
만약 양을 칠 때는 반드시 사람들을 고용해서 먹이풀을 베는데, 겨울과 봄 사이에 한가해서 일이 없을 때는 실로 양식만 축낼 뿐이	若羊, 必須雇人斫草, 則冬春工閑, 誠靡廪糈.

293) 인분은 분해가 빨라서 속효성비료(速效性肥料)이다. 우분은 냉성비료(冷性肥料)라서 분해가 느려서 효과가 비교적 길다.

294) '작가(作家)'는 농사를 짓는 일을 가리켜 말한다.

다.[295)]

돼지를 칠 때는 반드시 (콩)깻묵을 구입하는데, 다만 그 값이 비싸고 싼 때를 종잡을 수 없다.

若猪, 必須買餠, 容有貴賤不時.

지금 양은 오로지 마른 잎과 마른 풀을 먹고, 돼지는 오로지 밀기울[糟麥]을 먹고, 보리로는 소주를 빚을 수 있어 이 일로 수입을 올릴 수 있다. 이것은 남는 것은 있지만 손해는 없으며, 퇴비도 쌓이고,[296)] 또 퇴비를 운반하는 인건비를 줄일 수도 있는데, 이같이 수지맞는 일을 어찌 하지 않겠는가?

今羊專吃枯葉、枯草, 猪專吃糟麥, 則燒酒又獲贏息. 有盈無虧, 白落肥壅, 又省載取人工, 何不爲也.

다만 돼지를 치면 매번 질병으로 고통을 받게 되는데,[297)] 병은 반드시 봄, 여름에 나타나며, 갑자기 혹한이 오거나 후덥지근한 더위를 만날 때 발생한다. 돼지우리 앞에는 반드시 빈터를 만들어 바람과 햇볕이 잘 들게 하고, 여름에는 너무 덥지 않게 해주고, 겨울에는 추위를 막아주어야 한다. 돼지는 우리의 더러움을 싫어하지 않으나[298)] 다만 여물통은 반드시 청결히 하면 해로움이 없다.

但養猪每苦生病, 病必在春夏, 以受暴寒盛熱郁蒸而成. 欄前須空闊通風日, 夏不甚熱, 冬護其寒. 窠不厭穢, 槽須潔淨, 自然無害.

295) '늠서(廩糈)'는 식량을 가리킨다.

296) '백락비옹(白落肥壅)'을 반복 설명한 즉, 돼지와 양을 기르는 목적은 퇴비를 비축하기 위함이다.

297) 역자주 원문의 왕달(王達)의 어역(語譯)에서는 '매고(每苦)'를 '뇌근(腦筋)'이라고 보고 있다.

298) 심씨가 이르기를, 돼지는 우리가 불결함을 두려워하지 않는다고 하지만 이 설명은 맞지 않다. 돼지의 먹이는 정말로 청결해야 한다. 단 생활환경 또한 마땅히 위생에 주의해야 비로소 돼지의 신체를 건강하게 하고 또 성장이 빨라진다.

| 교 기 |

53 원래는 '조租'자이나, 학해본은 '종種'으로 쓰고 있다. 지금은 학해본에 의거하고, 아울러 현지의 관례에 따라서 '종種'자로 고쳤다.

54 학해본에는 '수재부독서秀才不讀書'의 이 구절이 없다.

55 강소본 등의 본에는 아래에 '족足'자가 있는데, 학해본에는 없다. '족足'자는 바로 연문衍文이므로 지금 제거한다.

번 역

제14단 본 단은 비료의 성능에 따라 전지에 시비하는 것을 설명하고 있다.

하나, 양의 똥은 밭에 시비하는 것이 좋으며, 돼지의 똥은 무논[田]에 시비하는 것이 좋다.[299] 초목의 재를 밭에 시비하지 않는 것은 비료 효과를 떨어뜨리기 때문이다. 재는 논에 시비하는 것이 적합하며, 토양을 부드럽게 부풀리는 작용을 한다.

만약 평망平望에서 재 섞은 돼지우리의 퇴비와 성정城鉦[300]에서 재를 섞은 똥을 구입했다

第十四段 本段說明按照肥料的性能施用于田地.

一, 羊壅宜于地, 猪壅宜于田. 灰忌壅地, 爲其剝肥. 灰宜壅田, 取其松泛.

若平望買猪灰及城鉦買坑灰, 于田未

299) 양의 똥은 마른 것이라 한지(旱地)에 적합하고, 돼지의 똥은 비교적 쉽게 분해되어 무논에 적합하다. 현재 일반적인 시비법으로 볼 때 돼지와 양의 똥을 논밭에 사용하는 것이 적합하다고 되어 있지만, 양과 돼지의 똥이 어떤 논밭에 적합한지는 구분하지 않고 있다.

300) 역자주 '성정(城鉦)'은 성진(城鎭)일 가능성이 있다.

면,[301] 논에 두 벌 갈이 하기 전에 골 사이에 시비하는데[302] 무畝당 10여 단担을 흩뿌린다.[303] 그런 후에 호미[304]로 갈아엎으면, 토양이 잘 부풀려져 경작층의 비력이 더욱 좋아진다. 만약 그것을 녹비綠肥를 한 논에 흩뿌리면, 논이 부풀리어 부드럽게 되면서, 또 녹비의 성능도 높여 준다.

그러나 아주 척박한 논은 땅이 굳고 딱딱하니, 재거름[灰]과 소외양간의 퇴비를 이용하여 시비한다. 만약 평소 기름진 땅인데, 이들을 시비한다면 토양이 너무 부풀려져 (물기가 빠져나가) 가뭄을 견디지도 못하고, 간혹 열매를 맺지도 못한다. 그리고 비료를 할 때에는 잡다한 비료도 사이사이에 섞어서 뿌려 주어야 한다. 가령 초니草泥[305]나 돼지우리의 퇴비를 밑거름으로 하면, 소외양간 퇴비는 덧거름으로 하는 것이다. 그리고 만약 소외양간의 퇴비를 밑거름

倒之前棱層之際, 每畝撒十餘担. 然後鋤倒, 徹底松泛, 极益田脚. 又取撒于花草田中, 一取松田, 二取護草.

然積瘦之田, 泥土堅硬, 利用灰與牛壅. 若素肥之田, 又忌太松而不耐旱, 不結實. 壅須間雜而下. 如草泥、猪壅墊底, 則以牛壅接之. 如牛壅墊底, 則以豆泥、豆餠接之. 然田果能二層起深, 雖過松無害.

301) '저회(猪灰)'와 '갱회(坑灰)'는 돼지우리의 퇴비[廐肥]와 변소의 인분뇨 같은 비료이다. 역자주 '저회(猪灰)'와 '갱회(坑灰)'에 모두 재[灰]가 보이는데, 이것은 똥에 거름을 섞은 비료일 수도 있다. 재와 함께 섞는 이유는 냄새를 방지하고 보기에도 흉하지 않으며, 저장과 취급이 편리하기 때문이다. 특히 재는 단독으로 두면 바람에 날아가지 쉽지만 똥과 같이 섞게 되면 그럴 염려가 없으며, 재의 강한 알카리성 때문에 각종 벌레가 덤벼드는 것도 막을 수 있다. 게다가 이처럼 장거리를 이동할 때에는 특히 유용했을 것이다.

302) 기비(基肥)를 종열(縱列)의 모서리와 겹겹이 쌓인 골 중[堆疊]에 시비하여 깊은 곳에 넣고 진흙과 더불어 뒤집어 섞으면 비료 효과를 유지하는 작용이 있다.

303) 1차 기비(基肥)는 (무당) 1천여 근(斤)을 사용하나 뽕나무 밭에 사용하는 것처럼 많지 않다.

304) 역자주 '호미[鋤]'는 본서의 「월별 농사일」 정월조에서 보는 바와 같이 남방에서 주로 사용하는 괭이형 호미인 듯하다.

305) 역자주 앞에서 지적한 바와 같이 '초니(草泥)'는 겨울과 봄에 하천에서 건져낸 하니(河泥)를 잡초나 재배한 녹비(綠肥)와 섞어 썩힌 거름이다.

으로 하면 콩비지와 콩깻묵은 덧거름으로 한다.306) 그러면 논을 심경하여 두 겹으로 갈더라도 토양이 부드럽게 일어나 해롭지 않게 된다.

화초는 종자를 거두어도 무당 3승升에 지나지 않으며, 값도 높지 않다. 1무에 재배한 화초는 3무의 논에 비료로 쓸 수 있다. 오늘날 퇴비를 확보하기 어렵기 때문에 이렇게 하는 것이 가장 편리한 방책이다.

花草畝不過三升, 自己收子, 價不甚値. 一畝草可壅三畝田. 今時肥壅艱難, 此項最屬便利.

〈그림 55〉 명청시대 인분의 수집과 운수

〈그림 56〉 청대의 인분매매

306) 똥은 그 종류가 같지 않기에 포함 성분도 각각 다르다. 이로 인해 물리화학적 성질, 분해 속도, 적합한 대상과 이용 효과 등도 같지 않다. 그래서 심씨는 상단(제13단)에서 시비를 사용할 때 "한쪽에 치우치면 안 된다."라고 설명하고, 이 단에서 "모름지기 퇴비를 사이에 섞어서 뿌려 준다.[須間雜而下]"라고 설명하는 것은 또한 장점을 살리고 단점을 보완하기 위함이다. 상호 배합하면 시비의 목적을 이룰 수 있다. 그는 만약 "소외양간 퇴비를 밑거름[基肥]으로 사용[牛壅墊底]"하면 마땅히 "콩비지와 콩깻묵으로 추비[以豆泥、豆餅接之]"해야 한다고 주장한다. 바로 '소외양간 퇴비[牛壅]'가 밑거름이 되는 것을 의미하는데, 왜냐하면 우분(牛糞)의 주요 성분이 섬유질이고, 질소가 비교적 적고 또 분해가 완만하고 비료 효과도 늦기 때문에 반드시 속효성이고 질소를 풍부히 함유하고 있는 콩비지[豆渣], 콩깻묵[豆餅]을 사용하여 추비를 해주어 우분의 결점을 보완해야 하기 때문이다.

이 지역 농민이 말하길, 시비가 적으면 문제를 해결할 수 없고 시비가 많으면 쉽게 쓰러진다고 한다. 벼는 일반적으로 비료의 내성이 높지 않다. 심씨는 심경深耕이 이런 문제를 해결할 수 있다고 설명한다. "이, 삼층기심二, 三層起深"은 곧 심경을 8촌에서 1척 남짓 깊이로 한 것으로 (이 책 「토지이용방법[運田地法]」 제1단 참조) 가뭄에 강하고, 시비에 관계없이 쓰러지지 않는다. 따라서 심경은 가뭄에 잘 견디고, 시비에도 무관하고, 잘 넘어지지도 않게 하는 좋은 방법인 것이다.

심씨는 이 1단 및 이 책 제1단에서 고루 '회여우분灰與牛糞', '저회猪灰', '갱회坑灰' 등을 들고 있는데, 이는 초목을 태운 재와 사람, 가축의 똥오줌을 혼합하여 사용한 것이다. 초목을 태운 재를 돼지우리에 깔아 퇴비를 만드는 것은 태호 유역 일대 및 남방 어떤 지역의 농민들의 한때 습관이었다. 사람들은 마굿간 퇴비에 재를 섞은 것이 질이 높고 속효성이 있고, 비료 효과가 오래 가며, 흙을 부드럽게 하는 작용을 해 주어 좋다고 하였다. 단 학계에서는 다르게 보는 시각도 있다. 일반적으로 말하면 초목재와 인축분뇨를 섞으면 비료 효과에 약간의 손실을 입을 수 있다. 화동 농업 과학연구소의 시험 증명에 따르면, 짚단을 태운 재를 변소나 똥구덩이 안에 집어넣은 뒤, 3개월의 저장을 거치면, 질소 45.8%의 손실이 있는데, 예컨대 뚜껑을 덮어 그늘을 차단하는(손실 24%) 처리를 거친 이후가 되면 21.8%(1950년에서 1953년의 연구공작간보에 보인다)의 손실을 더 가져온다. 이것은 인축분뇨가 촉매제[尿素酶]의 작용을 거친 후 알칼리성[堿性] 碳酸銨: 탄산암모늄으로 변성되고, 재[碳酸鉀: 탄산칼륨]는 물을 만나면 수산화칼륨氫氧化鉀으로 변성하기 때문이다. 아울러 탄산안碳酸銨과 작용하여 수산화암모늄氫氧化銨으로 변성하고 그 중에 암모니아[氨, 氮素]는 매우 휘발성이 강해 넘쳐나기 쉬운 까닭으로 비력肥力이 갈수록 저하된다.

그런데 재를 우리에 넣거나 분뇨 항아리를 쌓아서 부패시키는 것은 오히려 일회성의 일이다. 『강소농학보江蘇農學報』 제4권 제4기(1965년)에서 주광기朱光琪 등의 동지가 1962년에서 1964년까지 우리에 재를 넣고, 실내에서 분뇨 항아리에 똥을 썩히고 항아리에 오줌을 섞어서 대전에 비료 효과를 시험하여 다음과 같이 증명하였다.

(1) 짚을 태운 재를 우리에 넣거나 분뇨를 쌓아 썩힌 우리의 퇴비[廐肥]는 모두 질소 보존 효과를 지닌다.

(2) 짚을 태운 재를 우리에 넣거나 분뇨를 쌓아 썩히면 우리의 퇴비의 질을 크게 높일 수 있다.

(3) 재를 우리에 넣은 퇴비의 비료 효과는 빠르고, 비력도 길어 작물 생산량을 현저히 높일 수 있다.

(4) 짚을 태운 재를 우리에 넣으면 질소 보존 작용이 있을 뿐 아니라 기타 짚을 태운 재와 돼지똥오줌을 썩힌 것 또한 마찬가지로 질소 보존효과가 있고, 일반적으로 대비해 볼 때 17~30%의 질소의 손실이 감소된다.

왜 짚을 태운 재를 우리에 넣어 두면 효과가 있다고 할까? 연구자가 깊이 토론하여 다음과 같이 제시하였다.

(1) 짚을 태운 재는 질소암모늄[銨態氮]을 보존하는 작용을 갖고 있다.

(2) 짚을 태운 재 속의 유기탄화물은 암모늄 흡착 작용을 한다. 짚은 불탄 뒤에 대부분의 유기탄화물을 잃어버리지만, 일부의 탄화물질을 보존하여 다공성多孔性을 갖추고 있으며 암모늄 흡착의 능력을 지니고 있다.

(3) 우리에 넣은 퇴비의 아래층이 견실하고, 내부층에 이산화탄소[二氧化碳]가 가득차고, 암모늄[氨氣]이 휘발하지 못한다.

이외에도 심씨는 생산에 종사한 바, 남방 수전은 대부분 '수도토水稻土'로 되어 있는데 산성에 치우쳐 있고, 구조의 차가 있어 풀을 태운 재의 퇴비를 시비하면 확실히 일정한 토양개량의 이화성상理化性狀 작용이 있다는 것을 알아냈다. 서술한 바를 종합하면 풀을 태운 재와 인축분뇨를 혼합한 비료의 효과 문제는 구체적 분석의 근거 조건을 필요로 하고 모조리 긍정 혹은 부정으로 단순화할 수 없다.

번 역

제15단 본 단은 전지(田地)의 작업은 일찍이 손을 써야 한다는 것을 말하고 있는데, 즉 사람들이 통상 말하는 "빠를수록 더 좋다."가 그것이다.

하나, 농사짓는 일은 먼저 하는 것이 유리하다.[307] 모심기를 제외하고는 농사짓는 시기를 살펴야만 하는데, 그 나머지 각종의 일들은 갖추어 일찍 할수록 좋다. 가령, 땅을 깎아 중경제초할 때, 풀이 아직 돋아나기 전에 먼저 제초작업을 하면, (그 후에는 풀이 나지 않아) 김매기뿐 아니라 노동력을 줄일 수 있다. 가령 풀을 뽑는 것을 일찍 하면 '하루에 3무'를 작업할 수 있지만, 늦게 하면 '1무에 3일'이나 걸린다.[308]

또 뽕나무 해충을 잡는 경우, 두황頭蟥 1마리를 잡으면 이황二蟥 백 마리를 잡는 수고를 줄일 수 있다.

콩과 맥을 파종함에 있어서도 빠르면 빠를수록 더욱 좋다.

춘삼월 내에 대부분 단기고용일꾼[短工]을 불러 미리 뽕나무를 가지치고[剪桑工], 파종하며[種田工], 농번기 고용일꾼[忙月工]을 불러야 한다.

第十五段 本段說明田地工作要及早下手, 卽人們通常所說的"趕早不趕晚".

一, 田地生活, 上前有功. 除種田要看時候, 其餘各色, 俱以早爲貴. 假如刬地, 未草先刬, 以後草不卽起,[56] 刬又省工. 假如拔草, 早則"工三畝", 遲則"畝三工".

又如捏蟥, 捏頭蟥一, 省捏二蟥百.

至于沈豆、麥, 尤以早爲貴.

春三月內多喚短工, 預喚剪桑工、種田工、忙月工. 生活

307) 이 단은 이전에 말한 "빠를수록 좋다.[趕早不趕晚.]"는 이치를 종합한 것이다.
308) '공삼무(工三畝)'와 '무삼공(畝三工)'의 해석은 앞의 제2단 제3조를 보라.

각종 생활을 차례차례 상황에 맞추어 하면, 노동시간을 줄일 수 있고, 동시에 비용과 식량의 소비도 줄일 수 있다.

次第得法, 仍舊省工, 未嘗多費廪食也.

〈그림 57〉 두황(頭蟥)

| 교 기 |

56 '이후초부즉기以後草不卽起'는 학해본에 '이후영원불기초以後永遠不起草'로 되어 있다.

번 역

제16단 본 단은 어떻게 모판을 만들고, 듬성듬성 파종하는 것인지를 연구한 것이다.

第十六段 本段研究如何做秧田與落穀稀.

하나, 모판에서는 피[稗]가 생기는 것을 가장 꺼린다.[309] 먼저 표면의 흙을 한 촌寸 정도

一, 秧田最忌稗子. 先將面泥刮去寸許,

309) '피[稗]'는 또 '찰초(鍘草)', '미삼자(米參子)'라고도 부른다. 벼과이고, 일년생

로 깎고 깨끗이 청소한 후에 갈아엎고, 때맞추어 하천의 진흙을 표면에 깐 후 종자를 흩어 뿌린다.[310]

옛 관습에 따르면, 모판 1무에 깻묵 한 덩어리를 시비하는데, 가늘게 찧어 종자와 함께 흩어 뿌리고 즉시 재로 덮어 주면, 그 뿌리가 성글어져 뽑기 쉽다고 한다.

오늘날 사람들은 빽빽하게 파종하면서 "모 사이에 풀이 자라는 것이 두렵다."고 한다.[311] 사실 지면의 흙을 모두 깎아 걷어내면 잡초의 종자가 이미 다 없어지고, 그렇게 되면 듬성듬성하게 파종할 수 있어서,[312] 모가 튼튼하게 자라게 된다.[313]

掃淨去之, 然後墾倒, 臨時罱泥鋪面, 而後撒種.

舊規, 每秧一畝, 壅餅一片, 細舂與種同撒, 卽以灰蓋之, 取其根鬆易拔.

今人密密布種, 曰: "恐草從間生耳." 果能刮盡面泥, 草種已絶, 不妨少疏, 欲其粗壯.[57]

풀이다. 잎 끝이 갈라지고 줄기를 느슨하게 감싸며, 빛이 나고 매끄럽다. 이파리는 실과 같이 가늘고, 털이 없으며 잎의 가장자리는 매우 거칠다. 원추형으로 꽃이 피고, 줄기에는 각이 져 있다. 작은 이삭이 줄기의 한쪽에 빼곡히 자라고, 이삭 달린 자루는 짧거나 자루가 없는 것에 가깝다. 겉껍질에는 까끄라기가 있고, 알갱이는 타원형에 평평하고 미끄러우며 빛이 나고, 앞부분은 약간 뾰족하다. 적응력이 강하고, 소택(沼澤)에서 자라기를 좋아하며, 수도전(水稻田)이나 도전(稻田)의 주요한 잡초이다. 종자는 전분(澱粉)을 풍부히 포함하여서 가축의 사료가 될 수 있고, 갈고 난 후에는 양식 대용이 될 수 있으며 또한 양조(釀造)하거나 맥아당을 제조할 수 있다.

310) 먼저 표면의 흙을 제거하고, 다시 강바닥에서 퍼올린 진흙[罱泥]을 표면에 펴주는 것으로, 이것은 이미 잡초와 해충을 소멸시키고, 또 논의 표면을 부드럽고 비옥하게 하기 위해 해주는 것이다. 현지의 노인의 말에 따르면, 이러한 섬세한 작업은 아직 본 적이 없다고 한다.

311) 당시 일반인들이 곡식을 뿌릴 때 빽빽하게 함을 의미한다. 곡식을 뿌리는 것이 빽빽하면 앙묘(秧苗)가 가늘고 엷고 야위고 약하게 되어 벼의 생장과 발육이 불리해진다.

312) 풀을 충분히 제거할 수만 있다면 곧 볍씨를 드물게 뿌릴 수 있다. 볍씨를 드물게 뿌린다는 것이 등장하는 것으로 보아 예전부터 이미 그것을 실행하였음을 알 수 있다.

만일 모가 너무 약하면 모판을 바싹 말리는 조치를 취하여, 모가 건강하게 자라도록 한다.[314] 이른바 "모가 좋으면 반 년간의 벼농사가 좋아진다."는 것은 모의 근본이 튼튼하면 발육과 생장도 쉽다는 것을 말한다.

若秧色太嫩, 不妨閣乾, 使其蒼老. 所謂"秧好半年田", 謂其本壯易發生耳.

만약 가뭄이 발생한 해에는 또한 일찍 시비하여 모를 왕성하게 키울 수 없으므로, 모내기 시기가 늦어져서 모가 마르고, 쇠약해지는 것을 염려한다.

若亢旱之年, 又不可早將秧壅興, 恐插蒔遲, 而秧蔫敗也.

무릇 농가에서 10무의 토지에 모내기를 하려면 반드시 13무에 모내기 할 정도의 모판을 조성해야만 부족함이 없고, 또 조세도 대비할 수 있는 것이다.[315] 속담에 이르기를, "청명절이 음력 2월에 들면 파종을 많이 하고, 청명절이 음력 3월에 들면 볍씨 파종을 적게 한다."라는 것은 여러 차례의 시험을 거쳐 입증된 것이다.

凡人家種田十畝, 須下秧十三畝, 以防不足, 且備租田. 俗云: "二月清明多下種, 三月清明少[58]撒秧", 屢試之亦驗.

313) 튼튼한 모[壯秧]를 기르는 것이다. 튼튼한 모를 기른다는 것은 중국에서 일찍부터 중시한 것으로서, 그것은 볍씨를 드물게 뿌리는 것을 선결 조건으로 하고 있음을 알 수 있다.

314) '사기창로(使其蒼老)'란 것은 곧 물과 비료를 합리적으로 이용하여 앙묘(秧苗)를 적절하게 통제하여, 너무 무성하게 자라지 못하도록 하는 것이다. 모를 기르는 데에 있어서는 모의 성장을 조절하는 것을 일러 건강한 모를 자라게 하는 것이라 하며, 이는 일종의 기술성이 매우 높은 작업이다.

315) 이 지역은 늘 수재가 발생하기 때문에 경험이 있는 농가에서는 종종 모를 많이 파종해서 이러한 우려가 생기지 않도록 대비한다. 마침 자기의 모가 수재를 입지 않아도 또한 수재를 당한 농가가 모심기하거나 혹은 모내기하는 전호의 논에 모종을 팔 수 있다.

| 교 기 |

57 학해본 아래에는 또한 '조장지앙, 비옹일번, 불가불효粗壯之秧, 比壅一番, 不可不曉'의 12자가 있다.

58 '소少'를 학해본에는 '다多'로 쓰고 있다.

교석자고찰

난앙爛秧은 강소와 절강지방에서 흔히 있는 현상이다. 『심씨농서』에서는 모를 심은 논 가운데에 초목재를 시비할 것을 제안하고 있는데, 이는 주의할 만한 하나의 기술이다. 태호 유역은 아주 일찍부터 모를 심은 논에 재를 시비하는 관습이 있었다. 역사문헌상의 기록과 관련하여 보면,

『농상집요』: "모판을 쟁기질하여 … 썩은 풀과 재를 한꺼번에 뿌리면, 모가 기름지고 왕성해진다."

『편민도찬便民圖纂』[명(明), 광번 찬(鄺璠 撰)]: 「파종죽지사播種竹枝詞」: "처음에 모싹이 나서 자라기 전에 빽빽하게 재를 한층 깔아 둔다.[密密將灰蓋一層.]"

『반풍예장본서潘豊豫莊本書』[청(淸), 반증기 찬(潘曾沂 撰)]: "청명이 지나고 곡우가 오면 곡종을 뿌리고, 모를 재로 덮는다."

같은 책에 또 이르기를, "곡우 며칠 전에 파종하고, 모판을 재로 덮는데 손을 사용하여 거듭 상황을 살핀 후에, 비온 후 다시 모판에 재를 뿌려준다."라고 되어 있다.

이를 통해 오吳 지역에서 모판에 재를 사용한 역사 전통을 볼 수 있다. 『절강성농업생산기술지도요강』(절강성 농업청, 1953년 편)에도 모판의 재 시비를 설명하고 있다. 재를 이용하면 온도를 높일 수 있고, 난앙爛秧을 방지하는 유효한 조치가 된다(봄에 비가 많이 오고 기온이 낮아지게 되면, 이것이 난앙의 한 원인이 된다).

번 역	原 文
제17단 본 단에서는 고용 일꾼[노동자]의 공급원칙을 설명하고 있다.	**第十七段** 本段說明雇工供給規則.
하나, 작업량을 계산하는 방법에 있어 옛날 관습에 따르면, 매 작업일마다 1무畝의 모내기를 하거나 2무의 호미질, 써레질, 김매기를 하였다. 당시[명 중기-역자주]만 해도 고농雇農은 힘든 일을 잘 참고 견디며, 아침 동이 틀 무렵에 일하러 나가 땅거미가 질 무렵에서야 일을 끝내고 들어왔다. 풍속이 순박해 주인이 시키는 일이면 다 잘 따랐다. 지금의 고농은 거만과 게으름이 유행처럼 번져, 술과 식사가 좋지 않으면 일을 잘 하라고 타이를 수가 없다. 100년 전과 비교하면 많이 달라졌다.316)	一, 做工之法, 舊規, 每工種田一畝, 鋤、耥、芸每工二畝. 當時人習功苦, 戴星出入. 俗柔順而令尊. 今人驕惰成風, 非酒食不能勸. 比百年前, 大不同矣.
다만 일을 잘하려고 하면, 감독은 규정대로 하면 된다. 차라리 일을 적게 할지라도 정확하고 치밀하게 해야지, 욕심을 부려 대충 적당히 하면 안 된다.317)	只要生活做好, 監督如法, 寧可少而精密, 不可多而草率也.
식사를 제공하는 방법 또한 반드시 후하고 조금은 풍성해야 한다. 무더운 여름에는 해가	供給之法, 亦宜優厚. 炎天日長, 午後

316) 이 책이 근거하고 있는 것은 숭정(崇禎) 12년(1639년) 즈음의 사실이고, 이전으로 100년쯤 거슬러 올라가면 분명 가정(嘉靖) 18년(1539년)이 된다.

317) 심씨는 집약 경영을 주장하는데, 이를 통해 심씨가 경영하기 백년 전 경영 지주들은 경지 면적 확대를 위주로 했다는 것을 알 수 있다.

길기 때문에 오후에는 틀림없이 배가 고플 것이고, 추운 겨울에는 먹지 않은 채 일찍 일하러 가는 것은 힘들다. 따라서 여름 오후에는 반드시 약간의 참을 보충해주고, 겨울 아침에는 죽을 제공해야만 한다. 만약 겨울의 비 오는 날 개천의 흙을 건져 올리고자 한다면 반드시 먼저 따뜻한 술과 함께 배부르게 먹여, 그러한 후에 그의 노동량을 정해 완성하도록 한다. 이렇게 할 때 만약 그가 나에게 말도 없이 책임을 회피한다면, 나 또한 그를 비난할 이유가 있게 된다.

必饑, 冬月嚴寒, 空腹難早出. 夏必加以點心, 冬必與以早粥. 若冬月雨天, 罱泥必須早與熱酒, 飽其飮食, 然後責其工程. 彼卽無詞謝我, 我亦有顔詰之.

부녀, 계집종[318]은 비록 힘든 농사일을 하는 것은 아니지만, 역시 적절하게 맛있는 음식을 주어야 한다. 오랫동안 고기 맛도 못 봐서야 뒤에서 남의 것에 손을 대지 않는 사람이 어디에 있겠는가? 옛 사람이 말하기를, "고용 일꾼을 잘 부리려면 소처럼 부리지 말라."라고 했고, 또 "가난해지고 싶으면 유월에 장기고용 일꾼을 욕해라."고도 말했는데,[319] 주인은 이러한 이치를 알지 않으면 안 된다.

至于婦女丫鬟, 雖不甚攻苦, 亦須略與滋味. 曾[59]有經月不知肉味, 而能無染指侵克者. 古云, "善使長年惡使牛", 又云, "當得窮, 六月裏罵長工", 主人不可不知.

옛날 관습에 따르면, 여름과 가을 두 계절에 매 사람이 매일 아침에 쌀 2홉合: 1홉은 1/10되의 죽을 먹었고, 점심에는 쌀 7홉, 새참의 쌀은 2홉 반이었다. 만약 공급하는 죽이 쌀 2홉이면 저녁 죽은 쌀 2홉 반이었다.

舊規, 夏秋每人朝粥二合、晝飯七合、點心飯二合半. 如粥二合, 夜飯二合半.

318) 여기서의 '부녀, 계집종[婦女丫鬟]'은 노비, 하인을 가리킨다.

319) 이 말은 6월 농사일이 바쁜 시기에 지주가 고용 일꾼에게 취해야만 하는 마지못해 구슬리는 수단을 설명한 것이다.

봄과 겨울 두 계절에는 매 사람이 매일 아침 죽은 쌀 2홉, 점심은 쌀 7홉, 새참의 죽은 쌀 3홉, 저녁 죽은 쌀 2홉 반이었다. 1년 중 평균을 똑같이 계산해, 매 사람이 매일 쌀 1되 5홉을 먹었고,[320] 부녀자는 절반이었다. 돼지고기나 개고기는 다르게 더해 계산하였다.

春冬每人朝粥二合、晝飯七合、點心粥三合、夜粥二合半. 一年中牽算, 每人日一升五合, 婦人半之. 豬[60]犬別加料.[61]

종래의 관습에 따르면, 여름과 가을 두 계절에는 하루가 고기 요리이면, 이틀은 채소 요리로 하였다. 현재는 격일 제공으로 바꾸었는데, (즉 하루는 고기 요리, 하루는 채소 요리로 하고) 힘들거나 어려운 일을 할 때는 연일 고기 요리로 한다.

舊規, 夏秋一日葷, 兩日素. 今宜間之, 重難生活連日葷.

봄과 겨울 두 계절에는 하루는 고기 요리로 하고, 삼일은 채소 요리로 하였다. 현재는 이틀 간격으로 고기 요리를 먹도록 하고, 힘들거나 어려운 일에는 별도로 고기 요리를 늘인다.

春冬一日葷, 三日素. 今間二日, 重難生活多[62]加葷.

옛날 관습에 따르면, 바쁠 때나 한가로울 때나 상관없이 세 사람에게 한 국자[杓[321]]의 술을 주었다. 현재는 작업량에 따라 주는 양을 바꾸어야 한다. 힘들고 어려운 일에는 매 사람에게 한 국자의 술을 주고, 중급 정도의 일이면 사람마다 반 국자의 술을 준다. 쉽고 힘이 들지

舊規, 不論忙閑, 三人共酒一杓. 今宜論生活起. 重難生活, 每人酒一杓, 中等生活, 每人酒半杓. 輕、省、留家及陰雨

320) 한 해 전체의 평균을 균등하게 한다는 의미이다.

321) 역자주 표(杓)의 사전적 의미는 술을 뜨는 자루가 달린 용기로서 구기라고 하는데, 용량은 한 숟가락 정도의 분량에 불과하다. 그런데 사료에 의하면 세 사람에게 한 구기의 술을 주고, 힘들 때는 반 구기의 술을 주었다는 것은 그 양이 너무 적다. 그렇기 때문에 표(杓)를 구기보다 큰 용기인 국자로 해석하는 것이 좋을 듯하다.

않거나, 집안에 남아 일하거나, 혹은 장마철에는 모두 제공하지 않는다.

옛날 관습에 따르면, 고기를 먹는 날에는 말린 고기를 근당으로 8명에게 제공하고, 돼지 창자도 근당으로 5명에게 제공하고, 생선 또한 근당으로 5명에게 제공하였다. 지금은 정확하게 달아 평균을 내어 사람들에게 주어야 한다. 그 중 부족한 것을 얻지 못하거나 혹은 중간에서 가로채거나 떼어먹어도 그것으로 족하다.

종래의 관습에 따르면, 채소를 먹는 날에는 두부 한 모 값에 해당하는 1문文을 주었다. 그 때의 돈은 은 9호毫의 값어치가 있었다. 콩 한 섬[石]은 값이 5전錢 나갔다. 현재의 돈 가치와 콩 가격은 이미 예전 같지 않은데, 어떻게 여전히 옛날 관례에 따라 일을 처리할 수 있겠는가. 지금부터는 사람들에게 먹는 두부를 주어야 하고, 두부 값을 줄 필요가 없다. 그 밖에 기름 같은 것은 더 많이 주고, 고용 일꾼에게 박과 채소를 많이 심게 해 부족한 식비를 보충하게 한다.

종래의 관습에 따르면, 고용 일꾼에게 술을 제공하는데, 쌀 한 말[斗]로 30국자의 술을 살 수 있었다. 이것을 '장행주長行酒'라고 불렀다. 물을 많이 타 맛이 순했기 때문에 한갓 주점만 돈을 벌게 했다. 만약 쌀 한 말을 이용해 자기 집에서 누룩을 만들어 술을 담그면, 술 24근을 얻을 수 있다. 12냥兩은 '장행주' 한 국자와 맞먹고, 맛과 도수도 그것보다 배는 더 좋다. 고려해야 하는

全無.[63]

舊規, 葷日羹肉每斤食八人, 豬腸每斤食五人, 魚亦五人. 今宜稱明均給. 于中不短少侵克足矣.

舊規, 素日腐一塊, 値錢一文. 當年錢[64]値銀九毫. 豆一石値價五錢. 今錢價、豆價不等,[65] 豈得尙以舊例行之. 今後合與人人吃腐, 不須付與腐錢. 而多與油水, 令工人勤種瓜菜, 以補其不足.

舊規, 生活人供酒, 斗米買三十杓. 謂之"長行酒". 水多味淡, 徒爲店家出息. 若以斗米自做麯酒, 當有二十四斤. 以十二兩抵長行一杓, 滋味力量竟是加倍. 所

것은 자신이 술을 담그면 손해 보기 쉽다는 것이다. 만약 작업일수에 따라 한꺼번에 고용 일꾼의 책임자[322]에게 주어[323] 술의 분배를 맡기게 하면 아주 편리할 것이다. 그 이유을 주점이 쉽게 가져가 버리는 것보다는 고용 일꾼[324]에게 보태주는 것만 어찌 같겠는가. 술지게미는 돼지를 기를 수 있고, 더구나 증류주는 내다 팔 수도 있고, 또 고용 일꾼에게 제공할 수도 있다.	慮者, 自做易于耗損. 若頓發于領袖做工之人, 計日算給, 似亦甚便. 與其利歸店家, 孰若加厚長年. 以其糟養猪, 尙有燒酒出賣, 亦可供給長年.

| 교 기 |

59 '증曾'은 근선당본勤宣堂本, 학해본學海本, 강소서국본江蘇書局本 등에서는 모두 '증曾'으로 되어 있지만, 연려각본然藜閣本, 통학재본通學齋本에는 모두 '오烏'로 되어 있다.

60 '저豬'는 학해본에서는 '묘貓'로 되어 있고, 다른 판본에서는 모두 '저豬'로 되어 있다.

61 "야죽이합반, … 가료夜粥二合半, … 可料" 등에서의 26 글자는 강소서국 등의 판본에서는 2열의 작은 글자로 본문 속 주석으로 끼워져 있고, 권선당 및 학해본에서는 큰 글자 본문으로 되어 있다. 현재 이를 근거로 바꾸었다.

62 원래는 '다多' 자가 없었는데, 현재는 학해본을 근거로 첨가했다.

63 원래는 "경성급음우유가전무輕省及陰雨留家全無"로 되어 있었는데, 현재는 학해본을 근거로 "경, 성, 유가급음우전무輕, 省, 留家及陰雨全無"로 고쳤다.

64 '전錢'은 학해본에는 '일문一文'으로 되어 있다.

65 '금전가今錢價, 두가부등豆價不等'은 학해본에서는 '금전치감반今錢值減半, 두가차배豆價差倍, 시금부오괴是今腐五塊, 재저전일괴纔抵前一塊'로 되어 있다.

322) 고용 일꾼 중에 '우두머리[領袖]'가 있다는 것은 고용 일꾼이 많다는 것을 증명한다.

323) "한꺼번에 주다[頓發]"는 즉 고용 일꾼들에게 공급해야 하는 술의 전부를 한 번에 모두 준다는 뜻이다.

324) 역자주 '장년(長年)'의 사전적 의미는 여러 가지가 있지만 그 중에서 머슴, 고용 일꾼의 뜻도 있다.

교석자 고찰

가정嘉靖 중기에서 숭정崇禎 후기까지 100여 년 동안 농업 경제에 큰 변화가 발생한다. 고염무顧炎武는 『천하군국이병서天下君國利病書』 권84에서 가정 시대 이전의 토지세 폐단을 논하기를, "이 때의 논밭 과목 규정[起科]은 여전히 관민官民 등급으로 나누어져 있었다. 민전民田은 자신이 농사를 지으면 세금이 가벼웠는데, 너무 가벼워 무畝에 3두斗였다. 그리고 모곡[耗: 정미正米에 모곡[耗]을 더한 것 – 인용자 주]의 증가 또한 얼마 되지 않았다. 관전官田을 소작할 경우에는 세금이 많았는데, 너무 많아 무당 7두였다. 모곡의 증수 또한 갈수록 심해졌다. 비록 그 차이를 조정한다고 해도, 과중한 경우는 금화金花 절감을 허용해주고, 가벼운 경우는 단지 백냥白糧만 보내도록 하였다. 하지만 품등의 명목이 이미 많아져, 밑에서 간교하게 속이는 경우가 당연히 빈번하였다. 판매상은 일정 수량을 줄여 팔 것을 강구하였고, 권세를 가진 자는 다시 뇌물을 주고 옮겨 다녔다. 호구나 토지의 등기부[版籍]는 거의 너덜너덜해졌고, 송장은 산더미처럼 쌓였다. 가정 26년(1547년) 지부知府 삼원三原 조공영趙公瀛이 계책을 만들어 논밭을 관민으로 나누지 않고, 세금도 등급으로 나누지 않고, 일괄적으로 3두를 징수하였다.

산・늪[蕩]・개펄[灘]・물가[浜]・질퍽한 땅[漊]・수면 같은 척박한 땅에 대해서는 또한 각자 하나의 등급으로 하여, 정모正耗의 세금을 내게 하였다. 100여 년이 지난 지금에는 토지등기부[田冊]가 잘 정리되었고, 세액은 일목요연하여 삼척동자도 무에 따라 세금을 낼 수 있게 되었고, 교활하게 계산하고 속여 조금만 내지는 않게 되었다. 조공영이 남긴 법이 아직 여기에 남아 있다."라고 했다. 경영 지주가 가정 26년 이후에는 그 조건이 이전과 같지 않았기에, 조공영이 논밭 등급을 균등하게 하는 계책은 백성에게는 유리하였고 경영 지주에게는 불리하였다. 이에 따라 고용관계 또한 격렬한 변화가 발생하게 된다. 본 단락에서 말한 "백년 전과는 크게 달라졌다.[與百年前大不同矣.]"는 것은 곧, 이러한 상황의 변화를 가리켜 한 말이다.

번 역

제18단 본 단은 수재 후 볏모를 보충하는 방법을 서술하고 있다.

하나, 호주湖州는 물이 많은 지역이어서 늘 수재가 발생하였고, 물에 잠겨 수확을 할 수 없을 정도였다. 단지 만력萬曆 16년과 36년, 숭정崇禎 13년으로, 갑자甲子 주기(60년) 동안만 단지 세 번에 그쳤을 뿐이다.325)

농작물이 물에 잠겼어도, 그 후에 다시 씨를 심으면 볏모는 모두 잘 자라 수확 또한 이전보다 배로 더 좋아지는 것을 본 적이 있다.

일반적으로 수재 후에는 하늘이 오랫동안 맑아 수차로 물을 배수하고 나면 싹의 생장과 발육이 좋았다.326) 만일 지금 이후 불행하게도

原文

第十八段 本段敍述水災後的補種方法.

一、湖州水鄉, 每多水患, 而淹沒無收. 止萬曆十六年[66]、三十六年[67]、崇禎十三年[68], 周甲之中不過三次耳.

嘗見沒後複種, 苗秧俱大, 收獲比前倍好.

蓋淹後[69]天卽久晴, 人得車戽, 苗肯長發. 今後不幸, 萬一遭此,

---

325) 만력(萬曆) 16년(1588년)은 무자(戊子)이고, 숭정(崇禎) 13년(1640년)은 경진(庚辰)으로 시간상 서로의 차이가 52년이다. 숭정 17년(숭정 마지막 1년, 장리상(張履祥)은 이 책에 발문을 쓰며 말하기를 "숭정 말에 만들어졌다."라고 했다.)은 1644년으로 시간상 차이가 56년이다. 사실상 60년의 갑자 주기에는 부족하고, 단지 대강의 수를 들어 말했을 뿐이다.

326) "일찍이 농작물이 물에 잠긴 후 다시 씨를 심으면, 볏모는 모두 아주 컸고, 수확 또한 이전보다 배로 더 좋아지는 것을 본 적이 있다.[嘗見沒後複種, 秧苗俱大, 收獲比前倍好.]"는 "일찍이 본 적이 있다."라는 것을 가리키는 것으로 다만, 자주 있었던 일은 아니다. 물에 잠긴 후 다시 모내기를 해 익은 경우를 찾아보면, 『양원선생전집』 권17 「적미기(赤未記)」상에서 일찍이 만력(萬曆) 무갑(戊甲, 만력 36년, 1608년)에 큰 홍수가 났고, 그 해에 남은 싹이 없어서 잠긴 후에 다시 심었는데, 강서(江西) '붉은 메벼[稹秈]' 곡식 씨앗을 사와 심었더니, "그 가

수재를 입는다면, 반드시 빨리 수차를 사용하여 물을 배수하고, 볏모를 구입해서 신속하게 옮겨 심을 방법을 강구해야 한다.

須設法早車、買苗、速種.

볏모종을 살 때는 반드시 산 속 메마른 논의 누런 빛깔을 띤 튼튼한 모종을 사는 것이 가장 좋다.[327] 배에 실어 운반할 때 떠서 상하지 않도록 해야만 심었을 때 쉽게 잘 생장할 수 있다. 절대로 비취색을 띤 가늘고 약하며 부드러운 볏모를 사서는 안 되며, 더욱이 동향東鄉 들판의 볏모를 사서도 안 된다. 이러한 볏모들은 논에 심으면 활착活著하기가 쉽지 않고, 설사 살아서 자란다 해도 생장 발육이 더디다. 그리고 만약 갑자기 이른 서리를 맞게 되면 열매를 맺지 못하고, 마지막에는 쭉정이가 되어 버린다.

其買苗, 必到山中燥田內, 黃色老苗爲上. 下船不令蒸壞, 入土易發生. 切不可買翠色細嫩之苗, 尤不可買東鄉水田之苗. 種下不易活, 生發旣遲. 猝遇霜早, 終成秕穗耳.

(물에 잠긴 후) 입추 전(8월 상순)에는 모내기를 할 수 있다. 만약 날씨가 정상적으로 오랫동안 맑고 온도도 여전히 높다면, 입추가 지나서도 며칠간은 여전히 모내기를 할 수 있다.[328] 땅에 심고난 후 만약 논에 풀이 없다면

立秋前可種. 若遇天氣老晴, 熱氣尙盛, 便過立秋幾日, 尙可種. 種下只要無草, 不可多做生活. 尤

을 곡식이 크게 익었다."라고 기재되어 있다. 심씨가 말한 것은 아마도 이를 가리키는 것일 것이다. 다른 시대에 크게 홍수가 나고 다시 모내기를 한 경우 이렇게 풍년이 있었다는 기록은 보이지 않는다.

327) "산속 메마른 논의 누런 빛깔을 띤 튼튼한 모종[山中燥田內, 黃色老苗]"은 방치되는 등의 열악한 환경에서 단련되었기 때문에, 땅에 심으면 쉽게 생장하고 발육할 수 있다. '비취색을 띤 가늘고 약하며 부드러운 볏모[翠色細嫩之苗]'는 좋은 환경 속에서 생장한 것으로 싹이 튼튼하지 못하다. 따라서 이른 서리를 한 번 만나는 등의 열악한 기후의 기습을 받게 되면 마지막에는 쭉정이가 되어 버린다.

328) 입추부터 입동까지는 아직 90일의 시간이 있다. 이 때의 기후는 늦벼의 생장 발육에 아직은 적합하다. 만약 튼튼한 볏모를 땅에 심으면, 싹이 자라는 것이 아

논에 가서 일을 많이 할 필요는 없다. 더욱이 덧거름도 줄 필요가 없다. 덧거름이 너무 많으면 볏모가 거름기로 인해 가지가 자라는데, 가지가 많으면 이삭 피는 것이 늦어져 벼에 낟알이 맺히지 않으니 특별히 주의해야만 한다.

不可下壅. 下壅工[70]多, 則苗貪肥長枝, 枝多穗晚, 有稻無穀, 戒之戒之.

따라서 큰 홍수가 있는 해에는, 만약 모내기를 하기 전에 홍수가 닥치면 수차로 물을 배수해 구하는 것을 위주로 해야 한다. 구할 수가 없다면 다시 모내기를 하는 것을 위주로 해야 한다. 대체로 수재로 물에 잠기면 인심이 흉흉해지니 반드시 의혹을 저지해야 한다. 남의 말을 듣지 말고 의연하게 결단하는 것이 좋다.

故大水之年, 未種而水至, 則以車救爲主. 不救則以復種爲主. 大凡淹沒之時, 人情洶洶, 必有阻惑. 人言勿聽, 而斷爲之可也.

| 교 기 |

[66] 학해본에는 '년年' 아래에 '무자戊子' 두 자가 있다. 그것에 근거해 이를 더하였다.

[67] 학해본에는 '년年' 아래에 '무자戊子' 두 자가 있다. 그것에 근거해 이를 더하였다.

[68] 학해본에는 '년年' 아래에 '경진庚辰' 두 자가 있다. 그것에 근거해 이를 더하였다.

[69] 원래는 '개엄몰지후, 천 …皆淹沒之後, 天 …'이다.

[70] '하옹공다, 즉묘 …下壅工多, 則苗 …'는 학해본에서는 '하옹작공, 즉묘 … 下壅作工, 則苗 …'로 되어 있다.

주 빠르다. 적당한 관리를 더해주면 익는 것도 아주 좋을 수 있다. 현지의 노인들 또한 이러한 경험을 가지고 있었다. 하지만 심씨가 제기한 방법에 따라 해야만 비로소 가능하다. 이를 통해 벼의 연작은 씨를 심고 볏모를 심을 수 있는 것임을 알 수 있다. 늦은 볏모를 연작하는 것은 대서(大暑) 무렵에 심는 것으로 입추까지는 아직 10여 일 더 있다. '입추' 볏모도 아직 익을 수 있었으니, 입추 10수일 전의 볏모는 더욱 익을 수 있었을 것이다.

번 역

제19단 본 단은 제방을 쌓아 수재를 방지하고, 벌레를 죽여 모종을 보호하는 것을 설명하고 있다.

하나, 둑의 제방을 잘 건설하고 둑과 둑 사이의 방죽을 높이면[329] 미리 수재를 방지할 수 있다. 수재가 발생하면 각자 수차로 물을 배수해야 하는데, 이것이 재해를 막아내고 어려움을 제거하는 가장 좋은 조치이다. 매년 정부의 수리 공사의 통일적 지휘를 잘 따라야 하며,[330] 태만하거나 늦어서는 안 된다.

논 사이의 작은 두둑도 해마다 한 번씩 만든다. 이렇게 하면 진흙을 운반하고, 거름을 운반하고, 벼를 나를 때에도 걸어다니기 편리하다. 싹을 해치는 모든 해충은 항상 작은 둔덕 주위 및 그 잡초 속에다 알을 낳는다. 겨울에 둔덕을 수리할 때 잡초는 뿌리까지 제거하고 다시 새 흙으로 덮어주는 것 또한 해충을 죽이고 싹을 보호하는 하나의 좋은 방법이다.

原 文

第十九段 本段說明修築圩岸以防水災, 且殺蟲護苗.

一、修築圩岸, 增高界壏[71]. 預防水患, 各自車戽, 此禦灾捍患之至計. 歲奉功令, 無容怠緩.

至幹脚塍, 亦要年年做一番. 不惟便於挑泥、挑壅、挑稻. 一切損苗之蟲, 生子每在脚塍地灘之內. 冬間鏟削草根, 另添新土, 亦殺蟲護苗之一法.

---

329) '경(壏)': 사전에서는 이 글자를 찾을 수 없다. 문장에 따라 추측하면 '계경(界壏)'은 분명 둑과 둑이 서로 이어진 방죽으로, 홍수를 막는 능력을 증강시키는 작용을 한다. '계경(界壏)'이 더 높아지면 근처 제방이 불행하게 수재로 무너질지라도 '계경(界壏)'을 이용해 홍수의 난입을 막아낼 수 있어 수해를 입지 않는다.

330) "매년 정부의 수리 공사의 통일적 지휘를 잘 따라야지[歲奉功令]"는 매년 정부가 파견한 수리공사의 지시와 명령을 따르는 것을 가리킨다.

| 교 기 |

71 '경壖'은 학해본에서는 '경境'으로 되어 있다.

번 역

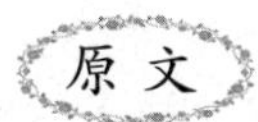

제20단 본 단은 뽕잎의 증산조건과 지주의 집약경영의 방법을 총체적으로 기술하고 있다.

第二十段 本段總述桑葉增産的條件及地主集約經營的道理.

하나, 뽕밭에 비료를 주는 데 있어서, 1년 동안 네 번의 퇴비와 두 번의 하천 진흙을 시비할 수가 있고, 게다가 깊게 갈아엎고 잡초를 깨끗이 제거해 잡초가 무성하지 않고 해충을 없게 하면, 무畝당 연간 8, 90개個[331]의 뽕잎을 생산할 수 있다는 것은 믿을 만하다.[332] 생산이

一、壅地, 果能一年四壅, 罱泥兩番, 深墾刬淨, 不荒不蟥, 每畝采葉八, 九十個, 斷然必有. 比中地一畝采四、五十者豈非

331) 역자주 1개(個)의 무게는 20근(斤)이다.

332) (명 말에) 매 무(畝)당 8, 90개(個)의 잎을 따면, 개당 20근(斤)이니 80개면 1,600근이 된다. 지금 시근(市斤)으로 환산하면 1,909근이며, 90개는 1,800근으로, 지금 시근으로 환산하면 2,140근이다. 만약 지금 시무(市畝)로 환산하면 80, 90개는 약 2,010근에서 2,260근이 된다. 상술한 생산량을 생산해낼 수 있다는 것은 분명 있을 수 있는 일이다. 하지만 그 엄격한 요구 조건은 1년에 네 번의 말비료와 두 번의 하천 진흙을 펴 올리고, 깊은 경작과 세밀한 작업, 밭에 잡초가 자라지 않고 해충이 생기지 않아야 한다는 것이다. 숙련된 농부의 말에 근거하면, 그 지역은 양잠 경제가 활발하던 때였고[예를 들면 광서(光緖) 10년, 민국(民國) 10년 등], 그 경영 관리 또한 매우 잘 했기 때문에 상술한 생산량에 이를 수가 있었다.

중급인 뽕밭 1무에서 4, 50개의 뽕잎[333]밖에 딸 수가 없는 것과 비교하면, 어찌 1무의 땅에 심은 것이 2무의 수익과 맞먹는 것이 아니겠는가?[334] 그리고 노동력과 지세와 세금을 납부하는 것 또한 여전히 단지 1무에 따라서 지불할 뿐이다. 누구라도 만약 2무의 비료를 사용한다면 1무에서 절반의 노력을 할지라도 2배의 효과를 거둘 수 있을 것이다. 숙련된 농부가 말하기를 "세 단担을 수확해도 또한 논이고, 두 단을 수확해도 또한 논이고, 한 단 반도 여전히 논인데, 많이 심는 것이 적게 심는 것보다 좋지 못하니, 노력도 줄이고 밭도 또한 줄이는 것이다."라고 하였다.

一畝兼二畝之息. 而功力、錢糧、地本, 仍只一畝. 孰若以二畝之壅力, 合併于一畝者之事半功倍也. 老農云,[72] "三担也是田, 兩担也是田, 石五也是田, 多種不如少種好, 又省力氣又省田."

경영을 가업으로 하는 사람은 첫째로 부지런히 경작을 하고 비료를 많이 주어야 적게 파종하더라도 수확은 많아진다. 둘째로 소작인을 관대하고 가엾게 여겨야지 쉽게 그들을 해고해서는 안 된다. 불행히도 수해와 가뭄 재해를 입는 해에는 자기 집의 능력을 충분히 고려하여 모든 논밭을 지킬 힘이 없다면 반은 포기하고 반만 구할 수밖에 없다. 탐욕에 연연하면 둘 다 잃을 수밖에 없으니, 기억해야 할 것이다.

作家第一要勤耕多壅, 少種多收. 第二要寬恤租戶, 不致[73]退佃. 不幸遇水旱之年, 度力量不能遍及者. 只須棄半救半. 不可眷戀兩廢也, 記之.

333) 중급 토지 1무에서 4, 50개를 따면 당시의 일반 생산량이다. 40개는 800근이고, 지금 시근으로 환산하면 954근이다. 50개는 1,000근이고, 지금 시근으로 환산하면 1,193근이다 만약 시무로 환산하면 40, 50개는 약 1,000근에서 1,250근으로 계산된다.

334) '식(息)'은 이윤이 생기는 것으로, 생산 가치가 생긴다는 것을 말한다.

| 교 기 |

72 '노농운老農云'은 학해본에서는 '증견노농마성자운曾見老農馬姓者云'으로 되어 있다.

73 다른 판본에서는 '감敢'으로 되어 있고, 학해본에는 '치致'로 되어 있는데, 현재는 이에 근거하여 고쳤다.

교석자고찰

이는 뽕밭 경작 기술의 개괄이다. 다음의 16글자의 요결, 즉 "연간 네 번의 퇴비와 두 번의 하천 진흙을 시비하고, 깊게 갈아엎고 잡초를 깨끗이 제거해 잡초가 무성하지 않고 해충을 없앤다.[一年四壅, 罱泥兩番, 深耕刬淨, 不荒不蝗]"는 것은 가흥嘉興 전구專區 농업국 동료의 말에 근거한 것으로 지금까지도 여전히 활용되고 있다.

번 역

제21단 본 단은 품삯과 쌀값을 계산한 것이다.

하나, 장기 고용 일꾼은 한 명당 노임이 은 5냥兩이고, 쌀 5섬[石] 5말[斗]을 먹는다. 일반적인 시세로 계산하면 은 5냥兩 5전錢이며,335) 운

原文

第二十一段 本段計算人工成本及稻米價格.

一、長年每一名工銀五74兩, 吃米五石五斗. 平價五75兩五

335) '평가(平價)'는 평상시의 가격을 의미한다. 쌀 5섬[石] 5말[斗]는 은 5냥(兩) 5전(錢)의 가치가 있는데, 환산하면 1섬의 쌀은 은 1냥의 가치가 있다. 이는 숭정(崇禎) 12년(1639년) 이전의 가격이다. 심씨(沈氏) 『기황기사(奇荒紀事)』(본서 「부록」 3)에서 말하기를 숭정 11년과 12년 이래 쌀 가격은 매 섬당 은 약 1냥이었는데, 숭정 13년 이후에는 해마다 재해가 발생해 쌀 가격은 폭등하여 매 섬

반비 1냥, 농기구 비용 3전, 땔감과 술 값 1냥 2전으로, 전부 13냥이 더 든다. (한 사람의 장기 고용자는 그 비용으로) 4무畝의 땅을 관리할 수 있다. 만약 다른 사람에게 소작을 주어 관리시키면 은자銀子 4냥을 지불해야만 했다.[336] 8무의 논에 벼를 심고 재배하면, 수입은 소작료를 제한 외에[337], 최상의 수확일 때는 순 이익이 쌀 8섬이었는데,[338] 정상 가격으로 계산하면 은 8냥의 값어치가 있었다. 이 밖에 또한 비료와 임시 일꾼 등의 비용이 있고, 여름 작물수확과 볏짚 사용에도 값을 치러야 한다. 민간에서 이르기를, 이를 '맞먹는다[條對條]'고 했는데, 수입과 지출이 별 차이 없어 남는 것이 없다는 것

錢. 盤費一兩, 農具三錢, 柴酒一兩二錢, 通計十三[76]兩. 計管地四畝, 包價值四兩. 種田八畝, 除租額外, 上好盈米八石, 平價算銀八[77]兩. 此外又有田壅、短工之費, 以春花、稻草抵之. 俗所謂"條對條", 全無贏息. 落得許多早起宴眠, 費心勞力. 特以非此勞碌不成

3냥, 4냥, 5냥 등 같지 않았다고 한다.

336) '포가치사량(包價值四兩)'은 뽕밭의 생산액이 아니다. 뽕잎이 매 무(畝)에서 100개 혹은 8, 90개가 생산되었는데, 평상시 가격은 개당 1전(錢)이었다. 잎 100개는 은 10냥의 값이 나갔고, 80개는 은 8냥의 값이 나갔다. 90개는 9냥의 값이 나갔다. 잎이 싼 해에는 개당 은 4, 5분(分)의 값이 나갔는데, 즉 100개면 4냥 혹은 5냥의 값이 나갔고, 80개면 은 3냥 2전 혹은 4냥이 나갔고, 90개면 3냥 6전 혹은 4냥 5전의 값이 나갔다(이 책 「양잠과 잡무[蠶務]」 제1, 2단락의 계산에서 보인다). 이 '포가치사량(包價值四兩)'은 4무의 뽕밭에서 만약 자신이 일꾼을 고용해 경작 재배를 하지 않고 다른 사람에게 소작을 주어 경작 재배하게 되면, 반드시 은 4냥의 임금을 지불해야만 된다는 것을 의미한다. 현재 자기가 일꾼을 집에 고용해 경작 재배하면 곧 은 4냥의 지출을 줄일 수 있게 되고, 또한 이는 은 4냥이 증가된 수입과 같은 것이 된다. 『호주부지(湖州府志)』에서 『오흥장고집(吳興掌故集)』을 인용해 말하기를, 매 무의 뽕밭 일꾼 임금에 비료를 더한 원가는 2냥으로 했는데, 즉 임금 원가는 1냥, 비료는 2냥이었다고 한다.

337) '조(租)'는 소작료이다. 정부에 납세하는 것은 '전량(錢糧)' 혹은 '부역(賦役)'으로 불렀다. 경영 지주는 여전히 지주 신분이었기 때문에, 생산액 중 우선 소작료 액수 부분을 공제한 것이다.

338) '영(盈)'은 남는 이익이다.

이다.[339] 일찍 일어나고 늦게 자며 치른 심적・육체적으로 많이 쏟은 노력은 물거품이 된 것이다. 하지만 만약 이렇게 열심히 일하지 않는다면 가정을 이룰 수가 없었다.

人家耳.

우리 현의 서쪽의 지주는 가지고 있는 토지를 모두 소작으로 주고는 소작농의 노동 결실을 편안하게 앉아서 누리니, 어찌 매우 좋지 않겠는가! 하지만 이곳에는 소작료의 관습이 없다. 땅이 있으면, 경작하지 않을 수 없고, 논일에 일꾼을 부를 수밖에 없다. 일 년 내내 부지런히 일하는 것 또한 어쩔 수 없는 현실이다. 자손들로 하여금 농업의 어려움을 알게 하는 것 역시 집안을 다스리고 가업을 경영하는 장구한 계책이다.

西鄉地盡出租, 宴然享安逸之利, 豈不甚美. 但本處地無租例. 有地, 不得不種, 田不得不喚長年. 終歲勤動, 亦萬不得已而然. 第使子孫習知稼穡艱難, 亦人家長久之計.

늘 도시에서 장사를 하는 부유한 집을 보면, 아주 빨리 흥성하기도 하지만 또한 아주 빨리 망해 버리기도 한다. 그 원인은 자손 후대가 편안한 것만 누리고 음탕한 것만 생각하여, 가지고 있는 돈을 쉽게 날려버렸기 때문이다. 옛날에 "모든 것은 도대체 농사보다 못하다."라는 것은 바로 이런 것을 두고 말함이다. 여러 번 생각할 가치가 있다!

每看市井富室, 易興易敗. 端爲子孫享逸思淫, 現錢易耗耳. 古"萬般到底不知農", 正謂此也. 思之思之.[78]

339) '영식(贏息)' 즉 남는 이익이다.

| 교 기 |

74 '오五'는 학해본에서는 '삼三'으로 되어 있다.
75 '오五'는 학해본에서는 '육六'으로 되어 있다.
76 '삼三'은 학해본에서는 '이二'로 되어 있다.
77 '팔八'은 학해본에서는 '십十'으로 되어 있다.
78 '사지사지思之思之'의 네 글자는 학해본에는 없다.

교석자 고찰

본 단락은 두 가지 문제에서 명확하게 지적할 만한 가치가 있다. 첫째는 앞에서는 '영미팔석盈米八石'으로 말하고, 뒤에서는 다시 '전무영식全無贏息'으로 말해 흡사 앞뒤가 모순된 것 같다. 그렇지만 앞에서 말한 쌀 8섬의 이익이 있다고 하는 것은 8무畝의 논에 심은 수확에서 소작료를 제외하고 8섬石의 쌀이 남는다는 것을 말한다. 이는 사람의 임금 등의 비용은 아직 공제하지 않은 것이다. 뒤에 말한 이익이 없다는 것은 한 명의 장기 일꾼을 고용한 노동 생산액을 말한 것이다. 임금과 식비 및 농기구의 감가상각비[折舊] 등등을 공제하면 수입과 지출이 서로 맞먹어 이익이 없다고 한다. 하지만 사실상 그는 이익을 취할 수 있다. 먼저 그는 이미 소작료를 얻고 있었다. 연천漣川에서 "땅에 소작료의 관습이 없다.[地無租例.]"라는 것은 그가 일꾼을 고용해 논을 경작하지 않으면, 소작료조차 얻지 못하는 것이다. 다음으로 이익이 없다는 것은 수확이 평년인 경우를 말한 것이다. 최상의 수확은, 즉 풍년이 든 해이다. 무당 3섬의 쌀이 생산되니 그래도 이익이 있는 것이다. 청淸의 포세신包世臣은 『제민사술齊民四術』의 「경진잡저이庚辰雜著二」에서 말하기를, "오吳의 백성들은 농사에 정통하여, 1무당 늘 쌀 3섬과 보리 1석 2말을 수확하였다. 중급 작황으로 그것을 계산하면, 무당 쌀 2 섬, 쌀 5말과 맞먹는 보리 7말을 얻었다."라고 하였다. 이 기록은 분명 본 단락과 서로 같은 것이다. '최상'의 해에는 무당 쌀 3섬의 이익을 얻었고, '중급 작황'(평년)에는 곧 무당 쌀 2섬의 이익을 얻은 것이다.

둘째 심씨는 「양잠과 잡무[蠶務]」 네 번째 단락에서 농업생산과 가정

방직을 동등한 지위로 배열하여, 농업을 근본으로 하고 공업을 말단으로 하는 중국 역대의 전통적인 견해를 타파하고 있다. 여기에서 경영 지주와 가정 수공업자의 입장을 표현하였다. 하지만 심씨는 오히려 '시장의 부자' 즉 상업 자본을 경시하여, 그것을 "농업보다 못하다."라고 말하고 있다. 이는 심씨가 당시 황종희黃宗羲 등과 같은 사람들의 사상과는 다르다는 것을 설명한다. 황종희는 『명이대방록明夷待訪綠』 속에서 "공업과 상업은 모두가 근본이다."라고 말하고 있는데, 이는 황종희가 도시 상공업자 계급을 대표해 말한 것임을 설명해준다.

양잠과 잡무[蠶務] 가축을 덧붙임[六畜附]

번 역

제1단 본 단은 양잠방법과 뽕잎의 평년 가격을 계산하여 설명한 것이다.

하나, 누에치는 방법: 날씨가 서늘하고 공기가 건조한 것이 가장 좋고, 습하고 더운 것은 피해야 한다. 가장 적합한 것은 서북풍이고 가장 꺼리는 것은 남풍이다.

잠실은 실로 깊고 조용해야 하며, 넓고 시원한 것이 더욱 중요하다.340) 맑은 날 북풍이 불 때는 반드시 창문을 열어 통풍과 빛이 들어오게 해야만 하고, 더운 습기는 없애주어야만 한다. 땅에 마루를 까는 것이 가장 이상적이다. 만약 마루가 없으면 돗자리를 이용해 까는 것

原文

第一段 本段說明畜蠶方法及計算桑葉常年價格.

一1、養蠶之法: 以清涼乾燥爲主, 以潮濕鬱蒸爲忌. 以西北風爲貴, 以南風爲忌.

蠶房固宜邃密, 尤宜疏爽. 晴天北風, 切宜開闢窗牖, 以通風日, 以舒郁氣. 下用地板者最佳. 否則用蘆席墊鋪, 使濕不

340) 잠실의 배치는 요령 있게 해야 하는데, 깊어야 하며 더욱이 넓고 시원해야 한다. 누에를 기르는 사람은 이러한 올바른 법칙을 파악하고 있어야 한다. 『잠상집요(蠶桑輯要)』에서 말하기를, "누에의 본성은 조용한 것을 좋아하고 시끄러운 것은 싫어하며, 따뜻한 것을 좋아하고 습한 것은 싫어한다. 누에가 종자일 때는 차가운 것이 좋고, 개미누에가 되었을 때는 아주 따뜻해야 하며, 잠에서 깨어났을 경우엔 따뜻해야 하고, 막잠을 잔 이후에는 서늘해야 하며, 누에가 익을 무렵에는 점차 따뜻해야 하며, 섶에 들어갈 무렵에는 아주 따뜻해야 한다."라고 하였다.

도 또한 좋은데, 습기가 위로 올라오지 않도록 해야 한다. 잠실 네 벽에는 거적을 이용해 덧대어 막아 놓고, 습기를 빨아들이도록 해야 한다. 너무 추운 날씨에는 여러 겹의 거적으로 막아 놓아야 한다. 그 밖에 또 난로를 이용해 불을 피워서 한기를 없애는데, 이것은 쉽게 할 수 있는 일들이다. 단지 폭염이 올 때 실내외가 후덥지근하여서, 더위를 해결하지 않으면 누에가 손상을 입게 된다. 간혹 똥을 치우고 채반 갈이를 때맞춰 하지 않으면[341] 잎을 넣어 줘도 관심을 보이지 않아 오랫동안 쌓이기만 하고, 누에를 멀리 던지거나 높이 던지는 것이 모두 누에 병의 근원을 제공한다. 옛사람이 말하기를, "바람으로 그것을 해소한다."라고 하였는데, 이것은 잠실에 바람을 피해야 하기도 하지만, 한편으로는 바람을 통하게도 해야 한다는 것을 알 수 있다.

上行. 四壁用草箔圍襯, 收潮濕. 大寒則重幃障之. 別用火缸取火氣以解寒冷, 此猶易[2]耳. 惟暴熱則外逼內蒸, 暑熱無所歸, 則蠶身受之. 或體換不時, 喂飼略後, 久堆亂積, 遠擲高抛, 致病之源, 皆在乎此. 古云"風以散之", 則蠶室固要避風, 尤不可不通風也.

일반적인 풍속에서는 낯선 사람이 잠실에 들어오는 것을 금하는데, 간혹 술기운을 지닌 남자 또는 마침 월경 중인 부녀자의 더러운 냄새가 누에에게 충격을 주어 이내 나빠질 수 있기 때문이다. 이 속에 어찌 신령의 조화가 있을 수 있겠는가?[342] 만약 잠실의 추위와 더위를

俗忌生人者, 或帶酒男子, 或經行婦人, 濁氣沖之, 立能致變. 豈神[3]爲崇乎. 若能調其寒熱, 時其飼哺, 一一如法, 自

341) '체환(體換)'은 이 지역에서는 '이사(䵷沙)'로 불렸는데, 즉 누에똥 및 잔줄기와 잎 부스러기를 제거하는 것이다. 4령(齡) 누에는 하루에 한 번 청소하고, 5령 누에는 하루에 두 번 청소한다.

342) 이는 당시 잠농에서 금하는 말이다. 농촌의 잠농시기 금기는 아주 많다. 심씨

잘 조절할 수 있고, 시간에 맞추어 먹이 주는 것을 확실히 지키고, 모든 일을 규칙에 따라 진행하기만 한다면, 저절로 풍성한 수확을 얻을 수 있다.

足豐收.

농가는 경작 재배와 방직을 본업으로 하는데, 자신이 양잠을 하면 비록 실이 고르지 못하고 얇은 누에고치일지라도 모두 방직에 이용하면 그만한 값을 얻을 수 있으니, 많이 기르는 것이 좋다.

農家以耕織爲業, 自己育蠶, 雖亂絲薄繭, 均足入經緯而獲價値, 所宜多養.

꼼꼼하게 계산해보면, 누에 1광筐은 석잠[火]을 자기 전에 뽕잎 20여 근[個]을 먹고,343) 석잠을 잔 후에 뽕잎 20여 근을 먹고, 넉잠을 잔 후에는 뽕잎 120여 근을 먹는다. 이 밖에 누에를 따뜻하게 해주는 숯 비용이 1전錢, 운송 등 잡비가 1전이다. 광마다 실이 1근 생산되어야

若細細計之, 蠶一筐, 火前吃葉一個, 火後吃葉一個, 大眠後吃葉六個. 此外, 蠶4炭一錢, 盤費一錢. 每筐收絲一斤,

---

는 신령을 숭상하는 대상으로 믿지 않았다. 그는 잠농이 잘되고 못되는 것은 사람이 하는 것이지 신령의 조화가 아니라고 여겼으며, 음양가의 점술 등의 미신을 믿지 않았다.

343) '광(筐)'은 당시 양잠량을 계산하는 단위이다. 민국(民國)『남심지(南潯志)』권31은『육잠요지(育蠶要旨)』를 인용하면서 "성 안에서 양잠은 광으로 계산하고, 뽕잎은 개(個)로 계산하였는데, 남심(南潯)은 이와 달리 근(斤)으로 계산하였다."라고 한다. '개'의 해석은 앞의「토지이용방법[運田地法]」제6단락에 보인다.

양잠 과정: 누에알부터 시작한다. 부화를 거쳐 개미누에가 되고, 개미누에는 아주 여린 잎을 먹는다. 며칠 지나면 잎도 먹지 않고 또한 움직이지도 않는데, 사람들은 이것을 누에가 잠을 잔다고(즉, 휴면) 하였다. 첫 번째인 '한잠[初眠]', 다시 '두잠', '석잠', '넉잠'을 거쳐 섶에 오르게 되면 실을 뱉어내고 누에고치가 된다. 석잠 후에는 인공적으로 따뜻하게 해줄 필요가 없어서, 사람들이 이를 "불을 꺼낸다[出火]"라고 불렀다. '막잠[大眠]'은 곧 네잠이다. 그 지역의 말에 '사(四)'와 '사(死)'의 음이 서로 비슷했기 때문에, 양잠 농가는 '사(死)'자를 금기시하였다. 따라서 '사면'을 '대면'으로 불렀다.

비로소 원가와 맞다.[344] 이익을 얻을 수 있는 것은 단지 쌍고치[同宮繭]와 고치 보풀실뿐인데,[345] 합치면 은 2전밖에 안 된다.[346] 만약 수확량이 낮을 경우에는 뽕잎의 본전도 못 건진다.

일반적으로 농민[小民]이 직접 생산에 종사하면, 공임과 운송비를 계산하지 않아도 된다. 만약 일꾼을 고용하거나 집의 노비에게 양잠을 시키면, 잎을 따는 사람은 몰래 조금씩 가져가기도 하고, 누에의 먹이를 주는 사람은 엉망으

才足抵本. 所贏者, 止同宮, 繭黃, 提起不夠二錢之數. 若收成十分以下, 便不足償葉本矣.

況小民親身經歷, 不算工力、盤費則可. 若假手下人, 采桑者鼠竊狗偸, 喂蠶者杯盤狼藉, 多糜工

344) 원래는 '근(觔)'으로, 즉 근(斤)이다. '저본(抵本)'은 뽕잎 본전을 의미한다. 아래 글 '편부족상엽본의(便不足償葉本矣)'가 곧 이 의미이다. 매 실 한 근은 일반적으로 은 1냥(제4단락 계산에서 보인다)이고, 잎 8개를 먹는다(누에 1광은 석잠 전에 잎 1개를 먹고, 석잠 후에는 잎 1개를 먹고, 넉잠 후에는 잎 6개를 먹는다). 누에 숯 1전과 운반비용 1전을 제하면, 8전의 순이익이 생긴다. 환산하여 합하면 매 '개'는 현금 1전의 값이 나가고, 매 100근의 뽕잎은 은 5전의 값이 나간다. 이는 평년 가격이다.

345) 일반적으로는 누에 한 마리는 누에고치 한 개이다. 하지만 또한 두 마리 혹은 두 마리 이상의 과도하게 자란 누에가 한 개의 고치 안에 있을 수 있는데, 이를 '동궁견(同宮繭)'이라 부르거나 또는 '쌍궁견(雙宮繭)'으로도 불렀고, 또 '동공견(同功繭)'이라고도 불렀다. 건륭(乾隆) 『오청진지(烏靑鎭志)』 권2에 기재하기를, "두 마리 누에가 같이 하나의 고치에서 자랐기 때문에 '동공(同功)'으로 불렀다."라고 되어 있다. 광서(光緖) 『가흥부지(嘉興府志)』 권32에서 또한 기재하기를, "두 마리 누에와 세 마리 누에는 '동공(同功)'으로 불렀다."라고 되어 있다. 그것이 발생하는 원인은 주로 섶에 오르는 밀도가 너무 과밀하거나, 지나치게 자란 누에가 섶에 오른다거나, 누에섶의 온도가 비교적 높은 등의 원인이 초래한 것이다. '동궁견'은 일종의 '하각견(下脚繭)'으로 고치의 층이 너무 두꺼워 고치를 선별할 때 마땅히 벗겨내야 하는데, 그렇지 않으면 쉽게 문드러져서 다른 고치에게도 영향을 끼친다.

'견황(繭黃)'의 해석은 앞의 「월별 농사일[逐月事宜]」 4월조에 보인다.

346) '이전지수(二錢之數)'는 곧 은자 2전의 값이 나가는 것이다. 이에 근거하면 양잠의 영리는 약 100분의 20임을 알 수 있다. 실 1근을 생산하면 은 1냥의 값이 나가기 때문에 원가를 갚을 수 있었고, 이 2전이 곧 이익액이 된다.

로 어질러 놓기도 하는데, 이는 노동력이 과도하게 지출될 뿐 아니라 농사일도 망치게 된다. 이렇듯 양잠은 어느 정도 마땅히 자신의 실제적 능력 또한 고려해야지, 일률적으로 논할 수는 없는 것이다.

力, 墮落農務. 此又當照自己力量, 不可一例論也.

〈그림 58〉 잠실(『왕정농서』「농기도보」)

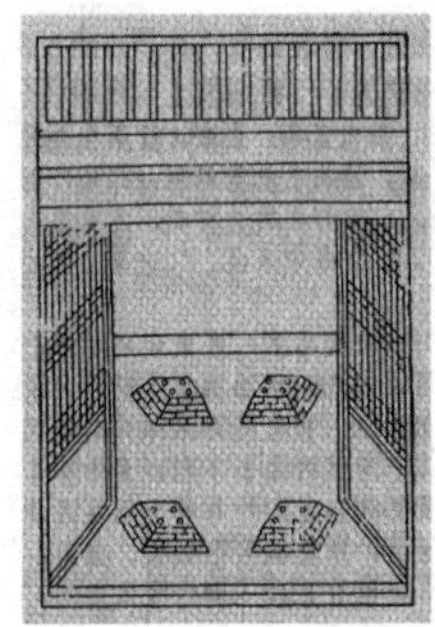

〈그림 59〉 화창(火倉, 『왕정농서』「농기도보」)

〈그림 60〉 화로 옮기기[擡爐](『왕정농서』「농기도보」)

교 기

1 원래는 '일一'이 없었는데, 지금 관례에 따라 보충하였다.

2 원래는 '이이易易'였는데, 학해본에서는 '유이猶易'로 되어 있다. 현재는 학해본에 근거해 고쳤다.

3 '기豈' 다음에 학해본에서는 '과果' 한 글자가 있고, '신神' 다음에 학해본에서는 '물物' 한 자가 있다.

4 '잠蠶'은 학해본에서는 '시柴'로 되어 있다.

교석자 고찰

이 단락의 기술과 관련 자료들은 우리에게 당시 양잠의 생산액과 심씨가 양잠을 할 때 사람을 믿고 신령을 믿지 않는 유물관을 보여준다.

1. 무당 뽕밭의 고치 생산량

본 단락은 "(양잠) 매 광筐에서 실 1근을 수확했다."라고 말하는데, 그렇다면 1광은 얼마일까? 『호주부지湖州府志』는 "무릇 석잠[火]누에 1근 반이 1광이고, 또한 1근을 1광으로 하는 경우도 있다."라고 기재하였다. 『서오잠략西吳蠶略』은 "무릇 석잠[火]누에 1근은 넉잠[大眠]누에 4근을 얻어서 고치 4근이 되며, 5근을 얻으면 5근이 된다."라고 기재하였다. 『육잠요지育蠶要旨』는 또한 "막잠[大眠]을 자고 난 넉잠누에[四眠蠶]인 대면大眠 1근은 고치 2근을 얻는다."라고 하였다. 이는 곧 일반적으로 석잠[火]누에 때 1근 반의 누에를 1광으로 한다는 것이니, 곧 넉잠[大眠]누에 때 6근으로 늘어나 고치 12근을 생산할 수 있었다. 1근 누에로 1광을 하면, 넉잠[大眠]누에 때 4근으로 늘어나 고치 8근을 생산해낼 수 있었다. 심씨가 말한 1광에서 실 1근을 수확한다는 것은 얼마 정도의 광일까? 『호주부지湖州府志』는 "깨끗한 누에 8근에서 생사 1근을 얻을 수 있다."라고 기재하는데, 심씨가 말한 광은 작은 광으로, 8근의 고치를 생산하는 광이 된다. 이렇게 하면 계산하기가 편리해진다. 당시 누에를 재는 저울은 24량兩 저울이었는데, 1근은 1,875근과 같으니, 8근 고치는 즉 15근이 된다. 1광 누에가 뽕잎 160근을 먹으니(15량 3전 저울로) 환산하면 190.4근으로 즉 1근의 살아있는 고치가 사용하는 뽕잎량은 곧 12근이 된다. 만약 1무畝의 뽕밭이 뽕잎 1300근을 생산해내면 고치 108근을 생산해낼 수 있는 것이다.

또 『육잠요지育蠶要旨』에서는, "대략 매 누에 1근은 개미누에에서부터 섶에 오를 때까지 뽕잎 180근을 먹는데, 이것이 상품[上上] 누에가 된다."라고 기재하고 있다. 즉 상품[上上]의 석잠[火]누에 1근은 넉잠[大眠]누에 5근이 되고, 고치 생산량은 18.75근을 생산할 수 있으며, 먹이는 뽕잎 180근은 215근에 해당되어서, 1근 고치에 사용되는 뽕잎량은 11근 반이 된다.

2. 누에고치[蠶繭] 자체 생산량

현재의 누에씨[蠶種] 1장에서 얻는 개미누에 양量은 약 2.3전錢으로,

옛날저울(16냥 저울) 2전錢과 맞먹는다. 『호주부지湖州府志』의 기재에 근거하면 "오아烏兒 1중重은 1전錢이다.(정밀한 저울[戥子]로 16냥)"라고 한다. 『오청진지烏青鎭志』에 기재하기를 "약저울[藥戥]로 개미누에 1냥은 지금 저울 1.15냥과 맞먹는데, 석잠누에 1근과 넉잠누에 4근(24냥 저울의 1근은 1.875근에 해당한다)을 얻을 수 있어 중간 수준의 비율이다."라고 한다. 1냥兩의 좋은 개미누에는 넉잠누에 5근을 생산할 수 있다. 만약 넉잠누에가 4근이면 누에고치 생산은 8근으로(위의 1.875배의 계산방식으로 하면) 15근에 해당한다. 그렇다면 2전 개미누에 양量(50년대의 누에씨 1장에 해당한다)은 누에고치 30근을 생산할 수 있다. 만약 넉잠누에가 5근이면 생산되는 누에고치는 10근으로 지금의 저울로 18.75근과 맞먹는다. 2전 개미누에가 누에고치 37.5근을 생산할 수 있게 된다. 또 『오흥잠서吳興蠶書』에 기재하기를, "일찍이 넉잠누에의 잠자는 모습을 보고 누에고치와 자세히 비교하였다. 석잠누에 1냥은 계산하니 약 255~256개個였고, 넉잠누에 1냥은 계산하면 약 63~64개였다. 이는 석잠누에가 넉잠누에로 자라면서 약 3/4이 증가한 것이다. 좋은 누에 매 1냥은 계산하면 22~23개이고, 그 다음 것은 계산하면 26~27개이다. 이는 1냥의 넉잠누에가 모두 누에고치가 되면 좋은 것은 분명 3냥을 얻고, 그 다음 것은 분명 2냥 6.7전을 얻는다는 말이다. 속칭 누에 1근으로 누에고치 2근을 얻으면 실속이 없다고 여기는 것은 2할을 손해 보는 것에 속하기 때문이다. 일률적인 저울[齊秤]로 정확히 달면 한 해 누에농사의 풍년과 흉년을 거의 알 수 있다. 만약 2할의 손해로 계산하지 않으려면 실제로는 반드시 2할을 증가시켜야 한다. 상술한 누에씨 1장이 생산하는 누에고치가 30근이면 분명 이는 37근 반이다. 생산한 누에고치 37근 반은 분명 46.9근이 된다.

또 『남심진지南潯鎭志』의 기재에 근거하면 "남심南潯 왼쪽 근방에 석잠누에 1근으로 얻는 누에고치 1근을 1분分으로 한다. 점차 6, 7분으로 증가되면 중등이고, 12분이면 최상이다."라고 한다. 이 계산에 따르면 매 개미누에 2전은 최상의 수확(12분)에서 누에고치 45근(37.5에 2할을 더함)을 수확할 수 있다.

『해녕주지海寧州志』의 기재에 근거하면 선통 3년(1911년) 뽕밭 233,100무가 있었는데, 뽕잎생산량은 70만 단担으로 평균 1무당 300 근斤이다. 매 1단[擔] 평균가격은 800문전[文]이다. (이상 '1'과 '2'는 모두 절강성浙江省 잠상연구소 등의 단위에서 편집한 『절강잠업사연구문집浙江蠶業史硏究文集』 제1집을 참조한 것이다.)

3. 심씨의 양잠은 신령의 조화를 믿지 않았다.

집누에의 본성은 까다롭고 저항력이 매우 약해 조금이라도 적합하지 않으면 병이 나거나 변해 버린다. 그 때문에 옛날에는 많은 금기를 두었다. 앞글에서 말한 낯선 사람 금지, 술 금지, 생리 중인 여성 금지가 그것이다. 『잠상집요蠶桑輯要』에서 말하기를 "잠상에는 7가지의 금기가 있다. 어릴 때부터 클 때까지 연기를 금하고, 술과 식초 및 매운 맛을 내는 파, 마늘, 생강, 겨자, 후추의 다섯 가지[五辛]를 금하고, 사향노루 냄새[香麝]와 기름 냄새를 금하고, 축축한 잎 먹이기를 금하고, 더운 잎 먹이기를 금하고 근처에서의 방아질을 금하고, 상복과 임산부를 금한다."라고 하였다. 『오흥잠서吳興蠶書』에서 기재하기를 "누에를 칠 때 많은 금기가 있는데 비록 이웃이라도 서로 왕래하지 않았다. 송대 범성대范成大의 시에 이르기를 '뽕잎을 따는 시절에 잠깐 서로 만났네.'라고 했는데, 그 풍속은 오래 되었다. 관아에서도 세금징수를 중단하였고, 체포를 금했는데(『호주부지湖州府志』에 따르면 "과거시험, 군대열병, 호주순시는 모두 잠농업 시기를 피하였다." 라고 한다), 이를 가리켜 '잠방문蠶房門'을 닫는다고 한다. 누에를 수확하는 날에는 붉은 종이에 '육잠育蠶' 두 글자를 쓰거나, 혹은 '잠월지례蠶月知禮' 네 글자를 써서 문에 붙였는데, 갑자기 손님이 와 누에가 해를 입을까 두려워했다."라고 하였다. 『육잠요지育蠶要旨』에서 말하기를 "양잠 금기의 설은 시골사람이 가장 많이 믿었다. 늘 갈대로 만든 발을 주위에 쳐 사람의 출입을 막았고, 조금의 변화라도 있으면 바로 점을 치고 굿을 했다. 혹은 낯선 손님을 갑자기 만났다고 하고 혹은 음기가 침입했다고 한다. 비록 억지에 속했지만 그러나 주위사람은 그것이 양잠 금기임을 알았기에 반드시 삼가고 피했으며 잘못이라고 탓하지는 않았다. 실제로 금기에 매인 사람은 비를 말하고, 안개를 말하고, 황사를 말하고, 젖은 잎을 말하고, 연기를 말하고, 기름 냄새(끓인 기름은 특히 금했다)를 말하고, 술 냄새를 말하고, 더럽고 탁한 냄새를 말한다."라고 하였다. 심씨의 관점은 이러한 '실제로 금기에 매인 사람'과 비슷하다. 그는 "만약 춥고 더움을 조절하고 때맞춰 사료를 먹이고 하나하나 규칙에 따르면 자연히 풍작을 거둘 것이다."라고 하였고, "악취가 엄습하면 바로 변할 수 있는 것인데, 어찌 신령이 조화를 부린 것이겠는가?"라고 하였다. 지주경영에서 심씨가 이처럼 사람의 일은 믿고 신령의 조화를 믿지 않는 소박한 유물주의적 관점은 대단한 것이다.

번 역

제2단 본 단은 뽕잎이 싼 해에 뽕잎의 처리 방법을 서술한 것이다.

하나, 뽕잎의 가격이 낮고 누에치는 것이 적으면, 뽕잎 '한 개[個=20斤]'가 4, 5푼 은전[分銀]347) 밖에 되질 않으니, 오직 잎이라도 따서 팔아야 한다. 낮은 가격이 싫다고 해서 결코 높은 가격을 바라거나 뽕나무에 잎을 남겨두어서

第二段 本段敍述葉賤年份處理桑葉的方法.

一、 遇葉賤之年, 喂蠶實少, 便四分、五分"一個", 只該采賣. 斷不可嫌賤貪貴, 留養在桑. 嫩桑猶可.

347) 잎 한 개에 4, 5푼 은전[分銀]은 단지 평년 가격의 40%, 50%밖에 나가질 않는다.

는 안 된다.348) 어린 뽕나무에 잎을 남겨둘 것 같으면 문제가 아주 심각해진다. 늙은 뽕나무에 한 해의 첫 잎을 남기게 되면, 뿌리가 시들어 못쓰게 되기 때문에 이후에 비료를 주고 복토를 할지라도 결국에는 썩게 된다. 절대로 잎은 남겨두어서는 안 된다.

老桑留一年頭葉, 根本衰壞, 後雖培壅, 終歸朽敗. 萬萬不宜留養5.

양잠을 하는 농가는 항상 기후의 빠르고 늦음의 변화에 유의하고, 때를 살피고 동태를 주시하여 석잠누에를 많이 사야 한다. 일숙一熟, 양숙兩熟에 상관없이 뽕잎이 다 소모되면 비록 수입은 적어질지라도, 뽕잎을 기르는 것보다는 낫다. 만약 누에를 구입하려고 해도 할 수 없고 뽕잎을 팔려고 해도 살 사람이 없어서 부득이하게 뽕잎을 나무에 남기게 된다면, 이후에 잎을 다 따고 나서 이전처럼 늙은 가지는 모두 잘라내고, 맑은 똥오줌[清糞]을 두 번 주면 자연스럽게 어린가지는 무성하게 된다. 이듬해 봄에 두텁게 비료를 주고 흙을 북돋우면 새잎은 여전히 많아진다. 그대로 오래된 가지를 남겨 뽕나무가 썩게 해서는 안 된다. 이는 여러 차례의 시험을 거쳐서 얻은 증명이니 어떤 의심도 할 필요가 없다.

喂蠶之家, 須早晩留心, 審時度勢, 多買出火蠶6. 不拘一熟兩熟, 消磨桑葉. 雖薄薄收成, 亦勝養葉多矣. 如買蠶又不及, 賣葉又無人買, 不得已而留, 則采畢仍舊剪光, 清糞連澆兩番, 自然嫩枝長茂. 明春加厚壅之, 葉仍不少. 斷不可仍留老條7, 致桑8朽壞. 此屢試明驗, 斷在勿疑.9

348) '유양재상(留養在桑)'은 뽕나무의 첫 잎을 뽕나무에 남겨두고 전지를 하지 않는 것을 가리킨다. 이는 뽕나무에 좋지 않아 다음 해 뽕잎의 생산량과 품질 및 뽕나무의 성장에 모두 손해를 입히게 된다.

〈그림 61〉 상궤(桑几, 『왕정농서』 「농기도보」)

〈그림 62〉 상제(桑梯, 『왕정농서』 「농기도보」)

교 기

5 학해본에는 '유양留養' 두 글자가 없다.

6 학해본에는 '잠蠶'자가 없다.

7 학배본에는 '노조老條' 아래에 '부전不剪' 두 자가 있다.

8 '상桑'은 학해본에는 '엽葉'으로 되어 있다.

9 학해본에서는 아래에 '위잠실소자, 운자기양잠불다, 소여지엽, 지해천매야. 喂蠶實少者, 云自己養蠶不多, 所餘之葉, 只該賤賣也.'란 작은 글 두 줄이 삽입되어 있다.

번역

제3단 본 단은 여름뽕잎[二葉]을 어떻게 처리할 것인가를 설명하고 있다.

최근 여름뽕잎을 주문하는 사람이 없는

第三段 本段說明如何處理二葉.

一、近年夏葉竟無

데,[349] 부득이하게 몇 광筐의 여름누에를 길러서 여름뽕잎[350]이 남아도는 것을 막았다. 그러나 만약 모내기철이나 파종기와 같은 때에 (누에를 치면) 농사를 망치고 일손이 바빠지니, 작은 것 때문에 큰 것을 잃게 된다. 절대 누에를 길러서는 안 되지만, 설사 기른다고 해도 많이 길러서는 안 된다.

稍[10]主, 不得不少養幾筐二蠶[11], 以防二桑[12]葉丟空. 但值揷種之時, 墮誤忙工, 以小防大. 斷斷不宜養, 卽養亦斷不宜多.

| 교 기 |

[10] '초稍'는 근선당본에는 '초梢'이고, 학해본에는 '소消'이고, 기타 본에는 모두 '초稍'로 되어 있다.

[11] 학해본에는 '이잠二蠶' 두 자가 없다.

[12] 학해본에는 '상桑'자가 없다.

349) '초(稍)'는 구매 혹은 판매의 뜻이다. 동치(同治) 『호주부지(湖州府志)』 권31, 광서(光緖) 『가흥부지(嘉興府志)』 권32에 모두 뽕잎의 매매를 '초엽(稍葉)'이라고 한다고 기재되어 있다. 『호주부지』에서는 "잎의 무게는 20근을 한 개(個)로 하고, 여유가 있으면 팔고 부족하면 사는 것을 모두 '초(稍)'라고 불렀다. 미리 약속을 정해 가격을 정하고 누에를 쳐서 실을 팔아서 상환하는 사람들을 '사초(賖稍)'라 하고, 미리 가격을 정하고 잎이 커지는 것을 기다려 잎을 따거나 혹은 때에 따라서 있는 것으로 없는 것을 바꾸는 것을 모두 '현초(現稍)'라 불렀다."라고 한다. '초주(稍主)'는 뽕나무를 재배하는 집이 뽕잎을 구매하는 집에 대해 부르는 말이다.

350) 봄잎은 '두엽(頭葉)'이라고 하는데 품질이 좋다. 여름 잎은 '이엽(二葉)'이라고 하는데 품질이 떨어진다. 여름누에나 초가을누에를 기르는 것을 '이잠(二蠶)'이라고 하였다.

번역

제4단 본 단은 가내수공업 견직물의 원가와 이윤을 계산한 것이다.

하나, 남자는 경작을 하고 여자는 길쌈을 하는 것은 농가의 본래의 일이다.[351] 하물며 이 고장은 집집마다 길쌈을 하는 풍속이 있다. 그 솜씨가 뛰어날 뿐 아니라 아침부터 밤까지 일을 하기 때문에 그 생산량이 얼마인지는 예측하기 어렵다.[352] 일반적인 규범에 따르면, 여자 2명이 매년 120필疋의 명주를 짜는데, 명주 1량兩 무게의 평상시 가격은 1전에 달하니, 은가[銀]로 120량이 된다. 시가로 은 50량에 달

原文

第四段 本段計算家庭手工業織絹的成本與利潤.

一、男耕女織, 農家本務. 況在本地, 家家織紝. 其有手段出衆、 夙夜趕趁者, 不可料. 酌其常規, 婦人二名, 每年織絹一百二十疋, 每絹一兩, 平價一錢, 計得銀一百二十兩. 除應

---

351) 뽕나무를 심고 양잠을 하는 것은 농업의 범주에 속한다. 실을 뽑는 것과 방직(베를 짜거나 명주를 짜는 등)은 수공업 범주에 속한다. 농촌 가정에서 실을 뽑고 방직을 하는 것은 가내수공업과 봉건농업이 결합된 모습이다. 직임(織紝)은 즉 방직이다. 일반적인 상황에서는 농업이 주가 되고 가내수공업은 부업이다. 하지만 심씨의 책에서는 길쌈을 '본업'이라고 말해 농업을 중시하고 공업을 천시하는(과거에는 일반적으로 농업을 '본(本)'이라고 하였고 수공업은 '말(末)'이라고 하였다) 역대의 전통적 견해를 바꾸어놓았다. 심씨는 경영지주 겸 가내수공업자였기 때문에 수공업 생산을 농업 생산과 동등한 지위로 향상시켜 놓았던 것이다.

352) 이는 가내수공업에 종사하는 사람을 말한다. 기술이 같지 않은 것을 '기술의 개별적 차이'라고 부르나, 아직 사회평균노동이 형성되지 않았다고 한다.(레닌, 『러시아 자본주의의 발전[俄國資本主義的發展]』, 인민출판사, 1956, p.288 참조) 명대에서부터 청대 중엽에 이르기까지 호주 방직 노동자의 '기술의 개별적 차이'는 매우 컸다. [동치(同治) 『호주부지(湖州府志)』 권31 참조)]

하는 날실[經絲]에 사용되는 700량, 시가로 은 27량에 달하는 씨실[緯絲] 500량[353]을 제하고, 얼레[354]비용, 공구 및 풀칠 비용[線蠟][355]에 5량, 부녀자들 식비 10량[356]을 제하면 (제외한 량이 모두) 90여 량이 되니 실제로는 30량의 이윤[357]이 생긴다. 만약 자신이 직접 양잠을 하고 실을 뽑으면 이윤은 더 많아진다. 어찌 길쌈을 하는 것에 대한 이익을 의심할 수 있겠는가? 하지만 거액의 자본[358]이 없는 사람은 실을 외상으로 사게 되면 다른 사람에게 1할의 이자를 더해 돌려주어야 한다. 비단을 판돈의 은가[銀色]가 다소 차이가 나면 1할의 보조금을 더 주어야 한다. 이 밖에 몰래 조금씩 가져간[쥐와 개처럼 조금씩 물고 간] 폐단이 있으니 일일이 헤아리기 어렵다. 하지만 만약 집에 방직을 할 줄 아는 부녀자가 있다면, 짤 수 있든 짜지 못하든 언제나 밥은 먹어야 하기에 방직을 할 때는 노임과

用經絲七百兩, 該價五十兩, 緯絲五百兩, 該價二十七兩, 籰絲錢、家伙、線蠟五兩, 婦人口食十兩, 共九十兩數, 實有三十兩息. 若自己蠶絲, 利尚有浮. 其爲當織無疑也. 但無頓本, 則當絲起加一之息. 絹錢[13]則銀水差加一之色. 此外又有鼠盜竊之弊, 又甚難于稽考者. 若家有織婦, 織與不織, 總要吃飯, 不算工食, 自然有贏, 日進分文. 亦

353) 날실 700량의 값은 은 50량이고, 씨실 50량의 값은 은 27량이다. 실을 합하면 75근으로 근당 평균 가격은 은 1.04량이다. 이는 『호주부지(湖州府志)』에 기재된 근당 평균 가격인 은 1량과 서로 부합된다. 여기서는 실의 근당 가격을 1량으로 계산하였다.

354) '확(籰)'은 실을 감는 도구이다. 가는 대나무를 사용해 육각형의 틀을 만들고 중간에는 작은 나무 막대로 축을 만든다.

355) 역자주 실을 사용하기 전에 밀랍을 입히는 작업. 이렇게 하면 방습은 물론, 색이 변하지 않고 내구성이 강하게 된다.

356) 이 '부녀자'는 노비를 가리키는데, 단지 식비만을 계산하고 임금은 계산하지 않았다. 이는 아래에서 말하는 '집안에 길쌈하는 부녀자가 있다.'는 것과는 다르다.

357) 여기서의 '식(息)'은 영리를 가리킨다.

358) '돈본(頓本)'은 거액의 자본을 가리킨다.

식비가 계산되지 않아 자연스럽게 이윤을 남길 수 있다.[359] 또한 날마다 어느 정도의 돈이 들어오니 가정 살림에 큰 보탬이 된다.

作家至計.

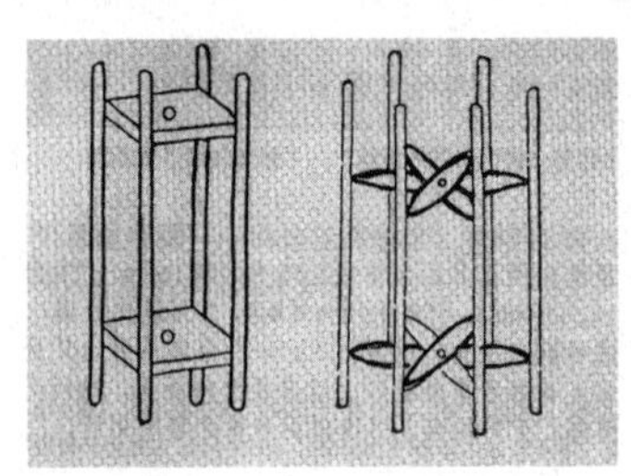

〈그림 63〉 얼레[『왕정농서』「농기도보」]

〈그림 64〉 남방락거[南方絡車, 『왕정농서』「농기도보」]

〈그림 65〉 경가[經架, 『왕정농서』「농기도보」]

359) "집에 길쌈을 하는 부녀자가 있다.[家有織婦]"의 부녀자는 가정 내의 구성원으로, 임금이 계산되지 않고 식비도 또한 계산되지 않으므로, 이는 앞에서 말한 부녀노비와는 다르다. 부녀노비는 식비만을 계산하지 임금은 계산하지 않는다. 자기 식구인 부녀자는 식비조차도 계산되지 않는다. 만약 사람을 고용해 길쌈을 하면 식비도 계산해야만 하고 또한 임금도 계산해야만 한다.

| 교 기 |

13 '전錢'은 학해본에서는 '천賤'으로 되어 있다.

번 역

제5단 본 단은 호양사육의 원가와 이윤을 계산한 것이다.

하나, 호양湖羊[360] 11마리를 사육할 때는 수컷 한 마리와 암컷 열 마리로 하여, 때에 맞추어 교배시켜 새끼를 낳게 한다. 수컷이 적으면 새끼를 배지 않고, 많으면 무리가 엉망이 된다.

매일 호양에게 먹을 것을 주어야 한다. 겨

原文

第五段 本段計算養湖羊的成本與利潤.

一、 養胡羊十一只, 一雄十雌, 孕育以時. 少則不孕, 多則亂群.

胡羊不可一日缺

360) '호양(胡羊)'은 즉 '호양(湖羊)'으로, 새끼 양의 가죽이 쓰이고, 면양 일종의 우량품종이다. 원산지는 중국인데, 몽고 양이 남쪽으로 전래된 후 점차 사육되기 시작하였다. 강소(江蘇), 절강(浙江)에서 태호(太湖) 유역의 각 현들에 분포되어 있는데, 주로 호주(湖州) 일대에 해당된다. 세 종류의 유형으로 나눌 수 있다. 한 종류는 귀가 크고 아래로 처져 있다. 한 종류는 귀가 작고 앞쪽으로 향해 있다. 한 종류는 귓바퀴가 없다. 숫양과 암양 모두 뿔이 없다. 털색은 모두 순백색이다. 내열성과 내습성을 가지고, 축사에서 먹이를 먹는 습관이 있으며, 성숙기가 이르고, 육질이 우수하고 번식력이 강하다는 특성을 갖고 있다. 양털의 질은 좋은 편이 아니다. 하지만 양가죽의 품질은 뛰어나 부드럽고 윤택이 나고 무늬가 보기 좋다. 이 양가죽 중에서 진품은 국제시장에서 명성이 높다. 호양 사육은 태호 지역 현들의 중요 농가 부업이다. 겨울에는 마른 뽕잎이 사료로 이용되기 때문에 태호 유역 양잠 지역의 대량의 마른 뽕잎이 합리적이고 충분히 이용될 수 있다.

울에 하루 굶으면 여름에 반드시 죽게 되고, 여름에 하루 굶으면 겨울에 반드시 죽게 된다.

食. 冬饑一日, 夏必死, 夏饑一日, 冬必死.

앞에서 말한 양 11마리는 매달 40근의 마른 잎과 건초를 먹는데, 매년 합계하면 1만 5천여 근이 된다. 자신이 생산한 뽕잎 외에 자신이 생산한 뽕잎은 어린 양의 사료로 쓰면 된다. 마른 잎 7천 근을 사야 한다. 음력 6월에 장안長安 사람[361]이 오면 미리 잎을 주문한다.[362] 가격은 천 근당 3전 이상이고, 겨울에 가서 실어온다. 7천 근을 계산하면 가격은 약 3냥쯤 된다.

右[14]羊十一只,[15]每月吃葉草四十斤, 每年共計一萬五千餘斤. 除自葉不算外自葉抵小羊食. 買枯葉七千斤. 六月內長安人來預撮葉. 價每千斤三錢之外, 冬天去載. 計七千斤, 約價[16]三兩.

양이 먹을 건초 7천 근을 사고자 하면 음력 7월 숭덕崇德과 동향桐鄉[363] 일대에서 사들이면 된다. 흙덩이를 제하고 계산하면 천 근당 가격은 약 4전이고, 7천 근은 은 약 3냥이 된다.

買羊草七千斤, 七月內崇、 桐路上買, 算除泥塊約價四錢, 七千斤亦該三兩.

외양간의 울타리를 칠 나무 4천 근의 가격은 은 약 2냥이다. 잎과 풀을 모두 합하면 은 약 8냥이 된다.

墊柴四千斤, 約價二兩. 約共葉草[17]八兩數.

361) '장안(長安)'은 지금의 절강성(浙江省) 해녕현(海寧縣) 지역 내의 서남부에 있다.

362) 사전에 미리 마른 뽕잎을 구매해 양에게 먹이는 것을 가리켜 "미리 잎을 빌리다[預攝葉]"라고 한다. 가흥[嘉], 호주[湖]의 각 지방지 및 왕일정(汪日禎)의 『호잠술(湖蠶述)』에 보인다.

363) '동(桐)'은 즉 동향현(桐鄉縣)이고, '숭(崇)'은 즉 숭덕현(崇德縣)이다. '동, 숭로(桐, 崇路)'는 즉 동향에서 숭덕에 이르는 일대를 가리킨다. 1958년에 숭덕현은 이미 동향현에 편입되었다.

매년 양털 30근 이상의 값은 은 약 2냥이고, 어린 양 10여 마리의 값은 약 4냥이니 잎과 풀의 원가에 맞먹을 수 있다.

每年羊毛三十斤之外, 約價二兩, 小羊十餘只, 約價四兩, 可抵葉草之本.

매년 퇴비 300단担을 순전히 얻을 수 있다.[364] 만약 바닥에 깐 짚이 많으면 이 수보다 많을 수 있다.

每年淨得肥壅三百担. 若墊頭多, 更不止于此數.

양의 성격은 건조한 것을 좋아하고 습한 것을 싫어하니 축사 바닥을 늘 건조하게 해야 한다. 매일 오후 신시申時, 3~5시 사이에 큰 통으로 맑은 물 1통과 함께 먹을 것을 한 번 준다.

羊性喜燥惡濕, 墊窩常要乾燥. 每日申時飼食一番, 隨與淸水一大担.

또한 양의 생활습성은 먹이를 다투는 것을 좋아하여 힘이 강한 놈이 먹이를 차지하고, 자기 새끼를 돌보지 않는다. 새끼 양이 10여 근 이상이 나가고 이미 젖을 뗐으면 다른 울타리에 풀어놓고 먹이를 주면 된다.

又羊性搶食, 恃强者爲勝, 不顧其子. 小羊十餘斤以外, 已離乳者, 另棚飼之.

양 발톱 안에는 항상 기생충이 있어 양털을 갉아먹는다. 만약 양의 배 부분에 털이 손상된 것이 발견되면 즉시 발톱을 깎아 벌레를 잡아야 한다. 그렇지 않으면 다리가 약해지는 병에 걸려 넘어져 죽게 된다.

羊指脚內, 每患有蟲食毛. 如見羊腹上毛損, 卽與裁甲捉蟲. 否則患脚軟而斃矣.

메밀껍질과 줄기[365]를 대들보에 걸어두면 양에게 이虱가 생기지 않는다.

用蕎麥拇掛梁上, 則羊不生虱[18].

364) 3백 단은 약 3만 근이다. 그 중 깔개 풀 4천 근은 3만 근 중 13.23%를 차지한다. 11마리 호양 중 한 마리의 양에서 만들어지는 비료는 약 2,727근인데, 현 시세의 근으로 환산하면 3,254근에 해당한다.

365) '교맥무(蕎麥拇)'는 메밀껍질 및 가는 줄기와 잎 등을 말한다.

산양[366] 4마리를 사육할 때는 암컷 3마리에 수컷 1마리로 하면 된다. 매년 마른 풀과 마른 잎 4천 근을 먹고 바닥에 까는 풀은 천 근이 드는데, 원가는 약 2량 정도 든다.

養山羊四只, 三雌一雄. 每年吃枯草枯葉四千斤, 墊草一千斤, 約本二兩數.

1년 동안 출산되는 새끼 양 10여 마리를 계산하면 앞에서 지출한 원가를 제하고도 남게 된다. 매년 퇴비도 80단 이상을 순전히 얻을 수 있다.[367]

計一年有小羊十餘只, 可抵前本而有餘. 每年淨得肥壅八十担餘.

〈그림 66〉 호양(湖羊)

366) '산양(山羊)'은 가축의 일종이다. 몸집이 작고 머리는 길지만 목은 짧으며, 코는 곧고 가는 모양이다. 뿔은 활 모양 혹은 낫 모양이다. 성격은 활발하고 외부에 대해 매우 민감하게 반응한다. 높은 곳에 오르는 것을 좋아하고 수명은 약 15년이다. 주로 육류나 젖 혹은 모피로 이용되고 캐시미어[絨毛]는 모방적(毛紡績) 산업의 원료가 된다.

367) 80단은 약 8천 근이다. 그 중 깔개 풀 천 근이 12.5%를 차지한다. 산양 4마리가 1마리당 매년 퇴비를 생산하는 양은 약 2천 근으로 오늘날의 시근(市斤)으로 환산하면 2,387근에 해당한다.

양 사육으로 모은 퇴비의 원가를 계산하면 다음과 같다. 잎과 풀의 원가 지출이 은 약 8냥이고, 양육, 털, 새끼로 얻은 수입이 은 약 6냥이니 순손실은 2냥으로 이를 벼로 환산하면 4백 근이 된다(산양은 손해를 보지 않는다). 만들어진 비료를 모두 합하면 380단으로 약 3,800근이니 지금의 시근으로 환산하면 45,300근이 넘는다. 곡식의 매 시근을 평균으로 계산하면 113근의 양 퇴비를 얻게 된다. 즉 매 단(100근) 양 퇴비는 곡식으로 환산하면 8냥 8전이 된다. 1근도 안 되는 양 사육에서 얻어지는 퇴비로도 이윤을 볼 수 있다.

교 기

14 '우右'는 강소서국본에는 '유有'로, 학해본에는 '범凡'으로, 근선당본勤宣堂本과 연려각본 및 통학재본通學齋本에는 모두 '우右'로 되어 있다.

15 학해본에는 '지只'자 다음에 '연소양連小羊' 세 자가 더 있다.

16 '가價'는 학해본에는 '은銀'으로 되어 있다.

17 학해본에는 '초草' 다음에 '은銀' 자가 있다.

18 '슬虱'은 학해본에는 '충蟲'으로 되어 있다.

번 역

제6단 본 단은 양돈의 원가와 이윤을 서술하고 있다.

하나, 6마리 돼지를 사육할 때 1마리당 300근의 콩깻묵을 먹기에, 6마리는 모두 1,800근이 소요되며[368] 이것의 정상적인 값은 은銀 12~13냥에 해당한다. 쌀보리 360근을 먹으면 모두 24섬으로 정상적인 가격은 은 12냥이 된다. 보리 420근을 먹으면 약 30여 섬[369]으로, 합하면 2,520근이고 정상적인 가격은 은 11냥이다. 만약 술지게미 700근을 먹으면 도합

第六段 本段敍述養猪的成本與利潤.

一、養豬六口，每口吃豆餅三百斤，六口計一千八百斤，常價十二、三兩. 穭麥三百六十斤，計二十四石，常價十二兩.19 大麥四百二十斤，計二千五百二十斤,20

368) 이는 6마리 돼지가 6개월 동안 소비한 농축 사료 총액을 가리킨다.

369) '약 30여 섬[該三十餘石]'은 2,520근으로 1섬은 80근이 된다. 보리의 질량이 가볍기 때문에 1섬은 84근이 된다. 이는 지금의 실제 상황과 거의 비슷하다.

4,000여 근으로, 정상 가격은 은 12냥이 된다.370)

計常價十一兩、該三十餘石.[21] 糟七百斤, 計四千餘斤, 常價十二兩.

새끼 돼지 6마리의 1마리당 원가는 약 3냥 6전이다.

小豬身本六個, 約價三兩六錢.

축사에 깐 볏짚 1,800근은 약 은 1냥의 가격으로 (위의 것과) 모두 합하면 16냥이 약간 넘는다.371)

墊窩稻草一千八百斤, 約價一兩, 共約本十六兩零.

370) 여기서 말하는 돼지 6마리 사육에 드는 사료는 콩깻묵 1,800근일 수도 있고, 쌀보리 24섬일 수도 있고, 혹은 보리 2,520근이나 술지게미 4,200근일 수도 있는데 그 중 어느 한 종류를 말하는 것이지, 이 몇 종류의 총합을 말하는 것이 아닐 수도 있다. 만약 총합을 말하는 것이라면, 농축 사료의 합계는 10,680근이 되고, 매 축사에서 6마리를 6개월 동안 기르는 시간은 1마리당 180일이 된다. 6마리를 먹이고 기르는 날을 합계하면 1,080일이 된다. 이렇다면 돼지 1마리당 매일 먹이 할당량은 10근이 되어야만 한다. 이는 모두 농축 사료들이다. 돼지 1마리당 매일 이렇게 많은 농축 사료는 절대 먹지 못한다. 실제로 암돼지 1마리에 새끼 돼지를 더해도 매일 깻묵 3근 3량을 조금 더 먹을 수 있을 뿐이다. (아래 주석의 계산에 따르면) 이는 다음과 같이 이해해야 한다. 첫째 종류의 사육 방법에 따른다면 돼지 1마리당 콩깻묵 300근을 먹으니 6마리를 계산하면 1,800근이 된다. 돼지 여섯 마리를 1,080일간 먹이면 돼지마다 매일 평균 콩깻묵 약 1근 7량을 먹게 되는 셈이다. 혹은 둘째 종류의 사육 방법에 따른다면 돼지 1마리당 쌀보리 360근을 먹으니 6마리를 합계하면 쌀보리 2,160근이고 돼지 1마리당 매일 평균 쌀보리 2근을 먹게 된다. 또는 세 번째 종류의 사육 방법을 따른다면, …돼지 1마리당 매일 보리 2근 3냥을 넘게 먹게 된다. 혹은 네 번째 종류의 사육 방법을 따르면, … 돼지 1마리당 매일 술지게미 약 4근 가량을 먹게 된다. 이는 한 축사의 돼지가 상술한 네 가지 농축 사료 중 한 종류를 먹는 상황이다. 아래에서 열거한 돼지 사육의 수지 손익계산 또한 이러한 이해가 정확하다는 것을 증명해준다. 이는 돼지 사육 방법에서 중요한 기술적·경제적 자료가 되기 때문에 자세하게 추산해야 오류가 발생하지 않을 수 있다.

371) 한 축사 돼지의 원가: 새끼 돼지 원가는 3냥 6전과 깔개풀 1냥을 합산하면 4냥 6전이다. 앞에서 예를 든 네 종류의 사료 중 각 원가는 모두 은 12냥 내외이다(콩깻묵 12~13냥, 쌀보리 12냥, 보리 11냥, 술지게미 12냥). 여기에다 새끼 돼지 및 거기에(축사에) 까는 풀 4냥 6전을 합하면, 한 축사의 돼지 사육의 원가 총액

매번 6개월을 기르면 돈육은 약 90근으로 합계하면 500여 근이다. 정상적인 가격으로 계산하면 근당 2푼 5리로 합하여 은 약 13냥이 조금 넘는다. (돼지 1마리를 키우는 것과 수지를 비교해보면) 원가[16냥]보다 (3냥 넘게) 손해를 보게 된다. 이것은 돼지 사육의 정상적인 현상이다.

每養六個月, 約肉九十斤, 共計五百餘斤. 每斤二分五厘算, 照平價, 計銀十三兩數. 虧折身本, 此其常規.

매 축사에서 퇴비 90단[担]을 얻으니[372] 1년에 4개의 축사면 모두 360단의 비료를 얻을 수 있는데,[373] 이상의 계산은 모두 10년 전의 것이다. 최근 물가가 올라 한낱 전례를 들어 계산할 수는 없다. 그리하여 깻묵값이 오르면 고기값 또한 올라 돼지를 키울수록 값이 떨어졌다. 농사일과 돼지사육에서 가장 중요한 것은 깻묵값이 오르는 것을 고려하지 않으면 안 된다는 것이다.

每窩得壅九十担, 一年四窩, 共得三百六十担以上算法, 但[22]十年前事. 近來物價增, 不可一例算也. 然餅[23]價增, 肉價亦增, 隨身長落. 種田養豬, 第一要緊, 不可以餅價[24]盈, 遂不問也.

암돼지 1마리를 기를 때, 임신 초기의 1~2개월[374]째에는 콩깻묵 90조각[片]을 먹고, 3~4개월째에는 콩깻묵 120조각을 먹고, 5~6개월

養母豬一口, 一、二月吃餅九十片, 三、四月吃餅一百二[25]十

은 16냥 내외가 된다. '모두 합하면 약 16냥'이 된다는 것은 바로 이 뜻이다.

372) "매 축사에서 퇴비 90단(担)을 얻는다.[每窩得肥九十担]"라는 것은 매번 약 9천근을 얻는다는 것을 가리킨다. 돼지 여섯 마리가 평균 1마리당 반년에 만드는 퇴비는 1,500근이고, 거기에[축사에] 깔아두는 볏짚은 비료 총액의 20%를 차지한다.

373) 1년 돼지 사육에서 나오는 비료 총량은 360단, 즉 36,000근이다.

374) '1, 2월'은 암돼지가 임신한 후의 1개월과 2개월이다. 아래에서 설명하는 '3, 4월', '5, 6월'은 '3, 4개월'과 '5, 6개월'이다. 암돼지는 일반적으로 5, 6개월 간격으로 새끼 돼지를 한 번 출산하기 때문이고, 임신을 한 첫 1, 2개월 동안은 뱃속의 새끼가 아직 작기 때문에 농축 사료를 적게 먹인다. 이후 뱃속의 새끼가 날로 자라면 농축 사료[콩깻묵]도 그에 맞추어 늘려준다. 암돼지 1마리는 1년에 콩깻묵 1,200근을 먹으니 매일 평균 콩깻묵 3근 3냥 넘게 먹는다.

이 되면 콩깻묵 180조각을 먹는다. 합하면 암돼지 1마리는 1년에 깻묵 800조각을 먹는데, 그 무게는 1,200근이고 시세 가격은 은 12냥에 해당한다.

片, 五、六月吃餅一百八十片. 總計一歲八百片, 重一千二百斤, 常價十二兩.

새끼 돼지는 풀어놓고 먹이를 준다. 콩깻묵의 개당가격은 은 1전이고 축사당 원가는 대략 은 4냥이 소요된다.

小豬放食, 每個餅銀一錢, 約本每窩四兩.

만약 새끼 돼지 14마리가 출산되면 그 중 8마리를 판 수입은 앞의 원가를 모두 만회할 수 있고, 남은 6마리 새끼 돼지는 기를 수 있다. (이외에도) 매년 돼지 축사에서 퇴비 80단을 얻을 수 있다.[375)]

若得小豬十四個, 將八個賣抵前本, 贏落六個自養. 每年得壅八十担.

---

375) 암돼지 1마리와 새끼 돼지가 매년 만드는 퇴비는 80단으로, 약 8천 근이 된다.

원가 계산: 돼지 6마리를 매번 사육할 때 드는 사료 원가 약 12냥을 제하면, 평균 돼지 1마리당 사료 원가는 은 2냥 정도가 나간다. 이를 2냥으로 계산하여 곡식 400근(앞의 글에서 말한 쌀 1섬은 은 1냥의 값이 나가고 쌀 1섬은 벼 200근과 같다. 따라서 벼는 근당 5리가 된다)으로 환산하면, 원가가 상당히 높은 편이다. 이는 심씨가 '비싼 돼지 사육'을 해 농축 사료[콩깻묵, 보리 등]를 사용했기 때문이다. 1955년 가흥(嘉興) 성가태촌(成家埭村)에서 돼지 사육을 할 때는 매일 술지게미 4근을 먹여, 6개월 동안 술지게미 720근을 먹었는데, 1근은 인민폐 3푼[分]으로 합계하면 21원(元) 6각(角)이고, 벼로 환산하면 270근(1근은 8푼[分]이다)이었다. 1955년 돼지 사육의 원가가 심씨보다는 작아 심씨의 70%에도 미치지 않았다. 이는 성가태촌이 '싼 돼지 사육'의 방법을 채택해 거친 사료[쌀겨]를 사용했기 때문이다.

돈육 90근은 근당 2푼[分] 5리(厘)이고, 돼지 1마리는 2냥 2전 5분이 나간다. 6마리를 합산하면 13냥 5전이다. 원가 약 16냥을 제하면 축사당 순손실은 약 3냥이다. 1년에 축사가 네 개면 총 손실은 약 12냥으로, 퇴비 원가비용인 셈이다. 1년에 생산되는 비료가 360단이니 1단의 원가는 평균 약 3푼 3리가 넘는다. 이 원가는 벼로 환산하면 약 6근 6냥이 넘으니[1근의 벼는 5리(厘)] 그래도 수지가 맞는 편이다.

어미돼지 한 마리를 기르면, (14마리의 새끼를 낳는다면) 8마리의 새끼돼지로 사료원가를 만회할 수 있고, 남은 6마리를 기를 수 있으니 남는 이익이 크다.

| 교 기 |

19 학해본에는 "뇌맥삼백육십근, 계이십사석, 상가십이량穭麥三百六十斤, 計二十四石, 常價十二兩"의 한 단락이 있지만, 기타 판본에는 없다. 지금 근거에 따라 보충해 넣었다. 또 원문에는 '근斤'이 '석石'으로 되어 있는데, 분명 틀린 것이어서 고쳤다.

20 기타 몇 개 항목의 사료는 총 근수로 계산했는데 이 항목에서는 없으며, 예에 따라 보충하였다.

21 '해삼십여석該三十餘石'의 이 구절은 '사백이십근四百二十斤'의 아래와 '상가 … 常價 …'의 위에 있어야만 한다. 왜냐하면 본 단락의 기타 각 항목에서는 모두 먼저 1마리의 돼지가 먹는 양을 이야기하고 나서 다시 6마리 돼지의 총 먹는 양을 이야기하고, 이어서 총 가치를 이야기했기 때문에 여기서 이러한 사례에 의거해서 바로 잡았다.

22 '단但'은 학해본에는 '구俱'로 되어 있다.

23 '병餅'은 학해본에는 '료料'로 되어 있다.

24 '병가餅價'는 학해본에는 '식료食料'로 되어 있다.

25 '이二'는 학해본에는 '의작삼疑作三'이라고 한다.

번 역

제7단 본 단은 닭, 오리, 거위를 사육한 수입을 기록하고 있다.

第七段 本段敍述飼養鷄、鴨、鵝的收支情況.

하나, 닭과 오리 사육은 이익이 가장 적다. 하지만 닭은 제사나 초대한 손님을 위해 쓰일 수 있고, 오리는 알을 얻을 수 있어 농가에 없

一、 雞鴨利極微. 但雞以供祭祀、待賓客, 鴨以取蛋, 田家

어서는 안 된다.

지금 계산을 한 번 해보면 오리 사육에서 오리 1마리당 매년 보리 7되를 먹는데, 이는 시세로 은 2전 5푼이 든다. 낳은 오리알 약 180개는 시세로 은 7전이다. 만약 오리 1마리에게 매일 사료를 2홉씩 계속 준다면, 반년의 사육 시 오리알 생산에는 문제가 없다. 한 농가에서 만약 오리 6마리를 기를 수 있다면 1년에 오리알 천 개를 얻을 수 있다. 이는 일상생활에서 자신이 식용으로 사용할 수 있기 때문에 대단히 편리하다.

거위 4마리를 사육할 시 수컷 1마리에 암컷 3마리로 한다. 1년에 보리와 메벼 4섬을 먹는데 시세로는 1냥 8전이다. 음력 8월 추석부터 시작해 이듬해 춘분(3월 하순)까지를 합산하면 180여 일인데 중간에 휴란기 40~50일을 빼면 실제로는 거위 1마리당 60~70개의 알을 낳는 것으로, 암거위 3마리가 모두 200개의 알을 낳는다. 판 알은 새끼를 까는 것을 보장할 수 있어, 한 개당 시장 가격은 은銀 2푼[分]이다. 설사 다 팔지 못하고 자기 집에서 식용으로 사용한다 해도 1개당 은 8~9리厘의 값은 된다. 만약 새끼 거위가 집에서 태어난다면 이익은 더욱 커진다.

거위 사육 시 음력 6~7월에는 가능하면 난알이 꽉 찬 벼를 거위에게 배불리 먹여야 거위가 건강하게 생장할 수 있고, 알도 많이 낳을

不可無.

今計每鴨一只, 一年吃大麥七斗, 該價二錢五分. 約生蛋一百八十個, 該價七錢. 果能每日飼料二合, 決然半年生蛋無疑. 人家若養六只, 一年得蛋千枚. 日逐取給殊便.

種[26]鵝四只, 一雄三雌. 一年吃大麥、粈穀四石, 値價一兩八錢. 自中秋始至春分, 計一百八十日, 中間再聽四、五十日停歇, 實計每只生蛋六、七十枚, 三雌共生二百枚. 發賣包出, 每個二分, 卽賣不盡者, 留作食用, 也値八、九厘. 自伏小鵝更有利.

凡養種鵝, 要在六、七月飽飼綻穀, 培其本壯, 生蛋有力. 或云

수 있다. 혹자는 완두가 더욱 좋다고 하는데, 새끼도 많이 낳고 가격은 곡식과 같기 때문이라고 한다. 원본에서는 이 조항과 아래 조항을 합해 한 조항으로 하고 있다.

蠶豆更佳, 且多生子, 價與穀等. 原本此條下條合爲一條.

직접 암탉 4마리를 기르고, 겨울과 봄에는 거위알 48개를 부화시킬 수 있는데, 부화된 새끼 거위는 즉시 내다 판다. 새끼 거위 1마리당 시세는 은 3~4푼이다. 만약 자신이 기르는 채소나 쌀겨와 쌀 쭉정이가 있다면 이는 집에서 꼭 필요한 것이다.

自養母雞四只, 冬春二季可伏四十八枚, 出下卽賣. 每小鵝一只, 值價[27]三、四分. 若自己種菜、及米粞秕穀, 家所必有.

가을에 낳은 첫 알에서 새끼 거위가 일찍 부화되면 청명 즈음에 숯으로 바꿀 수 있는데, 1마리당 은 1전 4~5푼 값이 나간다. 이윤도 많이 얻을 수 있을 뿐 아니라 1년 동안 양잠에 필요한 숯도 준비할 수 있다.

秋天初生之卵, 伏出蚤(早)鵝, 到淸明邊換炭, 每只價一錢四五分. 不惟贏息甚多, 且可備一年蠶炭之用.

| 교 기 |

[26] '종種'은 학해본에서는 '양養'으로 되어 있다.
[27] '가價'는 학해본에서는 '은銀'으로 되어 있다.

번역

제8단 본 단은 술지게미를 구입한 이유와 그 목적을 헤아린 것이다.

하나, 소주蘇州에서 술지게미 4천 근을 사면 가격은 은 약 12냥이다. 술지게미는 마른 것이 가장 좋은데, 마른 술지게미는 끓여서 증류주[燒酒]를 많이 만들 수 있다. 구입하여 집에 돌아와 다시 한 번 짜내면 탁주 200근은 짜낼 수 있다. 이는 비록 좋은 물건은 아니지만 고용 일꾼이 마실 수 있기 때문에 좋은 술을 아낄 수 있다.[376] [최근 소주사람들은 술을 빚고 남은 술지게미를 도화주桃花酒에 넣기도 한다. 만약 잘 걸러낸 술이 아니면 증류주[燒酒]는 그다지 이익이 없다.]

술지게미 100근으로 증류주[燒酒] 20근을 만들 수 있다. 만약 상호주[號酒]를 끓이면 15근의 증류주[燒酒]를 만들 수 있다. 소매 판매 가격은 근당 은 2푼 가격이고 도매 판매가격 또한 1푼 6리이니 결코 적은 액수가 아니다. 집에서 술을 끓이는 데 사용되는 땔감 비용은 은 1냥이다. 합산하면 술 600근이고 이는 은 10냥으

原文

第八段 本段計算買糟燒酒的利潤及其目的.

一、蘇州買糟四千斤, 約價一十二兩. 糟以乾爲貴, 乾則燒酒多. 到家再上笮一番, 尙有渾酒二百斤. 雖非美品, 供工人亦可替省. (近來蘇州人多算, 將糟下副酒, 放桃花酒. 若非眞色貨, 燒酒便無利矣.)

每糟百斤燒酒二十斤. 若上號的有十五斤. 零賣每斤二分, 頓賣也有一分六厘, 斷然不少. 再加燒柴一兩. 計酒六百斤, 値價[28]十兩, 除本外

376) '작(笮)'은 지금은 '자(榨)'로 쓴다. 이는 술을 짤 목적으로 술지게미를 구입하는 것으로, 탁주를 만들어 고용 일꾼에게 먹이고 지게미는 돼지에게 먹이기 위해서이기도 하다.

로 환산되니, 원가를 감하고도 3냥이 부족하게 된다. 하지만 술지게미 4천근을 얻을 수 있고, 이로써 돼지 6마리를 기를 수 있다.

尙少銀三兩. 得糟四千斤, 可養豬六口.

술지게미는 술을 끓인 후에 바로 항아리에 붓는데 발로 밟은 후 재로 덮어두면 일상에서 사료로 쓸 수 있으며, 오래 두어도 변질되지 않는다. 술을 끓일 때는 반드시 반죽해서 갈아 놓은 겨를 넣어야 하고, 돼지에게 먹일 때는 갈은 겨를 모두 깨끗하게 제거해야 한다.

凡糟燒下卽傾入缸, 踐實, 以灰蓋之, 日漸取用, 久不易壞. 燒時必拌礱糠, 喂時必淨去之.

| 교 기 |

[28] '가價'는 학해본에서는 '은銀'으로 되어 있다.

번 역

제9단 본 단은 보리 증류주 제조의 이윤과 목적을 계산한 것이다.

第九段 本段計算制造麥酒的利益及目的.

하나, 장흥현長興縣에서 보리 40단을 사면 가격은 대략 은 12냥이다. 먼저 절구에 넣고 빻아 거친 까끄라기를 제거하고, 물에 하룻밤 담가 두었다가 오전에 삶아 익히고는 식도록 펼쳐 놓는다. 보리 1말[斗]당 누룩을 사용할 때, 같은

一[29]、長興糴大麥四十担, 約價一十二兩. 先將[30]舂去粗芒, 水浸一宿, 上午煮熟[31]攤冷. 每斗用酒藥比

양의 쌀보다 3배를 더 많이 사용한다. (보리) 1말당 (누룩) 4~5리 정도를 고르게 섞어 술항아리에 넣고 입구를 봉한 다음, 깨끗한 장소에 저장하고 7일 후에 술항아리를 개봉하는데, 술에서 향기가 나면 시루에 따르면 된다. 이는 술을 끓이는 방법과 같다. 1섬당 술 20근을 얻을 수도 있고, 만약 품질을 좋게 하면 15근을 만들 수도 있지만, 이것은 쌀로 만든 것보다는 질이 조금 떨어진다. 왜냐하면 도수가 강해 자극성이 강하기 때문이다. 술 1근당 가격은 은 1푼 반으로 보리 원가를 배상할 수 있다. 누룩과 땔감은 보리 1말당 은銀 1푼을 지불했다. 술지게미 2천 근을 얻는 것은 돼지 사육에서 대단히 유리하다.

米三倍. 約每斗四、五厘, 拌匀入壇, 封口貯淨處, 候七日開壇, 酒香, 傾出入甑. 一如燒酒之法. 每石得酒二十斤, 若好的也有十五斤. 比米燒差. 覺粗猛耳. 每斤分半, 可抵麥本. 酒藥、燒柴斗只一分. 得糟二千斤, 養豬甚利.

상술한 방법을 따라 해 보면 돼지와 양을 많이 기를 수 있고, 1년에 퇴비 800~900단을 얻을 수 있다. 이는 거름을 생산하는 소 우리와 서로 비교하면 소 20여 마리의 우리와 맞먹을 수 있고, 또한 가서 운반해 오는 400~500품의 인력을 줄일 수 있다. 옛날 사람이 말하기를, "3년 동안 돼지 사육에서 이윤이 남지는 않았지만, 이로 인해 부자가 되었다는 사실에 대해서 사람들은 알지 못한다."라고 하였다. 그러니 술지게미와 보리 증류주는 얼마나 이윤이 남는 일에 속하겠는가! 농가의 사람에게 오직 이것이 가장 중요한 일이다.[377]

試照前法, 多養豬羊, 一年得壅八、九百担. 比之租窖, 可抵租牛二十餘頭, 又省往載人工四、五百工. 古人云, "養了三年無利豬, 富了人家不得知." 況糟麥燒酒, 更屬有利者乎. 耕稼之家, 惟此最爲要務.

377) 지게미와 보리를 구입해 술을 만드는 중요한 목적의 하나는 지게미와 보리로 돼지 사육 사료를 만드는 것이다. 돼지를 많이 기르면 거름도 많아진다.

| 교 기 |

29 원래는 '일一'이 없는데, 지금은 관례에 따라 보충한 것이다.

30 학해본에는 '장將'자가 없다.

31 권선당본과 강소서국본 및 통학재본에는 모두 '열熱'로 되어 있지만, 학해본에는 '숙熟'으로 되어 있다. '숙熟'으로 하는 것이 더 정확할 것 같아 이에 근거하여 수정하였다.

교석자 고찰

경작 제도가 개혁되지 않았기 때문에 지주경영자는 반드시 아주 먼 곳에서 거름을 구매해야만 했다[소주蘇州, 항주杭州, 평망平望 등의 지역]. 본서의 「월별 농사일[逐月事宜]」에는 거름 구매나 퇴비 운반은 음력 정월, 2월, 3월, 4월, 9월, 10월, 11월, 12월에 먼 곳으로 가 거름을 운송해 온다고 기재하고 있다. 이는 이미 "백 리 밖에서는 구매하지 않는다."는 원칙을 위배하고 있다(항주와 호주의 거리는 200~300리다). 임금 지출 등의 비용 지불도 상당히 비싸다. 본 단락에서 말하는 900단의 거름 운송에는 500품[工]이 든다. 1품을 쌀 5되로 계산하면 500품은 쌀 25섬에 달하고, 평균 거름 1단(100근으로 계산)에 소요되는 운반비는 쌀 2되 8홉으로 환산되어 생산에 사용되는 비료 원가는 지나치게 비싸진다. 게다가 먼 길인 항주로부터 운반되는 거름이 5개의 제방을 지나면서 흔들려서 생기는 손실은 40~50%에 달한다(「토지이용방법[運田地法]」 제6단 마지막 행 참조). 근대 농업생산에서는 비료 원가의 절감이 필요하다(본서 「양잠과 잡무[蠶農]」 제6단의 '교석자 고찰'의 글 참조). 그렇지 않으면 농업의 순수입을 향상시키는 것은 매우 어렵게 된다.

가계일상잡무[家常日用][378]

번 역

제1단 본 단락은 매실과 귤을 사서 계수나무꽃 등과 버무려 저장해서 비축하는 방법을 서술한 것이다.

第一段 本段敍述買梅, 橙, 弁拌桂花等, 貯以備用.

하나, 황매黃徽[379]는 매실[380] 30근을 사서 소금으로 절인 후 햇볕에 말리고 검게 쪄서 저장하였다. 그 즙이 생기면 단지에 넣고 단단하게 밀봉한다. 저절로 꽃이 피거나 냄새가 나도

一、黃霉[徽]買梅子三十斤, 用鹽腌過, 取出曬乾蒸黑, 貯用. 其汁入磁罐內封固.

378) 이 단락은 가정의 일상생활을 위한 자질구레한 일로, 즉 집안의 생계유지를 위한 경영이다. 농업경제와 농업기술 방면에서 큰 의미를 차지하지 않는 것들이다. 하지만 이 또한 중국 농산품 가공과 요리 기술이 아주 일찍부터 매우 발달했다는 것을 보여준다.

379) 역자주 황매(黃徽: ?~1784): 청 건륭 43년(1778) 평양지현(平陽知縣)이 되었다. 오래지 않아 민간에서 "황매가 관직에 있을 때 집집마다 가계가 곤란했다." 라는 말이 떠돌게 되자, 49년에 지부(知府) 방림(方林)이 그가 창고를 비게 했다는 명목으로 탄핵하여 관직에서 내쫓았다.

380) 호주의 매실에는 두 종류가 있다. 한 종류는 과실을 먹는 매실로서, 즉 본 단락에서 말하는 '매실'이다. 동치(同治)『호주부지(湖州府志)』권30「물산상(物產上)」의「과지속(果之屬)」의 "매실은 안길(安吉)에서 가장 많이 난다. 토박이들이 그을려 말린 것이 오매(烏梅)이다. 소매(消梅)는 도장산(道場山) 아래에서 나는데 푸르고 아주 연하며 열매는 일찍 열린다. 매실은 따서 말린 과실류로 만들 수 있는데, 이를 가매(家梅) 혹은 야매(野梅)라고 한다."라고 기재되어 있다. 다른 한 종류는 (관상용) 화매(花梅)이다. 동치『호주부지』권32「물산상(物產上)」의「화지속(花之屬)」에는 "매화는 강남(江南)에서 나는데, 호군(湖郡)에서 특히 많이 난다. … 북장(北莊)에는 예로부터 그 꽃이 6잎이었다."라고 전한다.

무방하다. 9월까지 기다렸다가 계수나무꽃[381] 여섯 되를 사서 즙을 붓고 골고루 버무린다. 계수나무꽃에 매실즙이 스며들면 영원히 색이 변하지 않는다. 11월이 되면 누런 귤[382] 15근을 사서 잘게 썰어 앞의 계수나무꽃과 같이 버무리고, 다시 삶은 참깨 5되를 첨가해 저장하면 1년을 사용할 수 있다.	任其或花或臭不妨. 候到九月內, 糴桂花六升, 傾汁拌勻. 桂見梅汁, 永不變色. 至十一月, 買黃橙十五斤, 細切, 與前桂花同拌, 再加熟芝麻五升, 收藏以備一歲之用.
무릇 매화, 자스민, 감국 등의 꽃 향은 쓴맛이 없어 귤에 넣거나 차에 띄울 수도 있다. 여러 꽃에 귤즙이 스며들면 오랫동안 색이 변하지 않는다.	凡梅花、茉莉、甘菊諸花之香而不苦者, 皆可入橙點茶. 以諸花見橙永不變色耳.

381) 광서(光緒) 『오정현지(烏程縣志)』 권29 「물산(物產)」에는 "계수나무는 즉 목서나무[木樨]이고, 은계(銀桂), 금계(金桂), 사계계(四季桂)가 있다."라고 기재하고 있다.

382) 동치 『호주부지』 권32 「물산상(物產上)」에서 "등(橙)은 길(桔)과 비슷하고, 맛이 매우 시고 사탕 맛이 난다. 향기가 매우 진해 설탕을 사용해 작은 절편으로 만들 수 있고 혹은 소금을 사용해 계수나무꽃과 배합해 차에 탈 수 있다."라고 하였다. 역자주 길(桔)은 귤보다 작고, 수분이 많으며, 당도도 높다. 길은 상록관목이나 소교목으로서 높이는 3m이나 일반적으로 가시가 없고 가지가 많다. 잎은 피뢰침형태이거나 거원형이며 길이는 5~9cm이고 폭은 2~3cm이다. 등(橙)은 과일이 원형 또는 타원형이고 황색을 띠며 껍질은 쉽게 벗겨지지 않으면서 쓴맛이 없다. 가운데 심은 충실하고 즙의 맛은 달고 향기롭다. 대량의 섬유소와 섬유질, 비타민 C를 함유하고 있으며 영양가가 높다.

〈그림 67〉 계수나무꽃[桂花]

〈그림 68〉 자스민[茉莉]

〈그림 69〉 감국(甘菊)

번역

제2단 본 단락은 누런 장[醬黃]을 붓고 외[菜瓜]를 장에 담그는 방법을 서술한 것이다.

하나, 6월 안에 작두콩[梅豆]을 수확하여 누런 장[醬黃][383]에 버물려 함께 햇볕에 말리고 밤에 이슬을 맞힌다. 이어서 양질의 외[菜瓜: 긴 외]

原文

第二段 本段敘述合醬黃幷醬菜瓜法.

一、六月內梅豆一收, 卽合醬黃, 日曬夜露. 隨買頭水菜瓜

383) 역자주 장황(醬黃)이 간장인지 된장인지는 사전에서 분명치 않다. 오이장아찌는 어느 것으로도 담을 수 있다. 본문에서 즙(汁)이라는 단어가 출현한 것으로 보아서 장황을 간장으로 해석하였음을 밝혀둔다.

50근을 사고, 소금 15근을 사용해 외[瓜]와 잘 섞어 버무려서 항아리에 넣는데, 돌을 이용해 단단히 눌러 과즙이 다 빠지게 한다. 외를 꺼내 약간 말리고 껍질이 쪼그라들면서 다소 마르게 되면, 누런 장[醬黃] 2말 5되를 사용해 즙과 잘 섞어 외와 함께 항아리에 넣는데, 입구를 봉해 햇볕이 없는 곳에 저장한다.

五十斤, 用鹽十五斤, 揉爛拌瓜入缸, 用石壓定, 逼盡瓜汁. 取瓜略曬, 皮皺稍乾, 用醬黃二斗五升, 將汁拌勻, 同瓜入甕, 封口貯無日之處.

〈그림 70〉 외[菜瓜]

번 역

제3단 본 단은 늙은 가지를 장에 담그는 방법을 서술한 것이다.

하나, 6월 안에 누런 장[黃醬]을 부어 말복 안에 햇볕에 말려 장을 검게 만든다. 황장 1말당 소금 4근을 넣으면 두터워져 덩어리가 된

第三段 本段敍述醬冷露茄法.

一、六月內所合醬黃, 大伏內曬成黑醬. 每黃一斗, 入鹽四斤,

다. 9월에 늙은 가지를 따서 바람에 말리는데, 장에 넣어야 썩지 않는다. 너무 말려서 껍질이 쪼그라들게 해서는 안 된다. 가지 1근당 장 1근을 사용해 골고루 버무려 항아리에 넣고, 입구를 봉해 햇볕이 없는 곳에 저장한다.

厚可成團. 九月摘冷露茄風乾, 但取入醬不腐. 不必太乾皮皺也. 每茄一斤, 用醬一斤, 拌勻入甕, 封固貯無日處.

번 역

제4단 본 단은 생강을 장에 담그는 법을 서술한 것이다.

9월 중에 생강을 사서, 생강 중에 가장 부드러운 것을 꺼내 (술)지게미[糟]에 넣는다. 그 다음 부드러운 것은 마포를 이용해 깨끗이 닦아 생강 3근당 참기름 1잔을 이용해 볶고 졸이면서 생강에 넣어, 대략 두세 번 뒤집어 준 후, 즉시 펼쳐 식힌다. 다음날 장과 버무려 항아리에 넣고 밀봉해 저장한다.

第四段 本段敍述醬生薑法.

一、 九月內買薑, 取薑之最嫩者入糟. 次嫩著用蔴布拭淨, 每薑三斤, 用香油一盞, 熬滾入薑, 略番兩三轉身, 卽起灘冷. 次日拌醬、入甕、封貯.

번 역

제5단 본 단은 늙은 가지를 지게미에 절이는 방법을 서술한 것이다.

하나, 9월 안에 가늘고 작은 늙은 가지 5근을 딴다. 술지게미 6근과 소금 17량, 맑은 물 1그릇[碗]을 사용해 고루 섞고, 가지 채로 항아리에 넣어 밀봉해 저장한다. 생강을 지게미에 넣고 절이는 방법384) 또한 이와 같은 방법으로 하는데, 다만 식초를 사용해 섞고, 물은 사용하지 않는다.

原 文

第五段 本段敘述糟冷露茄法.

一、九月內, 冷露茄取細小者五斤, 用麯酒糟六斤, 鹽十七兩, 淸水一碗, 拌勻, 連茄入甕封貯. 糟薑亦如此法, 但用醋拌, 不用水.

〈그림 71〉 생강 장아찌[糟薑]

384) 역자주 '조강(糟姜)'은 생강을 독특하게 조리하는 법이다. 조강의 식용은 예부터 있었는데, 특히 송대에는 매우 보편화되어 조야(朝野)의 사랑을 받았다.

번역

제6단 본 단은 마늘과 외[瓜]를 소금에 절이는 방법을 서술한 것이다.

하나, 4월 안에 마늘종 백 근을 사서, 절인 후 햇볕에 말린다. 다시 여러 종류의 가는 오이[絲瓜]를 심은 후 따서, 거친 껍질을 벗기고 절인 후 햇볕에 말린다. 한 층은 마늘(마늘종), 한 층은 오이로 하여 솥에 넣고 같이 찐다. 검을 정도로 변하면, 꺼내어 햇볕에 말리고, 밀봉해 저장한다. 하나는 열이 매우 많고, 하나는 성질이 매우 차가워 골고루 잘 중화시키면 이로움이 배가 된다. 그리고 맛이 술안주로 좋아서 농가의 뛰어난 특산물이다.

第六段 本段敍述蒜瓜合腌法.

一、四月內買蒜苗百斤，腌過曬乾. 再多種絲瓜，采下，去粗皮，醃過曬幹. 一層蒜，一層瓜，入甑共蒸. 以黑爲度，取出曬乾，封貯. 一性極熱，一性極寒，勻透中和， 甚有補益. 且味堪下酒，田家佳品也.

〈그림 72〉 가는 오이[絲瓜]

〈그림 73〉 마늘종[蒜苗]

번역

제7단 본 단은 마늘종 절이는 방법, 마늘을 지게미에 담그는 방법을 서술한 것이다.

하나, 마늘종을 대략 1촌 정도로 잘라 소금에 절인다. 마늘과 지게미 식초를 고아 스며들게 하면 맛이 좋아지고, 더러운 냄새도 없앨 수 있고, 장염을 없앨 수 있다. 5, 6월 사이에 힘든 일을 하는 사람에게 마늘을 먹이면 병이 생기지 않는다.

차에 매실과 생강을 넣으면 더위를 먹지 않는다.

第七段 本段敍述腌蒜苗, 糟蒜頭法.

一、 蒜苗寸取爲度, 入腌. 蒜頭, 糟醋煨透, 不唯味美, 可以闢穢臭, 除痧氣. 五、六月間, 做生活人與蒜食之不生病.

茶中加梅與薑不受暑.

번역

제8단 본 단은 마름을 절이는 방법을 서술한 것이다.

하나, 9월 중에 서향 지역의 늦마름이 한창이어서 세지[老] 않았을 때, 실뿌리를 제거하고 잎을 깨끗이 떼어 내어 반나절 물에 담가 놓

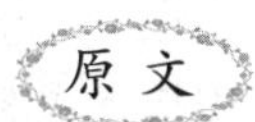

第八段 本段敍述醃菱拇法.

一、九月內, 西鄉晚菱拇正盛而未老, 去根葉淨盡, 水浸半

고, 솥에 넣어 삶아 익힌다. 잘게 썰어 압착해[385] 말리고, 마늘을 볶은 소금과 함께 빻아 골고루 버무려, 항아리에 잘 채워 넣어두는데 봄이 되면 맛이 좋아진다. 만약 채소가 적게 생산된 해라면, 마름을 따서 절이는데, 마땅히 앞의 제시한 방법과 같이 하면 실패하지 않는다.

日，入鍋煮熟. 細切笮乾，搗大蒜炒鹽拌匀，入甕築實，直到春，味尙美. 若菜少之年，便臨采菱之拇，尙可取腌. 當用前法，可以不壞.

번역

제9단 본 단락은 태호의 가지 절이는 방법을 서술한 것이다.

하나, 6월에 태호 지역에서 나는 큰 가지를 구입하여, 소금을 조금 넣고 푹 삶은 후에 강한 햇볕에 말려, 시루에 넣어 검게 될 때까지 찐다. 모두 채소를 말려 만드는 방법과 같이 하는데, 마치 푸른 항아리에 담긴 반찬[靑甁樣小菜]과 같이 맛이 아주 좋다.

原文

第九段 本段敘述醃太湖茄法.

一、六月買太湖大茄，少鹽煮熟、烈日曬乾，入甑蒸黑. 一如做菜乾法，如靑甁樣小菜，甚佳.

385) '착(笮)'의 음은 '책(責)'이다. 압축해 짠다는 뜻이다.

번 역

제10단 본 단락은 채소, 무 및 태심채(苔心菜)를 소금에 절이는 방법을 서술한 것이다.

채소, 무, 태심채苔心菜를 소금에 절일 때, 매 100근당 소금 3근을 사용하며, 발로 밟고 돌로 눌러, 20일이 지난 이후 꺼내 햇볕에 말리고, 시루에 넣어 쪄서 스며들도록 한다. 다시 햇볕에 잘 말리고, 뜨거운 참기름을 채소 위에 뿌려 골고루 스며들도록 하고 다시 찐다. 이와 같이 두 번 하여 검게 변하면 술단지에 넣고 저장한다. 반찬으로 기름지고 달 뿐만 아니라 만약 돼지기름을 사용해 솥에서 데쳐도 맛이 좋다. 경험 있는 농부가 말하길, "소금에 절일 채소를 심는 방법은 가문 해에는 물을 주고, 물이 많은 해에는 거름을 주는 것인데, 이렇게 하면 줄기가 길고 잎이 작아 가장 부드럽다."라고 하였다.

第十段 本段敘述腌虀菜、蘿葍菜及苔心菜法.

一、鹽虀菜、蘿葍菜、苔[1]心菜，每百斤用鹽三斤，踏過，石壓. 二十日後取出，曬乾，入甑蒸透. 再曬極乾，用熟[2]香油灑菜上勻透，再蒸[3]. 如此兩遍，以黑爲度，入罈收藏. 不惟小菜肥甘，若用豬油醬在飯鍋上燉過，亦美味也. 老農云，"種鹽虀菜法，旱年澆水，水年澆糞，則梗長葉少而最嫩."

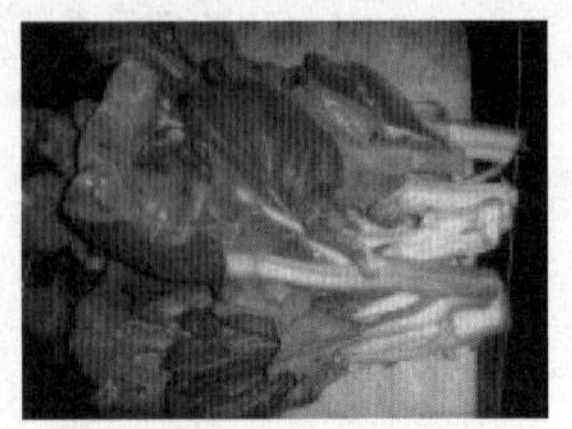

〈그림 74〉 태심채(苔心菜)

| 교 기 |

1 '태苔'는 학해본에는 '태抬'로 되어 있다.

2 '숙熟'은 학해본에는 '열熱'로 되어 있다.

3 '증蒸' 아래 학해본에는 '쇄曬' 한 자가 더 있다.

번 역

제11단 본 단은 메주[豆豉] 만드는 방법을 서술한 것이다.

하나, 메주[豆豉] 만드는 법: 더운 달에 검은 콩 1말을 푹 삶고, 가늘고 마른 누룩[乾細麯] 3근을 골고루 버무린다. 7일이 지나 색이 노랗게 되기를 기다렸다가 꺼내어 햇볕에 말린다. 살구씨의 껍질을 벗기고 7일간 물에 담가 두는데, 아침저녁으로 물을 갈아준다. 묵은 껍질이 물에 담가서 부풀려지면 얇은 막을 제거한다.

原 文

第十一段 本段敘述做豆豉法.

一、做豆豉法: 暑月用黑豆一斗煮熟, 乾細麯三斤拌勻. 過七日, 俟色黃, 起出曬乾. 將杏仁去皮尖, 浸七日, 早晚換水. 陳皮浸胖、去膜.

싱싱한 외[瓜] 10근을 가늘게 잘라 하루 동안 절인다. 세 가지가 갖추어지면 햇볕에 말리고 붉은 소엽蘇葉, 외씨, 생강채, 크고 작은 회향, 감초가루, 천초川椒 등 여러 가지를 넣고 양을 가리지 말고, 좋은 술[甛酒漿]을 부어 골고루 섞는데, 이 때 삼백주三白酒[386]를 써도 괜찮다. 바람에 3일 동안 말린다. 다시 낙로송염落鹵松鹽을 첨가하고, 짜든 싱겁든 상관하지 않는다. 병에 넣고 단단히 밀봉한다. 한 달이나 두 달쯤(뒤)에 개봉해 사용한다. 새 병도 적합하고, 술병을 사용해도 된다. 옛날 유채기름 병이나 간장 병은 절대로 사용해서는 안 된다.

生瓜十斤， 切作細塊，腌一日. 三項俱要曬乾， 加紫蘇葉、瓜仁、薑絲、大小茴香、甘草末、川椒數項，不拘多少，甛酒漿拌勻，甛三白酒亦可. 風乾三日. 再加入落鹵松鹽，鹹淡隨意. 上瓶封固. 一、兩月開用. 宜新瓶，卽酒瓶亦用. 若舊菜瓶、醬瓶，斷不可用. 4

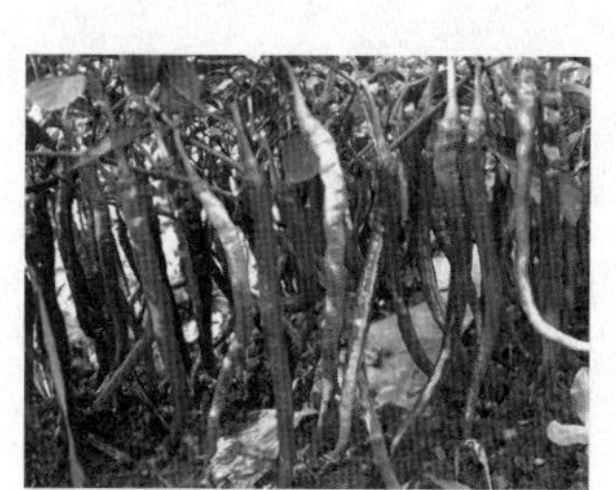

〈그림 75〉 천초(川椒)

〈그림 76〉 오진(烏鎭)의 삼백주(三白酒)

〈그림 77〉 소엽(蘇葉)

386) 역자주 삼백주(三白酒)는 오진(烏鎭)의 특산이다. 『오청진지(烏靑鎭志)』에 의하면, "흰쌀, 흰밀가루, 무색무미의 물[白水]로 만든다."라고 하여 이름붙인 것이다. 이 술은 맑고 향기가 좋아 남녀노소가 모두 음용한다. 이전의 농촌에서는 설날에 손님을 초대하여 이 술을 대접하였다. 오진의 민간에서는 이 술을 또 '두탑주(杜搭酒)'라고도 하였다.

〈그림 78〉 회향(茴香)

〈그림 79〉 감초(甘草)

| 교 기 |

4 '일, 주두시 … 단불가용(一, 做豆豉 … 斷不可用)'까지는 전체가 한 단락인데, 학해본에는 모두 보이지 않는다.

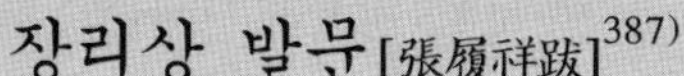

장리상 발문[張履祥跋][387]

번 역

이 농서는 아마도 연천漣川의 심씨沈氏가 편저한 것으로, 명 숭정崇禎 시대 말년에 완성된 것이다. 그곳은 우리 고향의 풍토와 차이가 거의 없다. 책에서는 곡물 재배, 뽕나무 재배, 양잠과 가금류 및 가축 사육 등 여러 가지 방법을 제시하고 있는데, 심지어 어떤 것은 경험 있는 농부와 양잠을 하는 아낙들도 그보다는 잘 알지 못할[388] 정도이다. 책에서는 먼저 농사 계절에 대해 언급하고 농사 적기를 어기지 않도록 하고 경제적 효과를 최대한으로 얻을 수 있는 요령에 대해서 설명하고 있다. 그 다음 조항별로 해야 할 일들을 나열하고 각종 농업과 부업에 관한 내용은 분류를 나누어 언급하고 있고 세세한 일들에[389] 대해서도 소홀하게 다루지 않고 있으니 얼마나 주도면밀한 생각인가!

나는 오랫동안 농사일을 배웠고, 많은 경험과 교훈들을 찾아다니며 배웠기 때문에 농업에 대한 많은 이치들을 잘 알고 있다. 하지만

按此書, 大約出于漣川沈氏, 而成于崇禎之末年. 正與吾鄉土宜不遠. 其藝穀、栽桑、育蠶、畜牧諸事, 俱有法度, 甚或老農蠶婦之所未諳著. 首列月令, 深得授時赴功之義. 以次條列事力, 纖悉委盡, 心計周矣.

予學稼數年, 諮訪得失, 頗識其端. 而幼不習耕, 筋骨弗任.

387) 본 표제[張履祥跋]는 교정하면서 덧붙인 것이다.
388) '암(諳)'은 잘 안다는 뜻이다.
389) '섬실(纖悉)'는 섬세하고 상세하다는 뜻이다.

나는 어렸을 때부터 몸소 직접 경작에 참여하지 않았고, 이제는 신체적으로도 감당할 수 없다. 그래서 사람을 고용하여 대신 경작을 하는데, 대충대충 일을 하여 그 효과도 좋지 않고,[390] 세심하게 경작도 하지 않으니 실제로는 무용지물의 돌밭으로 변해가고 있다. 이 때문에 손수 이 책을 편집하여, 집안사람들과 함께 그 뜻을 깨쳤는데, 이는 말로 하는 것보다 실제적인 근거와 더욱 설득력이 있다. 『시경』에 이르기를, "지금 비록 노련한 성인이 없다 할지라도, 여전히 모범이 되는 비법이 있다."[391]라고 하는데, 내가 뽕나무밭에 갈 때 이것을 최고의 준칙으로 삼고자 한다.

무술戊戌[392] 초가을 고부考夫[393] 씀

雇人代作, 厥功已疏, 自非講求精審. 與石田等耳. 因手是編, 與家之人共明斯義. 校之言說, 益爲有征. 『詩』曰, "雖無老成人, 尙有典型". 將適桑田, 其奉以爲高矩.

戊戌首秋考夫氏跋.

390) '이(已)'는 크다는 말이고, '소(疏)'는 생소하다, 대충하다의 뜻이다.

391) 『시경』「대아(大雅)·탕탕(蕩蕩)」편, "지금 비록 노련한 성인이 없다 할지라도, 여전히 모범이 되는 비법이 있다.[雖無老成人, 尙有典型](원래는 '형(刑)'이다 – 교석자)." 에 보인다. 정현은 "'노성인(老成人)'은 이윤(伊尹), 이척(伊陟), 신호(臣扈)와 같은 부류를 말하였다. 당시 비록 이러한 신하들은 없지만 그래도 일상의 일들에 관한 옛날 방법들을 참고해 사용할 수 있다."라고 했다. 장리상이 말을 인용한 뜻은 현재는 비록 농사를 잘 알고 경험이 풍부한 심씨가 세상에 없지만, 그의 '섬세하고 자세한', '준칙을 갖춘' 그의 『농서』가 있기 때문에 우리가 참고하고 활용할 수 있다는 의미이다.

392) '무술(戊戌)'은 청 순치(順治) 15년(1658)이다.

393) '고부(考夫)'는 장리상의 별호(別號)이다.

하 권 下卷

보농서후 補農書後

번역

내가 『심씨농서』를 다 베껴 썼을 때, 서경가徐敬可[1] 선생이 농촌에 거주하고 싶다며 내게 당부하면서[2] 말하기를, "『농서』가 완전하지 않은 부분이 있는데 왜 보충하지 않습니까?"라고 했다. 나는 토양이 다르다면 농사일도 다르다고 생각한다. 심씨가 말한 것은 귀안歸安과 동향桐鄉 두 현의 상황인데 우리 동향 사람들은 단지 동향의 농업에만 익숙하기 때문에, 이것을 가흥嘉興과 수수秀水[3] 등의 현까지 보급한다는 것은 반드시 적합한 것만은 아니다. 그렇지만 어떤 세부적인 내용들은 참고할 만한 가치가 있다. 왜냐하면 직접 경험한 것에 근거했고, 경

原文

予錄『農書』旣畢, 徐子敬可將卜居于鄉, 屬予曰, "農書有未備者, 盍補之" 余謂土壤不同, 事力各異. 沈氏所著, 歸安、桐鄉之交也, 予桐人, 諳桐業而已, 施之嘉興、秀水, 或未盡合也. 然其纖悉可得而舉. 因以身所經歷之處, 與老農所嘗論列

1) 서경가(徐敬可)는 장리상과 동시대인으로 가흥 사람이다. 『양원선생전집(楊園先生全集)』 권8 「여서경가서(與徐敬加書)」에서, 서경가는 400~500무의 논을 가진 대지주인데 이전에 논을 소작주는 것으로 생계를 삼았다. 순치(順治) 15년 즈음에는 향촌으로 이사를 와 직접 양잠을 하였다고 한다. 장리상이 쓴 『보농서』는 바로 서경가가 참고할 수 있도록 만든 것이다. 아래에서 말한 "서 선생님이 선택해서 활용하면 된다.[徐子擇取焉]"라고 하는 것이 바로 장리상이 책을 쓴 직접적인 목적의 하나이다. 장리상과 서경가는 모두 여유량(呂留良) 등과 친분이 있었다. 청 황실이 중국을 통치하게 되었을 때 그들은 모두 청 황실의 통치를 반대한 인물들이다. 청 황실의 통치 국면이 안정되자 장리상과 서경가는 모두 실망을 나타내었다. 서경가는 한 때 집을 버리고, 멀리 유람을 다니고 산림에 은둔한 적도 있었다. 장리상은 서경가에게 시골에 내려가 농업을 경영할 것을 권하였는데(위의 글에서 인용한 여러 차례의 서찰 참조), 서경가는 장리상의 의견을 받아들여 도시에서 시골로 이사를 갔다.

2) '속(屬)'은 당부의 뜻이다.

3) '수수(秀水)'는 원래 가흥부의 지방에 속했다. 민국 연간에 가흥현으로 편입되었다.

험 많은 농부와 상의해 그것의 대략적인 상황을 쓴 것이기 때문에 서 선생님이 선택해서 활용하면 된다. 그렇지만 농업에는 중요한 것과 부차적인 것이 있다. 중요한 것은 심씨가 이미 전부 써놓았고, 내가 말한 것은 단지 부차적인 것일 따름이다. 1658년[4] 8월 장리상이 쓰다.

者, 筆其槪, 而徐予擇取焉. 雖然, 農有本有末. 本事, 沈氏備之矣, 予之所言, 抑末耳. 戊戌仲秋考夫氏識.

4) 『양원선생연보(楊園先生年譜)』에 기재하기를, 무술(戊戌)년(1658년)에 장리상이 보농서의 편집 작업을 완성했다고 한다.

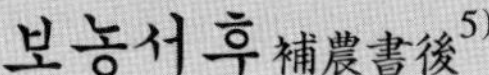

보농서후 補農書後[5)]

번역

제1단 본 단은 뽕나무 재배의 이익을 서술하고 있다. 명말청초에 잠상업이 상당히 발전하여 뽕나무 재배수입이 벼농사 재배보다 많았다. 본 단에서는 이를 비교적 상세하게 계산하였다.

第一段 本段敍述種桑的利益. 按明末清初時代, 蠶桑經濟相當發達, 種桑收入比種田高出很多. 本段有較詳盡的計算.

동향桐鄉현의 논과 밭의 수가 대체로 서로 같다.[6)] 하지만 뽕나무 재배와 양잠의 이윤이

桐鄉田地相匹. 蠶桑利厚. 東而嘉善、

5) 이 뜻은 『심씨농서』에 아직 미진한 부분이 있기 때문에 약간의 항목을 보충한다는 의미이다.

6) '필(匹)'은 서로 같다는 뜻으로 해석해야 한다. 그러나 『가흥부지(加興府志)』와 『동향현지(桐鄉縣志)』의 '전부(田賦)' 부분을 찾아보면 명 만력(萬曆) 9년(1581년, 이 해에 각 현의 토지를 다시 측량했다) 동향현의 모든 지역에서 밭[旱地]은 전지(田地) 총수의 16.23%에 지나지 않았다. 강희(康熙) 52년(1713년, 다시 토지를 측량한 적이 있다)에 이르러서야 한지(旱地)는 겨우 16.99%를 점했다. 장리상이 이 책을 썼을 때는 순치(順治) 15년(1658년)으로 강희 52년(1713년)보다 55년이 더 빠르기 때문에 밭의 수가 더 많을 수 없다. 그렇다면 여기서 말하는 "논과 밭의 수가 대체로 서로 같다.[田地相匹]"를 어떻게 해석해야만 하는가? 두 가지 방면에서 해석해볼 수 있다. 첫째, 소위 말하는 "논과 밭의 수가 대체로 서로 같다."라는 것은 동향의 밭이 상대적으로 비교적 많았다는 것을 가리킨다. 둘째, 밭의 총수입이 논의 총수입과 서로 같다는 것이다. 논의 면적이 비록 크다고는 하지만, 투자가 많기 때문에 이윤이 적을 뿐이다. 밭에서 뽕나무를 재배하고 양잠을 하는 것은 투자는 적지만 얻는 이윤은 많다. 『동향현지』(광서 때 편집된 것) 권7에 기재된 것에 근거하면 명나라 때 밭의 뽕나무와 콩의 수

더 크다. 동부의 가선嘉善, 평호平湖, 해염海鹽 및 서부의 귀안歸安과 오정烏程[7] 등의 현에서는 모두 논이 많고 밭은 적다. 농사일은 각 지역에 따라 다르지만 (논보다) 밭의 수익이 많다.[8] 따라서 논농사를 많이 하는 것은 밭농사를 많이 짓는 것보다 못하다.

平湖、海鹽, 西而歸安、烏程, 俱田多地少. 農事隨鄉, 地之利爲博. 多種田不如多治地.

우리 고향의 논은 소로 경작하기가 적합하지 않기 때문에[9] 인력에 의지해야 하기에 (논농사가) 가장 어렵다. 또한 논농사는 비료도 많이 들고 품도 많이 든다. 하지만 밭농사는 품과 비료를 절약할 수 있다. 논의 품은 농번기 때에 농사일이 집중되지만, 밭은 한가할 때 품을 이용할 수 있다. 논 생산은 (계절성이 비교적 강하기 때문에) 시간이 매우 촉박하지만, 밭은 비교적 여유가 있다. 논은 수해와 가뭄 재해를 걱정

蓋吾鄉田不宜牛耕, 用人力最難. 又田壅多, 工亦多. 地工省, 壅亦省. 田工欋忙, 地工欋閑. 田赴時急, 地赴時緩. 田憂水旱, 地不憂水旱. 俗云, "千日田頭, 一日地頭"是已.

입은 논의 4배였다고 한다. 이는 뽕밭 1무당 수입이 논 4무의 수입과 같은 것이다. 청대 초기 동향현의 밭이 16.98%를 차지하고 있었기 때문에 이의 4배인 67.92%가 된다. 그리고 뽕밭 중에서 황폐한 것이 있어 여기서 일부분을 제외한다고 해도 밭의 수입은 대략 논의 수입과 서로 같게 된다. 이 책 부록인 「수리서를 논함[論水利書]」 중에서 또한 언급하기를, "1년 중 벼의 수입이 그 반이고 콩과 보리의 수입이 그 반이다."라고 하는 것이 곧 이를 증명해준다. 앞의 반은 논의 생산이고 뒤의 반은 밭의 생산이다. 다른 한 가지 해석이 있을 수 있는데 이는 곧 상호 비교를 통해 이해하는 것이다.

7) 가선, 평호, 해염은 원래 옛날 가흥부 소속의 현들이다. 동향 사람들은 이를 '동부현'으로 불렀다. 귀안과 오정은 원래 옛날 호주부 소속의 현들이다. 동향 사람들은 이를 '서부현'으로 불렀다. 민국 초기 귀안과 오정을 합병해 '오흥현(吳興縣)'으로 하였다. 이상의 각 현들은 지금은 모두 가흥구에 속해 있다.

8) "밭의 수익이 많다.[地之利爲博]"라고 말하는 것은 밭농사의 순수입이 논농사보다 많다는 것이다.

9) 청 말기로 오면 동향현에서의 우경은 점점 많아진다. 명 말기에서 청 초기에는 대부분 인력을 사용해 논을 갈았다.

해야 하지만, 밭은 수해와 가뭄 재해를 걱정할 필요가 없다. 농언에 이르기를, "천일 논농사, 하루 밭농사"라고 했는데 바로 이러한 상황을 말하는 것이다.

게다가 논농사가 대풍일 때는[10] 1무당 쌀 3섬이 생산되고[11] 여름 수확작물[春花]도 1섬 반이 생산된다.[12] 하지만 이는 단지 드문 경우이고,[13] 통상적으로는 1무당 대략 평균 3섬 밖에는 되지 않는다.[14] '하로호전(下路湖田)'은 무당 4, 5섬을 수확한다.[15] 논이 넓고 땅이 기름지다. 우리 마을은 논이 좁고 흙이 얕아[16] 이 정도만 수확할 수 있다.

況田極熟, 米每畝三石春花一石有半. 然間有之, 大約共三石爲常耳. '下路湖田', 有畝收四、五石者. 田寬而土滋也. 吾鄉田隘土淺, 故止收此.

10) '극숙(極熟)'은 수확이 제일 좋았던 해를 가리킨다.

11) 쌀 1무당 3섬은 오늘날의 시무와 시근으로 계산하면, 쌀 642근이 된다(『보농서 연구』 제2장의 설명 참조).

12) 여름 수확 작물[春花] 1섬 반은 오늘날의 시무와 시근으로 계산하면, 224근이 넘는다(여름 수확 작물은 보리로 계산한다).

13) 이 같은 해는 극히 적다는 의미이다.

14) 평년 평균에 따라 계산하면 논 1무의 한 해 수입은 대략 쌀 3섬의 가치와 맞먹는다.

15) 역자주 「월별 농사일[逐月事宜]」 7월조의 주석에 의하면, 호주수향(湖州水鄉)을 현지인들은 '하로(下路)'라고 하였다. 그런데 여기서의 '하로호전(下路湖田)'은 그 지역이 명확하지 않다고 하면서, 호주(湖州)이거나 혹은 가선(嘉善), 평호(平湖)의 중소 규모의 호수 부근의 논이라고 하고 있다(두 현에는 모두 작은 호수가 있다). 그리고 4~5섬의 수확을 걷는다는 것은 1무에서 856~1,070근의 쌀을 수확한다는 것이다.

16) '논의 넓이[田寬]', '논의 폭[田隘]'은 논 단위 면적의 실제 크기[속칭 '궁구(弓口)'] 를 말하는 것이다. 우리는 각 현의 현지(縣志)를 상세하게 조사하거나 그 곳에서 일하는 사람들에게 자문을 구했는데, 일반적으로 가선(嘉善), 동향(桐鄉), 가흥(嘉興) 등의 지역에서 실제 논 단위 면적[弓口]은 비교적 작았다(관습적으로 무를 1무라고 부르는데 실제 크기는 1무가 되지 않았다). 하지만 장리상은 여기에서 상대적으로 언급하고 있다. 즉 전체적인 '궁구(弓口)'의 소(小)와 중(中) 또한 조금 작거나 혹은 더 작은 차이가 있었다. '하로호전(下路湖田)'에서 '궁구'는 (넓이가) 조금 넓고, 동향에서 논의 '궁구'는 상대적으로 말해 (폭이) 약간 좁았다.

뽕나무가 무성하게 자라면 1무당 생산되는 뽕잎으로 누에 10여 광筐을 기를 수 있으며, 적게는 4~5광을 기를 수 있고, 가장 적어도 2~3광은 기를 수 있다.[17] 만약 2, 3광의 누에를 기를 수 있는 뽕밭일지라도 쌀 가격이 떨어지고 실[絲] 가격이 오를 때면 양잠 1광은 논 1무의 이윤과 맞먹는다.[18] 쌀값이 매우 비싸면 실값이 매우 싸져서, 논농사와 더불어 서로 균형을 이룬다. 설사 오랫동안 황폐한 뽕밭이어도 1무당 늦콩 1섬과 작두콩 1섬을 수확할 수 있는데, 최근 콩 가격이 올라 논의 이윤과 맞먹을 수 있다. 하지만 품과 비용의 소비는 논농사의 반도 되지 않는데다가 하물며 약간의 뽕잎도 딸 수 있지 않는가! 논이 황폐해지면 1년만 있으면 회복될 수 있지만, 뽕밭이 황폐해지면 3년이 되어서야 회복될 수 있다. 일반적인 사람의 마음은 늘 빠르게 이루는 것을 바라기 때문에 대부분의 밭 농사에서 많은 힘을 들이는 것을 원하지 않는다. 또한 뽕밭이 집에서 멀기 때문에 뽕밭 관리를 잘하고 싶어도 마음만큼 몸이 따라주질 않는다.[19] 농언에 이르기를 "3년 동안 뽕나무를

地得葉, 盛者一畝可養蠶十數筐, 少亦四、五筐, 最下二、三筐. 若二、三筐者, 即有豆二熟. 米賤絲貴時, 則蠶一筐, 即可當一畝之息矣. 米甚貴, 絲甚賤, 尚足與田相准. 雖久荒之地, 收梅豆一石, 晚豆一石, 近來豆貴, 亦抵田息. 而工費之省, 不啻倍之, 況又稍稍有葉乎. 但田荒一年熟, 地荒三年熟. 人情欲速, 治地多不盡力. 其或地遠者, 力有所不及耳. 俗云, "種桑三年, 采葉一世". 未嘗不一勞永逸也. 弗思耳. 上治地

17) 누에 광주리마다 누에가 뽕잎 8개를 먹었는데, 개당 20근이다. 10여 광(筐)은 13광으로 해석할 수 있다(3에 미치지 못하면 일반적으로 '수(數)'를 말하지 않는다). 13광으로 계산하면 1무당 뽕잎 생산량은 시무와 시근으로 계산하여 볼 때, 약 2,600여 근이 된다.

18) "논 1무의 이윤과 맞먹는다.[當一畝之息]"는 1무의 논의 이익과 별 차이가 없다는 것을 가리킨다. 쌀이 싸고, 실이 비싼 해에 누에 1광을 기르면 원가를 제외하고 얻는 이익이 논 1무에 심어 수확하는 이익과 맞먹을 수 있다.

재배하면 1대가 잎을 딴다."라고 했다. 뽕나무 재배 일은 한 번의 고생으로 평생이 편안한 일이 아니겠는가? 무엇 때문에 뽕나무 재배를 잘 하려는 생각을 진지하게 고려하지 않는가! 뽕나무 밭을 관리하는 한 조목을 제시하였다.

一則.

교석자 고찰

이 단락의 서술을 통해서 우리는 당시의 경제 상황에 대해 약간은 이해할 수 있다.

첫째, 장리상의 경영 중점이 심씨와는 다르다는 점이다.

심씨는 벼농사를 첫 번째로 삼고 잠상은 두 번째로 삼았다. 그러나 장리상은 이와 달리 전적으로 잠상을 중요시하고 벼 생산은 부속적인 그 다음의 위치에 두었다. 왜냐하면 잠상 생산은 청대 초기부터 농업 생산에서 중요한 지위를 차지하기 시작했고, 청대 중기에 오면서 가흥, 호주, 소주(일부 현)의 잠상은 모든 농업 경제에서 압도적인 우세를 차지하고 있었기 때문이다. 우리는 『보농서』를 통해 잠상이

19) 건륭(乾隆) 시대에 이르러서도 일반 농민은 여전히 "대부분 논농사를 본업으로 하였다."라고 하는데, 왜냐하면 잠상을 경영할 수 있는 역량이 없어 잠상 경영이 쉽지 않았기 때문이다. 동치 『호주부지』 권30에 기재하기를, "잠상은 성공하기는 어렵고 실패하기는 쉽다. 첫 해 심으면 다음 해에 접목해야 하고, 또 이듬해에는 잘라 주어야 한다. 하지만 3년 동안 세금으로 바치지 않아도 된다. 6년이 지나서야 비로소 많은 뽕잎을 수확할 수 있다. 아침에 살피고 저녁에 골라내지 않으면 즉 벌레를 제거하지 않으면, 또한 열흘에 한 번 김매고 1달에 한 번 퇴비를 북돋우지 않으면, 색[잎]이 윤택하지 않게 된다. 덮는 것을 점차 소홀히 하거나 물이 차게 되면 수 년간의 고생이 모두 물거품이 되어 버린다. 그리고 잎의 가격이 순식간에 심한 차이가 나거나 심지어 한 푼의 가치도 없게 되어 길에 버릴 수도 있다. 이러한 쉽게 변하는 상황 때문에 심지어 잠상에 가산을 다 쓰고도 아무런 이윤을 얻지 못하기도 한다. 비용을 많이 들여도 이익은 정상적이지 않을 수 있다."라고 한다. 이를 통해 소농의 밭 관리가 대단히 어려움이 많다는 것을 알 수 있다.

점점 두각을 드러내는 추세에 대해서 알 수 있다.

둘째, 뽕잎 생산량이 이미 비교적 높은 수준에 도달했다는 점이다.

본 단락에서 "뽕나무가 무성하게 자라면, 1무당 생산되는 뽕잎으로 누에 10여 광筐을 기를 수 있다. 작게는 4~5광을 기를 수 있고 가장 적어도 2~3광은 기를 수 있다."라고 하였다. 여기서 생산되는 2~3광은 모든 뽕밭이 아니라 양식(두 종류의 콩 재배)도 겸하며 재배되는 부분적인 밭이다. '10여 광[十數筐]'은 얼마일까? 일반적으로 3 이상이 되어야 '수數'로 부르니 아마 '13' 혹은 '14'로 계산될 수 있다. 누에 1광은 얼마의 뽕잎을 먹을까? 심씨의 책 「양잠과 잡무[蠶務]」 첫 단락에서 "누에 1광은 석잠 전[火前]에는 잎 1개를 먹고, 석잠 후[火後]에는 잎 1개를 먹고, 막잠[大眠] 후에는 잎 6개를 먹는다."라고 하였다. 합계하면 잎 8개이고 개당 20근이니, 이를 통해 뽕나무 1무당의 뽕잎 생산량을 계산할 수 있다.

〈표〉 당시 이 지역 뽕나무 1무당 잎 생산량의 서로 다른 상황

뽕잎 생장상황	1무당 양잠 수량(筐)	누에가 먹는 뽕잎 수(個)	당시 무게 환산 (근)	현재 무게 환산(근)	1무당 환산(근)
무성한 잎	13	104	2,080	2,475.2	2,605.5
	14	112	2,240	2,665.6	2,805.9
적을 때	5	40	800	952.0	1,002.1
적을 때	4	32	640	761.6	801.7
가장 적을 때	3	24	480	571.2	601.3
	2	16	320	380.8	400.8
	(이 밖에 두 종류의 콩이 익으면 2섬을 얻음)		300	357.0	376.8
만백(萬百)		100	2,000	2,380.0	2,505.3
비옥한 토지		80	1,600	1,904.0	2,004.2
오씨 생산	6.66	53	1,066	1,268.1	1,341.0

심씨는 「토지이용방법[運田地法]」 제6단락에서 말하기를, "1무당 약

200그루이고, 나무들이 무성하면 잎은 반드시 만백滿百이 된다."라고 하였다. 『오홍장고집吳興掌故集』에서도 또한 말하기를 "좋은 땅에서는 1무당 잎 80개를 얻을 수 있는데, 20근이 1개이다."라고 하였다. '만백'은 곧 100개이고, 지금의 시무와 시근으로 계산하면 (100×20×1.19÷0.95)=2,505.3근이 된다. 80개는 (80×20×1.19÷0.95)=2,004.2근이다. 또 장리상의 책 부록 「오씨 생업의 대책[策鄔氏生業]」에서 말하기를, "뽕나무 3무를 재배하면, … 누에 20광을 기른다."라고 하였다. 이렇게 해서 1무당 생산되는 잎은 (20÷3×8×20×1.19÷0.95)=1,336근이 된다.

상술한 기재를 통해 알 수 있는 것은 명말청초에 상등 뽕밭 1무에서 생산되는 뽕잎은 2,000~2,800근이고, 중등 뽕밭에서 생산되는 뽕잎은 1,000~1,300여 근이고, 하등 뽕밭에서 생산되는 뽕잎은 800~1,000여 근이고, 다른 작물을 경작하는 뽕밭에서도 400~600여 근이 생산될 수 있었다. 만약 1무당 뽕나무 200그루를 심었다고 계산하면 상등 1그루에서 생산되는 잎은 10~14근이고, 중등에서 생산되는 잎은 6근이 넘고, 하등에서는 4~5근이다. 이는 물론 뽕밭이 밭 전체를 차지했을 때이고, 드문드문 심어진 그루들에서 생산되는 뽕잎은 이 수에 훨씬 못 미친다. 장리상의 「보농서후補農書後」 제19단락에서 말하기를, "만약 담 아래 뽕나무를 심을 수 있으면 부양富陽과 망해望海 등의 종류를 심는 것이 좋으며, 큰 것은 매 그루당 누에 1광을 기를 수 있다."라고 하였다. 이는 곧 뽕나무 1그루에서 생산되는 잎은 190여 근임을 의미한다. 『광잠상설廣蠶桑說』에 기재하기를, "흩어져 자라는 뽕나무 100그루가 무성해지면 잎 20~30섬을 얻을 수 있다."라고 하였다. 이 또한 전체 밭이 뽕나무인 뽕밭의 뽕잎 단위 생산량보다는 훨씬 많은 수이다.

셋째, 뽕밭 수입이 벼농사보다 훨씬 크다는 점이다.

장리상은 "게다가 논농사가 대풍일 때는 1무당 쌀 3섬이 생산되고, 여름 수확작물도 1섬 반이 생산된다. (하지만 이는 단지 드문 경우이고) 통상적으로는 1무당 모두 평균 3섬밖에는 되지 않는다. 뽕나무가 무성하게 자라면 1무당 생산되는 뽕잎으로 누에 10여 광筐을 기를 수 있다. … 쌀 가격이 떨어지고 실 가격이 오를 때면 양잠 1광은 논 1무의 이윤과 맞먹는다."라고 하였다. 심씨의 책 「양잠과 잡무[蠶務]」 제1단락에서 "(양잠은) 1광당 실 1근을 얻는다."라고 하였는데, 이는 곧 누에 1광(실 1근)은 쌀이 싸고 실이 비쌀 때 쌀 3섬의 가격(논 1무당 수확)과 같다는 것을 의미한다. 기재에 따르면 당시 쌀 1섬의 가격은 은 1냥이니(예를 들면 「부록 심씨沈氏 『기황기사奇荒紀事』에서 "쌀 1섬은 1냥쯤 된다."라고 했다), 쌀 3섬은 은 3냥이 된다. 실 가격의 총가치에서 일반적으로 잎의 가격은 80%를 차지해 2냥 4전이 된다. 1광의 누에가 잎 8개를 먹으면 160근으로 계산된다. 따라서 잎 100근은 약 은 1냥 5전 정도가 된다. 이는 잠상 가격이 좋은 해의 모습이다.

일반적인 해의 모습은 어떠할까? 심씨의 책 「양잠과 잡무[蠶務]」에 기재된 것을 보면, "만약 상세하게 계산해 보면 누에 1광(잎 8개를 먹는다), … 이 밖에 누에 숯 1전, 운수 등 잡비 1전이 들기 때문에, 1광당 실 1근을 수확해야 원가를 충당할 수 있다."라고 하였다. 당시 실 1근의 시장 가격은 일반적으로 1냥이다(장리상의 책 『양잠과 잡무[蠶務]』 제5단락의 계산 참조). 이 1냥에서 누에 숯과 운수 비용인 2전을 제한 나머지 8전은 잎 8개의 가격이다. 잎 100근당 가격은 5전이다. 또 『광잠상설廣蠶桑說』에 의하면 뽕잎은 "평균 가격으로 계산하면 1섬당 500~600문[文]이다."라고 기재되어 있다. 당시 은 1냥이 1,200~1,300문인 점을 감안할 때 이는 앞에서 심씨가 말한 가격과 대체로 비슷하다.

상술한 내용을 통해 알 수 있는 것은 잎 1,300근을 생산할 수 있는 중등 뽕밭이면 매년 수입은 약 은 6냥 5전이 넘어 1무 2분의 논 수입과 비슷하다. 양잠 가격이 좋은 해이면 평년의 약 3배에 달하니 6무 5분의 논 수입에 해당한다. 이러한 상황을 만나면 어떤 농민들은 종종 누에를 포기하고 잎을 판다. 『동향현지桐鄕縣志』에는 "강희康熙 을년乙年(1695년) 동향 동문 밖 관장촌官莊村 조승曹升은 누에 30광을 길렀는데, 그 해 잎 가격이 올라 세 개의 방에 있는 누에를 모두 버리고 그 잎을 팔았다."라고 기재하고 있다.

그러나 잎 가격이 싼 해를 만나면 '논과 서로 맞먹어', 밭 1무의 수입은 논 1무의 수입과 같아져 평년의 48%밖에 되지 않고, 경기가 좋았던 해의 16.3%밖에 되지 않는다. 장리상의 책 「양잠과 잡무[蠶務]」 제2단락에서 "잎이 싼 해를 만나면 누에에게 적게 먹이고 1개에 4~5푼 하니 따서 팔아야만 한다."라고 하였다. 1개에 4~5푼은 잎 100근으로 환산하면 은 2전의 가격이다. 2전 5푼 또한 평상시 가격의 40~50%와 맞먹는다.

『동향현지』에 따르면, 명 만력 44년(1616년)에 지현知縣 호순윤胡舜允이 일찍이 "밭에서 뽕잎과 콩을 수확하면 논의 4배이다."라고 하였다고 기재하고 있다. 그런데 뽕밭 수입이 논에서 얻는 수입보다 높았다는 것은 결코 우연이 아님을 알 수 있다.

번 역

제2단 본 단은 조기 파종의 필요성과 갈이와 파종의 시기를 맞추는 방법을 설명하고 있다.

경험 많은 늙은 농부[20]가 말하기를 "논벼의 전체 생육기는 봄, 여름, 가을 세 계절[21]이기 때문에 그 줄기는 3마디이며, 맥류의 전체 생육기는 가을, 겨울, 봄, 여름 네 계절[22]이기

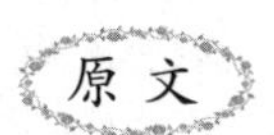

原 文

第二段 本段說明早種的必要及爭取耕種及時的方法.

農叟有言, "禾歷三時, 故秆三節, 麥歷四時, 故秆四節." 種稻必使"三時"氣

20) '농수(農叟)'는 경험이 있는 늙은 농부를 말한다.
21) '삼시(三時)'는 봄, 여름, 가을을 가리킨다.
22) '사시(四時)'는 봄, 여름, 가을, 겨울을 가리킨다.

때문에 그 줄기는 4마디이다."라고 한다. 벼 재배는 '세 계절' 동안 계절의 기운을 충분히 받게 해야 하고, 맥류 재배도 '네 계절' 동안 계절의 기운을 충분히 받게 해야 풍작을 거둘 수 있다.

足, 種麥必使"四時"氣足, 則收成厚.

내 고향에서는 논에 벼를 심는 것이 대부분 하지(6월 하순) 후에 모종을 심고 늦가을에 수확을 하기 때문에 파종부터 수확까지 겪는 시간은 여름과 가을 두 계절밖에 되지 않는다. 맥류는 대부분 입동(11월 상순) 후에 파종을 하여 이듬해 하지(6월 하순)에 수확을 하기 때문에, 겪는 시간은 단지 겨울, 봄, 여름 세 계절밖에 되지 않는다. 논벼가 네 계절을 겪게 하고 싶다면, 맥류가 세 계절을 겪게 하고 싶다면 어떻게 해야만 가능할까?[23] 아주 일찍부터 모내기를 해서 모를 길러야만 농사일로 인한 수고와 인력으로 부족한 부분을 메울 수가 있다. 논벼는 곡우(4월 하순 전)에 침종을 하고 입하 전(5월 상순)에 씨앗을 뿌려 봄기운을 약간 받게 해야 모내기 할 때 모종이 건강하고 쉽게 생장발육하고, 또한 바람과 햇볕을 잘 견딜 수 있다. 이것이 바로 소위 말하는 "좋은 볏모는 논농사의 반이다."의 뜻이다.[24] 추석 전에 높은 지대에 맥류 씨앗을 뿌려 놓고,[25] 논벼 수확 후 맥류모종을 논에 옮겨 심으면 가을 기운을 받

吾鄉種田, 多在夏至後, 秋盡而收, 所歷二時而已. 種麥多在立冬後, 至夏至而收, 所歷三時而已. 欲禾歷三時, 麥歷四時, 胡可得焉. 惟有下秧極早, 可補事力之不逮. 穀雨浸種, 立夏前下穀, 稍備春氣, 至揷靑之日, 秧老而苗易長, 且耐風日. 所謂"秧好半年田"也. 中秋前下麥子於高地, 獲稻畢, 移秧於田, 使備秋氣. 雖遇霖雨妨場功, 過小雪以種無傷也. 人但知夏前秧之好, 而不知所以好之故, 在

23) 이 구는 "어떻게 해야 할까?"로 해석해야 한다.
24) 심씨가 주장하는 모 생육 방법과 같다.
25) 그는 맥류 재배에 대해 모를 기르고 이앙할 것을 주장했다.

을 수 있다. 만약 오랫동안 내린 비[26]로 인해 벼의 탈곡에 지장을 초래하는 경우가 발생한다고 해도 소설(11월 하순)이 지나서 옮겨 심어도 되니 걱정할 필요는 없다. 사람들은 여름 전에 심은 벼가 좋다고만 알고 있을 뿐 그것이 좋은 이유가 봄기운을 받고 세 계절을 겪었기 때문임을 알지 못한다. 맥류를 옮겨 심으면 많이 수확할 수 있다는 것은 알지만 많이 수확할 수 있는 이유가 가을 기운을 받고 네 계절을 겪었기 때문임은 알지 못한다. 호주湖州는 봄에 익는 작물이 없어서[27] 논벼를 일찍 심고[28] 늦게 수확하기 때문에 쌀 생산이 우리 고향보다 많은 것이다. 북방에는 논이 없기 때문에 맥류를 폭넓게 수확하는데, 이것은 지세가 높고 건조할 뿐 아니라, 시일이 많이 걸려야만 맥류재배를 할 수 있기 때문이다.

得春氣， 備三時也. 知種麥之多收，而不知所以多收之故，在得秋氣， 備四時也. 湖州無春熟, 種田蚤, 收獲遲，卽米多於吾鄕. 北方無水田，麥卽廣熟, 非獨地燥, 歷時多, 能盡其性也.

맥류재배는 또한 몇 가지 중요한 단계를 잘 파악해야만 한다. 도랑을 파고 도랑을 정비하는 것은 서둘러 빨리 해야 좋다. 빠르면 물을 빼고 이랑을 말릴 수 있어 힘을 덜 들이고도 고랑을 깊이 팔 수 있다. 고랑이 깊으면 깊을수록 경작층도 더 두터워진다. 일찍부터 서리와 눈

況種麥又有幾善. 墾溝揪溝, 便於早. 早則脫水而埨燥，力暇而溝深. 溝益深則土益厚，早則經霜雪而土疏，麥根深而勝壅.

26) '임우(霖雨)'는 오랫동안 내린 비를 가리킨다.

27) "호주에는 봄에 익는 작물이 없다.[湖州無春熟]"라는 것은, 일반적으로 비탈 논에는 겨울이 지나면 한 계절에 논벼만을 재배한다. 그러나 심씨는 호주 사람인데, 여름작물[春花]을 심었다.

28) '조(蚤)'는 일찍[早]과 같다.

을 맞게 되면 토양이 부드럽고 푸석푸석해져 맥류가 깊게 뿌리를 내리게 되고 비료를 잘 받아들일 수 있다. 뿌리가 깊을수록 그 모도 더 건강해져 두 배의 수확을 얻을 수 있다.[29] 이랑을 말리고, 흙을 부드럽게 하고, 고랑을 깊게 파는 것은 또한 이듬해 벼 재배의 유리한 조건이 된다.[30]

根益深則苗益肥, 收成必倍. 堎燥、土疏、溝深, 又爲將來種稻之利.

무릇 일이 유리하면 반드시 이 유리함은 또 다른 유리함을 낳게 되고, 해를 입으면 이 해는 또 다른 해를 입게 된다. 게으른 농민은 맥류 재배시 (도랑을 파는) 그런 수고를 게을리하여 점파[31]와 같은 편안한 방식에 빠져들어 차라리 수확이 적은 것을 바라고 심지어 기회조차 놓치게 되어 여름 수확 작물에 아무런 희망도 없게 된다. 얼마나 어리석은가! 벼 이앙과 맥류 이앙에 대한 한 조목을 제시하였다.

凡事利必兼利, 害必兼害. 惰農苦種麥之勞, 耽撮子之逸, 甘心薄收, 甚至失時, 春花絶望. 愚矣哉. 上稻秧、麥秧一則.

29) 수확이 배가 된다는 조건은 이랑가[堎]가 말라 있어야 하고(즉 심씨의 "이랑가가 말라야 한다.[棱背乾燥]"이다), 토양이 부드러워야 하고(즉 보드라운 토양이다), 물곬이 깊어야 한다. 여기에다가 비료를 많이 뿌려주고 긴 시간을 겪는 것 또한 논벼와 논에 좋은 기초를 닦을 수 있다.

30) 위의 주와 동일.

31) '촬자(撮子)'는 점파(點播)이다. 점파에는 두 종류의 방법이 있다. 첫째는 채소나 맥류를 심을 때 말뚝으로 이랑 위에 구멍을 뚫는 것으로, 이는 가장 힘이 적게 든다. 지금도 이렇게 하는 사람들이 적지 않다. 하지만 구멍을 뚫은 후에 토양이 단단해지면, 보리 뿌리가 내려가기 힘들고 생장도 왕성하지 못해 생산량이 낮다. 둘째는 호미로 물길을 터주면 토양이 부드럽게 되어 보리 뿌리가 뻗어나가기 쉽고 생장도 왕성해 생산량은 높아진다. 심씨와 장리상은 모두 호미로 물길을 터주는 개담(開潭)을 채택하였고 이식 방법을 사용할 것을 주장했다. 부지런하지 않은 사람(게으른 농민)은 주로 전자의 방법을 사용하였다.

오吳 지역에서는 일찍부터 "벼 줄기는 세 마디이고, 맥류 줄기는 네 마디이다."라는 소문이 있었다. 여기에는 한 이야기가 있다. 이것은 우리가 본 절서浙西 역사문헌에 근거하면, 주국정朱國禎(명 숭정 시대 사람)의 『용장소품涌幢小品』에 최초로 보인다. 여기서 말하기를, "나라 초에(명 초기를 가리킨다 — 인용자 주), 사명四明 사람 왕환王桓과 두 유학자가 함께 임금의 부름을 받고 편전에 가 태조太祖를 만났다. 임금이 두 유학자에게 집에서 무슨 일을 하느냐고 물었다. 한 유학자가 대답하기를 '신은 농사를 짓습니다.'라고 했다. 임금은 '경은 농사를 지으니 벼와 맥류의 마디가 서로 다르다는 것을 알고 있는가?'라고 물었다. 대답하기를 '알고 있습니다. 벼는 세 마디이고, 맥류는 네 마디로 다릅니다.'라고 했다. '벼는 맥류와 비슷한데 마디는 왜 다른가?' 라고 임금은 물었다. 대답하기를, '벼는 봄에 파종하여 가을에 수확을 하기 때문에 세 계절을 겪습니다. 고로 세 마디입니다. 맥류는 이와 달리 네 계절을 겪어야 수확을 하기 때문에 고로 네 마디입니다.'라고 했다. 임금은 '이것으로 농사짓기가 매우 힘들다는 것을 알겠소.'라고 하며, 어떤 주의 지주知州로 발탁하였다."라고 한다. 이 이야기는 많은 지방지地方志 및 기타 수기 종류의 서적에서 전해져 기재되고 있어 오 지방에 전래되는 미담이 되었다. 그러나 이는 단지 역사적인 소문일 뿐이다. 우리는 현지에서 실제로 고찰을 한 적이 있는데, 소위 말하는 벼의 줄기는 세 마디이고 맥류의 줄기는 네 마디라는 것은 근본적으로 사실이 아니다. 벼와 맥류의 줄기는 일반적으로 땅 위에만 5~6개 이상의 마디가 있고, 어떤 것은 땅 아래 부분에도 마디가 더 있다. 장리상은 역사에서 전해져 오는 소문의 진위를 가리지 않고 쉽게 믿었고, 또한 (그로 인해) 그의 생산 경험이 부족하다는 것을 드러내었다. 후세에 잘못 전해지는 것을 막기 위해 바로잡아야만 할 것이다.

본 단락은 또한 벼와 맥류의 성숙에 필요한 좋은 방법과 조건에 대해서도 설명하고 있다.

첫째, 장리상은 심씨와 동일하게 조기 개간과 조기 파종의 중요성을 특히 강조하고 있다. 계절에 맞추기 위해 먼저 높은 지대에 맥류 씨앗을 심고 논벼의 수확이 끝난 후 맥류모종을 논에 옮겨 심어 맥류의 생육기를 연장시켜야 한다고 했다. 이는 밀을 효과적으로 수확하기 위한 중요한 요소 중 하나이다. 그렇지만 장리상과 심씨의 밀의 재배와 이앙 시기에는 문제가 있다. 우리는 이 책 상권 「토지이용방법[運田地法]」 제4단락에서 논의한 적이 있어 참고할 수 있다.

둘째, 밀밭의 정지 작업을 잘하는 것은 논벼의 생장발육 준비를 위한 조건이 된다는 점이다. 벼와 맥류 두 종류의 성숙에서 오는 모순을 조절하기 위해서는 기술상 엄격한 방법이 요구된다. 이는 곧 맥류밭을 깊이 개간하고, 이랑을 만들고(이랑이 말라야 한다), 고랑을 깊이 파 배수를 하고 비료를 합당하게 하는 것 등이다. 이러한 핵심 기술들은 참고할 가치가 있다.

번 역

제3단 본 단은 양잠의 방법을 연구한 것이다.

음력 4월 비오거나 흐린 날에 누에를 기르는 것을 보게 되면, 마르고 신선한 뽕잎이 없어 남자는 밖에서 바쁘게 뛰어다니고, 양잠하는 부녀자는 실내에서 밤낮 근심으로 초조하고 불안해한다. 이로 인해 누에 기르는 농가에서 생각하여, 미리 소나무와 같은 목질의 뽕나무 시렁을 만들기로 했는데, 가로[廣]가 1장 4, 5척, 세로[深]도 1장 4, 5척인 사각형 모양으로 만든

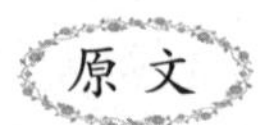

第三段 本段研究養蠶方法.

四月一日陰雨, 見育蠶者乏乾鮮之葉, 男子勞于外, 婦女憂于內, 蓋晝夜皇皇也. 因思育蠶之家, 宜預作木架如松棚式, 廣一丈四五尺, 深亦如之. 其高過於

다. 시렁의 높이는 뽕나무를 초과하는 것으로 기준을 삼고 위에는 가는 대나무를 엮어 덮개를 만들어준다. 어린누에가 채반에 오를 때, 무성한 뽕나무 위에 덮인 것을 보면 마치 뽕나무가 실내에 심겨져 있는 것처럼 보인다. 혹은 하루에 한 번 이동시키거나, 또는 2~3일에 한 번 이동을 시키는데, 이는 양잠의 수량이 얼마인가를 고려해서 정해야 한다.[32] 뽕나무 시렁은 아침저녁으로는 이슬을 피할 수 있게 하고, 맑은 날에는 태양을 가려주고, 흐린 날에는 비를 피할 수 있게 해주기 때문에, 뽕잎은 마르고 신선함을 유지할 수 있고, 노동도 줄일 수 있으며, 또한 누에 병도 예방할 수 있다. 막잠을 자고 나면 철수한다. 막잠을 자고 나면 뽕잎이 세는데[老], 며칠 자고나면 신선한 것처럼 되어서,

桑，上織竹作蓋. 於桑初收時，卽張之茂桑之上，若樹桑室中然. 或一日而移，或兩日、三日而移，量飼蠶之多寡而斟酌焉. 朝暮可避露，晴可避日，陰可避雨，葉時時乾鮮，旣省人工，又不生蠶病. 至大眠後可輟. 大眠後葉老，越宿輕日猶鮮，且又可以加水. 事易集而功用多. 一架可備數年之用.

32) 노인들이 말하는 것에 근거하면, 함풍(咸豊), 동치(同治) 시대에도 소나무로 시렁식의 지붕을 만드는 것이 있었다고 한다. 누에가 어리고 잎을 먹는 양이 많지 않을 때 소나무 시렁과 같은 것이 뽕나무를 덮은 것은 확실히 마르고 신선한 뽕잎을 따는 데 유리하며 매번 안개와 서리와 비를 맞는 것을 피할 수 있으며, 반드시 사람의 힘으로 1장 1장씩 뽕잎을 문질러 닦아야 하는 고됨을 피할 수 있었다. 그것은 건강한 누에를 보장해주고 품질이 우수한 견사의 높은 생산을 얻는 데 중요한 의미가 있다. 뽕나무에 지지대를 만들어 주는 것은 가흥[嘉], 호주[湖] 지역에서 온갖 방법을 강구해 발전시킨 잠상 생산으로서, 자연조건을 노력해서 개선하고자 한 창조적인 방식이다. 이는 중국 역사상 세심한 농업경영 관리의 우수한 전통을 보여주는 것이다. 하지만 이것도 어느 정도의 결점이 있었다. 예를 들면 첫째, 일반 잠농 농가에서 지지대를 만들 만한 경제적 능력이 부족하다는 점이다. 둘째, 지지대가 크면 이동과 보존이 불편하다는 점이다. 셋째, 녹색식물은 태양 에너지를 통한 광합성 작용으로 스스로 유기양분을 만들어내어야 하는데, 뽕나무 지지대는 뽕나무의 생장에 영향을 줄 수 있다. 뽕나무에 지지대를 설치하는 것은 당시 소농업 경제조건 아래에서 실제적인 한계성이 있었다는 것을 알 수 있다.

또 물을 뿌려주면 좋다. 이 일은 하기도 쉽고 효율도 매우 크다. 뽕나무 받침대 한 개는 몇 년 동안 사용할 수 있다.

우리 고향에서는 양잠업의 수익이 벼농사보다 높아[33] 관에 납부하고 집에서 사사로이 쓰는 것은 모두 양잠 수입에 의존한다. 만약 양잠 수확이 적으면[34] 납입과 가사용[私]으로 쓰는 것이 모두 곤란해지는데, 이는 매우 슬픈 일이다.

余里蠶桑之利, 厚於嫁牆, 公私賴焉. 蠶不稔, 則公私俱困, 爲苦百倍.

일반적으로 누에가 병이 들면 반은 사람 탓이고 반은 하늘 탓이다. 사람의 과실은 늘 게으름에서 비롯된다. 게으르면 사료를 주는 것을 지체해 누에가 굶주리게 되고, 누에는 굶으면 머리가 반투명해진다. 게으르면 섶의 누에 똥을 치우는 것을 지체하게 되어 누에가 열을 받게 되고, 누에는 열을 받으면 몸이 건조하게 변한다. 이는 모두 많은 생산과 많은 수확을 이룰 수 없는 징조이다. 하늘의 우환은 늘 바람, 비, 안개, 서리가 항상 적절해야 하는데 (그렇지 못하면), 이는 곧 뜨거운 햇볕 또한 적절하지 못하여 마르고 신선한 뽕잎을 얻기 어렵기 때문이다. 누에가 더운 뽕잎을 먹게 되면 누에가 게을러져 뽑아내는 실이 좋지 못한데, 이러한 해는 아직 심각한 정도는 아니다. 만약 누에가 습

然大約蠶之生疾, 半在人, 半在天. 人之失, 恒於惰. 惰則失飼而蠶饑, 饑則首亮. 惰則失替而蠶熱, 熱則體焦, 皆不稔之征也. 天之患, 恒於風、雨、霧、露. 卽烈日亦有不宜, 以乾鮮之葉難得也. 蠶食熱葉, 則繭浮松不可絲, 其害淺. 食濕葉則潰死, 食濕熱葉則僵死, 食霧露葉則痿死. 葉染風沙則不

33) '가색(稼穡)'은 농작물 재배를 총칭하는 말이다. 구체적으로 말하면 '가(稼)'는 재배이고 '색(穡)'은 수확의 뜻이다.

34) '임(稔)'은 곡식이 익는다는 것으로, 풍성하게 수확한다는 의미이다.

한 뽕잎을 먹게 되면 짓물러 죽을 수 있고, 습하고 뜨거운 뽕잎을 먹게 되면 굳어져 죽을 수 있으며, 안개나 이슬이 묻은 뽕잎을 먹게 되면 말라 죽을 수 있다. 뽕잎에 황사가 묻었거나 혹은 하룻밤 지난 것은 누에가 먹지 않으니 굶주리게 된다. 이상과 같은 해를 입으면 심각하게 된다. 만약 사람의 과실만을 신경 쓰고 하늘의 우환을 대비하는 것을 알지 못한다면, 아직 완전한 대책을 갖춘 것은 아니다. 반대로 하늘의 우환에 대해 비록 대비했을지라도 사람의 과실을 경계하지 않는다면, 이러한 잘못[35]의 책임은 누가 감당할 것인가? 뽕잎 한 조문을 제시하였다.

食，葉宿則不食，而仍饑．其害深．知戒人之失，而不知備天之患，　未爲全策也．若天患雖備，而人失不戒，則咎，又將誰任哉．上蠶葉一則.

교석자 고찰

이 단락의 기술을 통해 명, 청 시기의 가흥[嘉], 호주[湖] 지역을 살펴볼 수 있다. 상품경제의 발전으로 인해 당시의 정부는 관료지주계급의 생사와 비단에 대한 대량 수요를 중시하였는데, 이로 인해 양잠업의 지속적인 발전이 촉진되어 전국의 중심이 되었다. 여기의 복원濮院, 왕강경王江涇, 왕점王店, 신승新塍, 쌍림雙林, 남심南潯, 능호菱湖, 오진烏鎭 등 작은 소도시는 점차적으로 많은 인구가 비단을 주업으로 하는 도시[市鎭]가 되었다. '호주의 생사[湖絲]'는 복건[閩], 광동[粵], 강서[贛], 강소[江], 절강[浙] 및 산서山西 노주潞州 등의 지역에서 짜는 비단 제조의 원료가 되었을 뿐 아니라 일본과 남양의 여러 곳으로 수출되었다. 이로 인해 "옷이 다른 나라를 덮었다."(『가흥부지嘉興府志』), "호주의 생사가 천하로 보급되었다."(『서오리어西吳裏語』)라는 명예를 얻었다. 이 뿐만 아니라, '호주 뽕나무'의 묘목 또한 품질이 우수하

35) '구(咎)'는 잘못의 뜻이다.

고 양도 많아 산동[魯], 호북[鄂], 사천[川], 소주[蘇] 등의 지역에 공급되었다. 강희康熙는 자신이 편찬한 『상부桑賦』「서序」에서 "짐이 절서를 순시할 때 뽕나무가 들판을 뒤덮고 있었다. 천하의 생사 공급이 모두 동남에 있으니, 잠상의 번성이 오직 이 지역에만 있다."라고 하였다. 이를 통해 가흥과 호주의 잠상과 생사가 번영한 모습의 일면을 볼 수 있다.

잠상의 보편적인 발전과 고도의 집중은 필연적으로 뽕나무와 양식의 토지 경쟁이란 모순을 낳았다. 하지만 잠상의 이득이 커 뽕나무를 중시하고 양식은 경시하는 풍조가 출현해 양식 생산이 부차적인 지위로 밀려나게 되었는데, 이는 당연한 결과였다. 본 단락에서 장리상이 "우리 고향에서는 양잠업의 수익이 벼농사보다 높아 관에 납부하고 집에서 사사로이 쓴 것은 모두 양잠 수입에 의존한다."라고 한 것과 같다. 이 때문에 그는 잠상을 크게 일으킬 것을 주장하였다. 그는 "동향현桐鄉縣의 논과 밭의 수는 대체로 서로 같다. 하지만 뽕나무 재배와 양잠의 이윤이 더 크고, … 논농사를 많이 하는 것은 밭농사보다 못하다."(본편 제1단락)라고 하였는데, 당시의 실제 상황이 바로 이와 같았다. 고염무高炎武의 『천하군국이병서天下郡國利病書』에서 숭덕현崇德縣: 1958년 동향현에 합병되었다 - 인용자)의 상황을 묘사하기를, "숭읍은 논과 밭의 수가 서로 같기 때문에, 논의 수입으로는 민간에서 8개월 밖에 먹을 수 없고, 그 나머지 달은 쌀을 바꾸어 공급을 했다. 관에 납입하는 것과 사용으로 쓰는 것은 오직 양잠 수입에만 의존하였다. 고로 잠월蠶月을 가장 중시했다."라고 하였다. 잠상의 발전으로 인해, 물고기와 쌀이 비교적 풍부한 고장의 양식 자급률은 단지 2/3 밖에 되지 않았고, 1/3은 타지방의 쌀 공급에 의존해야 했다. 이탕안伊湯安이 편수한 『가흥부지嘉興府志』에서 "집집마다 양잠을 가장 중요한 일로 삼았다. … 누에가 만약 오르지 않으면 전 가족이 모여 울었는데, 아마 온 집안이 양잠을 경작 자본으로 삼았기 때문에 누에가 흉년이면 논도 황폐했고, 빚을 갚기 위해 아들을 팔았으니 참담함을 면할 수 없었다."라고 했다. 호승모胡承謀가 편수한 『호주부지湖州府志』 또한 "호 지방 사람들은 양잠에 가장 힘써서 생계의 바탕으로 삼았으며 논을 보면 대부분 지나쳐버렸다."라고 했다. 바로 잠상의 이익이 논벼보다 많았기 때문이었고, 동시에 당시 시장의 상품 식량 또한 비교적 많았기 때문에, '생사'를 팔면 양식을 구입할 수 있었기 때문에, 따라서 그 지역 농민은 잠상업을 가장 중요하게 생각하였다. 그들은 양식이 부족하다고 해서 결코 뽕밭을 줄이고 논을 늘리지는 않았다. 반면에 가능한 방법을 강구해 잠상을 발전시켜 잠상수입을 높여서 생계에 부족한 부분을 보충하려 하였다.

번 역

제4단 본 단은 동향의 특산물인 작두콩[梅豆]의 파종법에 대해 서술하고 있다.

심씨의 『농서農書』[36]에서 작두콩[梅豆]은 자세하게 기재하지 않고 있는데,[37] 아마도 그는

第四段 本段敘述桐鄉特產的梅豆的種植法.

『農書』不詳載梅豆, 以梅豆獨產於桐

36) 이 '농서(農書)'는 상권 『심씨농서(沈氏農書)』를 가리킨다. 비록 「월별 농사일[逐月事宜]」 '삼월(三月)' 부분에서 '침매두(沈梅豆)'를 기록하고는 있지만, 심는 방법과 이용법을 상세하게 기재하지는 않았다. 혹 넓게는 일반적인 농서 『왕정농서(王禎農書)』, 『진부농서(陳旉農書)』를 가리킨다.

37) 작두콩[梅豆]은 본래 오흥, 동향의 특산품이다. 하지만 청 말에 이르면 더 이상 심지 않았다. 『오청진지(烏青鎭志)』(1936년 신찬) 권20 「토산(土産)」 항목에 "작두콩은 황매가 익을 시기에 오직 오진(烏鎭)에만 있었다. … 이상의 두 품종[작두콩[梅豆]과 유소(乳酥)]은 최근에는 사라졌다. 현재 두 기록(이전의 두 지방지)에 근거해 그것을 남겨두었다."라고 기재하고 있다. 작두콩은 청대 중엽 이후에는 심지 않았다는 것을 알 수 있다. 그 지역 60세 이상의 노인의 말에 근거하면 무엇이 작두콩인지를 알지 못한다. 지금부터 60년 이전인 광서 23년(1897년)

작두콩을 동향현桐鄕縣의 특산이라고 여겨 귀안현歸安縣에서는 그다지 중시할 필요가 없다고 생각한 것 같다.[38] 숭덕현崇德縣의 제방의 동쪽 지역에도 작두콩이 있지만, 기타 지역 예컨대 가흥嘉興, 수수秀水, 오강吳江,[39] 오정烏程, 해녕海寧 등의 몇몇 접경 지역에서는 없었는데, 그들이 심으려고 하지 않은 것이 아니라 토질의 특성이 적합하지 않아 덩굴만 길 뿐 열매는 열리지 않아서 오직 동향현 만이 이것의 이익을 독점하였다.[40] 음력 6, 7월에, 묵은 콩을 사용해 두부를 만들었는데 두부의 양이 적었다. 만약 작두콩을 섞어 넣는다면 두부는 예전처럼 많아진다.

邑, 歸安非所講求也. 崇邑塘東區分亦有之, 他如嘉興、秀水、吳江、烏程、海寧接境卽無, 非不試之也, 土性非宜, 輒蔓而不實, 故惟桐鄕得擅其利. 六、七月陳豆做腐, 腐少. 若得攙入梅豆, 腐便如故.

매년 작두콩이 익는 계절이 되면 상인이 와서 구입했고 관부에 대한 납입과 농가의 사사로운 수입은 모두 이것에 의존하였다.

每遇豆熟, 商賈來至, 官私賴焉.

작두콩은 청명(4월 상순) 이후에 파종을 하면 대서(7월 하순) 전에 익는다. 생장기가 100

下種於淸明後, 成熟於大暑前. 相去百

의 그 때는 없었던 것으로 보아, 작두콩을 심지 않았던 시간은 더 이전부터임을 알 수 있다. 이 우수한 '작두콩' 심기는 지금은 역사상의 이름이 되었다. 하지만 일설에는 '매두(梅豆)'는 지금 이야기하는 황두[大豆]라고도 하고, 또 녹두(綠豆)의 한 변종이라고 말하기도 한다.

38) 명말 심씨의 귀안현(歸安縣)에서도 '작두콩[梅豆]'을 심었다고 하는데(본서 상권 「월별 농사일[逐月事宜]」 '삼월' 참조), 그 당시 작두콩의 생산 지방이 적지 않았음을 알 수 있다.

39) '숭읍(崇邑)'은 옛 숭덕현(崇德縣)을 가리킨다. '오강(吳江)'은 현 이름으로, 지금의 강소성(江蘇省) 동남부에 있고 소주(蘇州) 지역에 속한다.

40) '단기리(擅其利)'는 그 지역 특산품이 오직 동향현(桐鄕縣)에서만 작두콩[梅豆]의 이익을 얻었을 수 있었다는 것을 가리킨다.

여 일밖에 되지 않기 때문에 수입을 올리는 것에서 가장 빠른 것에 속한다.

日耳, 得利亦最速.

작두콩의 생산 방법은 다섯 가지 방면을 주의해야만 한다. 첫째, 남은 종자는 건조해야 한다. 습기에 말려서 습기가 용기에 들어가서는 안 된다. 둘째, 진흙[논의 볏짚 섞은 진흙]을 들여와 많이 넣어 주어야 한다. 볏짚 섞은 진흙[稻秆泥]. 셋째, 땅을 갈아엎는 것은 일찍 해야 한다. (동지 즉 12월 하순 전후에 흙 뒤집기를 해야 토양이 부드럽고, 겨울을 지나면서 해충이 얼어 죽을 수 있다.) 넷째, 재를 많이 뿌려야 한다. 다섯째, 사이갈이와 제초를 일상화해야 한다.

其法有五. 一曰留種宜燥. 不可濕氣蒸及濕氣入器. 一曰挑泥宜密. 稻秆泥. 一曰墾地宜早. 冬至前後墾者泥松而蟲凍死. 一曰撒灰宜多. 一曰刬削宜勤.

상술한 다섯 가지는 농사일 전문가는 모두 아는 것이지만, 재를 뿌리는 일에 대해서 요령을 잘 아는 사람은 드물다. 작두콩의 뿌리는 곧장 아래로 뻗어나가는데, 길이는 5촌을 넘지 않는다. 재 뿌리기는 구덩이를 파고 씨를 뿌리고 흙을 덮지 않았을 때 하는 것이 적합하다. 많이 흩어 뿌려서 재가 모두 구덩이 속에 들어가 골고루 미치지 못한 것은 이후에 흙을 덮으면서 고르면 되는데, 비를 맞았을지라도 구덩이 속의 흙은 부드럽기 때문에 싹이 나지 않을 우환은 없다. 그리고 비료 성분과 부드러운 흙이 모두 콩의 뿌리에 있기 때문에 작두콩이 쉽게 자라 가지가 무성하고 열매가 많이 열릴 수 있고, 수확할 때 뽑기도 매우 쉽다.[41] 만약 흙을 아직 뒤집지 않았는데, 재를 먼저 뿌리게 되

五者人皆知之, 然撒灰少得其法. 梅豆根直下, 長不過五寸. 撒灰宜在打潭、撮子而未蓋土之時. 多撒則灰皆入潭無不遍者, 然後平之以土, 雖遇雨亦松, 無不出之患. 且肥松只在根際, 豆故易茂而結繁, 他日易拔. 若地未倒而先布會, 則灰入土深, 根不能及. 若豆苗已長而後加灰, 則葉碍而灰俱在四旁

면, 재가 땅 깊은 곳으로 묻히게 되어 뿌리에 이르지 못하게 된다. 만약 콩 싹이 이미 자란 후에 다시 재를 주게 되면 콩잎의 방해로 인해 재가 사방에 뿌려지게 되어 뿌리와 접촉하지 못하기 때문에 재를 시비하지 않은 것과 같다.

無及根者, 與無灰等耳.

콩잎, 콩대, 콩깍지 및 진흙을 논에 넣어주면 모두 좋은 비료가 된다. (콩과 잎이 달린 수확하기 전의) 작두콩을 논에 넣어 비료로 하면[42] 비료 효과가 가장 오래가고 새싹에도 손해를 주지 않는다. 1무당 3말을 뿌리면 쌀 생산량은 배가 된다. 하지만 사람들의 양식이라 아깝기 때문에 차마 이렇게 사용하지는 못한다.

豆葉、豆萁頭及泥, 入田俱極肥. 以梅豆壅田, 力最長而不損苗. 每畝三斗, 出米必倍. 但民食宜深愛惜, 不忍用耳.

민간의 습속에서는 일반적으로 콩을 맥을 심었던 이랑 위에 파종하는데, 모내기 할 무렵에 줄기에 잎이 달린 콩 채로 흙속에 갈아엎어 비료로 만들면 아주 유용하다. 하지만 모내기를 놓칠까 두려워 대부분 이렇게 하지는 않는다. 작두콩[梅豆]에 대한 한 조목을 제시하였다.

俗亦有下豆於麥稜, 種田時連豆之結葉拆倒作壅, 實覺省便. 但恐田遲, 故多不爲耳. 上梅豆一則.

41) 그 지역에서는 일반적으로 손으로 콩을 뽑았고, 낫으로 콩을 베지는 않았다.

42) 역자주 이 문장을 이해하기가 상당히 곤란하다. 작두콩 자체를 땅에 뿌려 시비한다는 것은 현실적으로 적합하지 않다. 하지만 다음 문장에서 일반 백성들이 식량이라고 아까워했다는 것을 보면 콩을 파종한 이후에 몇 개의 떡잎이 나오게 되면 바로 땅을 갈아엎어서 거름으로 사용했음을 알 수 있다. 이것은 그 다음 단락의 '잎이 달린 콩을 거름으로 사용하였다'는 것과 부합된다. 이 지역의 민간에서는 맥 수확 이후에 콩을 재배했던 것으로 미루어 보아 논에 시비로 사용한 콩은 맥을 수확하고 그 그루터기 위에 파종한 콩으로 이앙 전에 갈아엎어서 비료로 사용한 것으로 보인다.

〈그림 1〉 작두콩[梅豆]

번역

제5단 본 단은 농가의 뽕나무 휘묻이 상황을 서술하고 있다.

뽕밭을 경작하고 관리하려면 반드시 뽕나무 모종을 휘묻이해야 한다.43) 뽕나무 모종은 어미그루에서[母株] 배양되어야만 선택하기가 쉽다. 뿌리줄기와 가지는 서로 유사하여 생기는 족족 심으면 모두 살 수가 있다. 또한 나무 묘목을 구입하는 지출을 줄일 수 있다. 구입한 나무 묘목이라 하더라도 살 수 있는 확률이 40~50%밖에 되지 않는다.

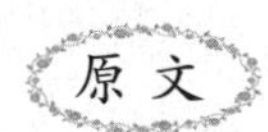

原文

第五段 本段敍述農家壓桑秧的情形.

治地必宜壓桑秧. 蓋桑秧出自己有, 則易選擇. 而根幹枝枝相似, 隨起隨種, 無不活者. 又省一項急銀. 買來種者, 百枝只可活四、五十枝.

43) 즉, 뽕나무 가지 휘묻이를 말하는데, 이는 인공적으로 영양번식을 하는 한 방법이다. 뽕나무 어미그루[母株]에서 어리고 왕성한 가지를 아래로 휘어 땅속에 묻는다. 가지 끝 부분은 흙 밖으로 나오게 하고, 땅속에 들어가는 부분의 싹이 있는 아래쪽의 껍질 일부를 벗겨내어 유기양분이 이곳에 모이게 해서 부정근(不定根)이 발생하게 한다. 휘묻이한 가지에 부정근이 생기면 어미그루에서 잘라내어 그루 나누기를 해서 옮겨 심는다.

대체로 각종 수목은 뿌리 부분이 모두 추위를 견디지 못하고, 한풍과 추운 서리와 접촉하면 생장기에 손상을 입을 수 있다. 만약 다시 날씨가 급변하거나 비와 눈에 손상을 입게 되거나 관리를 잘하지 못하면 그 결과는 더욱 알 수 없다. 어린 묘목 한 그루가 살지 못하는 것은 그나마 아주 애석한 일은 아니다. 더 애석한 것은 1년 뽕잎 수확을 그르치는 일인데, 내년에 다시 심는다고 해서 그것이 반드시 살 수 있다는 보장을 할 수 있겠는가?

蓋百凡樹木, 根俱不耐凍, 風霜一觸, 生意卽傷也. 若天色或遇雨雪或人工不湊, 更不可知矣. 一枝不活不足惜. 所惜者又遲一年之葉, 且來年所種, 能保必活乎.

휘묻이하는 방법: 새로 흙을 뽕나무 밭에 채우거나 혹은 물가 근처의 밭이랑 위에 겨울에 논에서 건져낸 볏짚 섞은 진흙을 한 차례 뿌려 주는 것이다. 뽕잎을 따는 시기에 휘묻이하려는 가지를 남겨두었다가, 그것을 (휘어) 지면 가까이 닿게 하여 가지 끝의 잎이 위로 향하게 해서 새가지가 나오면 곧 땅속에 묻는다. 장마철에 한 차례 거름 물을 준다. 만약 양 우리의 퇴비 거름을 사용해 위에 뿌려주면 더욱 좋다. 6월에 한 차례 거름 물을 주고, 8월에 다시 한 번 준다. 이 때 어미그루에서 잘라주면 새 뿌리는 스스로 자라게 된다. 땅마다 수백 그루의 뽕나무 묘목을 휘묻이할 수 있고, 잎 또한 적지 않게 수확할 수 있어 이익은 많아지고 비용은 많이 들지 않는다. 매년 30~50%의 땅에 휘묻이를 한 뽕나무 묘목을 가정에서 사용할 수 있으니 적지 않은 수량이다. 기억해라!

其法, 宜新塡地, 或近水地埂, 冬天挑稻秆泥一次. 采葉之時, 卽留所欲壓之條, 使近乎地, 俟葉頭向上, 而新條長, 卽埋入土中. 黃梅澆糞一次. 若以羊垃圾鋪上更妙. 六年[1]澆一次, 八月澆一次. 可以斷其母, 而新根自長. 每地一分可得桑秧數百枝, 葉複不少, 得利厚而力又不費. 歲壓三、五分以供家用, 必不可少. 記之.

뽕나무 해충을 다 잡지 못해 만약 잡지 못한 벌레로 인해 뽕나무가 입을 손상이 걱정된다면, 화약가루를 좀벌레 구멍에 넣고 불을 질러 태운다. 벌레는 화약 냄새를 맡으면 즉시 죽는데, 이 또한 벌레 잡는 방법 중의 하나이다.
뽕나무 휘묻이에 대한 한 조목을 제시하였다.

桑蟲捉不盡, 恐因捉損桑, 則用爆仗藥線入蛀穴, 以火燒至. 蟲聞卽死, 亦是一法.
上壓桑一則.

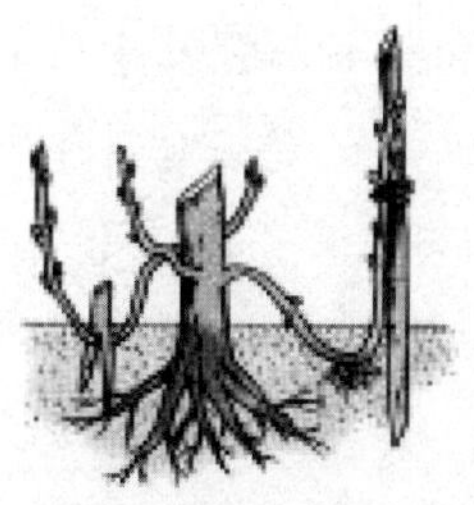

〈그림 2〉 뽕나무 휘묻이 법

| 교 기 |

1 역자주 '년年'은 '월月'의 잘못인 듯하다.

번 역

原 文

제6단 본 단은 맥을 파종함에 있어서 일찍 갈이하고 시비하는 방법을 설명하고 있다.

第六段 本段說明種麥早墾及施肥方法.

맥麥44)에 비료를 주는 것은 작두콩[梅豆]에 비료를 주는 것과 유사하다. 다만 작두콩에는 단지

壅麥之法, 略與梅豆相似. 但豆只需撒

재를 흩어 뿌려야 했는데, 맥류는 재와 인분을 모두 주어야 한다. 맥류의 뿌리는 밑으로 뻗는 것이 얕기 때문에, 재와 인분이 맥류의 뿌리 부분 주변에 닿도록 해야 하고, 일찍 주어야지 효과가 있을 수 있다. 진흙비료를 주는 것도 이와 같다.

灰, 麥則灰、糞兼用. 麥根直下而淺, 灰、糞俱要著根, 而早壅方有益. 壅泥亦然.

맥류를 파종한 밭에는 고랑을 파고 정리하는 작업을 일찍 해야 한다. 속언에서 말하기를, "동지(12월 하순)에 판 고랑을 금고랑이라 하고, 대한 전(1월 하순)에 판 고랑을 은고랑이라 하고, 입춘(2월 상순) 후에 판 고랑을 물고랑이라 한다."라고 하였다.[45] 고랑의 정리는 두 번 해주는 것이 적당한데, 고랑이 깊으면 이랑의 토양층이 더 두텁게 되어 배수가 원활해지고, 땅속의 토양 또한 더욱 부드러워진다.[46]

墾溝揪溝亦宜早. 俗謂"冬至墾爲金溝, 大寒前墾爲銀溝, 立春後肯爲水溝". 揪至兩遍更好, 溝深則棱土厚而脫水盡, 田底亦愈熟故也.

44) 역자주 『보농서』에는 맥(麥), 보리[大麥], 맥류(麥類) 등의 방식으로 맥을 표현하고 있다. 이 기록만으로는 '맥(麥)'이 밀인지 보리인지 분명하지 않다. 다만 대맥이 보리를 표현한 것이라면, 맥(麥)은 소맥(小麥), 즉 밀을 표현했을 가능성도 있다.

45) '동지'는 동짓달(음력11월) 보름 후이고, '대한'은 섣달(음력 12월) 보름 후이고, '입춘'은 정월(음력 1월) 보름 후이다. 시간은 각각 한 달 정도의 차이가 나지만, 경작의 작용은 확연히 다르다. 중국은 늘 경작의 계절성을 중시하였다. 『범승지서(氾勝之書)』「경전(耕田)」편에서 "무릇 보리밭은 늘 5월에 땅을 갈았고, 6월에 다시 땅을 갈고, 7월에는 갈지 않고 평평하게 해주어 심을 때를 기다린다. 5월에 갈면 한 번이 세 번에 맞먹고, 6월에 갈면 한 번이 두 번에 맞먹는다. 만약 7월에 갈면 다섯 번이 한 번에도 미치지 못한다."라고 한다. 이는 모두 경작이 빨라야 하고 적기에 해야 한다는 것을 설명해준다. 장리상의 농사경작 사상은 범승지(氾勝之)의 원리와 서로 같다. 단지 남방과 북방의 구체적인 조건에 의해 규정되는 시간에 따라 방법이 다를 뿐이다.

46) 땅을 깊게 갈아야 논이 부드러워질 수 있어 논벼에 유리하다. 논벼의 전작지[여름작물] 경작은 더욱 세밀해야 논벼 재배에 좋은 기초를 만들 수 있다. 반대로 전작지 경작이 좋지 못하면 다음 작물 재배의 기초를 망칠 수 있다.

내가 소흥에 갔을 때,[47] 그곳에서 유채깻묵[菜餅]을 사용해 비료를 만드는 것을 본 적이 있다. 1무당 깻묵가루 10근을 빻아 가루로 만들어 맥麥의 싹이 나온 후, 그루마다 약간씩 뿌려준다. 비가 내릴 때마다 맥은 조금씩 빨리 자란다. 우리 고향에도 콩깻묵 가루를 비료로 덮어두는데 매우 효과가 좋다. 맥류 1되당 콩깻묵 가루 2되를 섞는데 방법은 맥류 종자와 함께 뿌린다. 맥류의 씨앗을 물에 불려서[48] 싹이 나게 한 후에 뿌려야 가장 적합하다. 만약 마른 상태에서 뿌리면 콩[49]이 빨리 부패하여 맥류 종자를 썩게 할 수 있다.

余至紹興, 見彼中俱壅菜餅. 每畝用餅末十斤, 俟麥出齊, 每科撮少許. 遇雨一次, 長一次. 吾鄕有壅豆餅屑者, 更有力. 每麥子一升入餅屑二升, 法與麥子同撮. 但麥子須浸芽出者爲妙. 若乾麥, 則豆餅速腐而幷腐麥子.

최근 품삯은 비싼데 게으름 피우는 자가 많고, 똥오줌을 잘 뿌려주지 못하면, (비록 비쌀지라도) 깻묵을 사용하여 품삯도 줄이고 비료값도 절약하는 것만 같지 못하다. 그러나 콩깻묵가루를 시비하려면 모름지기 고랑을 깊게 파고 흙도 두텁게 덮어주어야 한다. 이렇게 하지 않으면 까마귀나 참새가 맥류를 먹는 해를 입을 수 있다. 민가 근처의 논에 맥류를 심으면 닭들로 인한 피해를 막을 수 있다. 맥을 심게

近年, 人工旣貴, 偸惰複多. 澆糞不得法, 則不若用餅之工糞兩省. 但撮餅屑須要潭深而蓋土厚. 否則慮有鳥雀之害. 惟田近民居, 則防雞損. 及種麥秧, 則不得已而用糞耳.

47) 소흥현(紹興縣)은 절강성(浙江省) 동부와 항주만(杭州灣) 이남에 있고, 지금은 소흥 지역에 속하고, 소흥시가 있다.

48) '침아(浸芽)'는 즉 씨앗을 물에 담가 싹이 나게 하는 것으로, 식물의 씨앗을 파종하기 전에 처리하는 방법이다. 씨앗을 맑은 물에 담그고 인공으로 관리하는데, 일정한 시간이 지나면 씨앗이 충분한 수분과 산소를 얻을 수 있고, 영양 물질의 전화를 가속화시키고 싹이 빨리 나는 것을 촉진시킬 수 있다.

49) 문장의 뜻에 '병(餅)' 한 자가 적은 것을 근거로 지금 보충해 넣었다.

되면 부득이 분비를 시비할 수밖에 없다.

농촌의 탈곡장이나 돼지 축사 앞의 공터에 매년 새 흙을 깔고, 표면의 낡은 진흙은 걷어내어 채소나 맥류의 밭에 사용하면 가장 좋은 비료가 된다.

鄕居稻場及豬闌前空地, 歲加新泥而刮面上浮土, 以壅菜、蓋麥, 最肥有力.

수수현秀水縣 북부에서는 음력 8, 9월에 늘 하천 진흙을 퍼내어 논에서 재배되는 유채[菜]에 비료를 준다. 이러한 방법이 가장 좋은데, 이때 해는 길고 일은 한가롭기 때문에, 토양을 비옥하게 하고 비료를 절약하고, 농민이 힘을 들이지 않아도 유채를 무성하게 할 수 있으며, 이듬해 벼 또한 쉽게 생장하고 발육할 수 있다.

秀水北區, 常於八、九月罱泥壅田中菜. 此法最好, 日長而工閑, 土肥而糞省, 農人不勞而菜茂, 來年禾復易長.

다른 사람들이 유채를 훔쳐가는 것을 예방하기 위해 소똥을 구덩이에 넣어 썩힌 후 유채에 주면 유채의 냄새 때문에 사람들이 훔쳐가지 않는다. 맥과 유채에 거름을 주는 것에 대한 한 조목을 제시하였다.

油菜防盜取, 以牛糞入潭作爛澆之, 則菜臭而人不偸矣. 上壅麥菜一則.

번 역

原文

제7단 본 단은 벼의 서로 다른 품종과 서로 다른 지역의 차이점에 대해 설명하고 있다.

第七段 本段說明水稻不同品種與不同區域的差異性.

날씨는 마찬가지이지만 땅 기운은 백 리

天只一氣, 地氣百

안쪽에도 서로 다르다. 이른바 한 면은 양지이고, 두면은 음지, 즉 토양의 기운에 양기가 부족하다는 것이다.50) 이는 마치 한 아버지 아래의 아들이 어머니에게 받은 기가 달라 아들의 모습이 다른 것과 같다.51) 우리 고향의 논에는 '황도黃稻'를 심기에 적합한데, 이른 황도든 늦은 황도든 상관없이 모두 풍작을 거둘 수 있으며, '백도白稻'는 조생종 찰벼만이 높은 수확을 할 수 있다. 메벼 품종은 서리를 맞으면 죽는다. 하지만 오진烏鎭 북쪽과 연시漣市 서쪽은 그렇지 않은데, 이는 토양 성질의 차이에 의한 것이다.52)

里之內卽有不同. 所謂陽一面陰二也. 正如一父之子, 所受母氣不同, 則子之形貌性情亦從而異. 吾鄉田宜"黃稻", 早黃、晚黃皆歲稔, "白稻"惟早糯歲稔. 粳白稻遇霧卽死. 然自烏鎭北、漣市西卽不然, 蓋土性別也.

50) 역자주 '이양일음(二陽一陰)'은 양기는 좋지만 음기가 부족하다는 의미이다. 『소문(素問)』「음양류론(陰陽類論)」에는 "이양일음, 양명주병.(二陽一陰, 陽明主病.)"이라고 하는데 왕빙(王冰)이 주석하기를 "일음궐음, 간목야。 이양양명위토기야, 목토상박, 고양명주병야.(一陰厥陰, 肝木也。 二陽陽明胃土氣也, 木土相薄, 故陽明主病也.)"라고 하였다. 이런 측면에서 본문의 '양일면음이(陽一面陰二)'의 의미는 토양기운에 양기가 부족하다고 해석할 수 있다.

51) 시대의 한계와 과학 지식의 부족으로 인해, 장리상의 날씨, 부모, 자녀의 모습과 성격에 대한 인식이 일반적이거나 정확하지가 않다. 우리는 역사의 유산에 대해 식별하고 비판적으로 수용해, 그 정수를 취하고 좋지 못한 부분은 버려야 하지 모두 수용해 축적해서는 안 된다.

52) 심씨는 오진(烏鎭) 북쪽과 연시(漣市) 서쪽의 사람이기 때문에 이른 백도(白稻)를 중시한다(상권 「토지이용방법[運田地法] 제3단락 참조). 장리상은 오진 남쪽과 연시 동쪽의 사람이기 때문에 황도를 중시한다. 그렇지만 백도와 황도는 모두 '점성도(占城稻)'를 거쳐 변화된 것이다. 건륭(乾隆)『오청진지(烏青鎭志)』 제2권에 60일벼, 80일벼, 100일적(赤)은 모두 점성(占城)에서 유래한 것으로, "종자는 점성에서 왔다. 송 진종(眞宗) 때 양절(兩浙)에 가뭄이 들었는데, 복건(福建)에서 점성도 3만 곡(斛)을 들여와 풀었다. 심는 법을 전운사(轉運司)에 내려보내 백성들에게 보인 것이 지금의 조도(早稻)이다. 초기에는 양절(兩浙)에만 풀었는데, 지금은 북방의 높은 곳에도 비슷한 것을 가지고 있다. 그 알이 길고 색은 하얀 것이 '승홍련(勝紅蓮)'이다. 품질이 강하고 껍질과 줄기가 모두 하얀

경작의 방법은 『심씨농서』에서 모두 말하였다. 강조할 만한 것은 농사시기를 세심하게 주의하고 있다는 것이다. 똑같은 노력과, 비료를 준다해도, 계절의 늦고 빠름은 수 일간의 차이가 있어서 그 수확량은 크게 달라진다. 이러한 상황은 적기에 하느냐 적기에 하지 않느냐의 차이에 따른 것이다. 농언에 이르길, "올누에, 올벼가 제일이다."라고 하였는데, 저지대 마을[下鄕]의 대부분의 호전湖田은 비교적 질이 떨어져 여름작물을 심지 못하기 때문에, 약간 늦게 파종하는 것이 비교적 유리하다. 우리 고장은 여름작물의 수익이 작물 생산의 반을 차지한다. 예컨대 누에콩, 밀이 늦게 되면 한 해 수확이 적어진다. 경작 농가는 '세 가지 소小'를 꺼리는데, 곧 '소만(5월 하순)'에 누에를 기르는 것, '소서(7월 상순)'에 모내기 하는 것,53) '소설

耕種之法, 『農書』已備. 惟當急於赴時. 同此工力、肥壅, 而遲早相去數日, 其收成懸絕者. 及時不及時之別也. 俗曰, "早蠶、早田爲第一." 下鄉田低, 無春花, 故利遲. 吾鄉春花之利居半. 若蠶豆、小麥遲, 俱薄收也. 田家忌"三小": "小滿"蠶, "小暑"田, "小雪"麥, 其收較薄, 故皆宜早. 惟赤籼一種稻色, 尤爲早熟, 今田家皆有.

것이 '파아도(䆉稏稻)', 그 알이 크고 색이 하얗고 줄기가 연하고 싹이 있는 것이 '설리간(雪裏揀)', 그 알이 하얗고, 싹이 없고 줄기가 작은 것이 '사고갱(師姑秔)'이다. … "라고 하였다. 점성도의 변종은 생육에 있어 60일, 80일, 100일 등의 구분이 생겼고, 형태에 따라 이름에서는 승홍련, 파아도, 설리간, 사고갱 등이 생겼다. 색깔에 있어서는 하얀색과 황색의 차이가 생겼다. 『오청진지(烏靑鎭志)』는 건륭 시대 오진(烏鎭)의 동지(同知) 동지녕(董志寧)이 편찬한 것으로, 여기서 기재하고 있는 벼의 품종은 훗날 각 지방지에서 원문을 베껴 적었다. 하지만 이후에 어떤 변화가 있었는지는 설명하고 있지 않다. 논벼 품종의 변종에 대해서는 다른 전문적 연구를 해야 한다.

53) 명말청초에 벼의 늦은 파종을 가장 꺼려했는데, 소설에 모내기를 하면 시기가 너무 늦다고 생각했다. 민국 『남심지(南潯志)』 권30의 기재에는 청 초기 "벼를 물에 담그는데, … 이른 벼는 청명절 전에 물에 담그고, 늦은 벼는 곡우 전후에 물에 담근다."라고 하였다. 청대 중엽부터 복원진(濮院鎭) 일대에는 늦게 모내기 하는 제도가 시행되었는데, 『복원지(濮院志)』(민국 시기 편찬) 권14의 기재에는 "우리 고장에는 양잠일이 있기 때문에 인력이 부족해 일률적으로 늦은 벼

(11월 하순)'에 밀, 보리를 심는 것이다.[54] 그렇게 하면 수확이 비교적 적기 때문에, 모두 빨리 하는 것이 좋다. 오직 붉은 메벼 품종만이 성숙이 특별히 이르기 때문에 현재 농가는 모두 이 품종을 가지고 있다.

또 잡벼[雜稻]가 있는데, 어떤 사람은 '강서메벼[江西籼]'라고 말하고, 어떤 사람은 '태주메벼[泰州籼]'라고 한다. 농민들은 모두 이것을 없애려고[55] 하지만 결국 완전하게 없애지는 못하고 있다.[56] 벼 종류에 대한 한 조목을 제시하였다.

或云"江西籼", 或云"泰州籼". 人皆欲芟去之, 終不能盡. 上稻種一則.

를 심는다. …"라고 되어 있다. 그리고 이를 시로 지어 "우리 고장의 경작은 늦어 소서가 되어야 한창 벼를 이식하며, 잠상이 끝나고 콩과 보리의 수확이 끝나면, 모가 다행히 이미 자라게 되어, 비가 많이 내려도 상관없다. …"라고 했다. "소서에 벼를 한창 이식한다."라는 것은 장리상이 말한 '농가가 금한 세 가지 금기' 중의 한 가지 금기인 '소서 논[小暑田]'이다. 해방 이후 늦은 벼를 모내기 하는 시기는 이미 앞당겨졌다.

54) 청 말부터 그 지역에 늦은 벼가 많았기 때문에 보리와 밀은 늘 소설 절기에 파종을 하였다. 이 또한 명말청초 '농가가 금한 세 가지 소(小)' 중의 한 가지 금기이다. 심씨는 보리 심는 절기를 동지에 두었고(본서 상권 「월별 농사일[逐月事宜]」 '시월[十月]' 참조), 장리상은 8월 즉 보리씨앗을 높은 곳에 심을 것을 주장했는데, 모두 시간을 다투어 일찍 보리를 심는 조치를 한 것이다.

55) '삼(芟)'은 김매다, 제거하다, 없애다의 뜻이다.

56) '강산메벼[江西籼]' 혹은 '태주메벼[泰州籼]'는 동향에서만 짧은 시기에 심는 것이다. 『오청진지』 권2의 기재에 "태주메벼는 씨앗이 태주에서 온 것이다. 그 색이 붉어 속칭 '붉은 메벼' 혹은 '강서메벼'로 불렀는데, 지금은 농가가 모두 가지고 있다. 그것을 없애고자 해도 다하지 못했다."라고 한다. '태주메벼' 혹은 '강서메벼'의 내력에 관해서는 『양원선생전집』 권17 「적미기(赤米記)」에 이르기를, "우리 고을의 사방에는 산과 구릉이 없고, 하천 가로 토양이 비옥하고 논은 기름져 황백 벼에 적합하다. 민가에서 수수 1에 메벼 10을 심었는데 비교적 컸다. 그렇지만 매번 수확을 할 때면 걸핏하면 붉은 쌀이 그 속에 섞여 있었다. 비록 해마다 그것을 없애고자 했지만, 이듬해 다시 예전과 같았다. 다른 고장에 가면 그렇지는 않았기에, 나는 의문이 들어 늙은 농부에게 물었다. 노인은 탄식하면서 말하기를, '이는 관에서 남겨준 애정입니다!'라고 했다. 나는 '무슨 말입니까?'라

〈그림 3〉 강서메벼[江西籼]

〈그림 4〉 태주메벼[泰州籼]

고 물었다. 대답하기를 '만력(萬曆) 무갑(戊甲) 여름 5월 큰 홍수가 났는데, 논둑이 다 잠겼지요. 백성들이 이를 고하자 관에서 위로하며 구하려고 노력했지만 할 수가 없었지요. 논을 버리고 이미 심은 것은 종자로 남겨두고자 했습니다. 연일 비는 그치지 않았고, 그 기세로 보니 종자가 남아 있을 것 같지 않았지요. 이에 미리 전사(典史)를 파견해 창고에 비축해둔 약간의 재물로 도와주도록 했습니다. 밤낮으로 강서(江西)[혹은 강북 태주(江北 泰州)를 말한다]에서 씨앗을 사 올 것을 고했지요. 그리고 저는 물을 길어내자고 말했지요. 그리고 삼태어사(三台禦史)에게 청해 올해 논밭의 세를 면해주어 민심을 달랠 것을 부탁했지요. 십여 일 후 곡식이 왔는데, 네 곳으로 나누어 곡식을 내어주고 백성들에게 다시 심을 계획을 가르쳤지요. 한 달쯤 지나 물이 빠지자 논이 드러나니 볏모가 이미 자라 있었습니다. 사람들이 그것을 의아하게 생각했지요. 황적색 콩을 심어 양식으로 하였습니다. 관에서 말하기를, 아무것도 하지 않고 곡식을 포기하는 것보다는 백성에게 곡식을 심는 것을 권장하는 것이 더 낫다고 했지요. 그 해 가을 곡식은 대풍이었고 세금도 다시 3할을 감해 주었습니다. 백성들은 이로 인해 생명을 온전하게 얻은 자가 매우 많게 되었지요. 다른 고을은 이에 미칠 수가 없었답니다. 이 곡식은 늦게 심어도 일찍 익고, 베지 않아도 떨어졌어요. 이후 다른 것을 심어도 그 씨앗이 여전히 논에 남았고, 해마다 없어지질 않습니다.'고 했다."라고 했다.

번 역

제8단 본 단은 삼을 심는 법을 서술하고 있다.

동향 동부 지역의 논에는 모두 삼[麻]을 심고, 뽕나무를 심지 않은 밭에도 삼을 심는데, 주로 그것의 수확이 빨라 늦벼와 늦콩을 심는 데 방해를 주지 않기 때문이다.57) 채소 심기와 비교하여 들이는 노동력은 별반 차이가 없지만, 이익은 배로 증가한다.

삼을 심는 방법: 청명(4월 초) 전에 땅을 뒤집어 가늘게 부수고 정지하여 씨앗을 뿌린다. 반드시 외방(外方)에 심는 것이 좋다. '청명' 전에 군(郡)에 이르러 씨를 뿌리는 것도 있다. 한 움큼의 종자를 포기마다 3 ,4치를 띄워서 중간에 호미질을 할 수 있도록 하며 심는 방법은 작두콩과 같이 하는데, 특별히 덮을 때는 재만 이용하고 흙은 사용하지 않는다. 까마귀나 참새를 며칠 지켜보고 새끼줄과 쪼개진 대나무를 사용해 놀라게 하여 내쫓으며, 싹이 1치 나올 때까지 기다린다. 분

原 文

第八段 本段敍述種麻之法.

東路田皆種麻, 無桑者亦種之, 蓋取其成之速, 而于晚稻、晚豆仍不碍也. 其工力較菜子相去不遠, 其收利則倍.

法: 于清明前倒細下種. 種必外方者爲佳. "清明"前有至郡放子者. 撮子每科懸三、四寸, 便中間可容鋤, 若梅豆科然. 特蓋用純灰而不加泥耳. 守鳥雀數日, 用繩及破竹驚逐, 旣出寸許乃已. 糞澆二次, 每畝一次約

57) 청명 전에 씨앗을 심으면 6월 안에 수확하는데, (아래 문장에서 6, 7월에 삼을 물에 담근다고 했기 때문에 6월에 수확한다는 것을 알 수 있다) 생장 시간은 대략 90일에서 100일이 된다. 이와 같은 삼ㅡ벼[稻], 삼ㅡ콩과 같은 윤작의 경작방식은 또한 토지 생산력을 회복할 수 있고, 경제 효율을 높일 수 있는 유효한 조치이다.

뇨를 2차례 주는데, 한 번마다 똥오줌[淸水糞] 백 단을 준다 중경제초를 2차례 한다. 삼이 다 자라면 맑은 날을 골라 베서 햇볕에 말리고, 음력 6, 7월에 물속에 하룻밤 담가 놓는다. 이것이 바로 『시경』에서 말한 "동문 가의 못에 삼을 담근다."의 의미이다.[58] 삼이 잘 자란 밭은 1무당 200근의 껍질을 벗길 수 있다.[59] 삼을 벗기는 방법은 꼬리에서 머리 쪽으로 벗긴다. 만약 흐린 날 껍질을 벗긴 삼은 검게 곰팡이가 필 염려가 있으며, 지붕이 많으면 복도의 처마 아래 널어 바람과 햇빛을 쐬면 해가 없게 된다. 값도 떨어진다.

清水糞百担. 刭削二次. 蔴成, 擇農晴天刈起曬乾, 六、七月間浸一宿. 『詩』所謂"東門之池, 可以漚蔴"是也. 脫其皮, 每畝盛者可得二百斤. 剝法從尾至頭. 若陰雨剝之, 懼黑爛, 屋多者散置廊檐下, 見風日亦無害. 而價損.

우리 고향에서는 삼을 심으니 이익이 동부 지역보다 자연히 높아야 하는데, 삼 재배 기술이 좋지 않다. 만약 사람을 초빙하여서 재배방법을 가르친다면 1년이 지나면 삼 농사가 좋아질 것이다.

吾鄕種此, 爲利自浮於東路, 但恐業之不精. 若募人敎植, 一年許卽善其事矣. 上種蔴一則.

〈그림 5〉 작두콩[梅豆]

〈그림 6〉 삼[蔴]

58) 『시경(詩經)』「국풍(國風) · 진풍(陳風)」편에서 보인다.

59) 1무에 200근의 생산은 현 시근으로 보면 238근에 해당한다.

번 역

제9단 본 단은 모시를 파종하는 법을 서술한 것이다.

第九段 本段敍述種苧麻之法.

호주 농촌에는 집집마다 모시를 심어 실을 뽑는데, 심은 것의 대부분은 베를 짠다. 1년 동안 좋은 모시 뿌리를 심어 여름, 가을, 겨울 세 계절에 모두 수확할 수 있다. 그 후에는 더 이상 번거롭게 다시 파종하지 않고, 약간의 비료만 주면 족하다.

湖州家家種苧爲線, 多者爲布. 一年植根, 三時可刈. 其後不煩更種, 稍加肥土足矣.

만약 1푼分의 땅이라도 모시를 심을 수 있으면 가정에서 사용하는 실은 부족하지 않을 것이며, 그리고 모시 뿌리는 분말로 만들어 식용으로도 쓸 수 있다. 모시 파종에 대한 한 조목을 제시하였다.

若種苧地一分, 則線可無乏用. 苧頭更可入粉爲食. 上種苧一則.

〈그림 7〉 모시[苧麻]

번역

제10단 본 단은 율무 심는 법을 서술하고 있다.

율무 1무를 심으면 가장 잘 자란 한 해에는 만 근을 수확할 수 있다. 매일 삼십 근의 땔나무를 사용하는 집이라면 1년의 땔감을 공급할 수 있다.[60] 설사 수확량이 적다 하더라도 매년 1무당 5, 6천 근을 수확할 수 있는데, 율무 2무가 1무의 수익에 불과하더라도 토지를 빌려주어서 땅에서 얻는 이익보다 많다.

율무를 재배하는 방법: 송곳[山錐]을 사용하여 뿌리를 뒤집는데, 매 뿌리는 사방 5치 평방의 면적으로 뒤집어야 쉽게 성장한다. 클수록 빨리 자란다. 그루당 2, 3척의 거리를 두고 매년 한 번 보충해 심으면 3년이면 다 메울 수 있으며, 이후로는 단지 해마다 새 흙을 주고 2번 땔감을 하는 노력만 들이면 된다. 옮겨 심을 때 크고 좋은 품종을 골라야 한다.

율무는 동지를 전후해 수확한다. 일찍 수확하면 (기온이 높기 때문에) 그루에서 다시 싹이 나는데, 겨울이 지나면 말라 시들게 되어 이듬해에는 반드시 실패하게 된다. 늦게 하면 줄기가 다

60) 율무를 심는 것은 땔나무 자급을 위해서이다.

原文

第十段 本段敘述種芊茇之法.

種芊茇一畝，極盛可得萬斤. 則沒日燒柴三十斤之家，可供一歲之薪矣. 少亦得五、六千斤，二畝當一畝，尙優于田地租息也.

法: 用山錐翻根，根方五寸許卽易長. 愈大愈速. 每科懸二、三尺，一年一補，三年而滿，則歲歲惟上泥及斫柴兩次工力. 但當擇其種之長大者爾.

斫宜冬至前後. 早則笋復生，終冬而枯，次年必衰. 遲則幹復活，滋根者少，次年

시 푸르러지려고 하나, 뿌리 부분에 저장된 양분이 적어 이듬해에도 무성해지지는 않는다. 만약 2년 연속해서 수확을 하지 않으면 반드시 실패하게 되는데, 이는 새순이 생장할 수 없기 때문이다. 수확을 한 후에는 반드시 흙을 덮어 주어야 한다. 물가 근처에 있는 하천 진흙을 사용하거나, 논 근처에 있는 볏짚을 섞은 거름을 사용한다. 초봄이 되면 진흙을 두드려 잘게 부순다.

亦不茂. 若兩年不斫, 則亦衰, 以新笋不生故也. 斫過必加泥. 近水用河泥, 近田用稻秆泥. 開春碎之.

율무는 물가 가까운 곳이나 무덤 근처에 심는 것이 가장 좋다. 물가 근처는 진흙을 건져 내거나 배에 땔감을 실어 집으로 돌아오기가 편리하다. 무덤 근처는 나무 그늘이 덮여 있기 마련이어서 뽕나무나 삼 등의 작물을 심기 적합하지 못해서 율무를 이곳에 심는다. 황폐한 토지는 한 번의 고생으로 영원히 번거로움을 없앨 수 있으므로 이보다 더 유익할 수는 없다.[61] 율무 파종에 대한 한 조목을 제시하였다.

最宜近水地灘及墳墓旁地. 近水取其便于罱泥及載薪以歸. 墳墓旁地, 必有樹蔭覆蓋, 不便桑麻. 種之於此. 則不毛之土, 一勞永逸, 其益無方. 上種芊芆一則.

〈그림 8〉 율무[芊芆]

61) '기익무방(其益無方)'은 장점을 헤아릴 수 없다는 뜻이다.

교석자 고찰

본 단락은 오중吳中의 땔감 확보의 어려운 상황을 반영하고 있다. 우리는 일찍이 그 지역에서 소주[蘇], 가흥[嘉], 호주[湖], 항주[杭]의 해방 전의 상황을 조사한 적이 있는데, 평균 1인당 2무가 채 되지 않았다. 논 2무로 계산하면 일반적으로 1가구당 평균 4.5인이 있으니 대략 논 9무가 된다. 1무당 500근의 볏짚이 생산되니 1가구당 모두 4,500근의 볏짚이 생산되는 셈이다. 매일 평균 15근의 볏짚을 때면 한 달에 450근을 때니, 1년에 5,400근이 필요하다. 연료 한 항목으로만 봐도 볏짚의 양이 부족하다. 또한 볏짚은 집에서 여러 용도로 쓰이는데, 이 밖에 네 가지 용도인 사료(물소 1마리당 매일 볏짚 20근이 필요하다), 건축재료(집 지붕 및 수차 지붕 등), 공업원료(돗자리나 가마니 만들기 등), 비료(축사에 깔아놓은 것 및 볏짚은 토양 비료성분을 높일 수 있다)로 이용되는데, 따라서 볏짚의 수요와 공급에서 모순이 발생한다. 본서 제22단락에서 "일상생활에서 급한 것으로 땔나무와 쌀, 두 가지가 중요하다."라고 말하는데, 이는 곧 300년 전에 나타난 땔나무의 부족 문제를 말한 것이다. 이 단락에서는 또한 '땔나무를 사서 불을 지피는 것', '왕겨 태우기'는 "방법이 될 수 없다."라고 말하는데, 왜냐하면 이는 보편화될 수 없었기 때문이다. 적은 수의 집들만이 땔감을 사거나 혹은 왕겨를 태워 약간의 어려움을 해결할 수 있었다. 하지만 만약 모든 저습지의 사람들이 상술한 방법을 사용한다면 땔나무의 공급원은 부족하게 된다. 현재 농작제도의 개선 문제를 연구할 때 반드시 상술한 당시의 현실적 상황을 고려해야만 한다.

번역

제11단 본 단은 무파종과 무와 삼을 윤종하는 법을 서술하고 있다.

原文

第十一段 本段敍述種蘿蔔及蘿蔔與麻輪種之法.

무를 심는 방법: 7, 8월[伏天] 사이에 2차례 땅을 갈아엎고[以伏], 보름 동안 갈아엎은 땅을 햇볕에 말리고[62], 인분을 두 번 주는데, 이렇게 하면 토양이 부드럽고 황충이 없게 된다. 대개 대한에는 땅이 얼고 서리가 내리고, 대서에는 폭염이 쬐기에 두 시기 모두에 땅을 뒤집으면 해충을 죽일 수 있다. 백로(9월 상순) 전에 깊이 간 후 씨앗을 뿌린다.[63] 종자는 반드시 저절로 거두는 것이 좋다. 무[菜]에 잎이 생겨나는 것을 기다려, 자주 똥오줌[清水糞]을 준다. 그리고 싹이 조밀한 곳에는 싹을 김매기하여 솎아내어 가늘고 부드러운 것은 식용으로 쓸 수 있다. 매 구덩이마다 3, 4개의 모종을 남겨두면 잎이 무성하고 뿌리도 커진다.

種蘿蔔之法: 以伏天墾倒地二次, 曬過半月, 澆農糞二次, 則土松而無蟥. 大概大寒冰霜, 大暑烈日, 俱能發土殺蟲. 白露前深墾下種. 子必自收者爲佳. 菜起毛葉, 則頻澆清糞. 就密處漸芸其細者食之. 每科留三、四根, 則菜茂而頭大.

우리 고장의 토양은 찰지고 가늘어 무의 성질이 단단하고 맛도 아삭하며, 크기도 크고 맛도 좋아서 태호太湖 근처 일대에서 생산되는 것과는 다르다. 홍당무 또한 무와 마찬가지이다. 자신이 무를 심으면 가정에서 식용으로 사

吾鄉土性堅實, 蘿蔔亦性重而味細實, 其美大與太湖異. 胡蘿蔔亦然. 以供家用, 故爲便易, 卽賣

62) 복날에 땅을 2번 일군다는 것은 혹서(酷暑) 계절에 땅을 갈아엎고, 갈아엎은 땅을 햇볕에 말린다는 것을 의미한다. 땅을 2번 일구어 엎는 것은 깊게 해야 하는데, 아래 문장에서 말한 깊게 일구고 씨앗을 뿌린다는 것이 바로 이것이다. 깊게 일군 땅을 보름 동안 햇볕에 말리는 것은 혹서의 계절에 한다. 이는 심씨와 같은 것으로 토양을 햇볕에 말리는 것을 중요시하는 것이다. 토양을 햇볕에 말리는 목적은 토양을 부드럽게 하는 데 있는데, 곧 아래 문장에서 말한 토양의 부드러움을 말한다. 또 해충도 죽일 수 있는데 아래 문장에서 말한 해충을 없앤다는 것이다.

63) 현재 무를 심는 것은 일반적으로 처서(處暑)에 심어 소설에 수확을 한다. 생장기는 약 90일 정도이다. 무를 심고, 수확하는 것은 기타 작물 경작의 계절과 서로 충돌하지 않는다. 늦벼는 일반적으로 입동(立冬)에 수확한다. 입동에는 바빠지는데, 입동이 지나 무를 수확하면 시간은 비교적 여유가 있다.

용할 수 있어 당연히 아주 편리하고, 판다면 높은 수익을 얻을 수 있다. 이 지역 무의 값은 항상 태호 지역보다 비싸다.

亦得厚利. 本地蘿葍價常貴于太湖.

무 심기는 재 비료를 뿌리는 것을 가장 경계해야 한다. 왜냐하면 재 비료가 뿌리에 닿으면 자라기는 하지만 뿌리 끝이 갈라지게 된다.

獨忌壅灰. 見灰則須長而頭分故也.

만약 1무의 빈 땅을 이용해 봄에 삼을 심는다면, 삼을 수확하고 나서, 대서(7월 하순)에 한 번 땅을 갈아엎고 가을에 무를 파종한다. 무를 수확하고 나면, 대한(1월 하순)에 다시 땅을 한 번 갈아엎고[64] (이듬해 봄에 다시) 삼을 심을 때까지 기다린다. 연간 두 차례 수확을 할 수 있으니 뽕나무를 심는 것과 비교해 차이가 없다.[65] 무 파종에 대한 한 조목을 제시한 것이다.

若以閑地一畝, 春種麻. 麻熟, 大暑倒地, 及秋下蘿葍. 蘿葍成, 大寒復倒地, 以待種麻. 兩次收利, 亦不減于種桑也. 上種蘿葍一則.

64) "봄에 마를 심는다."라는 것은 제8단락에서 말한 청명(淸明) 전에 씨앗을 뿌린다는 것을 말한다. 대서(大暑)에 땅을 뒤집는 것은 마는 6월 말에 수확한다는 것이다. 2월 말에서 6월 말까지 생장기는 120일 정도이다. 무 수확은 소설(小雪)이다. 무를 수확한 후 대서까지는 다시 땅을 뒤집을 45일의 시간이 아직 있으니, 일할 시간은 비교적 여유가 있다.

65) 그 이익은 삼을 심는 것보다 작지 않지만, 생산량은 설명하지 않았다. 중등의 뽕잎은 1무당 일반적으로 1,300근 정도가 생산되니, 즉 6, 70개이다. 일반적인 해에는 1개당 1전이니, 1무당 은 6, 7량의 가격이고, 쌀 6, 7섬과 같다. 생산량이 높고 판매가격이 높은 해의 수입은 더 많아진다.

번 역

제12단 본 단은 감국(甘菊)을 파종하는 방법을 서술하고 있으며, 감국은 동향(桐鄕) 특산물 중의 하나이다.

감국[66]의 성질은 약간 달고 따뜻하여 장기 복용하면 몸에 아주 좋다. 옛날 사람들은 봄에 감국의 싹을 먹었고, 여름에는 잎을 먹었으며, 가을에는 꽃[67]을 먹었고, 겨울에는 뿌리를 먹었는데 매우 일리가 있다.[68]

이랑마다 1, 2그루의 감국을 심고 이것의 꽃을 따서 차와 섞어 음료로 만들면 찻잎의 반을 절약할 수 있다. 차의 맛은 약간 쓰고 차가운 성질이고, 국화의 맛은 약간 달고 따뜻한 성질이어서 둘을 함께 우려내면 서로 조절하는 작용을 일으킨다.

만약 파종 면적[畝]으로 본다면 감국재배의 수익은 콩을 심는 것보다 배는 높다. 우리 고장에서 면화를 심지 않는 농가는 감국 재배로 생

原 文

第十二段 本段敍述種甘菊的方法, 甘菊爲桐鄕特産之一.

甘菊性甘溫, 久服最有益. 古人春食苗, 夏食葉, 秋食英, 冬食根, 有以也.

每地棱頭中一、二枝, 取其花, 可以減茶葉之半. 茶性苦寒, 與甘菊同泡, 有相濟之用.

若種之成畝, 其利視種豆自倍. 吾里不種棉花, 亦有以此爲

66) 역자주 국화과의 여러해살이풀이다. 줄기는 높이가 30~60cm이며, 잎은 어긋나고 깃 모양으로 갈라진다. 10~11월에 노란 두상화가 가지 끝에 모여 핀다. 어린잎은 식용하고 꽃은 약용하거나 말려서 술에 넣는다. 길가나 산기슭에서 자라는데 한국, 중국 등지에 분포한다.

67) '영(英)'은 여기에서 꽃을 가리킨다.

68) '유이야(有以也)'는 이렇게 하는 것은 매우 일리가 있다는 것으로 해석될 수 있으며, 혹은 의의가 있다는 것이다.

활한다. 하지만 따는 데 많은 힘이 들고, 동시에 시장에 가지고 가서 팔려고 해도 다른 국화 종류와 혼동되기 쉽다.

業者. 但費采摘工夫, 及適市貿易, 耳目混亂耳.

감국 재배는 쉬운데, 다만 햇볕이 풍부하고 배수가 원활하고 잡초가 없어야 하며 거름을 시비하는 것도 아주 적어야 한다. 감국은 황색과 백색 두 품종이 있는데 백색이 황색보다 좋다. 감국 파종에 대한 한 조목을 제시하였다.

種植甚易, 只要向陽脫水而無草, 肥糞甚省. 黃白二種, 白者爲勝. 上種甘菊一則.

〈그림 9〉 감국(甘菊)

〈그림 10〉 강절지역의 면화와 뽕나무 분포도

번 역

제13단 본 단은 토란 파종하는 법을 서술하고 있다.

토란 재배[69]는 다른 특별한 방법이 없고, 토양층이 두텁고 비옥하기만 하면 뿌리가 크고 알이 많은 토란이 자랄 수 있다. 토란 밭에 매년 한번 흙을 바꾸어 주면 풍뎅이 유충[70]의 해를 입지 않는다. 입동이 되어 토란을 수확하면 맛이 들어 토란이 크고 달다.[71] 물이 있는 구덩이에 심으면 비료를 절약할 수 있지만, 가뭄이 들면 잘 자라지 못하고, 풍뎅이 유충의 해가 발생하기 쉽다.

호주湖州 일대에는 토란을 모두 밭에 심는데 이를 '밭 토란[旱芋]'이라고 부른다. 왜냐하면 그 곳의 지세가 낮기 때문이다. 지금은 반은 밭

原文

第十三段 本段敘述種芋芀法.

種芋無別法, 只土厚而肥, 卽頭大子多. 田間歲一易土, 則蠐螬不生. 入冬方起, 則味足而甘碩. 種在地溝, 則省肥, 但旱歲不能長, 又螬易生.

湖州俱種地上, 名爲"旱芋". 爲鄉低故也. 今以半在地, 半

69) '토란[芋]'은 '우두(芋頭)', '우내(芋奶)', '준치(蹲鴟)'라고도 부른다. 서우류(薯芋類)의 채소이다. 양식과 사료로 쓰일 수 있다. 다년생 초목으로 온대지역에서는 일년생 작물로 재배한다. 한대(漢代)에 이미 재배하였다. 품종은 아주 많은데, 크게 논 토란과 밭 토란 두 가지로 구분된다. 따뜻하고 습한 환경을 좋아하고, 가물 때는 생장이 좋지 않다. 온도는 20°C 이상의 적합한 기후에서 생장한다. 토양에 대한 적응성은 비교적 강하다.

70) '제조(蠐螬)'는 풍뎅이의 유충이다. 알은 백색이고 몸은 구부려져 말굽형을 띤다. 등 위에는 많은 가로무늬가 있고 땅속에서 산다. 식물의 뿌리와 줄기 등 땅 밑에 있는 부분을 갉아 먹는다. 주요한 땅 속 해충이다. 콩, 땅콩 … 여러 종류의 작물에 해를 입힌다. BHC 토양살충제와 곡물 살충제를 이용하거나 혹은 씨앗과 섞어서 유충을 잡는 등의 방법으로 방지할 수 있다.

71) '감석(甘碩)'은 토란의 모양은 크고, 맛은 달다의 뜻이다.

에 심고 반은 논에 심는다. 먼저 밭의 토란을 먹고, 후에 논의 토란을 먹는다. 이렇게 하면 가을과 겨울 모두 토란이 부족하지 않게 된다.[72)]

在田. 先食于地, 後食于田, 秋、冬均不匱乏.

밭 토란의 종자는 안휘安徽 광덕현廣德縣에서 생산되는데, 청명(4월 상순) 무렵에 그 곳에서 호주湖州지역으로 운반하여 판매한다.

旱芋2種出廣德, 清明時, 彼處排賣于湖.

만약 '논 토란[水芋]' 종자이면 절대 밭에 심지 말아야 한다. 토란 파종에 대한 한 조목을 제시하였다.

若"水芋",3 斷不可種地上. 上種芋4艿一則.

〈그림 11〉 토란[芋艿]

| 교 기 |

2, 3, 4는 연려각본然藜閣本은 모두 '우芓'로 되어 있고, 강소서국본江蘇書局本과 통학재본通學齋本에는 모두 '우芋'로 되어 있다. 각 방면의 대조를 통해 '우芓'는 '우芋'자의 오류임을 알았다. 동시에 그 지역에서 '우잉芋艿'이라는 작물은 있는데, '우잉芓艿'이라고 부르는 작물은 없었다.

72) '궤핍(匱乏)'은 부족하다는 뜻이다.

번역

제14단 본 단은 백합과 산약(山藥)을 심는 것을 서술하고 있다. 백합 역시 동향(桐鄕)의 특산이다.

백합[73]은 뿌리가 달고 맛있으며 꽃 또한 향기롭고 청초하다. 뽕밭 가에 심으면 뽕나무에도 피해가 없고, 뽕밭의 갈이와 시비에도 방해를 주지 않는다.[74] 어떨 때는 매년 한 번 수확하고, 어떨 때는 2, 3 년에 한 번 수확해도 좋다. 당서塘棲, 임평臨平[75] 등의 읍에서 종종 이렇게 한다. 그 때문에 이 지역에서는 백합이 많이 재배된다. 향우(香芋) 또한 그러하다.

울타리 밑에 산약[76]을 심으면 그 뿌리는 항상 남아 있다. 매년 그 (뿌리에서 나온) 가지를 캐먹는데, 힘써 노력하지 않고도, 아주 맛좋은 산약을 많이 구할 수 있다. 백합과 마에 대한 한 조목을 제시하였다.

第十四段 本段敘述種百合、山藥. 百合亦爲桐鄕特產.

百合, 根既甘美. 花復芳潔. 種于桑際, 5 無損于桑, 複不碍刭倒. 或每年一起, 或二、三年一起, 俱可. 塘棲、臨平, 往往如是. 故百合彼處多有. 香芋亦然.

籬下種山藥, 其根常留. 每年食其枝, 力不勞而得味多. 上述百合、山藥一則.

73) '백합(百合)'은 다년생 초목이다. 땅속에 편형(扁形) 혹은 원형에 가까운 구근[鱗莖]이 있고, 구근의 줄기바탕은 두텁다. 식용과 녹말을 만드는 데 사용되며, 꽃은 관상으로 쓰인다. 중의학에서는 구근을 약으로 쓰는데 효능은 폐를 다스려 기침을 멈추게 하고 심신을 맑게 해준다.

74) 뽕밭에는 백합을 심을 수 있다. 뽕나무 뿌리가 깊기 때문에 백합을 심어도 뽕나무의 비료나 경작 등에 손해를 주지 않아 큰 해는 없다.

75) 모두 항주(杭州) 북쪽의 읍으로 현재 여항현(餘杭縣)에 속한다.

76) '산약(山藥)'은 마의 뿌리[薯蕷]이다.

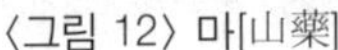

〈그림 12〉 마[山藥]

〈그림 13〉 백합(百合)

|교 기|

5 연려각본은 '제우상제際于桑際'로 되어 있는데, 강소서국본에 근거한 것이다. 통학재본에는 모두 '종우상제種于桑際'로 되어 있다. 현재는 이에 근거해 수정하였다.

번 역

제15단 본 단은 나무를 심는 중요성과 그 방법에 대해 서술하고 있다.

한나라 문제文帝는 조서를 반포하여77) 해마다 백성들에게 나무를 심도록 권고하였다.

原文

第十五段 本段敘述種樹的重要性和方法.

漢文帝詔, 歲勸民種樹.『管子』云, "一

77) '한 문제'(157~87BC)는 중국 봉건시대 한나라의 유명한 황제인데, 중농정책을 실행하였다. 문제(文帝)와 경제(景帝) 양 대에 국가가 매우 발전하였는데, 역사에서는 '문경의 치세[文景之治]'로 부른다. '조(詔)'는 즉 황제가 내린 명령인데, '조서(詔書)'라고도 부른다.

『관자管子』에 이르기를, "1년을 계획하려면 곡식을 심고, 10년을 계획하려면 나무를 심는다." 라고 한다.78)

年之計樹穀, 十年之計樹木".

우리 고장에는 산이 없고, 토지 또한 광활하지 않다. 그렇지만 빈 땅이나 물가에 좋은 목재로 사용할 수 있는 나무 백 그루를 심을 수 있다면, 30년 후에는 백금白金 이상의 높은 수확을 얻을 수 있을 것이다.

吾里無山, 土亦罕曠. 然能于地隙水濱種植良材百株, 三十年後, 可得白金以外.

만약 심은 나무가 잘 자라 숲을 이루면 큰 나무는 베어내고 다시 작은 나무를 심어서 서로 교체한다면 목재는 가히 부족함이 없을 것이다. 매년 잡다한 나뭇가지를 잘라내면 땔나무로도 쓸 수 있다.

若種樹成林, 大小相替, 材木可無乏用矣. 每年芟其繁枝, 可以爲薪.

나무를 심는 것은 각각 토양에 적합해야 하는데, 우리 동향현桐鄉縣에 심은 참죽나무, 개오동나무, 느릅나무, 박달나무는 모두 상등의 목재이다.

各以地之所宜, 則桐鄉椿、梓、楡、檀, 皆上木也.

소홍紹興의 기祁 씨 집안에서는 딸을 시집보낼 때, 혼수 비용이 1천 은자[銀]에 달하였다. 사람들은 그가 이렇게 많은 돈을 쓴 것을 의아하게 여겼다. 기 씨가 이르기를, "내가 쓴 돈은 단지 은자 10냥밖에 안 돼!"라고 하였다. 사람

紹興祁氏, 資送其女, 費至千金. 人怪其厚. 祁曰, "吾費不過十金耳." 人益駭, 問故. 曰, "於女生之

78) 『관자(管子)』는 책 이름이다. 중국 춘추시대 제나라 관중이 편찬하였다고 전한다. 후대의 사람이 약간의 편장을 부가시키기도 해 모두 24권이다. 내용이 방대하여 도가, 명가, 법가 등 제가의 사상 및 천문, 역수(歷數), 지구[輿地], 경제, 농업 등의 지식을 포괄하고 있다.

본 구절 안의 두 '수(樹)'자는 재배하다[種植培育]를 가리키는 동사이지 수목(樹木)을 가리키는 명사는 아니다.

들이 더욱 놀라 그 이유를 물으니 기 씨가 일러 말하기를 "우리 딸이 태어나던 그 해에 산속에 사는 농민들을 고용하여 삼나무 묘목 만 그루를 심게 하였는데, 1그루당 1리釐를 지불하였다. 딸이 16, 17살이 되어 출가할 때 크고 작은 삼나무는 1그루당 가격이 평균 1전이었다.[79] 따라서 혼수 비용이 아주 넉넉했다."라고 하였다. 이것은 비록 산림과 평야 지대는 같지는 않지만, 이와 같은 지혜는 통용될 수 있다.[80] 나무를 심는 것에 대한 한 조목을 제시하였다.

年，山中人包中杉秧萬株，株費一厘．女十六，七嫁，杉木大小每株値價一錢．則嫁資裕如矣．" 此雖山林與平野不同，然智可通也．上種樹一則．

번역

제16단 본 단은 채소밭[園圃]의 설치와 보호에 대해 이야기하고 있다.

第十六段 本段談園圃的設置和護理．

농사일을 관리하지 못하면 농작물(수확과 파종)의 어려움을 알지 못한다. 양잠과 방직에

農事不理，則不知稼穡之艱難．休其蠶

79) 삼나무 심기는 1그루당 원가가 1리(厘)인데, 16, 7년이면 1그루당 1전의 값이 나가니 100배의 이익이 된다. 앞글에서 이른바 "1년을 계획하려면 곡식을 심고, 10년을 계획하려면 나무를 심는다."라고 말하는 이 도리는 여기서 증명된다.

80) '지가통야(智可通也)'는 농사는 지역적인 차별이 있다는 것을 의미한다. 다른 사람의 구체적인 방법이 어느 곳에서나 모두 기계적으로 적용될 수는 없지만, 그 이치는 서로 통용될 수 있고, 요령을 파악하면 다른 사람의 방법이 가진 실질적인 핵심을 융통성 있게 사용할 수 있다.

종사하지 않으면 옷이 어떻게 만들어지는지 알 수 없다. 『시경』「빈풍豳風」편[81]에 왕업의 근본에 대해 설명하고 있고, 「칠월」 8장에서는 단지 '의衣와 식食'을 둘러서 설명하고 있다. 『맹자』[82] 7편에서 제왕이 정치를 펴는 요령을 말할 때 씨뿌리고 나무심고 가축 기르는 것을 가장 먼저 이야기하였다. 지금 이러한 것들을 이야기하면 번번이 보잘 것 없는 것이라고 비웃는다. 이 때문에 청렴하고 수치심을 아는 풍조가 정립되지 못하여, 풍속이 도탑게 확산되지 못하고, 화란이 끊임없이 나타나니, 어찌할 바를 모르겠다.

織, 則不知衣服之所自. 「豳風」 陳王業之本, 「七月」 八章, 只曲詳衣, 食二字. 『孟子』 七篇言王政之要, 莫先于田里樹畜. 今日言及, 輒笑爲鄙陋. 是以廉恥不立, 俗不長厚, 禍亂相尋. 未知何已.

그렇지만 농사일과 양잠 생산에 종사하기 위해서는 동시에 채소밭[園圃]을 경영하지 않을 수 없다. 옛날에는 사람들이 순박하고 풍속이 소박하여 오이와 표주박이 모두 들판에[83] 있었다(그렇지만 사람들이 몰래 가져가지는 않았다). 지금은 그렇지가 않고 울타리를 치고 밭을 만든다. 하나는 원예 작물의 생장을 지키기 위해서이고, 다른 하나는 나쁜 사람이 훔쳐가는 것을 방비하기 위해서이다. 난세에는 사람들의

然既治田、桑, 卽不可不兼圃. 古者民淳俗樸, 瓜瓠俱在疆場[6], 今不能然. 則編籬爲圃. 一以養生, 一以禦盜. 亂世人心, 自不能已.

81) 「빈풍(豳風)」은 『시경』 「국풍(國風)」 중의 한 부분이다. '빈(豳)'은 '빈(邠)'과 같다. 빈(邠)은 지금의 섬서성(陝西省)의 빈현(邠縣)이다. 아래의 글에서 말하는 '「칠월(七月)」 팔장(八章)'은 즉, 「빈풍(豳風)」 중의 한 편이다.

82) 『맹자』는 책 이름이다. 유가 경전의 하나이다. 대략 맹가(孟軻) 및 만장(萬章) 등이 기술한 것이다. 일설은 맹가의 제자가 제자의 기록을 다시 전했다고도 한다.

83) '강장(疆場)'은 경계로, 여기서는 들판의 뜻이다.

마음이(흉흉하여) 스스로를 통제하지 못한다.

민간의 울타리는 무궁화나무로 쉽게 만들 수 있으나, 무궁화나무의 쓰임새가 너무 적고 튼튼하지도 않으니 탱자, 오가피, 구기자를 섞어 심는 것이 낫다. 이 세 종류의 식물에는 가시가 있어 도둑을 방비할 수 있다. 또한 오가피는 봄에 그 싹을 따면 향기가 나고 맛도 좋아 식용으로 사용할 수 있다. 겨울에 오가피의 뿌리로 술을 담그면 품질이 좋은 음료가 된다. 구기자는 봄에 싹을 먹을 수 있고, 가을에는 열매를 딸 수 있으며, 뿌리는 바로 '지골피地骨皮'이다(좋은 약재이다). 탱자 꽃은 향기가 나고 가시도 촘촘하며, 과실 또한 유용하게 사용된다. 그와 같은 울타리를 만들려면 비록 5~10년의 긴 시간이 걸리지만, 오래 될수록 더욱 튼실해진다.

俗籬用槿易成, 然實寡用而不固, 不若間以枳枯, 雜以五茄皮、枸杞. 三物有刺, 可禦暴客. 又茄皮春摘其芽, 香美可食. 冬取其根, 入酒尤妙. 枸杞春可食苗, 秋可取子, 根卽"地骨皮"也. 枳花香而刺密, 實亦有用. 其成雖須十年、五年, 然久而愈密.

울타리 아래에 일반적으로 원추리를 심으면 싹이 잘 나고 잘 자라는데, 꽃이 필 때 따서 햇볕에 말리면 채소 보조품이 된다.

籬下遍種萱花, 自生自長、花開隨采以曬, 亦蔬之輔佐也.

채소밭에는 채소, 과실, 오이, 창포 등을 심을 수 있다. 1무의 면적에 심으면 10명의 가족이 사시사철 먹을 채소를 시장에 가지 않더라도 공급할 수 있다.

園中菜、果、瓜、蒲, 惟其所植. 每地一畝, 十口之家, 四時之蔬, 不出戶而皆給.

옛날 사람들은 타작마당과 채소밭을 같이 사용했다.[84] 가을 추수 때는 채소밭을 잘 다져서 타작마당으로 만들어서 곡물을 들여 탈곡하

古人場, 圃同地. 秋收則築堅圃地爲場, 以納禾稼. 至來

거나 햇볕에 말렸다. 이듬해 봄이 되면 다시 땅을 갈이하고 정지하여 채소나 가지 같은 것을 심는다. 이러한 모습은 호주의 농촌에서 흔히 볼 수 있다. 우리 고향[桐鄕]은 전혀 그렇지는 않는데, 마당은 오직 수확하는 한 철에만 사용하고 나머지 세 계절은 내버려 둘 따름이다. 채소밭은 다시 한쪽을 개간하는데 어쩔 수 없이 뽕나무 아래에 채소를 심는데, 채소를 재배해도 뽕나무를 해치지 않는다고 한다. 사실은 채소를 재배한 밭은 뽕나무 가지가 무성하지 않는데, 이것은 지력地力을 다하지 않았을 뿐만 아니라 또한 사람들의 게으른 모습을 보여주는 것으로 조금도 본받을 것이 없다. 옛날 사람들의 규칙은 크든 작든 모두 일정한 법도가 있었는데, 어찌 따르지 않고 행한다는 말인가? 울타리를 짜는 것에 대한 두 조목을 제시하였다.

春則又耕治之, 以種菜茄. 此意湖州鄕間往往見之. 吾鄕殊不然也, 場惟收成時一用, 三時廢棄而已. 圃則更辟一處, 不得已則于桑下種菜, 謂菜不害桑也. 其實種菜之地, 桑枝不茂. 此不特地力之不盡, 亦見人工偸惰, 無足取也. 古人規制, 無大小俱有法度, 何不遵而行之. 上編籬二則.

84) '타작마당과 채소밭[場圃]'은 원장(園場)과 같다. 『시경』「빈풍」에 "9월에 장포(場圃)를 만들었다."라고 한다. 모씨전(毛氏傳)에서는 "봄과 여름은 채소밭[圃], 가을과 겨울은 타작마당[場]이 되었다"라고 한다. 정현(鄭玄)은 전(箋)에서, "타작마당과 채소밭[場圃]은 같은 땅이라고 말하며, 작물이 생장할 때는 갈이하고 정지하여 채소를 재배하고, 작물을 수확하고 나면 다져서 타작마당[場]으로 썼다."라고 한다. 이것은 바로 봄과 여름에 작물이 왕성하게 자랐을 때는 마당을 갈아엎어 채소밭[圃]으로 만들어 채소를 심는다. 가을과 겨울에 작물이 다 자라면 다시 채소밭을 다져 타작마당[場]으로 만들어 작물을 쌓아두거나 탈곡 및 곡물을 펼쳐 햇볕에 말리는 등의 용도로 사용한다.

〈그림 14〉 오가피[五茄皮]

〈그림 15〉 원추리[萱花]

| 교 기 |

6 현재 각 판본을 조사해보니 모두 '강장疆場'으로 쓰고 있다. 고증해보건데 '강역疆埸'으로 해야 한다. 『시경』「소아小雅 · 신남산信南山」에 "강역疆埸에 오이가 심어져 있다."라고 기록되어 있다. 『좌전左傳』「성공십삼년成公十三年」에 "정鄭나라 사람들이 군君의 강역疆埸에 대해 화를 내었다."라고 하였다.

번 역

제17단 본 단은 오이류와 채소류를 심는 방법을 서술하고 있다.

수세미[絲瓜]는 물가에 심어야 하고, 밥 그릇과 같이 둥근 형태의 호박[飯瓜]은 지지대를 세워주어야 한다. 호박[南瓜]은 형태가 납작하며 애호박[北瓜]은 길게 생겼는데 모두 같은 종류이

第十七段 本段敘述種植瓜類菜蔬法.

絲瓜宜近水, 飯瓜宜上棚. 南瓜形扁, 北瓜形長, 蓋同類也. 凶歲鄉間無收, 貧困或用

다. 흉년이 든 해에는 마을에 수확이 없어 빈곤이나 굶주림을 해결하는 데 사용하니 그 파종을 끊지 않는 것이 좋다. 밭에 심는 창포[地蒲]는 평지에 심어야 하고, 집에 있는 창포[屋蒲]는 지지대를 높게 세워주어야 한다. 그릇을 만들어 사용할 수 있으며 연한 잎을 저장한다. 동과冬瓜는 성기게 심어야 하고, 채과菜瓜는 촘촘하게 심어야 한다. 오이[黃瓜]는 물가 근처에 심는데 지지대를 세워 줄기를 끌어주어야 하고 일찍 심는 것이 좋다. 여주[苦瓜]는 나무에 의지하여 덩굴이 자라게 하고 늦게 수확해도 괜찮다. 『시경』에 "박[匏]에는 쓴 잎이 달려 있다."라고 하는 것이 바로 이것이다. 수박[西瓜]은 우리 고장에서는 토양이 적합하지 않아서, 태호太湖, 고정皐亭 지방에서 많이 심는다. 조롱박[葫蘆]은 관상용에 지나지 않는데 그릇을 만들 수는 있지만, 먹지는 못한다.85) 『시경』에 이르기를, "향기로운 박이 달려 있다."라는 것이 이것이다. 생강은 임평臨平에서 생산되고, 죽순은 호주湖州에서 들여온다. 자고茨菇는 도랑가에 심는 것이 적합하고, 토란[香芋]은 담장의 그늘진 곳에 심는 것이 좋다. 동부[裙帶豆]는 지지대를 세우거

以療饑, 是宜弗絶其種. 地蒲宜平地, 屋蒲宜高棚, 可用爲器, 以貯嫩葉. 冬瓜宜疏, 菜瓜亦密. 黃瓜傍水爲棚, 宜于早種. 苦瓜倚樹而蔓, 不厭遲收. 『詩』"匏有苦葉"是也. 西瓜土不相宜, 太湖、皐亭, 則多有之. 葫蘆玩好而已, 但可爲器, 不可爲食. 『詩』云, "甘匏纍之"是也. 薑出臨平, 笋來湖郡. 茨菇便于溝際, 春芋利于牆陰. 裙帶豆可架, 可屛, 刀豆能上不能下. 芥菜在地日久根深, 宜垃圾. 薺菜在地日少根淺, 宜淸肥. 茄宜土實, 蔥、

85) '호로(胡蘆)'는 즉 '조롱박[葫蘆]'이고, 또한 '호리병박[瓠瓜]'이라고도 하는데, 조롱박과이다. 1년생이고 부드러운 잔털을 지닌 덩굴성 초본이다. 중국에서 재배 역사가 유구한 원예작물로 지금도 광범위하게 재배되고 있다. 열매의 모습과 용도는 품종마다 다르다. 약용인 것, 식용인 것, 그릇으로 사용되는 것, 물을 긷는 표주박, 완구용인 것도 있다. 여기서 말하는 "먹을 수 없다."라는 것은 아마 장리상이 심은 것이 완구용이거나 물건을 담는 것으로 사용되는 종류이기 때문인 것 같다.

나 장벽을 설치할 수 있다. 작두콩[刀豆]은 위로 뻗도록 해야지 아래로 뻗게 해서는 안 된다. 갓[芥菜]은 오래되면 뿌리가 깊게 뻗어서 퇴비를 주는 것이 좋다. 냉이[薺菜]는 생장기가 비교적 짧고 뿌리도 얕게 뻗어 똥오줌[淸肥]을 주는 것이 좋다. 가지는 단단한 토양이 적합하고, 파, 부추, 마늘은 부드러운 토양이 적합하다. 사탕무[甛菜]는 사계절 다 먹을 수 있는데, 1년에 한 번 옮겨 심고 여름에만 맛이 쓰다. 시금치[菠菜]는 초하루가 지나야 싹이 나오고, 월말에 씨앗을 뿌리고,[86] 봄과 가을에 맛이 달다. 상추[生菜]는 생으로 먹는 것이 적합하고, 양배추[大頭菜]는 익혀 먹는 것이 좋다. 미나리[芹苗]는 싱겁게 먹는 것이 적합하고, 치커리[萵苣笋]는 짜게 먹는 것이 좋다. 또한 아욱[露葵], 양귀비[罌粟], 순무[諸葛蔓菁]는 모두 맛이 좋다. 비유컨대 강과 바다의 산물과 같은 온갖 물건을 준비하여 펼쳐놓았다고 볼 수 있다. 채소 파종에 대한 한 조목을 제시하였다.

韮、蒜宜土松. 甛菜四季可食, 歲一遷秧, 惟夏月味苦. 菠菜越朔方出, 月杪下子, 在春、秋味甘. 生菜宜生, 大頭菜亦熱. 芹苗宜淡, 萵苣笋宜鹹. 若乃露葵、罌粟、諸葛蔓菁, 蓋非常味. 臂猶江瑤海蜃, 備陳方物可也. 上種蔬一則.

〈그림 16〉 여주[苦瓜]와 자고(茨菇)

〈그림 17〉 치커리[萵苣笋]

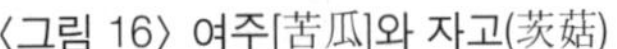

86) '월초(月杪)'는 월말이다.

〈그림 18〉 호박[南瓜]

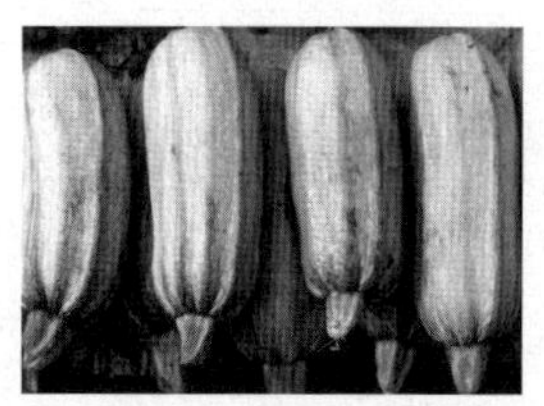

〈그림 19〉 애호박[北瓜]

번 역

제18단 본 단은 백편두의 파종과 이용에 대해 서술하고 있다.

내가 귀안현歸安縣으로 여행을 갔을 때, 그 지역 주민들이 물가에 수양버들을 심는 것을 본 적이 있는데, 수양버들 아래에 백편두白扁豆를 심고 수양버들을 그 위에 올려놓았다. 가을과 겨울에 수양버들 가지를 베어, 바구니[87] 등의 용기를 짜는 재료로 사용하였다. 콩 1그루에서는 콩 1되를 수확하였다.

우리 고향에는 수택지역이 부족하여 일반적으로 수양버들을 심을 수 없다. 또한 편두는

原 文

第十八段 本段敍述白扁豆的種植和利用.

予旅食歸安, 見居民于水濱遍揷柳條, 下種白扁豆, 繞柳條而上. 秋冬斬伐柳條, 可爲栲栳之用. 每豆一科, 可收一升.

吾鄕無廣澤, 不遍揷柳. 苦扁豆則環宅

87) 물건을 담는 용기의 일종으로, 버드나무 가지로 엮은 둥근 광주리이다. '바구니[笆斗]'라고도 부른다.

집의 담장 둘레나 정원에 심었다.

垣墻及中庭俱可種也.

백편두를 심는 방법: 먼저 익어서 마른 콩을 따서 내년의 종자로 남겨두면 일찍 열매가 달리고 그 뿌리는 아래로 깊게 뻗는다. 만약 먼저 깊게 구덩이를 파서 퇴비를 깔고, 다시 콩깻묵 비료로 위를 덮고, 그런 다음에 파종을 하면 1년 내내 거름물을 줄 필요가 없다. 흙을 복토하고 거름을 주는 것은 모두 '장마철'에 해야 하며, 하지(6월 하순) 이후 15일 뒤에 거름 주는 것을 가장 꺼린다. 만일 흙을 북돋아주는 것은 해가 없다. 가을에 비료를 주게 되면 덩굴은 많아지나 열매는 적게 열리고, 열매가 너무 늦게 달려 서리를 맞게 되면 시들게 된다.

法: 取先枯者, 留爲明年之種, 則早結. 其根直下最深. 若先開深潭, 先下垃圾一餠覆其上, 而後下種, 則終歲可以不澆. 培壅全在"黃海", 最忌夏至後半月加肥. 若壅土, 亦無害. 秋肥則藤多而結少, 晚結經霜則萎.

백편두 열매는 부드러울 때 따서 약한 불에 쪄 햇볕에 말려 채소로 저장할 수 있는데, 채소가 부족할 때 사용하면 된다. 백편두는 5월에서 10월까지 반 년간 신선한 콩꼬투리를 따 먹을 수 있으며, 수확하여 콩 또한 반년 동안 먹을 수 있다. 말린 콩을 따서 저장하면 이후에 새콩으로 계속 이어갈 수 있다.

乘嫩摘之, 焙乾可儲, 以備蔬之乏竭. 此味鮮食半載, 五月至十月, 乾食亦半載. 枯豆收貯, 可以接新.

백편두는 오직 비장을 튼튼하게 함으로써 크게 보탬을 주는 식품이다.

專于健脾, 大有補益.

'오구두五九豆'라고 하는 품종도 있는데, 덩굴이 길게 자라지 않고 꼬투리는 가장 일찍 달리며, 울타리 가에 심으면 아주 맛이 좋다. 백편두에 대한 한 조목을 제시하였다.

又一種名"五九豆", 蔓不長而結最早, 植之籬邊, 亦佳味也. 白扁豆一則.

〈그림 20〉 백편두(白扁豆)

번역

제19단 본 단은 과일나무와 뽕나무 심는 일에 대해 서술하고 있다.

사람들은 늘 부세와 요역의 부담이 무겁고 고통스럽다고 한다. 그러니 집터와 무덤 주위의 땅을 활용하여 양식이 생산될 수 있도록 고려해야만 한다.

무덤 옆에 율무를 심으면 땔감으로 사용할 수 있다. 집터가 넓은 집에서는 집 앞에 느릅나무, 회화나무, 오동나무, 개오동나무 등 여러 나무를 심을 수 있고, 집 뒤에는 대나무와 나무를 심을 수 있고, 양 옆에는 채소밭을 만들고, 정원 가운데에는 과일나무를 심을 수 있다. 무릇 이것을 따서 제사와 손님과 친척들에게 접대할 용도로 쓸 수 있어서 시장에서 이를 구입하기 위하여 쓰는 돈을 절약할 수 있다.

原文

第十九段 本段敘述種果品及桑樹事.

嘗論賦役重困. 基址、墳墓, 各宜思糧之所出.

墳旁種芊茙, 便可取薪. 基址寬曠, 則前植楡、槐、桐、梓, 後種竹、木, 旁治圃, 中庭植果木. 凡可取爲祭祀、賓客親戚饋問之用, 卽省市辦金錢.

정원에 심는 나무로 가장 좋은 것은 매화나무, 대추나무, 구연나무[香櫞], 귤나무[橙桔], 수유나무 종류이다. 가장 나쁜 것은 복숭아나무, 자두나무, 살구나무, 감나무 종류이다. 대개 이런 것들은 과실이 쉽게 뭉개져서 저장할 수가 없어서 나는 이것들을 심지 않는다.

中庭之樹, 莫善于梅、棗、香櫞、橙桔、茱萸之類. 莫不善于桃、李、杏、柿之類. 蓋物之易潰, 不能藏蓄, 吾所不取.

수유나무[茱萸]는 가장 잘 자라는데, 다만 물가 근처여야 하며, 그늘지고 습한 곳도 좋다.

茱萸最易生. 惟欲近水, 卽陰濕地亦可.

귤[桔]과 매화 같은 나무는 좀이 잘 생기고, 귤나무는 더욱 추위를 견디지 못하는 속성이 있다. 겨울에는 그 가지를 보호해주고, 여름에는 좀벌레를 잡아주면 무성하게 잘 자란다.

桔、梅類善蛀, 桔更性畏寒. 冬護其枝, 夏去其蛀, 則長茂矣.

호주湖州에는 수유나무를 많이 심어 장으로 담는데, 이를 '날장辣醬'이라고 부른다. 약에 들어가는 것은 '오수유吳茱萸'라고 부른다. 이것의 맛과 성질은 따뜻하고 독이 없어 한랭한 계절에 그것을 먹으면 후추나 생강을 대신할 수 있다. 호주에서는 사계절 내내 먹을 수 있다. 후추는 많이 먹을 수 없는데, 왜냐하면 독이 있기 때문이다. 수유의 맛은 아주 좋아 먹기도 하고 학질과 이질을 치료할 수 있다.

湖州多種茱萸爲醬, 名曰"辣醬". 入藥曰"吳茱萸". 此味性溫無毒, 寒天食之, 可代椒、薑. 湖州四季皆食. 胡椒不可多服食, 以有毒也. 茱萸味甚美, 服食兼可却瘧、痢之病.

장 담그기는 만약 호주湖州의 방법을 따른다면 매우 번거롭다. 만약 열매를 물에 담그면 힘이 적게 들면서도 깨끗해진다. 열매 1근마다 석회 4량으로써 물기를 제거하여 병에 넣어두면 열매가 쪼그라들어 한 달 후에는 곧 먹을 수 있다.

作醬, 法如湖州則煩. 若浸子, 極省力, 反覺潔淨. 每子一斤, 用石灰四兩化水貯甁中, 以沒子爲度, 一月後卽可食.

만약 담장 아래에 뽕나무를 심고자 한다면 '부양상富陽桑'이나 '망해상望海桑'과 같은 품종을 심는 것이 가장 좋고, 큰 가지 하나에서 생산되는 잎은 누에 1광筐을 기를 수 있다.[88] 오래 될수록 더 무성해지지만 좀이 슬거나 뽕나무 뿌리에 물을 주어서도 안 된다. 이러한 품종의 수명은 매우 길어 30년[世][89] 정도 산다. 과실나무 파종에 대한 한 조목을 제시하였다.	若牆下可以樹桑, 宜錘"富陽"、"望海"等種, 每枝大者可養蠶一筐. 愈老愈茂, 但不令蟲蛀及水灌其根. 動以世計. 上種果一則.

〈그림 21〉 수유(茱萸)

88) '부양상(富陽桑)'은 뽕나무 중에서 우수한 품종이다. 동치 『호주부지』 권30에서 일찍이 부양상의 장점에 대해 "큰 것은 잎 여러 석을 얻을 수 있다. 좀이 슬지 않고 물을 주지 않으면 그 뿌리는 오래 될수록 더 무성해진다. 시간이 오래 되도 시들지 않는다. '부양상'은 껍질이 단단해 좀이 갉아먹을 수 없어 가장 좋은 품종이다. 그러나 그 지역에서 잎의 수익을 독점하고자 하기 때문에 그 종자가 밖으로 유출되는 것을 금지해 얻기가 쉽지 않다."라고 기재하고 있다. 지금 그 지역을 조사하니 이미 '부양상'이란 명칭을 들을 수가 없는데, 아마 이미 전해지지 않는 것 같아 매우 아쉽다. '망해상(望海桑)'은 같은 책에 근거하여 볼 때 "야생 뽕나무가 오랫동안 튼튼하게 되면 망해상이 된다. 약한 것은 '계각상(鷄脚桑)'이다."라고 기재하고 있다. '망해상'은 잎을 많이 생산하고, '계각상'은 잎의 생산량이 적다. 1그루당 1광의 누에를 기르고, 1광 누에는 잎 8개를 먹는다. 1개는 20근으로 계산하면 160근인데, 지금의 시무(市畝)와 시근(市斤)으로 환산하면 200여 근이 된다.

89) '세(世)'는 30년을 1세로 한다. 아들이 아버지를 계승하는 것 또한 1세이다.

번역

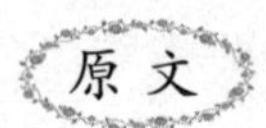

제20단 본 단은 양어(養魚)를 서술한 것이다.

수리가 중시되지 않았을 때부터[90] 지세가 비교적 낮은 호주湖州[91]에서는 풍년이 든 해에도 물에 잠기는 것을 감당하지 못했다.[92] 수십 년간 농민들은 논에 최선을 다하지 못했는데, 비록 홍수로 인해 작물이 손해를 입어도 사람들의 정서는 동요되지 않았다. 왜냐하면 수입원을 주로 생선 양식에 의존했기 때문이다. 따라서 매번 홍수가 발생될 때 남녀를 불문하고 낮밤을 가리지 않고 못 입구를 지키고 있었다. 만약 못이 붕괴되려고 하면 남녀노소는 무리를 이루어 하늘에 기원했다.[93]

호주의 양어는 가흥嘉興에서 풀과 고동을

第二十段 本段敘述養魚.

自水利不講, 湖州低鄉, 稔不勝淹. 數十年來, 于田不甚盡力, 雖至害稼, 情不迫切者. 利在畜魚也. 故水發之日, 男婦晝夜守池口. 若池塘崩潰, 則衆口號呼吁天矣.

然湖州畜魚, 必取

90) 명나라 때 수리를 보수하지 않은 것은 송대와 원대보다도 심했는데, 장리상이 여러 번 말했었다. 『양원선생전집』「비망록(備忘錄)」에서는 "수리를 이야기하지 않는 것은 이 왕조보다 심한 적이 없었다(여기서 말하는 이 왕조는 명나라를 가리킨다 – 교석자[校者]). 나라는 백성을 근본으로 하고, 백성은 먹을 것을 하늘과 같이 여기는데, 이 일을 이야기하지 않으니 천하가 어찌 곤궁하지 않겠는가?"라고 하고, 또 "수리를 이야기하지 않으니 농업 정책이 폐기되는 것이 지금보다 심한 적이 없었다."라고 하였다.

91) '호주저향(湖州低鄉)'은 호주가 수로망 지역이고 지세가 낮다는 것을 가리킨다. 호주의 수해 상황은 상권 「토지이용방법[運田地法]」 제18단락 주1) 참조.

92) '임부승엄(稔不勝淹)'은 수재가 발생하는 해가 풍년이 든 해보다 많다는 것을 가리킨다.

93) '우천(籲天)'은 하늘에 큰소리를 질러 도움을 청하는 것이다.

구입하고, 물고기가 크게 자라면 팔았는데 가격은 가흥보다 낮았다. 대개 우리 고장의 물고기는 모두 호주에서 가져온 것이다. 싱싱한 물고기가 시장에 오면 이미 못을 떠난 지 며칠이나 지나고, 최소한 1~2일은 지났기 마련이니, 그렇기 때문에 물고기의 수가 줄어들어 값이 비싸지 않을 수 없다. 만약 호주의 양어 방법을 우리 고장의 못에 이용한다면, 풀을 구하기도 편리하고 물고기 가격도 다시 올라갈 것이다. 물이 넘치거나 못이 붕괴되는 우려와 물고기가 줄어들 걱정이 없게 되어 이익이 아주 많지 않겠는가? 설사 도주공陶朱公[94]의 이런 오래 된 방법은 즉시 사용할 수는 없어도 호주의 물고기 기르는 방법은 본받을 수 있다.

草、 糴螺鰤于嘉興. 魚大而賣, 則價錢賤于嘉興. 蓋吾地魚俱自湖州來. 及魚至市, 已離池數日, 少亦一、二日矣, 故魚瘠而價不能不貴. 若以湖州畜魚之法, 而盡力于吾地之池, 取草既便, 魚價復高. 又無潰溢之患, 損瘠之憂, 爲利不已多乎. 陶朱公古法卽不能用, 湖州畜法可仿也.

일찍이 어떤 곳에서 노인이 손자들에게 충고하는 것을 본 적이 있는데, 그는 "돼지 사육에는 깻묵[餠]을 먹여야 하니 반드시 자본을 투자할 필요가 있다.[95] 양어는 하천에서 풀만 건져 올리면 되니 자본을 투자할 필요가 없다. 하지만 물고기와 돼지고기의 가격은 늘 서로 같고, 논밭에 뿌릴 비료를 얻게 되는 것도 서로 같다. 어떻게 양어養魚를 적극적으로 하지 않겠는가?"라고 말했다.

嘗于其鄕見一叟戒諸孫曰, "豬買餠以喂, 必須貲本. 魚取草于河, 不須貲本. 然魚、肉價常等, 肥壅上地亦等. 奈何畜魚不力乎."

94) '도주공(陶朱公)'은 춘추시대 말기 정치가 범려(范蠡)의 별호로 초나라 완[宛: 지금의 하남(河南) 남양현(南陽縣)] 사람이다. 일찍이 월나라 왕 구천(勾踐)을 도와 온힘을 다해 나라를 강하게 만들어 오나라를 멸망시켰다. 공을 세운 후 오호(五湖)와 제나라 및 노나라를 주유하다가 도(陶) 지역에 이르러 도주공으로 이름을 바꾸었다. 상업에 능해 부자가 되었다.

95) '자본(貲本)'은 자본(資本)과 같다.

임평현臨平縣에서는 숭어[96]를 많이 양식한다. 숭어는 흙을 먹기 때문에 '탕치蕩鯔'라고도 부르고, 풀을 건져 먹일 필요도 없다. 못을 비교적 작게 하는 것도 숭어를 양식하는 하나의 방법이다. 숭어의 치어는 임평에 가서 산다. 초어, 연어,[97] 고동과 같은 어종은 이 고장에서도 살 수 있다.

臨平多畜鯔魚. 鯔魚食土, 名曰"蕩鯔", 幷不必撈草. 池小則畜鯔魚, 亦一道也. 鯔魚種臨平買. 草魚、白鰱、螺靑諸種, 本地可買.

호주의 치어 배양은 연못 하나하나로 옮겨가기 때문에 '화자花子'라고도 부른다. 치어 배양이 생선 양식보다 수익이 더 크다. 물고기를 기르는 것에 대한 한 조목을 제시하였다.

湖州畜魚秧過池, 名曰"花子", 其利更厚. 上養魚一則.

96) 수산물 중에서 '자어(鯔魚)'란 이름은 없는데, 어류 중에서 자어와 이름과 음 및 형태가 비슷한 것으로는 '제어(鮆魚)'와 '치어(鯔魚)'가 있다. 제어의 고대 명칭은 '미(鮇)', '열(鮤)' 혹은 '멸(鱴)'이고 또한 '도어(刀魚)'나 '도어(魛魚)'로 불렀는데, 어망으로 잡았고 메기[鯷]과이다. 몸은 길고 옆이 납작하며 10여 cm 정도이다. 은백색이고 온열대에 사는 작은 식용 어류이다. 중국 연해에서 모두 잡힌다. 『산해경(山海經)』「남산경(南山經)」에 "초수(苕水)는 그 북쪽에서 흘러나와 북쪽으로 흘러 구구(具區)[즉 태호(太湖) ― 인용자]로 흘러간다. 그 속에 제어(鮆魚)가 많이 있다."라고 한다. 곽박(郭樸)의 주에는 "제어는 좁고 얇으며 머리가 길다. 큰 것은 1척이 넘는다 … 태호에 많이 있다."라고 한다. 사마천(司馬遷) 『사기(史記)』「화식열전(貨殖列傳)」에서 "태제(鮐鮆) 천 근, 추(鯫) 천 석, 포(鮑) 천 균(鈞)이면 … 이는 또한 천승(千乘)의 집에 견줄 만하다."라고 한다. '치어(鯔魚)'는 그물로 잡는 고기로 메기[鯷]과이다. 몸은 길고 조금 납작하며, 길이는 50cm이다. 은회색이고 어두운 색으로 무늬를 가지고 있다. 바닥에 붙은 규조류 및 기타 생물을 주로 먹고 산다. 열대와 아열대의 바다에 광범위하게 분포하고, 중국 연해에서 생산되며 항구에서 양식하는 어류의 주요 품종의 하나이다. 『본초강목(本草綱目)』「인부삼(鱗部三)」에서 "치(鯔)의 색은 검고 옛날 이름이다. 월(粵) 지역 사람들은 '자어(子魚)'로 잘못 알고 있다."라고 한다. 장리상 또한 '자어(鯔魚)'로 잘못 알았을 가능성이 있다.

97) 원래는 '겸(鰜)'인데. 수산물에는 '겸어(鰜魚)'란 이름이 없고 단지 '연어(鰱魚)'만 있다. '겸(鰜)'자는 '연(鰱)'자의 오기(誤記) 혹은 이체자이다. 지금 통용하는 '연(鰱)'으로 수정하였다.

번 역

제21단 본 단은 닭과 거위를 기르는 법을 서술한 것이다.

우리 지역은 산의 구릉이 없어 소를 키우기에 적당하지 않다. 또한 많은 양을 사육할 수 없고, 동시에 넓은 저수지도 없기 때문에, 많은 거위를 사육할 수 없어 단지 몇 마리만 사육하는데 반드시 사람이 지키며 보호해야 한다. 다만 거위와 닭은 사육할 수 있다. 하지만 닭을 많이 사육하는 것은 거위를 많이 사육하는 것보다 수지가 맞지 않다. 닭은 다른 사람이 훔쳐가는 것을 방비해야 하지만 거위는 사람이 훔쳐가는 것을 겁내지 않아도 된다. 닭은 육식을 먹어야 자랄 수 있지만, 거위는 풀이나 잡곡을 먹어도 된다. 닭은 1년을 키워도 무게가 5근 정도도 자라지 못하지만 거위는 3개월만 키워도 6근 정도로 자랄 수 있다. 만약 종자 거위로 남겨두거나 가정에서 다른 용도로 사용하지 않는다면, 6~7근 정도로 자란 무게면 팔 수 있다.

우리 현에는 양계 기술이 뛰어난 사람이 있는데, 시장에서 살이 붙은 뼈를 사와 가루로 가공해 닭에게 먹인다. 그리고 잡풀을 마당에 쌓아두면, 뜨게 되면서 각종 벌레가 생겨나는데, 이를 닭에게 하루에 몇 번씩 먹인다. 이렇

原文

第二十一段 本段敍述養雞鵝.

吾地無山, 不能畜牛. 亦不能多畜羊. 又無大水澤, 不能多畜鴨, 少養也須人看管. 惟鵝、雞可畜. 然多畜雞, 不如多畜鵝. 雞多防攘竊, 鵝不憂攘竊. 雞食腥則長, 鵝食草穀而已. 雞畜一年, 不及五斤, 鵝三月卽有六斤. 若非留種及家用, 則六、七斤卽宜賣.

邑有善畜雞者, 從市買肉骨碎而飼之. 又積草于場, 俟其蒸出雜蟲, 日番幾次. 則雞不食米麥而肥.

게 하면 닭은 쌀과 보리를 먹지 않아도 살찌게 된다. 하지만 이 방법은 다른 사람이 따라 하기 어렵다. 다른 방법으로는 암탉을 많이 길러 이것을 이용해 거위 알을 품어 부화시켜 새끼 거위를 키우는 것이다. 새끼 거위는 가격이 높을 때 은 1전의 값이 나간다. 설사 가격이 낮을 때도 6~7분의 값은 나간다. 다른 사람에게 주어 나누어서 사육하면, 규칙에 따라 거위를 준 농가와 기른 농가가 각각 반을 얻을 수 있으니 괜찮은 것이다.

일반적으로 말하면 암탉을 키우는 이익은 수탉을 키우는 것보다 조금 높다. 수탉은 매월 반근의 무게로도 자라지 못하지만, 암탉이 계란 10여 개를 낳으면 닭을 한 근 기르는 가치와 맞먹는다. 드는 사료도 차이가 없다. 만약 거위 알을 품어 부화시킨다면 매월 은자 1전의 수입을 얻을 수 있고, 사료 또한 비교적 절약할 수 있다.

고향에서는 또한 소를 키워 돈을 버는데, 마른 소를 사와 아이들로 하여금 끌고 가서 아침에 이슬 머금은 풀을 먹이고 매일 목화씨 깻묵[棉籽餠]을 보충해주면, 1~2개월 후 소는 살이 쪄, 그것을 팔 때는 살 때보다 값이 배로 증가한다. 소 한 마리로 수금數金의 이익을 거두었다.

마른 말을 사서 살찌게 길러 돈을 버는 방법은[98] 일상적인 일이라고는 볼 수 없다. 닭과 거위를 기르는 것에 대한 한 조목을 제시하였다.

然此難爲法. 計惟多畜母雞, 以伏鵝卵可耳. 鵝雛一只價貴時銀一錢. 賤亦六、七分. 卽授人分養, 舊例平分亦可.

然大概雌雞之利, 稍厚于雄雞. 雄雞每月長不及半斤, 雌雞生蛋十餘枚, 可當一斤之値. 食亦相當. 若伏鵝卵, 則息月一錢, 而食較省.

里亦有以畜牛爲利者, 買瘠牛使童子牽之, 朝食露草, 日飼棉花餠, 養一、二月則牛肥而價倍. 一牛嘗得數金之息.

卽養瘦馬之智不可爲常. 上養雞鵝一則.

98) '양수마지지(養瘦馬之智)'는 북방 농촌의 어떤 사람이 돈을 주고 마른 말을 사와, 살찌게 기른 다음 다시 팔아 돈을 벌 수 있었다는 것이다.

번역

제22단 본 단은 땔나무 절약에 대해 서술하고 있다.

가정의 일상에서 가장 시급한 일은 땔감과 먹을 쌀을 구하는 것이다. 먹을 쌀은 자신의 집의 논에서 수확한 것을 가져오면 되는데, 가족의 수에 따라서 먹더라도 차이는 크지 않다. 다만 땔감의 비용은 (종류의 차이에 따라) 아주 차이가 크다. 그 중 목탄과 산 땔감 가격이 가장 높고, 나무 땔감은 조금 낮다. 뽕나무 가지나 콩대가 그 다음으로 낮고, 짚과 보릿대가 가장 낮다.

보릿대는 또한 짚보다도 못한데, 왜냐하면 보릿대는 태운 후 재가 아주 적기 때문이다. 경작 농가에서 초목의 재는 중요한 비료 자원이다. 상앙商鞅은 초목의 재를 버리는 사람에 대해서 형법으로 제재를 하였는데,[99] 따라서 진나라의 농업생산이 산동의 한韓, 위魏, 제齊 등의 나라보다 좋았던 것이다. 율무 또한 재가 없는데 자신의 집 땅에서 생산되는 것을 가져다 쓰

原文

第二十二段 本段敍述節約薪柴.

日用所急，薪、米二事爲重. 米取給于田，計口而食，相去不遠. 惟柴薪之費，相去甚遠，炭及山柴爲上費，樹柴次之. 桑條、豆萁又次之，稻柴、麥柴又次之.

然麥柴又不如稻柴，以其無灰也. 田家之灰，是一項肥壅. 商鞅刑及棄灰秦之農事，所以山東不敵. 芋茨亦無灰，以其取給于地，不待價也. 總之，必待買薪

99) 상앙(商鞅)(?~기원전 338년)은 전국시기 법가의 대표적 인물이다. 성은 공손(公孫)이고 이름은 앙(鞅)이고 위(衛)나라 사람이다. 이로 인해 위앙(衛鞅)으로도 부른다. 진나라는 그에게 상(商)을 봉토로 주었는데 역사서에서는 그를 상앙이라고 부른다. 상앙은 진나라의 정치, 경제 등에 일련의 개혁을 하였다. 그는 법치를 중시했고, 농사와 전쟁을 이끌었고 군사적 공훈을 장려했다. … 그가 만든 법률 중 한 가지는 재를 사용하지 않고 버리면 형법의 제재를 받는 것이었다.

면 되니 다른 돈을 들여 사올 필요가 없다. 종합적으로 말하여 만약 반드시 사온 땔감에 의지해 생활해야 한다면 집을 꾸려나가기 어렵다.

而擧火, 難乎爲家矣.

가장 절약하는 것은 겨를 태우는 방법을 통해서 별도로 아궁이[連通灶]를 만드는 것이다. 속칭 누고조(螻蛄灶)라고 부른다. 풍로를 이용해서 바람을 불어넣어 불을 때면 이렇게 드는 연료비용은 짚을 태울 때의 반밖에 들지 않고, 그 재는 다시 팔수도 있다.[100] 수공업장에서 이를 사용한다. 뽕나무 가지로 만든 재, 콩대로 만든 재는 모두 팔 수 있다. 백편두 콩대로 만든 재에 가루를 넣으면 푸르게 된다. 이러한 방법은 다른 사람이 모방하기가 매우 어려운 것이다.

最儉者有燒礱糠之法, 另作連灶. 俗名螻蛄灶. 用風箱以炊, 則其費較稻柴倍省, 而其灰複可以糶. 冶坊用之. 桑柴灰、豆萁灰俱可糶. 白扁豆萁灰入粉則靑. 此難爲法.

우리 고향에서는 겨울에 석탄가루를 때는데 절약도 되고 편리하기도 하다. 대나무를 태우는 것은 더욱 절약된다. 석탄가루는 항주강杭州江에서 만든 것이 좋고 가격도 싼데, 만약 거리가 멀다면 편리한 것이 아니니 노진鑪鎭 야방冶坊에서 사들이면 된다.[101] 10월에 가격은 1단에 약 은 2전 5분인데, 그 중에서 대략 나쁜 것 2말은 가릴 수 있으니, 화로에 땔 수 있는 것은 20근의 좋은 석탄과 맞먹는다. 나머지 8말은 작은 화로 1개에 1되의 석탄가루를 사용하고 주야로 구분하여 넣으면 불이 꺼지지는 않는

吾裏冬天用炭屑, 實爲省便. 竹節更省. 炭屑杭州江幹爲佳, 價又賤, 路遠不便, 則鑪鎭冶坊可糴. 其價十月担可二錢五分, 篣出粗塊約二斗, 入炊爐可當炭二十斤. 用其餘八斗, 每脚爐一事用炭屑一升, 分晝夜翻入, 可

100) '조(糶)'는 '팔다'의 뜻이다.

101) '적(糴)'은 사들인다는 뜻이다. '노진(鑪鎭)'은 동향현(桐鄕縣) 성관(城關) 남부에 있다.

다. 만약 큰 화로를 놓아 주야로 2되의 석탄가루를 넣고, 낮에 물을 끓이게 되면 하루에 몇 번 차를 끓이는 것을 절약할 수 있다. 밤에도 물을 끓이면 아침저녁으로 뜨거운 물로 손을 씻고 얼굴을 씻을 수 있는데, 이 또한 땔감 수십 근을 절약할 수 있다. 불을 피워 여러 것들을 데우면 대단히 편리하다.

以無輟火矣. 若置火缸一事, 分晝夜翻入二升, 晝燉滾湯, 則一日可省燒茶幾次. 夜燉淸水, 則早晏可得熱水濯手頮面, 亦省柴十數斤也. 其他烘燉諸物, 無不便者.

서향西鄕 지역에서는 석탄가루만 사서 누에섶을 따뜻하게 하는 데 사용한다. (그것을 연소로 이용할 때) 불길이 너무 뜨거워도 안 되고, 너무 차가워도 안 되며, 다시 남은 불씨로 인해 안전하지 못하는 후환이 없어야 한다.

西鄕專來糴爲蠶簇之用. 蓋取其不驟熱, 不驟冷, 復無厝火不虞之患.

2~3월 사이에 석탄가루 1단은 은 4전이 된다. 고향에서 어떤 독점 투기 경영을 하는 사람은 종종 겨울에 사서 봄에 내다팔아 높은 수익을 도모하기도 한다.

每至春半, 則擔可四錢矣. 里中趨利者, 往往冬糴春糶.

또한 일종의 가마에서 만든 재가 있는데, 이것이 곧 호주湖州 형요邢窯에서 태운 재이다. 형요의 인근은 산이어서 태우는 것은 산의 땔감이다. 화력이 왕성하지 않을 때, 아직 다 타지 않은 대나무를 대부분 남겨 두었다가 화로의 불씨를 사용하기에 편리하다. 이것의 화력은 비록 석탄가루보다 오래 가지는 않지만 가격은 석탄가루의 반밖에 되지 않는다. 겨[102]를

又有窯灰者, 湖州邢窯之灰. 邢窯近山, 燒山柴, 其竹木之節, 火力不盡者多存焉, 種火最便. 其力雖不及炭屑之長, 然價亦止及其半. 以當班糠則過之矣.

102) '반강(班糠)'은 찧은 쌀겨를 처음 태웠을 때 공기가 통하지 않게 막은 후 숯으로 만든 '쌀 왕겨 숯[糠炭]'이다. 만드는 방법은 나무를 태워 '목탄'으로 만드는 것

이용하는 것보다 훨씬 좋다.

대나무는 진장陳莊에서 사는데, 이것의 가격은 시장의 땔감 가격이 오르고 내리는 것에 따라 높아지고 낮아진다. 대나무를 때는 것은 풍로나 화로에 모두 사용할 수 있고, 비용 또한 가장 절약된다. 나무 재에 대한 한 조목을 제시하였다.

竹節陳莊買, 其値視柴價爲升降, 風爐火箱俱可用, 費亦最省. 上薪炭一則.

〈그림 22〉 풍로[風箱]

번역

原文

제23단 본 단은 술 빚는 것을 서술하고 있다.

第二十三段 本段敘述釀酒.

곡주는 곡물소비를 가장 많이 필요로 하는

酒醪爲糜穀之具,

과 같다. '반강'은 다시 태웠을 때는 쉽게 타고 연기가 나지 않는다. 잠실의 온도를 높이는 데 적합한 재료이다.

수단[103]이기에 술 제조를 금지시켜야 한다. 하지만 조상에게 제사를 지내거나, 손님을 접대하거나, 힘써 농사일을 하는 데 완전히 없어서는 안 되기 때문에 소주蘇州, 호주湖州, 소흥紹興, 금화金華[104] 등 지역에서 사람들은 늘 곡주를 빚는다.

宜在所禁. 但祭祀、賓客及力田之農, 實有所不能已, 故蘇、湖、紹、金, 人家無不釀酒者.

밖에서 술을 사는 것은[105] 직접 자신이 술을 빚는 것보다 지출이 배나 차이가 있는데, (직접 빚게 되면) 이는 비용이 비교적 저렴하게 계산된다. 술을 사는 데 많은 돈을 지출하면 다른 사람이 그 이윤을 벌게 된다. 왜 자신이 찹쌀을 심어서 직접 술을 빚어 스스로 몇 잔을 더 마시지 않는 것인가? 술지게미 또한 가정의 일상생활에서 없어서는 안 되는 것이다. 따라서 매년 가정에서 얼마를 사용해야 하는지를 예측해서 겨울과 봄 사이에 술을 빚을 줄 아는 사람을 집에 고용해 잘 빚고 저장해서 비축하여 동시에 실제 술을 빚는 양은 계획한 수보다 2배 더 많게 하여 연회를 축하하고 손님을 청해 선물[106]을 주는 용도로 준비하면, 이 또한 선물을 구매하는 지출을 절약할 수 있으며, 도의에도

沽酒比之自釀, 相去一倍, 猶爲廉價也. 與其沽而費金以輸利于人. 何如種秫自釀, 而樽節于己. 且糟亦日用之不可缺者. 每年量所應用若干, 冬春之間, 雇人造貯. 更倍其數, 以爲慶賀饋遺之用, 亦省備禮之費, 于義甚無害也. 但不可因而濫觴耳.

103) '요(醪)'는 농주이다. '미곡(糜穀)'은 곡물 소모이다. 술을 만드는 것은 양식을 소비하는 것이다. 당시 농가에서 술을 빚을 때 대부분 찹쌀을 사용했다.

104) '소(蘇)'는 소주(蘇州)를 가리키는 것으로 강소성(江蘇省) 남부에 있다. '호(湖)'는 호주(湖州)를 가리키고, '소(紹)'는 소흥(紹興)을 가리킨다. '금(金)'은 금화(金華)를 가리킨다. 모두 절강성(浙江省) 경내에 있다.

105) '고주(沽酒)'는 여기서는 술을 사는 것을 가리킨다.

106) '궤유(饋遺)'는 다른 사람에게 선물을 주는 것이다.

어긋나지 않지만. 그로 인해서 (자신이 술을 빚는 것이 돈을 절약하기 위해서이고) 양을 많게 해 무제한적으로 마음껏 마시는 것이 되어서는 안 된다.

술을 빚는 준비를 할 때 음력 6월에 고운 가루를 누룩으로 만든다. 쌀 1섬당 누룩 10근을 사용한다. 쌀은 곱게 빻아 한 달 동안 물에 담근다.

將造酒, 六月細面爲麯. 每米一石, 用麯十斤. 米舂極白, 浸一月.

술을 빚는 기술자에게는 쌀 1섬당 은 7푼[分]을 주고, 필요한 모든 도구는 자신의 집에서 준비한다. 만약 술지게미를 사용해 다시 술을 끓일 때는 소산현蘇山縣의 기술자에게 청하면 된다. 술을 빚는 방법은 여기서 기록하지 않는다. 술을 빚는 것에 대한 한 조목을 제시하였다.

造酒人每石工銀七分, 酒器自備. 以糟燒酒, 用蕭山人. 釀法不載. 上釀酒一則.

총 론總論

번 역

제1단 본 단은 생산도구를 준비하는 중요성을 설명한 것이다.

무릇 농기구는 품질이 좋지 않으면 안 되고 충분히 갖추어지지 않으면 안 된다.[107] 그래야만 농사가 바쁜 계절에 발생하는 예상하지 못한 수요를 대비할 수 있다. 특히 인분통은 많이 준비해야하고, 기타 예를 들면 줄, 도롱이, 삿갓, 도끼, 톱, 대나무, 나무 같은 물건도 모두 준비해야 한다. 경작농가에서 하나라도 부족하여 노동력을 낭비하고 때를 놓치게 되면 종종 이 같은 조그만 일로 인하여 커다란 손실을 입게 된다.

명대 숭정 13년 5월 13일 홍수로 인해 논이 물에 잠겼다.[108] 12일 이전에 심은 논벼는 물이 빠지자 상하지 않았는데,[109] 13일 이후에

原文

第一段 本段說明置備生產工具的重要性.

凡農器不可不完好, 不可不多備. 以防忙時意外之需. 糞桶尤甚, 諸項繩索及蓑、箬、斧、鋸、竹、木之類. 田家一闕, 廢工失時, 往往因小害大.

崇禎庚辰五月十三日, 水沒田疇. 十二以前種者, 水退無

---

107) 생산도구에 대해서는 품질도 좋아야 하고(잘 만들어야 한다), 충분한 수량도 있어야 한다(많이 갖추어야 한다).

108) 숭정 경진(庚辰)은 숭정 13년(1640년)이다. 이 해에 홍수가 크게 발생했는데 이는 역사적으로 보기 드문 수재였다. 『양원선생전집(楊園先生全集)』 권17 「동향재이기(桐鄉災異記)」, 『동향현지(桐鄉縣志)』 권6에 기재된 진기덕(陳其德)의 「재이기(災異記)」 등에서 모두 이 해의 수재가 매우 컸다고 말한다.

109) 서둘러서 빨리 심으면 일단 수재가 발생해도 모의 생장에 지장을 주지 않도록

심은 것은 모두 황폐해졌다. 어떤 사람은 도롱이, 삿갓을 준비하지 못해 모내기를 할 수 없었고, 이로 인해 기아와 빈곤을 초래하였다. 농언에 이르기를, "은 1전을 적게 쓴 것 때문에 일가족이 굶주리게 된다."라고 했다. 도롱이와 삿갓모자 한 개의 값은 1전에 지나지 않는다. 『서경書經』110)에서 말하기를 "오직 조그마한 일들이라도 준비가 있어야 한다. 준비를 하게 되면 후환이 없게 된다."라고 했는데, 이로 미루어 볼 때 나머지 문제도 경계(교훈으로)할 수 있다.

患, 十三以後, 則全荒矣. 有一人以蓑、箬未具, 不克種田, 以致饑困. 俗云"爲了一錢, 餓倒一家." 蓑衣、箬帽一副, 價貴不過一錢.『書』云 "唯事事乃其有備, 有備無患." 推此可戒其餘.

세상 사람들은 많은 금전을 사용해 노리개는 갖추면서도, 작은 비용을 들여 농사에 사용하는 도구를 사들이는 것은 아까워하는데, 어찌 그것이 심히 어리석다고 하지 않을 수 있겠는가? 도구 이용.

世人多金以備玩器, 而惜小費以治田器, 豈非惑之甚乎. 器用.

〈그림 23〉 분뇨통을 메고 밭으로 가는 농부

방비할 수 있다.

110) 『서경(書經)』은 유가 경전의 하나이다. 즉 『상서(尙書)』이다. "오직 조그마한 일들이라도 준비가 있어야 한다. 준비를 하게 되면 후환이 없게 된다.[有事事及其有備, 有備無患]"라는 것은 『상서』 「열명중(說命中)」에 보인다.

번 역

제2단 본 단은 고용 일꾼을 어떻게 선택할 것인가를 서술하고 있다.

인재를 뽑아서 쓰는 도리는[111] 위로는 국가에서 아래로는 가정에 이르기까지 일이 크건 작건 모두 적극적으로 강구해야 한다. 경작을 잘하지 못하는 농민은 관직을 받은 관리가 좋은 관원이 아닌 것과 같다.[112] 인재를 방문하여 찾고 선택하는 것은 전적으로 평소에 얼마나 관심을 갖고 있느냐에 달려 있다. 평소에 어떤 사람을 선택하여 취할 것을 알지 못한다면 일에 직면해서는 적임자를 찾을 수 없으니 어디에 허물을 돌리겠는가? 적당한 사람을 선발할 수 없어 아무렇게나 사람을 쓰면 반드시 후회하게 될 것이다. 그 때 "쓸 만한 사람이 없다."라고 말해서는 안 된다.

사람이 각 방면에서 다 좋을 수는 없으므로 각 방면에서 모두 좋은 것이 아닐 때는 자신

原 文

第二段 本段敘述應如何選擇雇用的人工.

用人一道, 自國與家, 事無大小, 俱當急于講求. 種田無良農, 猶授職無良士也. 訪求選擇, 全在平時. 平時不知擇取, 臨事無人, 何所歸咎. 因其無人而漫用之, 必致後悔. 不可便說"無人可用."

人無全好, 亦無全不好, 只坐自家不能

111) 사람을 사용하는 이치[用人一道]는 일꾼을 고용하는 방법을 암시한 것이다.

112) 고대 서적 중에, 예를 들어 『백호통(白虎通)』, 『국어(國語)』, 『한서(漢書)』, 『공양전(公羊傳)』에서는 '사(士)'에 대해 다양한 정의를 내리고 있다. 어떤 것은 그 지식 능력으로 말하고, 어떤 것은 도덕 수양으로 말하고, 어떤 것은 사회지위로 말하고, 어떤 것은 두 가지나 세 가지를 함께 가진 것을 말하기도 한다. 종합적으로 보면 이는 고대의 한 계층으로 비록 대부분 서민 출신이지만, 통상적으로는 '서민'의 위에 있었다.

이 합리적으로 사용할 수 있는지 없는지에 달려 있다. 대개 힘든 노동을 하면서도 성실한 사람을 최고로 치며, 기술이 뛰어나고 또한 총명한 사람은 그 다음으로 치고, 능력은 없지만 순박한 사람은 그 다음이고, 교활하고 속이기를 좋아하며, 말만 많고 게으른 자는 가장 좋지 않다. 작은 이익을 탐하는 것은 비록 큰 해는 되지 않을지라도 그의 채용을 어떻게 할 것인가를 살펴야 한다.

用耳. 不約力勤而愿者爲上, 多藝而敏者次之, 無能而樸者又次之, 巧詐而好欺, 多言而嗜懶者, 斯爲下矣. 貪盡無害, 顧用之何如耳.

인재를 선발하는 방법에는 특별한 것이 없는데, 『논어』[113]에서 말하기를 "네가 잘 아는 사람을 추천하라."라고 했고, 또 말하기를 "완벽한 사람을 요구해서는 안 된다."라고 했다. 『대학』[114]에서 말하기를 "오직 선량하기만 하면 좋다."라고 했고, 『맹자』에서는 "부득이한 것처럼 해야 합니다"[115]라고 하였다. 이러한 원칙에 근거하여 추진한다면 비록 적합한 사람

選用之道無他, 『論語』曰, "擧爾所知", 又曰, "無求備于一人." 『大學』曰, "惟善以爲寶", 『孟子』曰, "如不得已." 本此義而推行之, 雖有不得者寡矣. 若無大

113) 『논어(論語)』는 유가 경전의 하나이다. 이는 공자 제자 및 그 이후의 제자들이 공자의 언행에 관해 기록한 것으로 공자 사상을 연구하는 중요한 자료이다. 남송 순희(淳熙) 시기(1174~1189) 주희는 이것과 『대학(大學)』, 『중용(中庸)』, 『맹자(孟子)』를 합해 『사서(四書)』로 만들었다. 장리상이 인용한 『논어』 두 구는 각각 「자로(子路)」와 「미자(微子)」의 장에서 보인다.

114) 『대학』은 유가 경전의 하나이다. 원래는 『예기(禮記)』의 한 편인데, 대략 진, 한나라 시기 유가의 작품이다. 일설에는 증자(曾子)가 지었다고 한다. 이는 남송 이후 이학가가 윤리, 정치, 철학을 가리킨 기본 강령이다.

115) 『맹자(孟子)』 「양혜왕하(梁惠王下)」의 전문에는 "나라의 군주는 어진이를 등용하되 부득이한 것처럼 해야 합니다. 장차 지위가 낮은 자로 하여금 지위가 높은 이를 뛰어넘게 하고 생소한 자로 하여금 친한 이를 넘게 하는 것이니 신중히 하지 않을 수 있겠습니까![國君進賢, 如不得已, 將使卑踰尊, 疏踰戚, 可不愼歟!]"로 되어 있다.

을 얻지 못할지라도 이런 경우는 매우 적다. 만약 어떤 큰 잘못이나 죄가 없다면 함부로 있는 사람을 내보내거나 새로운 사람으로 바꾸는 것을 가볍게 해서는 안 된다. 『서경』에서 말하기를, "사람은 그래도 옛 사람이 좋다."[116]라고 하였는데, 오래 쓴 사람은 나를 알고, 나 또한 그를 안다. 설사 큰 이익은 없어도 결국에 어떤 큰 손해는 없게 되니 안심하고 사용할 수 있다. 마음대로 사람을 바꾸는 것을 금해야 한다.[117] 간사하고 음흉하며 분란을 부추기는 무리는 살피지 않으면 안 되고,[118] 폐단이 아주 많은 상투적 방법은 없애지 않으면 안 된다. 좋은 농민의 선택.

過惡, 切不可輕于進退. 『書』曰, "人惟求舊". 用慣之人, 彼知我, 我亦知彼. 卽無大利, 終無大害. 坦然任之, 當以更張爲戒. 惟夫奸宄簸弄, 不可不察, 積弊故套, 不可不破耳. 擇良農.

번역

原文

제3단 본 단은 고용 일꾼을 농락하는 수단을 서술하고 있다.

第三段 本段敘述籠絡工人的手段.

옛날부터 농민이 (일을 잘하기 위해서는) 단

自古農人, 只有勸

116) 이는 속어에서 말하는 "사람은 옛사람이 좋다."이다. 『상서(尙書)』「상서(商書)·반경상(盤庚上)」에서 보인다.

117) '갱장(更張)'은 여기서 마음대로 고용된 사람을 바꾸는 것을 가리킨다. '이갱장위계(以更張爲戒)'와 앞글의 '인유구구(人惟求舊)'의 뜻은 서로 일치한다.

118) 간사한 도둑이나 음흉한 사람, 헛소문을 내어 일을 만드는 사람이나 시비를 부추기는 사람을 가리킨다.

지 한 가지 방법을 권고하였는데 『시경詩經』의 「소아小雅」, 「대전大田」 등의 시편에서 살필 수 있다. 증손曾孫과 전준田畯[119]의 농관農官은, 농부와는 귀천이 현격하게 차이가 있는데 그러나 그들 사이의 친밀함은 가족의 부자와 같다. 오늘날 사서의 가문[평민 지주][120]들은 오만방자하고 속임과 욕설을 일삼아[121] 사람을 견딜 수 없게 한다. (모욕을)받은 사람에게서 원한을 사는 것은 제쳐두더라도, 자신이 자신을 돌아보면 어찌 부끄럽지 않을 수 있단 말인가?

之一法,『小雅』、『大田』諸詩可考也. 曾孫、田畯, 其與農夫貴賤懸隔, 然其相視不啻家人父子. 今士庶之家, 驕蹇呵詈, 使人不堪. 毋論受者怨之, 自顧豈不可恥.

권고의 도리에 대해 『중용』[122]에서 말하기를, "식량을 지급하는 것이 그 일의 성과에 필적한다."[123]라고 했는데, 첫째, 바쁨과 한가

勸之之道,『中庸』曰, "旣稟稱事", 別忙閑, 一也, 异勤惰,

119) 두 관명은 주나라 때 설치된 것이다. 논과 밭을 관리하는 관원이다. 『시경』 「빈풍(豳風)·칠월(七月)」에 "참을 저 남쪽 논에 가져가니 전준(田畯)이 기뻐하네."라고 했는데, 모씨전(毛氏傳)에서는 "전준(田畯)은 전대부(田大夫)이다."라고 했다.

120) '사서지가(士庶之家)'는 평민지주를 가리킨다. 당시에 관료지주가 있었는데 관료신분을 가지고 있고 또한 대량의 토지를 가지고 있었다. 평민지주는 관료신분은 아니고 단지 책을 읽은 적이 있는 사서(士庶)이다. 후자의 지주를 '전주(田主)'라고 불렀다(본편 제6단락 참조). 고염무(顧炎武)는 『일지록(日知錄)』 권10 「소송이부전부지중(蘇松二府田賦之重)」의 항목에서 말하기를, "무릇 토지는 왕의 소유이다. 경작은 농부가 했다. 그리고 겸병의 무리는 뜻밖의 이익을 얻었다. … 그들을 호민(豪民)이라고 불렀는데, 겸병한 무리를 일컫는 것이었다. 송 이후 공공연하게 전주(田主)라 불렀다."라고 한다. 평민지주가 합법적 지위를 취득한 것은 송대에서부터 시작되었음을 알 수 있다.

121) 교만하고 남에게 욕을 하고 권세에 의지해 사람을 속이는 것을 가리킨다.

122) 『중용』은 유가 경전의 하나이다. 원래는 『예기』 중의 한 편이었다. 전하는 바에 의하면 전국시대 자사(子思)가 지었다고 한다. 내용은 '중용'의 도는 도덕행위의 최고 표준임을 말하고 있다. 전 책은 근본적으로 말해 유심주의적이다.

123) 『중용』 제20장에서 인용했다. 아래와 위의 문장은 "날마다 살피고 달마다 시험하여 식량을 지급하는 것이 그 일의 성과에 필적하기 때문에 백공을 근면케

함을 구분하기 위해서이고, 둘째, 근면과 게으름을 판명하기 위해서이고, 셋째, 어려움과 쉬움을 나누기 위해서이다. 바쁨, 한가함, 어려움, 쉬움은 그들 자신도 분별하기 어렵지 않다고 말할 것이다. 다만 게으른 자와 근면한 자에 대해서 일률적으로 대한다면, 근면한 자는 소극적이고 태만하게 될 수 있고 또 만약 지나치게 근면한 자 중에서 게으른 자를 달리 대한다면 게으른 자 또한 불평할 것이다. 오직 근면한 자를 살펴서 남몰래 좋은 대우를 해준다면[124], 근면한 자는 더욱 분발할 수 있고, 게으른 자 또한 복종할 것이다.

一也, 分難易, 一也. 忙、閑、難、易, 彼人自言, 不難分別. 惟惰者與勤者一體, 則勤者怠矣, 若顯然異惰于勤, 則惰者亦能不平. 惟有察其勤而陰厚之, 則勤者旣奮, 而惰者亦服.

노동의 보수에서 술과 밥의 식사는 작은 일처럼 보이지만, 인심을 얻느냐 아니면 인심을 잃느냐가 종종 이로부터 야기된다. '문은'[125]과 '구색은九色銀'의 차이는 순도 1에 지나

至於工銀, 酒食, 似乎細故, 而人心得失, 恒必因之. "絞銀"與"九色銀", 所

한다.[日省月識, 旣稟稱事, 所以權百工]"로 되어 있다. '기(旣)'는 거성으로 읽고, 육식의 의미이다. '품(稟)'은 '름(廩)'으로 양식을 말한다. '칭(稱)'은 거성으로 읽고 필적하다의 뜻이다. '사(事)'는 업적이다. '기품칭사(旣稟稱事)'는 사람을 고용하면 그의 일이 좋은지 나쁜지를 늘 살펴야 하고 그에게 주는 보수(대우)가 그의 성적과 서로 맞아야 한다는 것을 말한다.

124) 근면한 사람과 게으른 사람에 대해서는 응당 다르게 대우해야만 한다. 그러나 근면한 사람에 대해서는 몰래 잘해주어야 한다. 이는 지주계급의 기만술이다.

125) 역자주 원문의 '교은(絞銀)'은 '문은(紋銀)'의 잘못인 듯하다. '문은(紋銀)'은 '족문(足紋)'이라고도 부른다. 옛날 중국의 표준 은량(銀兩)이다. 『황조문헌통고(皇朝文獻通考)』「전폐고(錢幣考)」 건륭 10년 항목에서 "무릇 모든 집행은 대개 수가 적으면 전(錢)을 사용하고 수가 많으면 은을 사용했다. 은의 사용은 관청에서 발행하였는데, 예를 들면 '문은(紋銀)'이 있었다. 상인과 백성에게 집행할 때는 순도 10부터 순도 9, 순도 8, 순도 7로 같지 않았다. 교역을 할 때 모두 순도 10 족문(足紋)으로 서로 교부하여 정산을 하였다."라고 한다. 당시 문은의 순도가 가장 높다고 여겼기 때문에 '순도 10 족문'으로 불렀다. 사실 문은의 순도

지 않고, 그것의 무게를 따져보면 서로의 차이는 더욱 적다. 만약 사람에게 은 1냥을 준다면 (순도에 대해서 말하자면) 서로의 차이는 단지 1전 3푼과 1전 5푼에 불과하고, 사람들의 정서에서 원망과 기쁨을 품은 차이의 정도는 크다. 이는 어찌 1전 때문에 9전의 환심을 잃는 것이 아니겠는가? 3푼, 5푼 때문에 9전 5푼과 9전 7푼[126]의 즐거움을 잃겠는가? 돈의 출납은 매우 중요하다. 『논어』에서 "다른 사람에게 주어야 할 금전의 출납을 흔쾌히 하지 않는 것"[127]은 나쁜 정치의 하나로 볼 수 있다고 하였다.

差不過一成, 等之輕重, 所差尤無幾, 假如與人一兩, 相去特一錢與三分、五分耳, 而人情之憎與悅遠別. 豈非因一錢而幷失九錢之歡心, 因三分、五分而幷失九錢五分、七分之歡心乎. 出納之際, 益爲緊要. 『論語』以"猶之與人, 出納之吝"爲惡政之一.

대개 사람들에게 나누어주어서 마땅히 얻어야 하는 것은 그가 요구하기를 기다리지 말고 먼저 그에게 주는 것이 가장 좋다. 사람이 요구해서 주는 것은 이미 늦은 것이다. 여러 번 요구한 후에 주어서야 되겠는가?[128] 인정을 베푸는 상황이 아침저녁으로 다르고 대처하는 속도도 차이가 나니 고려하지 않으면 안 된다. 이는 술과 음식에서 더욱 심한데, 일꾼에게 주는

蓋其人分所應得, 不求而與之, 宜也. 求而與之, 斯已後矣. 可令屢求而後與乎. 人情緩急, 朝暮不同, 早晏亦異, 不可不察也. 酒食益甚, 豐、嗇、多、寡, 待農之物, 所

는 93.537%였다. 각지에 유통되던 보은(寶銀)의 순도가 가장 낮았다.

126) '5푼, 7푼'은 원래 작은 글자를 큰 글자로 고친 것이다.

127) '유지여인(猶之與人)'은 '남에게 주어야만 할 것'으로 해석해야 한다. '출납지린(出納之吝)'은 '수입 지출이 확실하지 않다.'로 해석해야 한다. 원문은 『논어(論語)』「요왈(堯曰)」장에서 보인다.

128) 주동적으로 행동하여 사람이 요구하는 것을 기다리지 말고, 얼마를 주어야 한다면 바로 주어야 한다.

물품의 질이 좋고 나쁜 것, 혹은 수량이 많고 적고는 종합적으로 보면 많은 차이가 나지 않는다. 간혹 술과 음식이 부족한 것도 반 잔 또는 한 젓가락에 불과하지만, 불쾌함을 초래하게 되면 부족하다고 말하는데, 생선과 고기 또한 이와 같다. 일단 부족하면 식은 것, 뜨거운 것, 빠른 것, 늦은 것 또한 비교하게 된다. 농언에서 이르기를 "주방의 음식이 몸 속의 힘이다."라고 했다. 또 말하기를, "부엌인심이 좋지 않으면 논밭이 황폐해진다."129)라고 했다. 사람들은 대부분 이러한 상황들을 고려하지 않아 자신도 모르게 이러한 잘못을 저지르니 한탄할 만한 일이다!

差總亦無多. 或缺酒食, 不過半盞一箸, 便怏怏而云短少, 魚、肉亦然. 豈特缺少, 冷、熱、遲、速, 亦所必計. 諺曰, "食在廚頭, 力在皮裏." 又曰, "竈邊荒了田地." 人多不省, 坐蹈斯弊, 可歎也.

오직 평상시에 공급의 기준을 잘 규정하기만 하면 있고 없음에 대해 서로가 상호 이해하게 되고, 요구를 하는 사람도 지나친 욕망이 없게 되며, 요구가 만족되지 않을 때도 원망의 마음이 없게 된다. 이렇게 있는 사람은 불만의 정서가 없고, 떠나는 사람도 다시 오고 싶은 마음을 품게 된다. 절대로 사람의 위급함을 틈타 사람의 마음을 아프게 하는 나쁜 일을 하지 말아야 한다. 낮은 것을 좋게 하고, 적은 것은 섞어 많게 한다. 『서경』에서 말하기를 "아랫사람을 무시하거

惟夫准繩定于平時, 有無諒于[1]彼此, 則有求既無奢望, 有時不應, 退無怨心. 如是則在者無不滿之心, 去者懷復來之志. 切不可乘人之急. 將低作好, 措少爲多. 使人有傷心之痛. 『書』曰: "狎侮小人, 罔以

129) 일꾼에게 가혹하게 하고 잘 먹이지 않으면, 일꾼은 태만한 일로 보답하니 필연적으로 일에 영향을 준다. 이는 곧 "논밭이 잡초로 무성해지는 원인은 부뚜막에서 생긴다."와 같은 것이다. 북방의 농언에 "동쪽 집에서 좋은 밥을 주면 일은 신경 쓸 필요도 없다."라는 말이 있는데, 뜻은 이와 같다.

나 속이면 그들은 힘을 다하여 노동하지 않는다."[130]라고 했다. 사람이 열심히 일하는데 가서 위로할 줄 모르고, 사람이 아픈데 가서 관심을 가져줄 줄 모른다면, 이것이 바로 인심을 잃게 되는 가장 중요한 부분이다. 노동자의 식사.

盡其力." 勞苦不知恤, 疾痛不相關, 最是失人心之大處. 工食.

|교 기|

1 '우于'는 연려각본에는 '유有'라고 되어 있으며, 강소본, 통학재본에는 모두 '우于'로 되어 있다.

번 역

原 文

제4단 본 단은 농업생산 경영의 강령에 대해 서술하고 있다.

第四段 本段敘述經營農業生產的綱領.

농사의 요령에는 세 가지 방면이 있는데, 가장 중요한 것은 사전에 준비를 하는 것이다.[131]

提行農事大綱有三道, 惟在豫.

130) 일꾼을 속이고 모욕을 주면 일꾼이 전력을 다해 생산을 할 리가 없다. '소인(小人)'은 생산에 종사하는 노동자 계급을 가리킨다. 원문은 『상서(尙書)』 「주서(周書) · 여오(旅獒)」장에 보인다.

131) '예(豫)'는 '예(預)'이다. 농사의 요점에는 세 가지가 있는데, 즉 경계를 바르게 하는 것, 도랑 준설, 제방 수리이다. 이 세 가지 요점을 철저하게 할 수 있는 것은

1. 경계를 정한다. 논밭은 부세와 요역의 수량을 결정하기 때문에 나도 다른 사람의 것을 침범하지 않고 또한 다른 사람도 나를 침범하지 못하게 해야 한다. 본래 논의 경계를 겸손하게 양보하는 정신은 내가 다른 사람을 침범하는 것보다는 차라리 다른 사람이 나의 것을 침범하는 것이 낫다. 격언에 이르기를 "평생 논의 길을 양보해도 한 뙈기의 땅도 잃지 않는다."라고 했다.

만약 논 모서리가 다른 사람과 물려 있으면[132] 쌍방이 편한 상황 아래에서 바꾸면 된다.

2. 도랑을 준설해야 한다. 농사의 수리는 한 지방에 지방 단위의 저수와 배수가 있어야 하고, 한 구역에 한 구역 단위의 저수와 배수가 있어야 하며, 한 무에 한 무 단위의 저수와 배수가 있어야 한다.[133] 새는 곳이 있는데 막을 줄 모르고 흙이 퇴적된 곳이 있는데 소통시킬

一、 疆界宜正也. 田地, 賦役之所起, 我不可以侵入, 亦不宜使人侵我. 本讓畔之意, 與其以我侵人, 毋寧使人侵我. 語曰, "終身讓路, 不枉百步, 終身讓畔, 不失一段."

若地段田角, 與人相間, 彼此便利, 則兌換可也.

二、 溝渠宜浚也. 田功水利, 一方有一方之蓄泄, 一區有一區之蓄泄, 一畝亦有一畝之蓄泄. 漏而不知塞, 壅而不知疏,

모두 평소의 준비 작업에 달려 있다. '예(預)'는 사전에 미리 준비하는 작업이다. 『중용(中庸)』「애공문정(哀公問政)」의 장에서 말하기를, "무릇 일은 미리 하면 이루어지지만, 미리 준비하지 않으면 그르친다."라고 했다. 이는 곧 일을 하는 데 있어 잘하고 못하고는 모두 준비 작업을 어떻게 하는지를 보면 된다는 것이다.

132) '지단전각, 여인상간(地段田角, 與人相間)'은 곧 몇 집의 논밭이 서로 물려 있다는 것이다. 이는 지대가 흩어져 집중되지 않다는 것을 설명한다.

133) 수리건설은 구역을 계획하여 진행해야 한다. 한 지방[一方]은 곧 큰 지방 단위를 말한 것이다. 한 구역[一區]은 작은 지방 단위를 말한 것이다. 한 무(畝)는 아주 작은 한 단위를 말한 것이다. 장리상은 구역을 나누어 치수를 할 것을 주장했는데, 이는 명말청초에 수리를 중시하지 않는 것을 겨냥한 방법이다. 부록의 「수리(水利)」편에 보인다.

줄 모르면 날이 가고 달이 지나 오래 되면 될수록 힘이 들어 처리하기 어렵다. 마르고 습한 정도도 알맞지 않고 힘과 비용도 많이 들고 수확도 비교적 적어진다. 도랑치는 일은 한 집에 속하는 것이니 준설의 안배를 적절하게 해야 한다.[134] 설사 한 집의 것이 아니더라도, 모두의 공동 이해관계가 있으니 사람들을 모아 협력해 수리해야 하며, 손을 놓고 방관하거나 책임을 미루거나 하는[135] 이기적인 마음이 만연해서는 안 된다. 우임금은 구주九州의 수토水土를 다스려 온 세상의 이로움을 일으킬 것을 생각했는데, 하물며 어찌 자신의 고향만 조그만 혜택을 입는다는 말인가? 만약 공공의 것을 점유해 개인의 것으로 삼아 다른 사람은 손해 보게 하고 자신은 이익을 보는 것은 분명 사람이 해서는 안 되는 것이다.[136]

日積月累, 愈久而力愈難. 燥濕不得其宜, 工費多而收獲較薄矣. 其事系一家者, 固宜相度開浚. 即事非一家, 利病均受者, 亦當集衆修治, 不可觀望推却, 萌私己之心. 且思大禹平治九州水土, 興萬世之利, 何況鄉黨隣里被一夫涓滴之澤乎. 若乃占公爲私, 損人益己, 自非人之所爲矣.

3. 논둑 제방을 수리해야 한다. 우리 고향의 지세는 해녕현海寧縣보다는 낮아 가뭄은 그

三、 塍岸宜修築也. 吾鄉視海寧爲下,

134) 각 집에서는 모두 실제 상황을 고려해 범위에 속해 있는 도랑을 파야 한다.

135) 심씨와 장리상은 모두 수리건설을 일으켜 이익이 모두에게 파급되도록 할 것을 주장했는데, 모두를 한데 모아 함께 진행하는 것이었다. 상권 「토지이용방법[運田地法]」 제19단락에서 "해마다 정부에서 명령을 하고 태만해서는 안 된다."라고 했다. 이는 곧 정부의 통일적 지휘와 안배 아래에서 "사람들을 모아 수리를 하고, 미루고 관망해서는 안 된다."라고 한 뜻이다.

136) '대우(大禹)'는 하우(夏禹) 또는 융우(戎禹)를 말한다. 곤(鯀)의 아들로, 성은 사(姒)이고 이름은 문명(文命)이다. 하나라를 세운 사람이다. 그는 원래 하우씨(夏後氏) 부락의 족장으로 순임금의 명을 받고 홍수를 다스렸고, 사람들을 지도하여 강과 하천을 소통시켜 바다로 흘러가게 하였고, 하천을 수리하여 농업을 발전시켰다. 이후 순임금의 선택에 의해 계승자가 되어 순임금이 죽자 하나라를 건국하였다.

다지 걱정하지 않는다. 또한 귀안현歸安縣보다는 높아 홍수도 걱정하지 않는다. 따라서 제방의 문제가 매우 심하지는 않다. 하지만 평상시 수리에 주의하지 않으면, 마른 땅은 무너지고 논에 물이 샐 수 있어 시간이 오래 되면 문제점도 더욱 많아진다.137) 이렇게 오래 놓아두면 경계는 원래의 모습을 잃어버릴 수 있다. 논두렁의 지반에 풀뿌리가 만연해지면 손해 또한 매우 심하다. 농한기에 맑은 날씨를 이용해 정리와 수리를 하면, 농번기의 바쁜 일손을 절약할 수 있다. 만약 농한기에 관리하지 않으면, 모내기와 수확의 시기에는 돌볼 수가 없게 된다.

既不憂旱. 視歸安爲高, 亦不憂水. 圩岸雖不甚重. 然不時爲修築, 則地虞坍塌, 田患漏泄, 積久滋弊. 恒至疆界失其舊所. 田塍地脚, 草根盤據, 所損亦復不少. 宜于農隙之月, 趁晴淸理修治, 則省忙工. 若閑時蹉失, 到揷種收成之候, 便無及矣.

무덤, 집, 도로, 다리는 대개 자신이 해야 하는 것에 속한다. 비록 농업과 관계는 없지만, 농한기를 이용해 처리해야 하며, 결코 소홀히 하거나 관심을 갖지 않으면 안 된다. 토지관리.

至于墳墓、居址, 以及道路、橋梁, 凡屬已所當爲, 雖于農務無關, 亦當乘隙料理, 非度外可置也. 田功.

---

137) 송대에서 명대에 이르기까지 지주와 신사[豪紳]는 종종 호수 주위의 논[湖圍田]을 차지하였고, 공공의 토지를 빼앗아 사유로 하여 수리사업에 매우 큰 장애로 작용을 하였다. 이는 수재가 발생한 한 원인이 된다. 장리상은 이러한 행위를 하는 사람을 반대하였고, 그들을 "사람이 아니다."라고 하며 질타하였다. (그는) 정의와 안목이 있었다.

번역

제5단 본 단은 농가관리의 번거로운 일을 서술하고 있다.

논밭을 경작해서 얻는 수익이 매우 작다 해도 그렇지만 쓸모 없는 사물을 쓸모 있게 변화시키는 것이다. 논밭을 재배하지 않으면 노동력을 최대한 절약할 수 있겠지만, 결국 쓸모 있는 것을 쓸모 없게 만들게 된다. 이 말은 무엇을 말하는 것인가? 사람, 모은 인분과 오줌 및 아궁이 재, 진흙은 쓸모 없는 것들이지만, 그러나 일단 논밭에 들어가면 농작물을 비옥하게 해서 무명, 비단, 콩, 조로 변화된다. 설사 아주 작은 것들, 예를 들면 뽕나무 말뚝, 쌀겨조차도 모두 농가에서 없어서는 안 되는 것이다. 남은 국, 남은 밥 및 쌀뜨물, 술지게미도 사람에게 주어서 먹게 하거나 또한 가축에게 먹일 수 있으니 모두 용도가 있다. 또 큰 방면에서 말하자면, 근면함은 좋은 마음을 생겨나게 하고, 고향과 풍물을 사랑하게 하고, 순박하고 선량한 마음을 갖게 한다는 것은 더 말할 필요가 없다.

근력은 사용해야 한다. 오랫동안 편안하게 지내면 허약하게 변한다. 장정은 쓰임이 많지만 하는 일 없이 놀기만 하면 활기가 없어지고,

原文

第五段 本段敘述治家的瑣事.

種田地利最薄, 然能化無用爲有用. 不種田地力最省, 然必至化有用爲無用. 何以言之. 人畜之糞與竈灰脚泥, 無用也, 一入田地, 便將化爲布、帛、菽、粟. 卽細而桑釘、稻穩, 無非家所必需之物. 殘羹、剩飯, 以至米汁, 酒脚, 上以食人, 下以食畜, 莫不各有生息. 至于其大者, 勤則善心生, 愛土物, 厥心臧, 又勿論已.

筋力有用也. 逸則脆弱. 丁口有用也, 閑則虛靡, 金錢粟帛有

허망하게 세월만 보내게 된다. 돈, 양식, 옷감은 유용한 것이다. 하지만 땔감, 기름은 소모되는 것이고, 술과 음료도 소모되는 것이고, 외[瓜]와 채소 역시 소모되는 것이고, 삼과 모시 또한 소모되는 것이다. 절약하는 사람은 단지 1/3만을 소모하고, 사치스러운 사람은 더 초과할 것이다. 이보다 더 심각한 것은 남자는 게으르거나 방탕하고, 부녀자는 양잠은 하지 않고, 오만하고 음란한 것은 더 말할 필요도 없는 것이다. 한대 가의賈誼[138]가 말하기를, "천하를 다스리는 일은 가장 작은 것을 빈틈없이 해야 한다."라고 했다. 이 말은 비록 큰 방면을 이야기한 것이지만, 작은 일을 비유로 든 것이라고도 할 수 있다. 사람이 이러한 큰 줄기를 종합할 수 있고, 또한 작은 것도 버리지 않으며, 사소한 일도 빈틈없이 하면,[139] 가정의 일은 아주 잘 처리될 수 있을 것이다. 사소한 농사일.

用也. 薪油耗之, 酒漿耗之, 瓜蔬又耗之, 麻縷絲枲亦耗之. 儉者耗三之一, 奢者過之. 至其甚者. 男習惰遊, 女休蠶織, 長傲誨淫, 又勿論已. 賈子曰, "治天下至纖至細也." 此言雖大, 可以喩小. 人能綜其大綱, 復不厭纖悉, 家政其庶理乎. 農事纖悉.

---

138) '가자(賈子)'는 즉 가의(賈誼)(기원전 200년~기원전 108년)이다. 서한(西漢)의 사상가, 문학가였다. 낙양[雒陽: 지금의 하남(河南) 낙양(洛陽)의 동쪽] 사람이다. 젊고 유능했지만 뜻을 이루지 못했다. 일찍이 농업을 중시해 백성의 식량이 여유로워야 한다고 주장하였고, '백성이 나라의 근본'이란 사상을 가지고 있었다. 그리고 '옛날부터 지금까지 백성과 원수가 되는 자는 시기가 늦거나 빠름의 차이는 있지만 백성이 반드시 이긴다.'라고 생각했다. 정론문(政論文), 예를 들면 『진정사소(陳政事疏)』, 『논적저소(論積貯疏)』, 『과진론(過秦論)』 등은 내용이 충실하고, 의론이 뛰어나 감동을 주었다. 원래는 전집이 있었으나 이미 소실되었다. 명나라 사람이 모은 『가의사집(賈誼沙集)』이 있고, 다른 저서로는 『신서(新書)』 10권이 있다.

139) 앞 단락은 농사 요점을 설명한 것이고, 이 단락은 농사의 세부내용을 설명한 것이다. 요점을 아직 진행하지 않았다면, 반드시 작은 곳에서부터 하기 시작해야 요점이 구체화될 수 있다.

번 역

제6단 본 단은 지주 대 전호의 관계를 서술하고 있다.

우리 고향의 논밭은 일 잘하는 상농부上農夫 한 사람이 단지 10무를 경작할 수 있을 뿐이다.[140] 따라서 논이 많은 사람은 늘 다른 사람에게 소작을 주어 경작을 하고, 자신은 소작료를 받는다. 또 사람은 많지만 땅은 적어서 논을 얻기가 쉽지 않으므로 따라서 가난한 농민은 소작해서 경작을 하는데, 이 또한 필연적인 추세이다.[141]

일찍이 내가 읽은 『맹자』에서 말하기를, "제후[142]가 귀하게 여기는 것에는 세 가지가

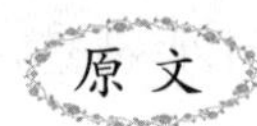

原文

第六段 本段敘述地主對佃戶的關系.

吾里田地, 上農夫一人止能治十畝. 故田多者, 輒佃人耕植而收其租. 又人稠地密, 不易得田, 故貧者賃田以耕, 亦其勢也.

嘗讀 『孟子』曰, "諸侯之寶三. 土地、

---

140) '상농부지능치십무(上農夫止能治十畝)', 당시에는 우경을 사용하지 않았다. 현재는 일 잘하는 농부가 우경을 사용해도 최대한 10무밖에는 할 수 없다. 당시의 1무당 면적은 현재보다는 작았을 것이다.

141) 명말청초의 소작제도는 매우 성행했었다. 지주들 중에서 소작 지주는 다수를 차지했고, 경영 지주는 소수를 차지했다. 소작에는 두 가지 종류가 있었다. 고염무는 『일지록(日知錄)』 권10, 「소송이부전부지중(蘇松二府田賦之重)」에서 말하기를, "한 무제(武帝) 때 동중서(董仲舒)가 말하기를 '간혹 호족의 논을 경작하면 세금이 5/10였다.'라고 했다. 당 덕종(德宗) 때 육지(陸贄)가 말하기를 '지금 경기(京畿) 지역 내에 논 1무당 정부의 세금은 5되이고, 개인이 소작료를 걷는 것은 1무당 1섬에 이른다. …고 했다.'라고 했다. 동중서가 말한 것은 지금의 '분조(分租)'이다. 육지가 말한 것은 지금의 '포조(包租)'이다."라고 했다. '분조'는 무엇인가? 지주는 자본을 내고 소작농은 노동력을 내어 각각 성과의 일부분을 가지는 것을 말한다. '포조'는 소작료의 액수가 고정되어 있어 수확이 좋건 나쁘건 지주는 관여하지 않는다. '분조'이건 '포조'이건 토지를 가진 자는 모두 소작농에게서 소작료를 받아 생활하는 지주이지 경영지주는 아니다.

있다. 첫째가 토지, 둘째가 백성, 셋째가 정무"라고 했다. 평민 지주의 가정 또한 이와 같다. 가정에서의 규범이 바로 정무이고, 농업의 재산이 바로 토지이고, 일꾼과 소작농이 곧 백성이다.143)

人民、政事." 士庶之家, 亦如此. 家法, 政事也, 田産, 土地也, 雇工人及佃戶, 人民也.

소작농은 혹독한 추위와 더위, 햇볕과 비를 맞으며 1년 내내 열심히 일을 하지만, 나는 가만히 앉아서 수확량의 반을 거두며 세금과 요역 외에, 풍년의 해에는 2/3144)를 남길 수 있으니 적다고 볼 수 없다. 그러나 민간에서는 만

佃戶終歲勤動, 祁寒暑雨, 吾安坐而收其半, 賦役之外, 豐年所餘, 猶及三之二, 不爲薄矣. 而俗

142) '제후(諸侯)'는 서주와 춘추시대에 왕이 분봉한 각국의 군주이다. 예에 따라 왕명에 복종했고, 정기적으로 왕을 알현해 조공과 업무 보고를 했다. 동시에 천자에 대해서 군사와 요역의 의무가 있었다. 그러나 자신의 나라에서는 한 나라의 주인이었고, 세습해서 나라의 군사와 정권을 장악하였다.

143) '고공급전호, 인민야(雇工及佃戶, 人民也)'. 『양원선생전집』 권38, 「근감(近鑒)」에서 말하기를, "자손대대로 전해줄 수 있는 사업이 즉 토지이다. 노비와 소작농이 즉 백성이다. 집안의 법규가 정무이다."라고 했다. 이는 지주계급의 '소천하(小天下)'의 사상이다. 통치계급은 세상의 사람을 통치의 대상으로 삼았고, 지주계급은 그에게 속한 소작농, 일꾼, 노비를 통치의 대상으로 삼았다. 여기에서 장리상의 인생관과 그의 '이상왕국'이 충분히 표현되었다.

144) 광서(光緖) 『동향현지(桐鄕縣志)』 권6에 근거해 계산하면, 1무당 세금과 부역의 금액은 모두 쌀 약 3말이었다. 3말을 1/3로 계산하면 전체 세금 액수는 논 1무당 보통 9말이 되어야 한다. 그 나머지 2/3(6말)는 지주의 지갑으로 들어간다. 이로 추측하면 당시의 세금 액수는 논 1무당 쌀 9말이 된다. 광서 『가흥부지(嘉興府志)』 권22에도 또한 기재하기를, "민간의 논밭은 1무당 세금을 쌀로 해마다 약 8~9말을 거두었다."라고 한다. 고염무는 『일지록』 권10 「소송이부전부지중」 항목에서도 기재하기를, "오(吳) 지역의 백성은 논을 가진 자가 1/10이고, 다른 사람의 것을 소작하는 자가 9/10이다. … 해마다 가을 벼가 익으면 1무당 3섬 이상은 수확할 수 없었는데, 적은 것은 1섬 남짓밖에 안 되었다. 그렇지만 소작료는 무거워 1섬 2~3말이었고, 적은 것은 8~9말은 되었다."라고 하였다. 이로부터 추측할 수 있는 것은 당시 태호(太湖) 지역의 조세액은 대략 1무당 1섬 정도가 일반적이었다는 것을 알 수 있다. 이렇듯 소작농의 부담은 상당히 무거웠다.

족을 느끼지 못하여 집사 노복으로 하여금 액수 이외를 강탈하는데, 무슨 운임비, 할인 등의 종류의 명목으로 반드시 지갑을 채우고자 하니 이는 도대체 무슨 도리란 말인가? 조정에서 세금과 부역을 낮추는 문건을 공표하면 논 백무를 가진 집에서 얻게 되는 이익은 얼마가 되는가. 그렇지만 모든 사람들이 칭송을 한다. 만약 돈과 양식을 더 거두는 명령을 공표하면, 논 백무를 가진 집에서 입는 손해가 얼마나 되는가. 그래도 원성이 자자해진다. 이는 백성의 힘을 너무 많이 빼앗을 수 없다는 것이 아니겠는가?

每存不足之意, 任僕者額外誅求, 脚米斛面之類, 必欲取盈. 此何理耶. 且思朝廷一布寬恤之詔, 百畝之家所益幾何. 而歡傳萬口. 下加徵之令, 百畝之家所損幾何. 而怨咨載道. 豈非民力不可竭乎.

논밭이 위치한 장소는 평소에 반드시 직접 자신이 가서 관찰하고 그것의 비옥도를 알아야 한다. 그것의 크기를 계산하고 개흙이 어디서 오는지와 배수 계통을 조사하고, 동시에 그림을 상세히 그려 기록해야 한다.145)

大凡田所坐落, 平日決宜躬履畎畝, 識其肥瘠. 計其寬隘及泥蕩水路, 莫不晝圖詳記.

소작농이 논을 받는 날에는 소작농의 집에 가서 그의 이웃을 알아놓고, 그의 근면성을 조사하고, 그의 식구를 계산해야 한다. 근면하고 선량하며 진지하게 선택하여서, 사람이 많고 마음을 농사일 하나에 전념할 수 있는 자에게 맡겨야 한다.146)

及佃戶受田之日, 宜至其室家, 熟其隣里, 察其勤惰, 計其丁口. 愼擇其勤而良者, 人衆而心一者任之.

소작료를 받는 날에는 대우에 주의해야 하는데, 최대한 노비가 그들에게 잘못하지 않도

收租之日, 則加意寬恤, 僕人積弊, 極

145) 지주가 자신의 논밭에 대한 구체적 상황에 대해 잘 알고 있어야 한다는 것을 설명한 것이다.

146) 소작농에 대한 상황은 더욱 잘 알고 있어야만 한다.

록 한다. 흉년, 소송, 질병, 초상을 당했거나 의지할 데도 없고 심하게 가난하면, 늘 지도해주고 배려해주어야 한다. 서로의 정이 융합되기를 한 집안 사람과 같이 해야 좋다.

力革除. 至于凶災、爭訟、疾病、死喪及煢獨貧厄, 總宜教其不知而恤其不及. 須令情誼相關, 如一家之人可也.

최근 부호와 대지주[147]를 보면, 1년 내내 집에만 있고 밖에 나가지 않는데, 논밭에 가지도 않고 소작농도 모르고, 집사노복[148]이 하는 대로 맡기기만 한다. 이로 인해 지주의 재산을 훔쳐 팔고, 구역과 논밭을 바꾸어도 알지 못한다. 소작료를 횡령하고, 풍년을 흉년으로 보고하고, 선량한 소작농의 땅은 취소시키고, 속임수를 잘 쓰는 나쁜 사람[149]에게 소작을 준다. 각종 다양한 폐단이 있지만, 지주는 전혀 모르고 있다. 최후에는 지주의 가정생활의 내원이 고갈되고, 양식은 갈수록 많이 없어지게 되어 집안이 망하게 되는데, 모두 지주가 토지를 잘못 관리하여 초래된 것이다.

近見富家巨室, 田主深居不出, 足不及田疇, 面不識佃戶, 一任紀綱僕所爲. 至又盜賣其産, 變易區畝而不知者. 侵沒租入, 將熟作荒, 退善良之田, 任與刁黠, 種種弊端, 不一而足. 坐使生計匱索, 虛糧積累, 以致破家亡身, 無不由此.

어떤 지주는 눈 앞의 권세만 믿고 가난한 백성을 속이고 학대하는데, 작은 것으로는 먹고 마시는 것을 착취하고, 큰 것으로는 재산을 가로채고 처를 빼앗아 심지어 형사사건이 되어

或乃恃目前之豪橫, 淩虐窮民, 小者勒其酒食, 大者逼其錢財妻子, 寘之獄訟.

147) '전주(田主)'는 즉 서민지주이며, 또한 앞에서(본권 제3단) 설명한 '사서지가(士庶之家)'이다.

148) '기망복(紀網僕)'은 지주의 노비 집사인데, 지주를 위해 집안일을 경영했다.

149) 교활하고 꾀가 많은 것을 '조힐(刁黠)'이라고 일컫는다.

감옥에 가기도 한다. 감옥에 가 이렇게도 되고 저렇게도 되니 얼마나 무서운 일인가! 전호.

出爾反爾, 可畏哉. 佃戶.

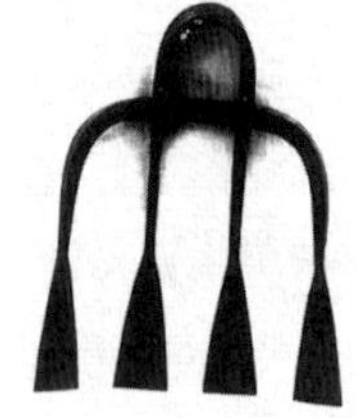

〈그림 24〉 강소 오강(吳江) 지역의 쇠스랑[鐵搭](『館藏中國傳統農具』, 中國農業出版社)

〈그림 25〉 쌍치배구(雙齒扒鉤)(『館藏中國傳統農具』, 中國農業出版社)

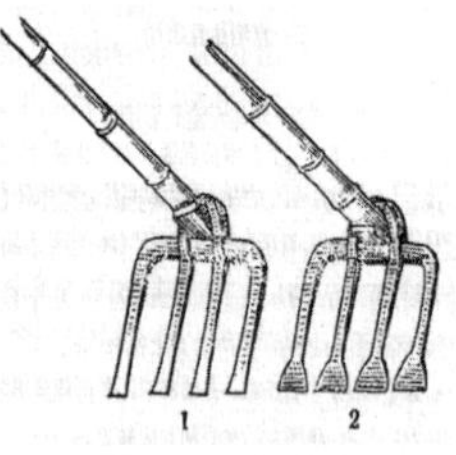

〈그림 26〉 강남지역의 밭[1]과 논[2]의 쇠스랑[鐵搭]

번역

제7단 본 단은 가정수공업과 가계에 대한 관계를 서술하고 있다.

서향西鄕의 부녀자는 대체로 평범한 비단[絹]과 삼베를 짠다. 동향東鄕의 부녀자는 어떤 사람은 농업과 양잠업을 겸업하고, 어떤 사람은 방직을 전문으로 하는데, 그리고 우리 고향의 부녀자처럼 목면 방직과 양잠을 해 비단[綿]을 짜는 것을 주로 한다. 향토에 따라 각자 각

第七段 本段敍述家庭手工業對于家計關系.

西鄕女工, 大概織棉紬素絹, 績苧麻黃草以成布匹. 東鄕女工, 或雜農桑, 或治紡織, 若吾鄕女工, 則以紡織木棉與養

각의 경제 수입원이 있어 남편을 돕는다.[150] 부녀자가 부지런하면 그 가정은 반드시 흥하고, 부녀자가 놀고 게으르면 그 가정은 반드시 망한다. 남자가 가업에 대해 끼치는 작용과 비슷하다.

蠶作綿爲主. 隨其鄉土, 各[2]有資息, 以佐其夫. 女工勤者, 其家必興, 女工遊惰, 其家必落. 正與男事相類.

부녀자들이 종사하는 업무는 대마, 모시 및 누에고치실 같은 것으로 근면한 것과 게으른 것에 달려 있어 가정 살림과의 관계가 크지 않은 것처럼 보인다. 그러나 부녀자의 근면은 가정의 각 부분이 모두 흥하게 하고, 게으름은 곧 각 부분의 사정을 황폐하게 한다. 따라서 격언에 말하기를 "가정이 빈곤하면 현명한 부인을 생각하고, 국가가 혼란하면 충성스럽고 어진 재상을 바란다."라고 했다. (가정과 국가에) 보좌하는 것은 비록 다르지만 그 실질을 도와서 세를 키운다는 것은 서로 동일하다.

夫婦女所業, 不過痲枲繭絲之屬, 勤惰所系, 似于家道甚微. 然勤則百務俱興, 惰則百務俱廢. 故曰, "家貧思賢妻, 國亂思良相." 資其輔佐, 勢實相等也.

보통의 필부와 아낙네라면 남자는 10무의 땅을 경작할 수 있고, 부녀자는 10광주리[151]의 누에를 치고 하루에 2필의 베를 짜거나 혹은 면사 8량을 짤 수 있다. 이렇게 한다면 어찌 굶주리고 추위에 떨 것을 걱정할 필요가 있겠는가? 수를 놓음에 있어서 음탕한 짓이나 하고 요

且如匹夫匹婦, 男治田地可十畝, 女養蠶可十筐, 日成布可二匹, 或紡棉紗八兩. 寧復憂饑寒乎. 刺繡淫巧, 在所當戒. 女工.

150) 이는 가내 수공방직이 이 지역 농촌에 상당히 보편적이었음을 설명한다. 농업과 가내수공업이 결합되었다.

151) 양잠 10광주리에서 실 10근이 나온다. 평상시 가격에 근거하면 1근당 은 1량으로 계산되니 모두 10량의 값으로, 수입이 상당했다.

령을 피우는 것은 마땅히 경계해야 한다. 부녀노동.

|교 기|

2 '각各'은 강소서국본, 연려각본에는 '명名'으로 되어 있고, 통학재본에는 '각各'으로 되어 있다. 이에 근거해 '각各'으로 고쳤다.

번 역

제8단 본 단은 가정의 근검에 대해 서술한 것이다.

각 부분의 일에는 항상 일정한 법칙이 있는데, 이 법의 집행은 사람에게 달려 있다. 『중용』에서 말하기를, "문왕과 무왕은 나라를 다스리는 정책을 모두 널빤지[版簡]에 기록하였다. 그들에게 신하들이 있었기에 그 정책들이 집행될 수 있었지, 없었다면 그 정책들은 폐기되었을 것이다."라고 한다. 가정의 일들도 또한 이와 같다. 귀안현의 모씨茅氏 집안에 대해 곳곳에서 모두 그가 농업생산을 잘한다고 칭송한다. 우리 현縣의 장씨莊氏는 양잠 경영 방면에서 7개 지역[152]에서 가장 뛰어나다. 현재는 모두 망하

第八段 本段敘述勤儉治家.

凡事各有成法, 行法在人. 『中庸』曰, "文、武之政, 布在方策. 其人存, 則其政擧, 其人亡, 則其政息." 家政亦如之. 歸安茅氏, 農事爲遠近最. 吾邑莊氏, 治桑亦爲上七區畬3. 今皆廢棄. 一者由天, 世亂而盜起也, 一者

였다. 그 원인은 첫째, 날씨로 인해 사회가 혼란하고 안정되지 못해 도적이 사방에서 일어났기 때문이고, 둘째는 사람 때문인데, 즉 부자들이[153] 오랫동안 농업에 익숙하지 못하여 생긴 어려움에 있다.

由人，膏粱之久，不習稼穡艱難也.

이전에 사마광司馬光이 낙양洛陽에 거주할 때 논 3경頃을 가지고 있었는데 아침저녁을 가리지 않고 몸소 일을 처리하였다. 유충선공[劉大夏][154]은 아들에게 한편으로는 공부를 시키고, 한편으로는 농사를 짓게 했다. 그는 말하기를, "고생은 사람을 보다 단련시킬 수 있다."라고 하였다. 향락을 탐하면 사람을 해할 수 있고, 놀고 방탕해져 일을 그르치게 되는데, 옛날 사람은 모두 이러한 것들을 두려워하였다.

司馬溫公居洛，有田三頃，躬親庶務，不捨晝夜. 劉忠宣公教子讀書，兼力農. 曰"困之, 將以益之". 晏安害人, 遊閑廢事, 古之人無不懼之.

지금 농서에 기재된 것은 모두 이러한 법칙들이다. 실로 (법을 집행하는) 사람이 적임자가 아니라면 법은 헛되어 추진될 수가 없다. 법칙을 집행하는 요령은 하나는 충실하게 믿는 것이고, 다른 하나는 정성을 다하고 근면하게 일하는 것이다. 충심과 신의로 남을 대하면 다

今農書所載者，法也. 苟非其人，法不虛行. 行法之要，一曰忠信，一曰精勤. 忠信以待人，則人無不盡之心，精勤以立

152) '추(酋)'는 수뇌인물이란 뜻인데, 여기서는 이를 빌어 장리상[張氏]이 농가경영에서의 지도자임을 묘사한 것이다.

153) '고량(膏粱)'은 원래는 부잣집 자제가 '고량자제(膏粱子弟)'가 되었다는 것을 가리킨다. 『천향루우득(天香樓偶得)』에서 일컫기를, "지금 사람은 귀족 자제를 고량자제로 부르는데, 단지 배불리 먹는 것만을 알고 다른 일은 잘 알지 못하는 걸 말한다."라고 했다.

154) 역자주 유대하(劉大夏)는 자가 시옹(時雍)이며 호는 동산(東山)이다. 명대 화용현(華容縣) 사람으로 왕서(王恕), 마문생(馬文生)과 함께 '홍치삼군자[弘治三君子]'라고 한다. 죽은 후에 충선(忠宣)의 시호를 받았다.

른 사람도 마음을 다하게 된다. 정성스럽고 부지런하게 일을 처리하면 그 일이 이루어지지 않을 수 없다. 요컨대 충심이 근본적인 것이다. 『시경』「용풍鄘風」편에서 말하기를, "새벽별 보고 일찍 멍에 메워 상전桑田에서 머무니"라고 했는데, 이는 [위문공衛文公이 농업생산을 지도할 때] 매우 부지런했다는 것을 말하는 것이다. "열심히 하고 또한 깊은 마음을 가지고 있었기에, 7척의 수말과 암말 3천 필을 기를 수 있었던 것"이다.[155] 이는 곧 그의 마음 씀씀이가 성실하고 사려 깊었기 때문에 비록 말을 기를지라도 수말과 암말이 3천 필 넘게 이를 수 있었다는 것을 말함이다.

事, 則事無不成之勢. 要之, 忠信, 本也. 「鄘」詩4, "星言夙駕, 說5于桑田", 言勸課之勤也. 而終之以"秉心塞淵, 騋牝三千." 言其操心誠實而淵深, 故雖畜馬之衆, 亦至于三千也.

경작과 뽕나무를 재배하는 일은 하늘의 조건[빛, 온도, 물, 비료, 공기]을 이용하지만, 사람의 노동력에 의지하고, 토지의 잠재력을 일으켜야 하는데 이러한 일들은 가장 진실되어야 하며 허위가 있어서는 안 된다. 온갖 곡식과 초목의 재배는 몸과 마음을 다해야 일정한 효과를 거둘 수 있다. 재배해야 할 시기를 잃게 되면 제때 해야 하는 수확은 손해를 보게 된다. 나는 그것을 속일 수 없고, 그것도 나를 속이지 않는다. 도리어 말세도 아닌데, 인간관계의 정情이 위선을 행하게 되면 어려움에 처하게 된다.

農桑之務, 用天之道, 資人之力, 興地之利, 最是至誠無僞. 百穀草木, 用一分心力, 輒有一分成效. 失一時栽培, 卽見一時荒落. 我不能欺彼, 彼亦不欺我. 却不似末世, 人情作僞, 難處也.

그러나 농민은 세상 사람들과 상호 교류를

然與世人相交, 農

155) '내(騋)'는 키가 7척이 되는 큰 말이다. '빈(牝)'은 암말이다.

해야만 결국에는 처지를 이해할 수 있게 된다. 일꾼에 대해 말해보면 입으로는 듣기 좋은 말을 하고 실행을 하지 않으면 떠날 마음이 생긴 것이다. 새벽에 일어나서 밤이 되어 자면 활력이 넘치게 된다.156) 농언에서 말하기를, "일하는 사람에게는 세 가지를 잘해 주어야 하는데, 즉 임금을 잘 쳐 주고, 좋은 음식을 주며, 같이 지내는 감정을 좋게 하는 것이다. 그리고 집안 일을 경영하는 사람은 세 가지를 먼저 해야 한다. 즉 일찍 일어나고, 밥을 일찍 하며, 발을 일찍 씻어야 한다."라고 하였다. 세 가지 좋은 것은 일꾼의 환심을 얻기 위한 것이며, 세 가지 일찍 하는 것은 일꾼의 노동력을 더 많이 얻어낼 수 있도록 하기 위해서인데, 이렇게 하면 곤란에서 구제할 수 있다. 이로 미루어 각 부분의 일을 처리하면, 이치는 거의 모두 비슷하게 된다. 근면을 익힘.

終易處. 以雇工而言, 口惠無實, 卽離心生. 夙興夜寐, 卽朝氣作. 俗曰, "做工之人要三好, 銀色好, 吃口好, 相與好. 作家之人要三早, 起身早, 煮飯早, 洗脚早." 三好以結其心, 三早以出其力, 無有不濟. 推之事事, 殆一轍也. 習勤.

| 교 기 |

3 '추酋'는 강소서국본, 통학재본에는 모두 '수首'로 되어 있고, 연려각본에는 '추酋'로 되어 있다. 현재 이에 근거해 고쳤다.

156) 역자주 "숙흥야매(夙興夜寐), 즉조기작(卽朝氣作)"을 본서의 「어역(語譯)」에서는 "아침에 일찍 일어나고 늦게 자고 일하는 것을 멈추지 않으면 생기가 넘쳐 흐른다."로 해석하고 있다. 그러나 일꾼[雇工]이 잠자지 않고 새벽부터 밤늦게까지 일을 하는 것이 어찌 생기발랄하다고 하겠는가? 따라서 이 문장을 "아침에 일찍 일어나고 밤이 되어 일찍 자게 되면 충분한 휴식을 취할 수 있어서 생기가 넘치게 된다."고 해석하는 것이 보다 합당할 듯하다.

4 '용시鄘詩'는 『보농서』의 각 판본에는 '위시衛詩'로 되어 있다. 그러나 『시경』 원문에 있는 「용鄘」, 「위衛」시를 찾아보면 이 말이 없어, 지금 이에 근거해 고쳤다.

5 '설說'은 『보농서』의 각 판본에는 '세稅'로 되어 있다. 그러나 『시경』 원문에는 '설說'로 되어 있다. 원문은 『시경』 「국풍國風 · 용鄘 · 정지방중定之方中」 장에서 보인다.

번 역

제9단 본 단은 농업경영이 독서와 더불어 결합될 수 있는지를 설명하고 있다.

사람들은 농사와 독서의 두 가지 일이 서로 결합될 수 없다고 말하지만, 사실상 그렇지 않다. 어떤 사람은 단지 한가하게 앉아 지내면서 다른 일은 하지 않고, 할 일 없이 놀며 세월을 보내거나 혹은 부당하게 본분 밖의 일을 추구하기 위해 아침부터 밤까지 뛰어다니기도 하여, 공부를 사업 이외의 것으로 간주하기도 한다.[157] 또는 문자와 장구 및 고증과 훈고를 전문적으로 연구하는 집안에서는 오랜 세월 쉬지 않고 했기 때문에 경작을 비속하고 하찮은 것으로 간주하거나 근면과 고통은 견딜 수 없는

第九段 本段說明經營農業可與讀書相結合.

人言耕讀不能相兼, 非也. 人只坐無所事事, 閑蕩過日, 及妄求非分, 營營朝夕, 看得讀書是人事外事. 又爲文字章句之家, 窮年累歲, 而不得休息, 故以耕爲俗末. 勞苦不可堪之事, 患其分心.

157) '인사외사(人事外事)'는 사람들의 사업 이외의 사정을 말하는 것 같다.

일로 간주한다. 이로 인해 자신의 독서 시간과 마음이 분산될 것을 걱정한다.

만약 전심을 다해 경작하고 뽕나무 재배를 하여, 국가에 세금과 부역을 제공하고, 가정의 의식과 생필품을 지급할 수 있다면, 도리에 어긋난 일을 근절할 수 있고, 여가 시간에 독서나 수신修身을 하며 보다 나은 여유를 누릴 수 있다.

若專勤農桑, 以供賦役, 給衣食, 而絶妄爲, 以其餘閑讀書修身, 盡優遊也.

농업의 일은 시간성을 갖고 있어 많아야 고작 반 년밖에는 안 된다. 농언에서 "농부는 반년이 한가롭다."라고 한다. 게다가 이 반 년 속에서도 매달 며칠의 한가한 시간은 있기 마련이다. 하루 동안에도 몇십 분의 휴식은 있기 마련인데, 이 시간을 통해 책을 펴서 익히고 도의와 윤리를 강구하면 충분하지 않겠는가? 나는 사람들이 편안하고 유유자적하게 생활하는 것이 실로 이보다 더 좋은 것이 없다고 생각한다.158)

農功有時, 多則半年. 諺云, "農夫半年閑". 況此半年之中, 一月未嘗無幾日之暇. 一日未嘗無幾刻之息, 以是開卷誦習, 講求義理, 不已多乎. 竊謂心逸日休, 誠莫過此.

158) 이 단락의 원문은 『양원선생전집』 권41 「비망이(備忘二)」에도 보인다.

補農書譯註
Bonongseo

부 록 附錄

一. 농 사農事

1. 논 관리[治田][1)]

(출처: 『양원선생전집楊園先生全集』 권47 「훈자어상訓子語上」)

번 역

논이 있으면 마땅히 온 힘을 다해 경작해야 하고, 자손이 있으면 온 힘을 다해 가르쳐야 하는데, 논을 정지하고 경작하지 않고 어찌 굶주림과 추위를 면할 것이며, 자손을 가르치지 않고 어찌 패망을 면할 수 있겠는가?

도랑을 소통시키고 물길을 이끌어서 가뭄과 장마에 대비하고, 거름을 비축하고 농기구를 갖추며, 시령時令을 틈타 논을 정지하는 가장 급한 일을 처리해야 한다.[2)]

原 文

有田畝便當盡力開墾, 有子孫便當盡力教誨, 田疇不墾, 寧免飢寒, 子孫不教, 能無敗亡.

疏溝導渠, 以備旱澇, 蓄糞完器, 以乘時令, 治田疇之急務也.

---

1) 제목은 교석자가 붙인 것이다.

2) 이 문장은 농업 생산 상의 각종업무를 전반적으로 살피고 안배한 것이며, 특히 철저한 준비를 하기 위한 것이다. 왜냐하면 목마른 사람이 우물을 파듯 앉아서 때를 놓칠 수는 없는 것이기 때문이다.

2. 농업의 지역성[農業之地區性][3)]

(출처: 『양원선생전집楊園先生全集』 권47 「훈자어상訓子語上」)

번 역

한 지역에는 그 지역에 걸맞는 산물이 있으니, 천지가 이것을 생산하여 사람을 부양하고, 사람은 재화를 만든다.[4)] 마치 산에서 대와 나무, 바다에서 생선과 소금, 못에서 마름과 연이 생산되고, 소금기가 많은 (곡물을 재배할 수 없는) 땅에서 목면을, 망향에서 양, 돼지를 기르는 것과 같은 것이다.[5)] 내 고향에서는 누에, 뽕나무, 쌀, 맥류가 그러하다.[6)] 다만 스스로를 반성하여서 힘써 농업에 종사하여 이익을 도모한다면 산 사람을 봉양하고 죽은 사람에 대한 장례를 잘 치룰 수 있으니 더 이상 유감은 없을 것이다.[7)]

原 文

一方有一方之物產, 天地生此以養人, 在人爲財貨. 如山之竹木, 海之魚鹽, 澤國菱芡, 斥鹵木棉, 莽鄉羊豚之類. 吾鄉則蠶、桑、米、麥是也. 但能反求諸己, 竭力從事, 不閉塞其利源, 養生送死, 加以無憾.

---

3) 제목은 교석자가 붙인 것이다.

4) 천지생물(天地生物)은 자연에서 얻는 재산을 가리키는 말이다. 사람이 재화를 만든다는 것은 사람이 현재 가지고 있는 자연재산의 자원조건에 근거하여 각종의 생산업에 종사함으로써 '생산재부(生產財富)'가 만들어지는 것을 가리킨다.

5) '망향(莽鄉)'은 잡초가 무성하게 생장하는 지방을 가리킨다. '망향양돈(莽鄉羊豚)'은 잡초가 잘 자라는 지방에서 양, 돼지를 기를 수 있음을 설명한 것이다.

6) "여산지… 시야.(如山之 … 是也.)" 원래는 작은 글자의 협주인데, 지금 큰 글자로 고쳤다.

7) 장리상의 경영 순서는 잠상을 제1로 하고, 쌀과 맥류의 생산을 제2로 했는데, 이는 심씨가 벼를 제1, 잠상을 제2로 삼은 것과는 다른데, 이것은 경영의 중점이 각기 다르기 때문이다.

3. 조상에게 올리는 새로운 채소와 과일[薦新蔬果][8)]

(출처: 『양원선생전집楊園先生全集』 권18)

번 역	原 文
정월: 대추.[9)] 자고.[10)]	正月: 棗 茨菇
이월: 물밤.[11)] 부추.[12)]	二月: 荸薺 韭

8) 이 기록을 보면 장리상과 그 당시 현지에서 심는 농작물의 종류와 수확 계절을 이해할 수 있다. 아울러 현지에서 중요시하는 농산품이 무엇인가를 엿볼 수도 있다. 천신(荐新)이라는 것은 때맞추어 조상에게 올리기 위해 매번 수확하는 새로운 생산물을 말한다. 역자주 본절의 정월부터 12월까지의 각종 산물에 대한 구체적인 설명은 하지 않았지만 제목으로 미루어보아 모두 생산물의 수확시기를 말하고 있음을 알 수 있다.

9) 대추는 현지의 주요 생산품이 아니라, 일종의 진귀한 작물이다. 동치, 『호주부지(湖州府志)』 권32 「물산상(物産上)・과지속(果之屬)」편에 이르기를, "대추는 이 땅에 적합하지 않지만 오늘날에는 이 지역 사람도 재배한다. 명 초기에 백성에게 대추를 심도록 가르쳤는데, 여섯 현의 총계가 607만 6126그루였다."라고 하였다. 이러한 사실은 현지에 원래 대추가 없었거나 혹은 매우 적었다는 것을 말해준다. 명초에 보급되기 시작하여 청대 동치 연간에 이르러 "오늘날 이 지역 사람도 재배한다."라고 하는 것은 대추나무가 여전히 많지 않았음을 말하는 것이다.

10) 동치, 『호주부지』 권32 「물산상(物産上)・과지속(果之屬)」편에 이르기를, "『본초강목』에 자고(藉菇)가 있는데 무논 가운데에서 자라고, 일명 자고(茨菰), 또는 단자고(團慈菇)라고 부르며 뿌리는 마늘과 같고, 오늘날 저지대논[下田]에도 심는다. 자고 한 뿌리는 한 해에 12개로 번식되는데, 마치 엄마가 여러 아이를 젖먹이는 것 같아서 이름지어졌다. 『속지(粟志)』(이전의 일종의 지방지 — 인용자주)는 "자고(茨菇)라 쓰는데 틀린 것이다."라고 하였다. 이를 통해 자고(茨菇)가 자고(慈菇)임을 알 수 있다.

11) 동치, 『안길현지(安吉縣志)』 권8 「물산(物産)・과속(瓜屬)」편에 이르기를, "'발제(荸薺: 물밤)'는 마땅히 『본초강목』의 '발제(葧薺)'에 해당한다."라고 하였다. 이를 통해 발제(荸薺)가 '발제(葧薺)'임을 알 수 있다. 또 동치 연간 『호주부지』 권32 「물산상(物産上)・과지속(果之屬)」에 이르기를, "'발제(葧臍)' 즉, '부자(鳧茨)'이다."라고 하였다. 『본초강목』에 '오우(烏芋)가 있는데 이에 대한 주석에는 "'자고(茨菇)'에 오(烏)자가 있으며, 뿌리가 서로 비슷하고 가늘고 아름다

삼월: 사탕수수,[13] 미나리[14] 또는 초이삼.	三月: 蔗芹或菜心
사월: 신차,[15] 앵도,[16] 죽순.	四月: 新茶 櫻桃 笋

〈그림 1〉 물밤[荸薺]

〈그림 2〉 초이삼[菜心]

워 부자(鳧茨)라 부르고, 오늘날 저지대 논에 심는다. 발제(葧臍)는 『속지』에 발제(荸薺)로 되어 있으나 틀린 것이다. 일명 지속(地粟)이라는 것을 살펴보면 과실도 되고, 채소도 되며 또한 약품에도 들어간다."라고 하였다.

12) 부추[韭]는 묵은 뿌리 작물이다. 『시경』「7월(七月)」편에 이르기를, "4의 날(즉 2월 — 인용자 주)에 양과 부추를 올려서 제사한다. 왜냐하면 부추는 당시 1년 중에 가장 먼저 수확하는 작물이기 때문에 옛 풍속에 따라서 이것을 제사상에 올린다."라고 하였다. 동치, 『호주부지』 권32「물산상(物産上)·소지속(蔬之屬)」편에 이르기를, "또한 부추를 제일 앞에 배열하고 있다. 그곳에 이르기를 부추는 진흙땅에서 잘 자라며 초봄에 가장 좋다. 초봄에 나오는 것을 부추 싹이라 한다."라고 하였다. 살피건대 부추 꽃은 절일 수 있는데(즉 소금에 절인 부추나물[醃鹹韭菜] — 인용자 주), 곧 부추김치[菁菹]이다.

13) 동치(同治) 『호주부지』 권32「물산상(物産上)·과지속(果之屬)」에 이르기를 "자(蔗)는 곧 감자(甘蔗)이다. 『본초강목』 '감자' 주에 이르기를, 감자는 두 종류가 있다고 한다. 붉은색은 '곤륜자(昆侖蔗)'라 하고 흰색은 '적자(荻蔗)'라 한다. 지금 현지인은 또한 두 종류를 심는다."라고 하였다.

14) 광서 『오정현지(烏程縣志)』 권29「물산(物産)·소지속(蔬之屬)」에 이르기를, "근(芹)은 즉 물미나리[水芹]이다. 겨울엔 뿌리가 희고 여리다."라고 하였다.

15) 광서 『가흥부지(嘉興府志)』 권32「물산(物産)·과류(果類)」에 '산차(山茶)'의 기록이 있다.

16) 광서 『오정현지(烏程縣志)』 권29「물산(物産)·과지속(果之屬)」에 이르기를, 앵도는 '주(朱), 자(紫), 사(蠟), 주(珠)' 등의 이름이 있다. 지금 통칭하여 '앵주(櫻株)'라고 한다.

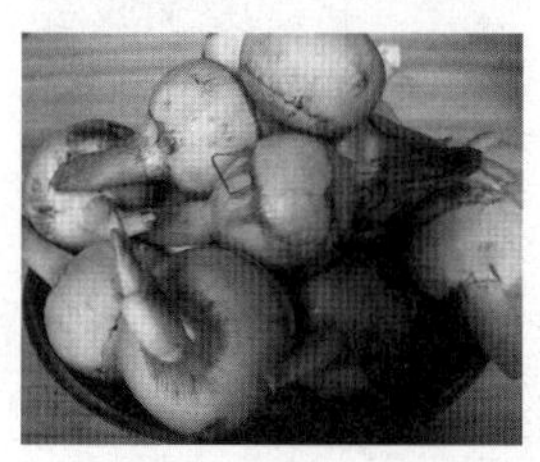

〈그림 3〉 자고(茨菰)

〈그림 4〉 사탕수수[蔗芹]

번역

오월: (4월에 수확한) 잠두.[17] 매실.[18] 갓나물[19] 혹은 줄풀.[20]

유월: (5월에 수확한) 밀.[21] 자두[22] 혹은 연

五月: 豆登 梅 芥菜或茭白

六月: 麥登 李或

17) 무릇 어떤 물건을 '등(登)'한다는 것은 1개월 앞서 미리 수확한 것을 말한다. 예를 들면, 콩류는 4월에 수확한 것을 말한다. 여기의 콩은 잠두(蠶豆)를 가리키고 각 부지 「물산(物産)」 잠두를 살피면 4월에 익는다.

18) 광서 『오정현지(烏程縣志)』 권29 「물산(物産)・과지속(果之屬)」에 "매화는 많이 심는데 유독 청취(靑脆), 소매(消梅)가 좋다. 소매(消梅)는 도장산 아래에서 생산되는데, 청취는 더욱 좋고 그 열매는 더욱 일찍 열린다."라고 한다.

19) 동치 『안길현지(安吉縣志)』 권8 「물산(物産)・소지속(蔬之屬)」에 "개채(芥菜)는 매운맛이 나고, 빛은 보라색을 띠며, 마땅히 소금에 절이는 것이 좋고, 익혀서 먹을 수는 없다."라고 쓰여 있다.

20) 부추는 채소로 쓰이는 일종의 수생식물로서 대부분 야생이지만 재배한 것도 있다. 동치 『호주부지(湖州府志)』 권32 「물산상(物産上)・소지속(蔬之屬)」에 "줄풀[茭白]은 일명 고채(菰菜)이다. 『본초』에서는 고근(菰根)을 일명 교백(茭白)이라고도 한다. 줄풀[菰]은 3년 이상이면 가운데에 연뿌리(藕) 같은 심이 생기는데 희고 연하며, 가운데 검은 줄이 있어서 씹어 먹을 만하다. 오늘날 강남의 저지대에서 또한 많이 심는데 흰색을 띤 것이 맛이 좋고 검은 점을 띤 것은 좋지 않다."라고 한다.

밥.[23] 가지나 오이.	蓮房 茄或瓜
칠월: 작두콩 수확. 복숭아[24] 혹은 대추. 참외.[25]	七月: 梅豆熟 桃或火棗 瓜
팔월: 마름.[26] 토란.	八月: 菱 芋

21) 밀은 오월에 수확한다. 『농상촬요(農桑撮要)』[원(元)대 노명선(魯明善) 찬]에서 이르길, "오월에 밀[小麥]을 거둔다."라고 하였다. 『심씨농서』의 「월별 농사일[逐月事宜]」에는 사월에 채맥(菜麥)을 거둔다. 이것이 이른바 '맥등(麥登)'으로써 밀을 5월에 수확하는 것을 가리키며, 수확한 밀을 유월에 조상의 제사에 올린다. 보리는 사월 중에 익으면 수확한다.

22) 광서 『오정현지』 권29 「물산(物產)·과지속(果之屬)」에 "자두[李]는 미리(米李), 조리(條李), 납리(蠟李), 명주리(明州李), 가리(茄李), 청리(青李), 자분리(紫粉李) … 가 있다."라고 되어 있다. 여기서 조상에 올린 자두가 어떤 종인지 알 수 없다.

23) 연봉(蓮蓬), 광서 『오정현지』 권29 「물산(物產)·과지속(果之屬)」에 의하면, "연뿌리[藕]는 홍하련(紅荷蓮), 백하련(白荷蓮)의 뿌리가 가장 귀하고, 꽃이 붉은 것은 연밥이 두툼하고[蓮腴] 연뿌리가 단단하며, 꽃이 흰 것은 연밥이 부드럽고 연뿌리가 달다."라고 한다.

24) 광서 『오정현지』 권29 「물산(物產)·과지속(果之屬)」에서는, "복숭아[桃]는 오월도(五月桃), 칠월도(七月桃), 시월도(十月桃), 회도(灰桃), 금도(金桃), 소서도(小暑桃) … 가 있다."라고 하였다. 여기서는 당연히 칠월도(七月桃)를 가리킨다.

25) 이 오이는 당연히 참외[甛瓜]이다. 동치 『안길현지』 권8 「물산(物產)·과지속(瓜之屬)」에 "소랑과(小娘瓜), 속명은 향과(香瓜)이고, 『본초강목』에서는 첨과(甛瓜)라고 한다. … 『시경』에 이른바 칠월에 오이를 먹는다고 한 것은 마땅히 이 참외를 가리킨다."라고 하였다.

26) 이름이 마름[菱]이다. 동치 『호주부지』 권32 「물산상(物產上)·과지속(果之屬)」에서 이르길, "'능(菱)'이란 「대청일통지(大淸一統志)」에 의거하면, "호주의 토산품인 능은 귀안현의 능호에서 나온다."고 하였다. 『본초강목』에서 기(芰)라고 하는 것은 곧 능(菱)을 말한다. 『촉본도경(蜀本圖經)』에 이르기를 (마름의 열매에는) 두 종류가 있는데, 하나는 뿔이 4개이고 하나는 뿔이 2개이다. 지금 이곳에서는 이것을 심어서 탕(蕩)을 끓이는데 두 종류에 그치지 않는다. … 늦가을에 열매를 캐서 대나무 발에 말리는데 말라서 껍질을 벗겨서 밥으로도 먹고, 또 과일로도 먹는데 그 수확이 수십 곡(斛)에 이른다."라고 하였다.

〈그림 5〉 줄풀[茭白]

〈그림 6〉 마름[菱]

번 역

구월: (수확한) 벼.[27] 늦콩수확.[28] 연뿌리. 백편두.[29]

시월: (수확한) 늦벼.[30] 도라지.[31] 생강이

原 文

九月: 稻登 晩豆熟 藕 白扁豆

十月: 晩稻登 桔

27) 이 종류의 벼는 수확한 후에 조상의 제사에 올린다. 『심씨농서』「월별 농사일」에는 "구월에는 조도(早稻)를 베니 이 조도가 곧 중도(中稻: 「월별 농사일」 주에 보인다)이다."라고 하였다.

28) 동치 『호주부지』 권32 「물산상(物産上)·곡지속(穀之屬)」에서 "황대두(黃大豆), 청두(靑豆), 흑두(黑豆), 자두(紫豆)는 여름에 심고 가을에 익는다."라고 했는데, 『심씨농서』「월별 농사일」에는 9월에 늦콩을 수확하는 내용이 있다.

29) 백편두(白扁豆), 곧 백변두(白藊豆)이다. 동치 『호주부지』 권32 「물산상(物産上)·곡지속(穀之屬)」에 이르길, "백변두 또는 양각두(羊角豆)라 부르는데, 붉고 흰 두 가지 색이 있고 민간에서는 연리두(沿籬豆) 또는 아미두(蛾眉豆)라는 이름으로 부른다. 성질은 습한 것을 좋아하므로 강남의 저지대에서 많이 심는다."라고 하였다.

30) 10월에 늦벼를 벤다. 『심씨농서』「월별 농사일[逐月事宜]」 10월조에 보인다.

31) 도라지[桔] 또한 호주 특산이다. 동치 『호주부지』 권32 「물산상(物産上)·곡지속(穀之屬)」을 보면, "오흥(吳興)은 토질이 검고 논은 물에 잠겨 있는데, 원래 언덕은 도라지의 생장에 알맞고 전지는 벼농사에 적합하다. 태호 동정산에서 나는 푸른 도라지[綠桔]는 '동정길(洞庭桔)'이라 부른다. 도라지 종류는 하나가 아니다."라고 되어 있다.

나 채소.[32]

십일월: 밤. 무.

십이월: 배. 연실. 백합.[33]

薑或菜

十一月: 栗 蘿蔔

十二月: 梨或蓮實百合

〈그림 7〉 백편두(白扁豆)

〈그림 8〉 백합(百合)

32) 생강[薑]은 가흥 일대의 특산으로 명말부터 대량으로 심기 시작하였다. 광서 『가흥부지(嘉興府志)』 권32 「물산(物産)」조에 이르길, "생강 중에 오월에 나는 싹은 연한 갈대와 같고, 가을 이후의 새싹은 손가락 굵기 같아서 '자아강(紫牙薑)'이라고 부르는데, 캐 먹는 것은 근막(筋膜: 근육을 싸고 있는 막)이 없고, 추분 뒤에 캐는 것을 다음으로 치며, 서리를 맞으면 세게 된다. 여러 호수에서 잡은 속이 찬 논 게에 생강을 찧어 요리하여 조상에게 올린다(생강을 찧어서 게에 버물려 조상에게 올리는 것을 가리킨다 – 교석자). … 가흥(嘉興), 해염(海鹽), 평호(平湖) 3현 사이의 사람은 대부분 이것을 직업으로 하는데, 가을에 다시 새 생강이 나므로 자못 긴 시간을 감내해야 한다."라고 한다. 『지원지(至元志)』, 『유지(柳志)』에는 기록이 없고, 『유지(劉志)』에 비로소 목차에 들어 있으며 거의 명말에 심는 자가 많아졌다.

33) 백합 또한 동향과 호주 일대의 특산이다. 동치 『호주부지』 권32 「물산상(物産上)·소지속(蔬之屬)」에서 "백합은 야생이 좋다."라고 하였고, 동치 『안길현지』 권8 「물산·소지속」에서 "꽃은 홍백의 두 종류가 있다. 붉은 꽃은 산단(山丹)이라 하고, 흰 꽃이 가장 좋다. 당연히 약에 들어간다."라고 하였다. 광서 『가홍부지』 권32 「물산」편에서는 "백합은 흰 꽃이 맛이 달고 맑은 향이 있고, 색깔은 옥과 같으며, 그것을 복용하면 정신이 맑아진다."라고 되어 있으며, 장리상의 「보농서후(補農書後)」 제14단에 이르길, "백합은 뿌리가 대체로 맛이 달고, 꽃은 또 맛있는 향이 난다."라고도 하였다.

4. 술 빚는 것이 논벼 재배에 끼치는 영향[釀酒對水稻配置的影響][34]

(출처: 『양원선생전집楊園先生全集』 권31)

번역

조정에서 술을 독점하여 매매하지 않으니 민간에서 스스로 제조하고, 무리지어 마시는 것을 금지하지 않는다. 오늘날에 이르러 음주 습관이 극에 달하였다.[35] 무릇 사람이 배의 크기에 따라서 먹기는 하지만, 하루에 쌀 1되 정도이고 많이 먹는 사람이라도 배로 먹을 수 있을 뿐이다.[36] 술 마실 때는 대개 한 사람이 몇 되를 마시는데 잘 마시는 사람은 양을 헤아릴 수 없다.[37] 매일 3찬, 5찬을 먹고 때로는 8찬에 이르기도 하는데, 비록 많을지라도 소용이 없는 것이다.[38] 연회 음식은 50가지[50품], 100가

朝庭不榷酒酤, 民得自造, 又無群飮之禁. 至于今日, 流濫已極. 凡人計腹而食, 日米一升, 能者倍之而已. 飮酒, 率數升, 能者無量. 食食三簋, 五簋以至八簋止矣, 雖多無所用之. 宴飮, 則至百品、 五十品, 儉者一、二十品極矣.

34) 제목은 교석자가 붙인 것이다. 이 편의 문장은 명대 후기에 음주의 풍습이 성행하자 양식이 매우 심하게 소모되어 수도 작물의 품종 배치에 엄청난 영향을 끼쳤던 것을 기록하고 있다.

35) 주세(酒稅)의 징수는 원래 봉건 정부의 재정 수입 중 하나이다. 명말에는 주세를 징수하지 않고 또 민간의 양조를 금지하지 않았을 뿐 아니라 민간의 집단 음주를 금하지 않아서 음주 풍속이 크게 성행하였다.

36) 일반인은 매일 쌀 1되[升]를 먹는데, 일 년이면 3섬하고 6말을 먹는 셈이며 이것을 지금으로 계산하면 합계가 540시근(市斤)이다. 가장 많이 먹는 자는 이보다 배를 먹기도 하지만 대체로 사람의 식량은 일정한 한도가 있는 것이다. 역자주 1시근은 596g임. 양은 약 322kg이 된다.

37) 음주량이 크지만 도리어 먹는 양은 그와 같지 않고 한도가 있었다.

38) 밥 먹을 때 준비하는 음식 또한 한도가 있는데, 매 끼니 3찬, 5찬, 가장 많아도 8찬이면 더 이상 많을 수 없고 더 많아도 소용이 없다.

지[100품]에 이르기도 하고 검소한 사람은 10~20가지[10품~20품] 정도이다. 밥 먹는 것은 길어야 1각[39]을 넘지 않지만 음주는 밤낮을 넘긴다.[40]

食食, 久不過逾刻, 飮酒, 或終日夜.

조정과 일반 백성들이 항상 춤추고 노래를 즐기고 날을 잊고 업무를 전폐하는 것은 차라리 사소한 일이다. 음란하고 사치한 것이 이것에서 일어나고, 소송사건도 여기서 번잡해지고 화폐는 이로 인해서 늘어나고 이로 인해 곡물값이 올라 사람이 죽을 지경에 이르게 된다.[41] 천하가 떠들썩하여 괴로우며, (술을 재배하기 위해)찹쌀을 재배하는 논으로 말미암아 식량의 부족을 초래하는 것이 이루 말할 수 없다.[42] 백무의 땅 1/3에 찹쌀을 재배하는데 심한 경우는 이를 초과하니 맵쌀을 심는다 해도 굶주리는 자가 없겠는가?[43] 백리의 땅을 다스리면서 양

朝野上下, 恒舞酣歌, 妨日廢業, 猶其小也. 淫奢于是乎興, 獄訟于是乎繁, 金于是乎生, 粟于是乎死. 天下囂然嘗苦不足, 無謂秫田傷穀有數也. 百畝之田, 秫居三之一, 甚者過之, 以是爲粳, 無益于饑乎. 得百里之地而治之, 禁釀三年, 而民

39) 역자주 일각(一刻)은 오늘날을 기준으로 하면 약 15분에 해당한다.

40) '연음(宴飮)'은 음식을 다양한 종류로 많이 차려, 50가지[50품종]에 이르고, 심지어 100가지[100품종]에 이르기도 하였다. 밥 먹는 데는 많은 시간이 들지 않는데, 술 마시는 것은 도리어 낮과 밤에 한도가 없다. 이것은 음주가 방종무도하여 그 폐해가 매우 큼을 말하는 것이다.

41) 한낮에 음주하여 일을 방해하는 것은 차라리 작은 일에 속하는데, 큰일은 사회에 혼란을 주는 것이다. 이는 명말 봉건 지주계급의 몰락과 부패를 설명한다. "화폐가 늘어나면서 곡물 값이 폭등하여 사람이 죽을 지경에 이른다.[金生粟死]"의 출전은 『상군서(商君書)』이고, 사회의 생산량은 적고 양식이 부족하면 반드시 물가 상승을 불러오는데, 즉 지금 말하는 '통화팽창'이 일어나게 되어 화폐 가치를 떨어뜨린다.

42) 천하 양식이 부족한 것은 출곡[秫穀: 술원료가 되는 찹쌀]의 재배가 너무 많기 때문이다.

43) 왜냐하면 양조 원료인 찰벼[糯稻]의 수요가 너무 많았기 때문에, 수도 종식 배치의 변화에까지 영향을 주었다. 당시에 1/3, 심지어는 더 많은 논에서 찰벼를

조釀酒를 3년간 금지하면 백성이 스스로 충족하게 될 것이다.[44]	自足.

5. 논밭 거름의 적정량[壅田地定額][45]

번 역	原 文
삼월에서 구월까지 똥거름은 밭[地]에 내고, 퇴비는 논[田]에 시비한다. 팔월에서 이월까지 똥거름은 논에 시비하고, 퇴비는 밭에 시비한다. 똥거름은 유한하고 퇴비는 무한하니 똥거름이 부족하면 퇴비로 보충한다.	三月至九月, 糞俱上地, 垃圾俱入田. 八月至二月, 糞俱入田, 垃圾俱上地. 糞有限, 垃圾無限, 糞不足, 以垃圾補之.

파종해서 술을 만들어 그로 인해 먹어야 되는 쌀이 1/3 이상 감소하여서 이것이 곧 당시 식량 부족의 한 원인이 되었다.

44) 만약 현관(縣官)이 3년간 양조를 금지하면 식량이 자연히 충족된다. 장리상의 이러한 주장은 옳은 것이다. 단 그는 당시 사회제도 방면을 좇아서 원인을 찾지 않고 겨우 밖으로 드러나는 현상[治表]만을 좇아서 해결방법을 생각했는데 이는 아무런 도움이 되지 않는 것이다.

45) 장리상은 매 무당 시비의 액수를 정했는데, 평소에 비료를 어떻게 증산할 것인가를 계산하고, 부족하면 어떻게 보충하여 구할지를 계산하여, 마음속에 적당한 수량을 정해서 시비를 하고 있다. 이 방법은 배울 만한 가치가 있다.

二. 수 리水利

1. 수리서를 논함[論水利書][46]신축辛丑[47] 『여조사후與曹射侯』[48]

(출처: 『양원선생전집楊園先生全集』 권6)

번 역

옛날에는 여름과 가을에 비가 오지 않으면 숭덕崇德의 동쪽 변경지역, 동향桐鄉의 남쪽 변경지역 및 해녕海寧 사방의 경계지역의 모가 모두 말랐다.[49] 백성들은 결국 유랑하게 되어 뿔

往者夏秋不雨，崇德之東境，桐鄉之南境，以至海寧四境之地，苗則盡槁. 民卒

46) 제목은 교석자가 덧붙였다. 장리상[張氏]의 이 문장은 그의 수리문제에 대한 주장을 대변한다. 명대 후기 조정은 날로 부패되어 정부는 수리에 대해 통일적인 계획이 없었다. 이 때문에 홍수와 가뭄의 재해가 발생한 것이 이전보다 많았으며, 또 더욱 엄중했다. 장리상은 그 때문에 '구역을 나누어 치수[分區治水]'하는 견해를 폈다. 청 강희 연간에서 일찍이 포정사(布政司), 예과급사중(禮科給事中)이었던 가용(柯聳: 嘉善人)이 장리상의 견해를 채용하여 삼오(三吳)지역에 구역을 나누어 치수하는 발단이 되었다. 장리상이 주장한 '구역을 나누어 치수'하는 것에는 아직 갑문(閘門)을 세운다는 말이 없어 청 정부는 '분구치수(分區治水)'와 동시에 '토지의 정도에 따라 갑문을 건립[度地建閘]'한다는 조치를 추가했다.

47) '신축(辛丑)' 즉 순치 18년(1661년)에 삼오(三吳)지역에 심한 한재(旱災)가 발생하였다고 청대의 각 지방지(『가흥부지(嘉興府志)』, 『소주부지(蘇州府志)』, 『송강부지(松江府志)』, 『호주부지(松江府志)』 및 각 현과 진지)에 모두 기록되어 있다.

48) 장리상의 「종사십이조(從祀十二條)」(광서 『동향현지(桐鄉縣志)』에 보임)에 근거하여 조사후(曹射侯)의 명서(名序)에는 가흥부 숭덕현(崇德縣) 사람이라고 한다.

49) '고(槁)'는 볏모가 말라 시든 것이다.

밭은 베어지고 집은 허물어지고 가족들은 뿔뿔이 흩어졌다. 세금과 부역을 피해 도망간 자는 감히 돌아올 수가 없게 되고, 거리에서 구걸하는 사람들은 머물 곳이 없게 되었다. 고향의 모습이 이와 같아 어진 사대부들이 불쌍히 여겨 눈물을 흘리면서 이리저리 뒤척거리면서 도우려고 궁리하였지만, 스스로도 어찌할 수 없었다.

그러나 가뭄이 심한 해에도 가화嘉禾[50]에서 조림皂林[51]에 이르기까지 운하에 흐르는 물을 볼 수 있었다. 역류해서 서쪽으로 흘러가는데 물살이 뛰는 말과 같았고, 지류는 장수長水, 두문陡門, 영신永新, 수계秀溪, 백마白馬의 여러 항구로 향해서 급류가 남쪽으로 내려가는 그 세력 또한 그러하였다. 농민들은 수레를 구해 밤낮을 가리지 않고 운하의 서쪽에서 물을 길어 왔는데, 비록 힘은 들었지만 그래도 얻는 바가 있었다. 물이 흐르지 않는 곳에서는 온 사방의 모가 다 말라 버렸다.[52] 따라서 운하의 서쪽에서 바다로 흘러가는 것을 생각해보니, 어찌 백 리, 천 리가 멀다 하겠는가? 어찌 산등성이가 가로막는다 하겠는가? 그 형세의 높고 낮음을

流亡，桑柘伐矣，室廬毁矣，父子夫婦離矣. 逃賦役者莫敢歸，丐于途者靡所適. 桑梓景色若此，當必仁人君子所爲惻然流涕輾轉念救，不能自已者也.

弟于旱虐之日，從嘉禾至皂林，見運河之水. 逆流而西，勢若奔馬，支流若長水、陡門、永新、秀溪、白馬諸港. 急流南下，其勢亦然. 農人車救，罔間晝夜，是以運河之右，力雖勞而收尚有. 至水所不及之處，則彌望皆枯矣. 因思自運河之左，以達海濱，豈有百里千里之遙. 豈有山岡之阻.

50) ‘가화(嘉禾)’는 원래 가흥부나 송강부를 가리키는 말로, 옛날에는 가화군(嘉禾郡)이 있었기 때문에 이렇게 말한 것이다.

51) ‘조림(皂林)’은 동향(桐鄕)과 가흥(嘉興) 사이에 있는 작은 고을이다.

52) ‘미망개고(彌望皆枯)’는 사방을 한 번 보니 도처의 볏모가 모두 말라 시든 것을 말한다.

헤아려 어찌 또한 몇십 길의 차이가 난다 하겠는가? 물이 흐르고 마르는 것, 계곡이 있고 없고의 차이는 바로 이런 것이다. 무엇보다 농업 정책을 폐기하여 수리를 강구하지 않고, 준설을 시기적절하게 하지 않고, 개인이 소유해 물길을 막아버렸기 때문에 이렇게 말라 버린 것이다.[53]

量其地勢高下, 亦豈有幾十尋丈之殊. 而水之通竭, 谷之有無, 遂己至此. 特緣農政廢弛, 水利不講, 浚治失時, 浸占沮塞, 以至淺涸故爾.

무릇 우임금은 양주楊州지역에 공납을 받아서 진택震澤[54]의 토대를 닦은 이후 강남의 물을 저장하게 되어 세상을 이롭게 하였다. 어떻게 지금은 그렇지 않은 것일까? 삼오三吳[55]의 강과 가까운 지역은 의존할 곳이 있는데, 어찌 이 고장만이 유독 그렇지 않은가?

夫自禹貢揚州之域, 震澤底定, 而後所以備江南蓄泄之宜者, 利在萬世. 豈今茲而獨不然. 三吳近水之區, 靡不仰賴, 豈此鄉獨不可.

대개 송대와 원대의 수리는 매우 발전했고, 옛날의 제도도 따르고 있었다.[56] 내가 태어

蓋宋、元之世, 水利極興, 舊制可按也.

53) 가뭄을 초래한 원인은 첫째, 수리를 하지 않은 것이고, 둘째, 부자들이 공공의 이익을 침해한 것이다. 『보농서』「총론」 제4단락에서 "만약 공공의 이익을 사사로이 취해 남에게는 손해를 입히고 자신은 이익을 보면 사람이 할 짓이 아니다."라고 한 것은 이를 가리킨다.

54) '진택(震澤)'은 원래 호수 이름이다. 명나라와 청나라 때 진택현(震澤縣)을 설치했는데, 현재 태호(太湖)가 진택진(震澤鎭)으로 강소성(江蘇省) 오강현(吳江縣)에 속한다.

55) '삼오(三吳)'의 범위는 역대로 설이 다르다. 일반적으로 오군(吳郡: 소주), 오흥(吳興: 호주), 회계(會稽: 소흥)를 가리킨다. 또 오흥(吳興), 단양(丹陽), 회계(會稽)를 삼오라고 하는 등의 설이 있다. 가흥과 동향은 삼오 안에 포함된다.

56) 송대와 원대에는 수리를 중시했다. 송은 남송을 가리키는데, 남송에는 군대가 강과 하천을 준설하는 정규적인 공사가 있었고, 치수 성과도 좋았다. 원나라의 치수는 남송보다는 떨어지며, 강과 하천을 준설하는 고정된 조직이 없었다. 단지 수해와 가뭄으로 흉년이 들 때 치수 전문 관리를 파견하여 수리를 감독, 보수하였다. 북송보다는 성과가 나았다.

나기 전에는 멀리 떨어진 사람의 소식을 듣지 못했지만, 융경隆慶과 만력萬曆[57] 이후에는 수리 관리가 있어 그 직책을 수행했고, 조정 관리들도 그 일에 관심을 가졌으며, 지방의 인사들도 부모의 고향을 지극히 생각하여 가뭄이 들고 홍수가 나면 어떻게든 대비하려고 하였다.

我生以前, 遠者失于傳聞, 隆、萬而降, 亦曾有水利之臣, 能修厥職, 內朝卿士, 留心其事, 及鄕之先生, 亦常勤思父母之邦, 旱乾水溢, 何以爲備者乎.

옛날 사람은 수로를 개착해 논에 물을 대기 위해 수백 리를 측량하였고, 산비탈을 깎아서 백성들에게 이로움을 주고자 하였다. 수많은 사람들이 부역에 동원되어 움직였는데, 수년 혹은 수십 년이 흘러서야 성공할 수 있었다. 낭비될 수 있는 수많은 자금을 축적하여 이익과 손해의 경중 및 노동과 휴식의 시간을 가늠해 의연하게 대처하였다. 다른 것은 거론할 필요도 없이 예를 들면 해염海鹽 지역은 옛날부터 토지에 염분이 과하여[58] 해마다 사용할 수가 없었다. 이후 댐을 축조해 물을 저장하자 농업의 효과가 점차 나타나기 시작했고, 당대 장경長慶[59] 중에, 이악李諤으로 하여금, 경하涇河 300곳의 물줄기를 열었는데, 지금도 비옥한 땅으로 불리며 오랜 세월동안 이어지고 있다. 사람이 하지 않는 것을 걱정할 뿐이지, 지력이 어찌

古人開渠灌田, 動稱數百里, 尙有鑿山陂阜以興民利者. 尙有役衆起徒或數年或數十年而得成功者. 尙有糜金錢數百千萬而績用克奏者, 權其利害之重輕, 勞逸之久暫, 猶將毅然爲之. 他卽無論, 卽如海鹽之地, 古以斥鹵, 歲而不治. 其後築堰蓄水, 農功漸起, 至唐長慶中令李諤者, 開涇三百一所, 至今號稱沃壤, 千載

57) '융(隆)'은 명 융경(隆慶)을 가리키며, '만(萬)'은 명 만력(萬曆)을 가리킨다.

58) '척로(斥鹵)'는 지세가 낮은 염화 알칼리성 토양이다.

59) '당장경(唐長慶)'은 당 목종(穆宗: 821~824년)의 연호이다.

늘 일정할 수 있겠는가?

하물며 숭덕, 동향, 해녕 사이에는 봉화가 서로 인접해 있고 하천에 항구가 있으며, 모두 평지라 지세의 고저 차이가 심하게 나지 않아[60] 다른 고장과 비교할 수 없다. 장안長安에서 위로 올라가 반드시 서호西湖 밖에서 건너는데, 내가 걱정하는 것은 너무 얕다는 것이다.

준설의 조치는 현령[61]이 그것을 할 수 있었는데, 많은 자금이 소비되지는 않았고 여러 해가 걸리지도 않았다.[62] 경작자가 각각 자신의 논 사이의 도랑을 준설하였고, 직접 경작을 하지 않는 자는 논 주인이 그 음식을 제공하고 그 대가로 전호는 자신의 노동력을 제공하였다. 오직 넓은 빈 땅은 많은 사람들이 함께 힘을 합하였으며,[63] 강의 주류에 있는 사람은 주류를 준설하였고, 지류에 있는 사람은 지류를 준설하였다.[64] 지방 관리는[65] 그들을 고무시

于茲. 人病不爲耳, 地方豈有常哉.

況乎崇、桐、海寧之間, 烟火相接, 河港具存, 又皆平壤, 高卑之勢不大相去, 實非他州之比. 其自長安而上, 必仰濟于西湖而外, 餘所病特淺耳.

濬治之功, 令長能辦之矣, 不必多費金錢, 無俟需之年歲. 耕者各濬其田之際, 其不耕者, 田主稍給其食, 佃戶稍出其力. 惟閑曠之所, 乃用衆力, 在經濬經, 在支濬支, 有司者鼓舞而勸誘之, 警其頑惰自

60) '부대상거(不大相去)'는 지세의 고저 차이가 크지 않다는 것을 가리킨다.

61) '영장(令長)'은 현령을 가리킨다.

62) '분구치수(分區治水)'하여 거두는 효과는 빠르고, 성공하기도 쉬워서 1년이 되기도 전에 치수를 마칠 수 있다는 것을 의미한다.

63) 강남에는 사람이 많았다. 이러한 많은 사람을 이용하는 조건은 겨울 농한기에 수리를 보수하는 데 있어서 가장 좋은 방법이다.

64) '재경(在經: 주류인 큰 하천)'의 사람들은 주류 준설의 책임을 지고, '재지(在支: 지류인 작은 하천)'의 사람들은 지류 준설의 책임을 졌다. 모두가 함께 착수했기 때문에 비로소 수리(水利)를 잘 관리할 수 있었다. 이 말은 많은 지방지에 인용

키기 위해 권고를 하였고, 게으르거나 사심이 있거나 강하게 이의를 제기하는 사람을 경계하였다. 구역별로 책임을 나누어 공사시기를 정하였고,[66] 협동하여 일을 하였기에 한두 달 내에 곳곳이 깊게 소통될 수 있었다. 이러한 일이 완성되자 침수된 곳은 빠르게 물이 빠졌고, 물이 갑자기 불어나는 것을 걱정하지 않게 되었다. 가물면 진택震澤의 물이 흘러나와 마르지 않았다. 한 번의 노력으로 백 년 동안 이익을 얻을 수 있었다. 무릇 물과 가뭄은 하늘의 이치로 (어쩔 수 없는 것이지만) 물길을 여러 갈래로 다르게 하여 대비할 따름이다.

私及梗令異議者. 分界刻期, 以鳩群作, 不及一兩月, 在處深通矣. 此功旣成, 澇則速瀉, 無患暴漲. 乾則震澤之水, 來奔不竭. 一擧之勞, 百年之利也. 夫水之與旱, 天運當然, 但疏數異耳.

옛날에는 3을 경작하면 1은 남겨 두었는데, 비축된 것으로 재해를 면할 수 있었다. 지금은 재정이 부족하고 백성은 가난하고,[67] 부역은 가중한데다가 풍속은 어지럽고 도둑은 끊이질 않아, 민간에서 남기고자 해도 그렇게 할 수가 없게 되었다. 그러나 하천을 준설하여 물길이 막히지 않게 하면 1년 중에 벼의 수확이 생활의 반을 보장해 주고, 콩과 보리 및 잠상이 생활의 반을 보장해 주어[68] 죽음에서 면하게

古者耕三餘一, 所以恃其有備, 不能爲災而已. 今日財匱民窮, 賦役重苦, 兼以風俗浮囂, 盜賊不息, 民間欲望有餘, 因不可得. 但能修利溝渠, 開通障塞, 使一歲之中, 稻米之登給其半,

---

되고 있다.

65) '유사자(有司者)'는 지방 관리를 가리킨다.

66) '분계(分界)'는 '구역별로 책임을 나누는 것'을 가리킨다. '각기(刻期)'는 완공 예정 날짜를 가리킨다.

67) 수리를 관리하지 않으면 생산이 낮아져, 정부의 재정 수입도 감소하고 사람들의 생활도 어려워진다.

68) 논벼의 수입은 단지 사람들의 생활의 반만을 해결해줄 뿐이었다. 나머지 반은

해주니 이 또한 좋은 것이다.

관리는 양 눈썹의 미간을 모으며 세금이 거두어지지 않는 것을 불안해하며, 암담하게 파면의 죄를 물을 것을 두려워하는 것보다는 어떻게 하면 경험 많은 노인들을 불러 모아 맡길 것인가를 궁리하는 것이 더 나았다. 부자들은 아침저녁으로 소작료가 오르지 않는다고 한탄하거나 도적들이 더욱 기세를 부려 집을 지키지 못할까 전전긍긍하는 것보다는 어떻게 소비를 절약하고 장기적인 계책을 도모하는 것이 더 나았다. 서민들은 수확을 바랄 수 없고[69] 돈을 빌릴 곳이 없어, 고향을 떠난 자는 유랑하며 이리저리 떠돌아다니고, 남아 있는 자는 감옥을 가거나 가족들이 뿔뿔이 흩어지는 등 산골짜기로 위기에 처하더라도 모두 온 힘을 다해 삼태기와 들 것을 들고 힘든 것을 참으며 마을에서 일하는 것이 더 나았다. 만약 어질고 너그러운 어른들이 있다면 재해 후 눈으로 유랑민을 보고 마음으로 슬퍼하고 조치와 구제를 취하도록 의견을 내고, 급하게 기부하여 도와줄

菽麥蠶桑之入給其半, 苟免死亡, 斯亦可矣.

爲長上者, 與其攢眉焦慮于征賦之無從, 慘慘畏罪黜之將及, 何如集父老而謀之于預. 豪家巨室, 與其晨夕咨嗟于租課弗登, 寇盜愈熾, 震震虞室家之不保, 何如消鄙吝而圖其長策. 爲小民者, 與其滌場無望, 呼貸無門, 去者流離轉徙, 居者不免囹圄, 骨肉難全, 溝壑是迫, 何如悉筋力于畚挶, 忍疲勞于井里乎. 卽若仁厚長者, 與其凶災之後, 流亡在目, 隱痛在心, 議施議賑, 皇

여름작물[春花]과 잠상에 의존하였다. 당시 잠상은 아직 크게 발전하지 않았고, 그 생산가는 겨우 생산비용의 1/4밖에 되지 않았다.

69) '척장(滌場)'은 『시경』의 "10월에 마당을 씻는다."로, 마당 작업을 마친 후 깨끗하게 씻는 것을 가리키는데, 이는 풍년 후의 모습이다. 여기의 '척장무망(滌場無望)'은 수확에 아무런 희망이 없다는 것을 말한다.

것을 권고하겠지만, 대개 솜씨 좋은 아낙네의 밥 짓는 것을 탄식하거나 보잘것 없는 경제적 도움에 지나지 않는다. 이보다는 재해가 발생하기 전에 힘을 다해 근본적인 계책을 내어 놓는 것이 더 낫지 않은가? 이러한 수리에 대한 노력은 마땅히 강구하여서 확연히 볼 수 있도록 해야 한다.

皇于捐輸勸助, 而率不過致嘆巧婦之炊, 竭蹶涓滴之潤. 何如及未災之時, 戮力而營本計乎. 此水利之宜講求, 昭然可覩者也.

다음으로 공사를 시행하려면 적절하게 앞과 뒤의 순서를 정해야 한다.[70] 마땅히 숭덕과 동향부터 시작하고[71] 해녕은 그 다음에 한다.[72] 숭덕과 동향은 해녕에 물을 보내는 문이 되는데, 숭덕과 동향이 마르면 해녕은 조치를 취하려고 해도 방법이 없게 된다. 숭덕과 동향에 성과가 나타나면 해녕은 즐겁게 일을 빨리 하면 된다. 가흥, 해염[73]은 비록 각각 높은 언덕과 인접한 지역이기는 하지만, 거리는 멀지 않으나 공사하는 데 제약이 따라서 그 다음순서로 한다. 그 사이 물의 주류와 지류를 계획해야 하는데 토착민은 대개 상세히 안다. 대체 물길이 얕은지 깊은지, 넓은지 좁은지, 그 사이를 다닐 수 있는지를 실제로 준설할 때는 다 반영할 필요는 없다.

弟又竊度施功先後之序. 宜以崇、桐爲始, 而海寧繼之. 蓋崇、桐者, 海寧之水之牖戶也, 崇、桐涸, 則海寧雖欲措手而無從, 崇、桐見績, 而海寧樂乎趨事矣. 嘉興、海鹽, 雖各有接隣高阜之地, 然爲里不多, 爲功亦約, 不難次第及也. 其間經緯脈絡, 土人率能詳之, 究竟水道淺、深、廣、狹, 相同以

70) 시공에 순서를 두는 것으로, 세 군데의 상호 연관된 준설 구역으로 나눌 수 있다.

71) 숭덕과 동향을 제1구역으로 해서 먼저 준설을 진행하는 것이다.

72) 해녕을 제2구역으로 해서 이어서 진행하는 것이다.

73) 가흥, 해염을 제3구역으로 해서 이후에 진행하는 것이다.

어떤 사람은 파낸 흙을 둘 곳이 없을 것이라고 의심을 한다. 절서지역의 이점은 잠상을 크게 한다는 것이다. 하천 근처의 논에 흙을 쌓아서 (뽕나무를 심을) 밭을 만들면 되는데, 3~4년이면 누에가 먹을 수 있는 뽕나무가 자라게 된다. 뽕나무가 자라지 않아도 콩과 보리로 이익을 볼 수 있으니 손해를 보지는 않는다.

하물며 우전의 경우 손해는 적고 이익은 많으니 무 단위로 계산하면 보상을 받을 수 있으니 괜찮은 것이다. 다만 걱정되는 것은 백성들이 시작하기 어려워하거나 논을 많이 가진 자들이 멀리 생각하지 않고, 도리어 종전의 방식에 따르고 방해하여 실패하게 되면, 일을 맡기려고 해도 일을 할 사람이 없게 된다. 성실하게 고향의 미래를 짊어진 사람들에게 평소에 사정을 상세하게 설명하고,[74] 어려운 사람들에게 그 뜻을 알기 쉽게 설명해주어,[75] 이를 통해 사람들의 마음속에 먼저 온 힘을 다해 논의 배수로를 만드는 것이 오랫동안 이익이 되는 계책임을 알도록 해야 한다. 이후에 불행하게도 다시 임진壬辰[76]년 여름 3개월 동안이나[77] 작년

行, 實有不必盡浚者.

或疑所起之土, 無地可以安放. 浙西之利, 蠶絲爲大. 近河之田, 積土可以成地, 不三、四年, 而條桑可食矣. 桑之未成, 菽麥之利, 未嘗無也.

況舉一圩之田, 所損者少, 所益者多, 計畝取償, 亦無不可. 特慮小民難以慮始, 占田多者不爲遠慮, 反乃從而撓敗之, 則任事者無其人耳. 誠得負鄉邦之望者, 平日不愛詳言曲譬, 與艱食之人講明此義, 使人人意中先有盡力溝洫, 以爲久利之見. 向後不幸, 復有如壬辰之三夏, 及去

74) 치수를 하면 이점이 있고, 치수를 하지 않으면 손해가 있다는 이치를 반복해서 사람들에게 설명하는 것이다.

75) 모든 사람들이 치수를 반드시 해야 한다는 것을 이해시키는 것이다. 장리상은 치수는 충분한 이해 작업이 있어야 한다고 주장했다.

76) '임진(壬辰)'은 순치(順治) 9년(1652년)으로 큰 가뭄이 있었다.

77) '삼하(三夏)'는 5, 6, 7월을 가리킨다. 이 책의 다른 「부록」인 「동향의 자연재해

의 여름 가을 사이에 물이 말라 사람이 근심하고, 하늘을 탓해도 아무런 계책이 없어, 한갓 눈물만 마르게 되니, 고장의 현명한 인사들이 이러한 사실을 권력자에게 알려서 길을 제시하고, 치수 관리에게 전문적으로 맡겨 그 부역을 관리하게 하고, 여러 고을의 현령이 각각 그 고을의 사람들을 거느려 준설을 해야 한다. 숭덕에서 서쪽의 물을 끌어와 동쪽으로 흐르게 하고, 동향에서 북으로 흐르도록 해 남쪽으로 흐르게 하면 바닷가[瀕海]의 사방 6, 70리의 지역이 모두 관개의 이익을 얻을 수 있다. 어찌 구름만 보고 애태우고, 산천에 기도하며 비만 기다린다면, 결국은 굶어 죽거나 떠돌아다니는 비극에서 벗어날 수 있겠는가!

年夏秋之間, 水涸人愁, 吁天無術, 泣泪徒枯, 有賢鄉先生, 以情聞之當道, 專委治水之使, 臨督其役, 諸邑令長, 各率其父兄子弟而開浚之. 引崇邑以西之水而注之東, 導桐邑以北之流而放之南, 則瀕海方六、七十里之區, 鹹收灌漑之利. 又安至仰雲漢其如焚, 禱山川而待澤, 終將不免餓殍轉徒之悲哉.

이 바닷가[瀕海] 몇십 리 땅은 양주 지역에 비하면 그것의 100,000분의 1, 2에도 미치지 못한다. 그렇지만 땅이 비옥하고 사람은 조밀해, 대략 그 인구가 수십만은 넘고 곡식 생산량을 계산하면 1, 2백만을 넘는다. 비록 고대에 홍성한 제후의 땅이 이와 같을지라도[78] 아직 풍족한 계책을 세우지 못하고 있다. 좌시하여

夫此瀕海幾十里之地, 在揚州之域, 誠若不及千百之一、二. 然土沃人稠, 約其生齒已不下數十萬, 度其生穀亦不下一、二百萬. 雖古盛

와 특이한 자연현상[桐鄉災異記]」에서 "신묘(辛卯)년 봄에 비가 그치지 않았다 … 이듬해 [즉 임진(壬辰)년] 5월부터 가을 7월까지 비가 오지 않아, 하천의 물길이 끊어지고, 샘이 말랐으며, 운하의 바닥이 드러나 건널 때 신발이 젖지 않았고, 모가 모두 말라버렸다."라고 말한다.

78) 이는 고대의 어느 대제후의 토지도 역시 이와 같을 따름이었다는 것을 말하는 것이다.

황무지가 날로 늘어나게 되게 되면 유랑민은 많아지고 마음만 측은하게 될 것이다. 말하기를, "앞에서 그것을 잘못하게 되면 뒤에서 잘해야 하는 것과 같다."라고 했다.

諸侯之錫履, 約略稱是, 未嘗不可爲殷阜之計. 坐使荒萊日至, 流移轉多, 實用惻心. 語云, "失之于前, 猶將善之于後."

경진庚辰[79]에서 지금까지 계산하면 20년 동안 홍수와 가뭄이 여러 번 일어났다. 지난날에는 그곳에 어떤 대비도 하지 않아 지금 백성들의 어려운 생활이 이전보다 배가 되었고, 수확도 부족한[80] 상황이 되풀이해서 수 차례 나타났다. 누군들 암담하게 생각하지 않겠는가! 다만 수업 중에 여가 시간을 틈타 내 마음을 약간 드러내어[81] 개인적으로 여러 사람에게 묻고자 하는 것이다. 만약 하나의 이치라도 택할 것이 있다면, 덕망 있는 선생들이 먼 곳이나 가까운 곳에 서로 전하는 것이야말로 올바르게 고향의 미래를 짊어진 사람을 일컫는다. 진실로 마을사람들과 뜻이 같으면 그 이익과 손해가 여러 사람에게 널리 전해질 수 있을 것이고, 귀를 기울이지 않으면 마음도 쓸 수 없다는 것을 알아야 한다.

計至庚辰至此, 二十餘年, 水旱屢作. 昔之日旣不及爲之所, 今茲民生之困, 倍于前時, 年歲之祲, 復乃數見. 誰堪冥然終不置念耶. 謹緣課授餘暇, 略述鄙懷, 私以質諸左右. 萬一揆之事理有可采擇, 則先生德音, 遠邇胥誦, 正向者所稱鄉邦之望之人也. 誠與邑裏同志, 悉其利病, 昌言于衆, 固知不特傾耳, 殆莫不傾心矣.

79) '경진(庚辰)'은 숭정(崇禎) 13년(1640년)을 가리킨다. 이는 역사적으로 수재가 가장 컸던 한 해이다.

80) '연세지침(年歲之祲)'은 그해의 수확이 부족한 것을 가리킨다.

81) '과수여가, 약술비회(課授餘暇, 略述鄙懷)'는 책을 가르치는 중에 여가 시간을 내어 치수에 대한 자신의 생각을 설명했다는 것을 가리킨다.

백년의 이로운 해택을 일으킨다면 수십만의 가난한 백성을 구할 수 있다. 이 또한 장마 때 가진 이 사람의 본래 뜻으로 조금이나마 위로하고자 할 따름이다. 주위에서 갑자기 분별없는 미치광이라고 비웃지 않기를 바란다. 뜻은 아직 이루지 않았지만, 오직 반복하여 가리키고자 하는 바는 끝이 없다.

興百年之利澤, 振數十萬之窮民. 斯亦霖雨斯人之素志, 足慰其一斑已. 左右儻不哂其狂瞽乎. 義有未安, 伏惟反復開誨, 不盡縷縷.

2. 치수시공治水施功[82)]

(출처: 『양원선생전집楊園先生全集』 권40 「비망이備忘二」)

번 역

치수는 먼저 하류에서부터 시공을 해야 한다.[83)] 우공[84)]에 의하면 기주冀州의 도성[帝都]에

原 文

治水先從下流施功. 看禹貢自冀州帝

82) 장리상의 치수는 하류에서부터 시공하는 것인데, 이는 명나라의 일관된 정책이었다. 모든 관심을 오송강(吳淞江)과 운하를 준설하는 방면에 두었다는 것이다.

83) '하류(下流)'는 즉 하류[下游]를 말한다. 먼저 하류에서부터 치수 시공을 하는 것은 명대에 하원길(夏原吉)에서부터 시작하여, 매번 치수 공사가 전적으로 오송강 준설을 위주로 했다는 것을 반영한다. 명나라의 대다수 수리에 관한 주장과 조치의 대부분이 단지 오송강만을 거론할 따름인데, 사실 이는 역사적 순서를 어긴 것이다. 오(吳) 지역의 지방지를 조사해보면, 한대부터 당대까지의 치수는 먼저 수원인 천목산(天目山)에서부터 착수하고 있었다. 예를 들면, 삼국시대 오(吳)나라는 오흥(吳興)에 청당(靑塘)을 건설했고, 진(晉)나라의 사안(謝安)은 오흥에 사당(謝塘)을 건설했다. 오대(五代)에 와서 전씨(錢氏)가 비로소 모든 오

서부터 밖으로 진행한 것을 보면 연兗, 청靑, 서徐, 형荊, 양揚 지역부터 먼저 하고, 그 다음에 예豫 지역으로 나아갔다. 양梁과 옹雍 지역을 가장 마지막에 한 것을 보면 순서를 알 수 있다. 후대에는 단지 결함이 있는 곳부터 공사에 착수해 물길을 트이고 막고 하여 예주豫州를 벗어나지 못하고 있으니 대곤大鯀[85]의 치수가 아니라 소곤小鯀의 치수일 뿐이다.

都而外, 先兗、青、徐、荊、揚, 而後及豫. 若梁、雍最後, 次第可見也. 後世只從決處從事, 所疏所塞, 不出豫州, 大鯀、小鯀而已.

지역[소주, 송강, 항주, 가흥, 호주]의 수리 공사 계통을 완성하였다. 그리고 오대 전씨의 수리 공사에 대한 보수 작업 또한 천목산 상류를 중점으로 했다. 이는 명대에 하류를 중점으로 한 것과 확연히 다른 것이다(『보농서연구(補農書硏究)』, 농업출판사, 1963년, 제3판, 「부록」 6 '절서수리사제요(浙西水利史提要)' 글 참조).

84) 역자주 내용의 대부분은 우(禹)의 치수를 중심으로 하고 있다. 「우공(禹貢)」의 연대는 다양하여 정론이 없지만, 대개 4가지의 견해로 구분된다. 1. 신수치(辛樹幟)의 서주설, 2, 왕성조(王成組)의 춘추 공자설, 3. 고힐강(顧頡剛)의 전국 중기설, 4. 내등호차랑(內滕虎次朗)의 전국말 한초설 등이 그것이다. 이 중에서 고힐강의 전국시대 중기설이 가장 주목을 받고 있다.

85) 역자주 대곤(大鯀): 중국 원시시대 전설상의 부락족장이다. 숭(崇)[(또는 유숭(有崇)]에 살았다고 하여 숭백(崇伯)이라 불렀다. 사악(四岳)에 의해 천거되어 요(堯)를 받들어 치수를 행하였다. 그는 제방을 쌓아 물을 막는 치수법을 사용하였지만 9년 동안의 홍수를 제대로 다스리지 못해서 순(舜)에 의해 우산(羽山)에서 살해되었다.

3. 수리를 보수하지 않는 연한[水利失修年歲][86]

(출처: 『양원선생전집楊園先生全集』 권40 「비망이備忘二」)

번 역

백성의 일은 미루면 안 되는데, 농지수리 정책을 백 년 동안 말하지 않았으니,[87] 세상이

民事不可緩, 農田水利之政, 百年不講,

86) 제목은 교석한 사람이 첨가한 것이다.

87) 장리상[張氏]은 청 강희 13년(1674년)에 죽었다. 이에 근거하여 청 강희 13년에서 100년을 거슬러 올라가면 명 만력 2년(1574년)이 된다. 명대 전기 때는 정부가 그래도 태호(太湖) 지역의 수리 업무를 중시하였다. 만력 시기에 이르면 정부는 태호 지역의 수리에 대해 더 이상 관심을 가지지 않았고, 이때부터 홍수와 가뭄의 재해가 연이어 발생하였고, 농업 생산은 갈수록 쇠퇴해졌다. 따라서 장리상이 말한 "농지수리 정책을 백 년 동안 말하지 않았는데"라는 것은 이러한 역사에 근거한 것이다. 『명사(明史)』 권88 「직성수리(直省水利)」 후반에 기재하기를, "급사중(給事中) 귀자고(歸子顧)가 말하기를, '송나라 때 강[오송강(吳淞江)을 가리킨다 — 인용자 주]의 너비가 9리였는데, 원나라 말에 침전된 진흙으로 막혔다고 했다. 정통(正統) 시기에 주침(周忱)이 강의 수심을 측량하여 준설하였다. 이어 최공(崔恭), 서관(徐貫), 이충사(李充嗣), 해서(海瑞) 등 5명이 계속해서 준설하였다. 하지만 지금까지 40여 년 동안은 폐기하고 조치를 취하지 않았다. 마땅히 강을 넓혀 물이 광포(壙浦) 지류를 지나 사방으로 통하게 해야 했다. 그러나 상소는 조정에만 머물러 있었다. 순안어사(巡按禦史) 설정(薛貞)이 재차 시행을 청하자 부[部: 공부(工部)를 가리킨다 — 인용자 주]에 내려 의논했지만 시행되진 않았다. 천계(天啓) 시기에 순무도어사(巡撫都禦史) 주기원(周起元)이 오송(吳淞)과 백원(白苑)을 준설해야 한다고 재차 청하였다. 숭정 초 원외랑(員外郎) 채준덕(蔡俊德), 순무도어사 이시문(李待問)이 모두 청하였다. 얼마 후 순무도어사 장국유는 오강교 72개의 교각구멍과 구리(九里)의 10개 도랑과 여러 골[洞]을 준설할 것을 청하였다. 또 어사 이막은 오송(吳淞)과 백원(白苑)을 준설해야 한다고 재차 청하였다. 그러나 모두 공부에 내려 의논했지만 시행되지는 않았다.'고 말했다."라고 한다. 명대의 치수가 단지 오송강 준설만을 중시하고 그 규모도 이미 매우 축소되었다는 것은 애석한 일이다. 만력에서부터 40년을 거슬러 올라간 바로 이 시기에도 또한 이미 '폐기하고 조치를 취하지 않았고', 만력, 천계에서 숭정에 이르기까지 오송강을 준설하자는 의견이 있었지만, 대체

어찌 가난해지지 않겠는가?

四海安得不困窮乎.

4. 황정과 토목공사[荒政與工役][88]

(출처: 『양원선생전집楊園先生全集』 권39 「비망일備忘一」)

번 역

황정의 재해 정책과 토목 공사는 한 가지 일로써 두 가지의 혜택을 얻는 방법이다.[89] 토목 공사는 수리를 다스리고, 제방을 보수하여 막힌 곳을 트이게 하는 것보다 좋은 것이 없다.

荒政、興工役一條, 是兩得之道. 而工役之興, 莫善于治水利、修理提防、 開通障

로 '상소가 조정에만 머물러 있거나', '공부에 내려 논의토록 하였으나 시행되지 않았거나', '모두 공부에 내려 논의토록 하였으나 시행되진 않았다'라고 한다. 명나라의 동남 수리 업무는 이때부터 끝이 났고, 얼마 후 멸망했다. 우리는 장리상의 이 단락의 말 속에서 명나라 태호 지역 수리 보수 업무의 시작과 끝을 찾아볼 수 있다.

88) 명대의 치수 작업의 노동력은 오대(五代) 전씨(錢氏) 및 남송의 군대 동원으로 토목공사를 한 것보다는 효과가 적었다. 명대의 방법은 첫째, 의무적으로 민간에서 노동력을 차출하는 것이고, 둘째, 토목공사로 구제를 대신한 것이다. 장리상의 주장은 후자의 방법이었다.

89) 명나라 태호(太湖) 지역의 홍수와 가뭄은 특히 심각하였다. 따라서 조정과 재야에서 모두 구제의 대책을 강구하였다. 이를 '재해 정책[荒政]'이라고 불렀다. 『농정전서(農政全書)』 권13에서 권60에 모두 재해 정책의 기본 방침과 각종 구체적인 조치를 강구한 것을 볼 수 있다. 명나라는 종종 재해 지역의 노동력을 공공 건설에 종사시켜 공사로써 구제를 대신하였는데, 이를 '토목 공사[工役]'라고 불렀다. 장리상은 이를 두 가지를 얻는 방법이라고 여겼다. 이는 명나라의 재해 정책에 대한 전통 사상을 표현한 것이다.

굶주린 백성이 먹을 수 있게 될 뿐만 아니라[90] 오랫동안 홍수나 가뭄의 재해가 일어나지 않을 수 있고, 설령 재해가 있어도 심하지 않게 된다. 죽[糜粥]을 제공하는 것은 하책이다.[91] 죽을 노약자와 병자에게 제공하는 것은 좋은 일이다.

塞. 非獨饑民可以得食, 亦使永遠旱不能爲災, 雖災亦不甚也. 施糜粥末矣. 糜粥施于老弱及疾病者爲可耳.

90) 공사를 일으켜 구제를 대신하는 것은 북송의 범중엄(范仲淹)에게서 시작되었다. 『농정전서』 권13 「동남수리(東南水利)」에서 범중엄의 수리에 대한 생각을 볼 수 있다.

91) '죽배급소'가 설치된 것은 명대에는 흔히 볼 수 있는 일이었다. 지방지 중에서 『송강부지(松江府志)』와 『전부지(田賦志)』에서만 재해가 발생한 해에 대한 역대의 상황을 가장 상세하게 기재하고 있다. '죽배급소'를 설치하는 것은 하책이다. 장리상의 견해는 여조겸(呂祖謙)과 서로 같다. 『농정전서』 권43에서 여조겸의 말을 인용하여, "대체로 재해 정책은 통일적으로 논의해야 한다. 선왕은 방비의 정책을 가지고 있었는데 가장 좋은 것이다. 이회(李悝)의 정부 곡물 수매 정책을 답습하는 것은 두 번째이다. 쌓아 두었다가 균등하게 유통시키는 것은 백성을 옮겨오고 곡식을 옮겨오는 것과 같아 세 번째이다. 아무것도 없이 죽을 주는 것은 가장 하류의 정책이다."라고 했다. 이른바 '죽배급소' 설치는 큰 재해가 발생한 해에 정부나 부자들이 일부분의 양식을 내어 죽을 끓여 이재민을 구제한 것을 말한다. '미죽(糜粥)'은 양식을 끓여 만든 가장 묽은 죽처럼 생긴 것이다. 그 속에 조금의 쌀은 있었지만 굶주린 사람들이 죽지 않을 정도에 지나지 않았다.

三. 재 황災荒

1. 심씨沈氏 『기황기사奇荒紀事』

(원래는 『쌍림진지雙林鎭志』 권32 「예문藝文」 부분에 기재되었는데, 본서에서 절을 삭제)

번 역

숭정崇禎 11년(1638년)과 12년 이후부터 홍수와 가뭄 재해는 없었지만, 해마다 수확량이 줄어 쌀값이 2배 정도 올랐으며[92] [명말의 은 1냥은 동전으로 환산하면 약 1,200~1,300문 정도였다], 세금도 점차 증가해 세금 징수가 문란했다.

13년 경진庚辰 5월[93] 13일에 폭우가 밤낮

原 文

曩自崇禎十一、二年以來, 雖無水旱爲災, 然連年薄收, 米價不減兩許(明季每銀一兩, 約兌錢一千二、三百文), 而賦稅漸增, 征科繁擾.

延至十三年庚辰

---

92) 명 말 숭정 12년(1639년) 이전, 쌀 가격은 안정되어 있어서, 1섬은 은 약 1냥을 넘지 않았다. 13년 이후 쌀 가격은 줄곧 안정되지 않았고, 계속해서 올라갔다. 청 순치 7년(1650년) 2월이 되어서야 쌀 가격은 명말의 수준으로 하락될 수 있었다. 백미 1섬은 1냥으로 계산되었다[엽몽주(葉夢珠)의 『열세편(閱世編)』 참조]. 숭정 13년(1640년)에서 순치 7년(1650년)까지의 11년은 봉건 후기 농업이 쇠퇴하고 사람들의 경제생활이 가장 어려웠던 시기이다.

93) 5월은 장마 계절로 큰비를 가장 꺼려하였다. 가흥, 호주의 지방지를 조사하면, 5월에 큰비가 오면 반드시 흉년이 들었다. 광서 『가흥부지(嘉興府志)』 권32 「농상(農桑)」에 기재하기를, "농언에 이르기를, '하루가 맑으면 일 년이 풍년이고, 하루 비가 오면 일 년이 흉년이다'라고 한다."라고 하였다. 민국 『복원지(濮院志)』 권6 「풍속(風俗)」에는 "장마철에 비가 너무 지나치면 물난리로 고생한다."라고 한다. 역자주 광서 『가흥부지(嘉興府志)』 권32 「농상(農桑)」의 농언에 등

으로 내려 급류가 불어나 순식간에 모든 제방을 넘어 평지는 물에 잠기고, 집은 무너지고, 사람은 흩어지고 가산도 물에 사라졌다.

五月十三日, 晝夜傾盆大雨, 水勢驟發, 霎時洶湧, 不分堤岸, 一望平沈, 屋宇傾頹, 人離財散.

농가에서는 아직 씨앗을 뿌리지 않았는데, 낮은 곳은 체념하고 포기할 수밖에 없었고, 높은 지역의 논은 먼저 심었으나 후에 잠겨버렸다. 오랫동안 물에 잠기게 되자 모의 뿌리가 썩어버렸고, 6월 20일 입추 이후에 모를 사서 다시 심었다. 부지런한 농가[94]에서는 1섬 6말을 수확하였고, 그 다음 수준의 농가에서는 몇 말을 수확하였고, 모를 심을 여력이 없었던 농가는 수확한 것이 하나도 없었다.[95] 쌀 가격은 1섬[石]당 1냥 2전이었는데, 물에 잠긴 이후 1냥 5~6전이 되었고, 콩과 보리 또한 가격이 점차 올랐다. 가을 추수 후에 처음 가격은 1냥 3~4전에 그쳤는데, 겨울 끝에 1냥 6전이 되었다.

田禾尙未下籽, 而低窪處甘心委棄不救, 間有高田先種後沒. 被水久浸, 苗根腐爛, 直至六月廿日立秋之後買秧補種. 上衣所收一石六斗, 中戶數斗, 無力種秧者全白. 米價每石一兩二錢, 水沒之後, 一兩五錢、六錢, 豆麥亦漸增其值. 至秋獲之後, 初價亦止一兩三、四錢, 冬底一兩六錢.

14년 신사辛巳년에는 장마철인데도 비가 오지 않았다. 여력이 있는 사람은 힘을 다해 수

十四年辛巳黃霉無雨. 有力者盡力車

장하는 '일일(一日)'이 어느 달의 '일일'인지는 구체적으로 제시하고 있지 않다.

94) '상의(上衣)'는 부지런한 농가를 가리키고, 기술이 좋거나 노동조건이 좋은 두 가지 요소도 포함된다. 노동을 하지 않고 전문 경영만 하는 땅 임대 농업가 혹은 부자는 아니다. 아래의 '상호(上戶)' 또한 이 뜻이다.

95) 지방지 및 관련된 각 문헌 기재를 조사하면, 숭정 13년부터 쌀 가격이 폭등하기 시작했는데, 이는 농업경제의 쇠퇴를 보여주는 것이다.

차로 물을 퍼서 논에 관개하였고, 물 가까이 있는 낮은 논에서는 10~20%[96]밖에 심지를 못했다. 6월 초 9일쯤이 되어서야 비가 오기 시작해 방법을 강구하여 모를 심었지만 이미 대서가 지났고, 이때쯤은 이미 모가 자라 있을 기간이었다. 늦게 어린싹이 나면 바람과 서리 및 이슬을 견딜 수 없는데, 상강이 되기도 전에 모의 잎이 이미 말라, 일찍 심은 벼는 살지 못하고, 힘을 다해 일찍 심은 늦벼는 1섬 5~6말을 수확하고, 좀 못한 것은 1섬 가량을 수확했다. 비가 온 후 늦게 심은 것은 단지 몇 말에 그쳤다. 인근에서 걷은 조세를 살펴보면 부지런한 농가[上戶]는 6~7말을 내고, 중간 정도의 집은 4~5말을 냈으며, 도리를 모르는 게으른 소작농[97]의 집은 2~3말밖에 내지 못하였다. 면사, 면, 비단, 견사 및 문, 창문, 수레 도구는 높은 가격으로 세금을 대신했고, 세금을 재촉하는 기관에서는 크게 이익을 보았다.

이때 쌀 가격은 3냥 5~6전이었고, 6월 초순 비가 오기 전에는 1섬당 1,000전이었다고

戽, 靠岸上牌, 以及近水低田間種十之一、二. 直至六月初九始雨, 方議下秄, 已逾大暑, 立秧屆期矣. 遲發嫩苗, 不耐風霜寒露, 未幾霜降, 苗葉盡稿, 早稻全無, 晚稻力勤而早種者, 間收一石五、六斗, 次亦不過十許. 雨後遲種者, 僅數斗而已. 遠近取租, 上戶六、七斗, 中戶四、五斗, 强梁玩佃, 止輸二、三斗. 絲、綿、綢、線, 以及門、窗、車具, 高價抵租, 催租紀綱大獲其利.

爾時米價三兩五、六錢, 有六月初旬未

96) 명 말 호주(湖州)의 모내기는 일반적으로 5월에 했다. 만약 5월에 비가 오지 않으면 만회하기가 어렵다. 왜냐하면 이미 때가 늦었기 때문이다. 숭정 14년에는 5월이 되어서야 10~20%의 모내기를 할 수 있었는데, 이는 필연적으로 수확이 적기 마련이다.

97) '강량완전(强梁玩佃)'은 소작료를 내지 않은 소작농을 가리킨다. 지주계급과 농민의 대립은 재해가 있는 해에 더욱 첨예하게 나타난다. 지주계급의 눈으로 보면 소작료를 내지 않는 것은 매우 이치를 모르는 것으로 간주되기 때문이다.

하는데, 우리 호주湖州 지역에서는 옛날에 들어 본 적도 없는 것이었다.[98] 비가 온 후 조금씩 회복되었지만 3냥의 가격은 1년 내내 내려가지 않았고,[99] 가을 수확기에 껍질만 벗겨낸 쌀 또한 이와 같았다.

雨之先, 斗米千錢, 吾湖亘古所未聞者也. 雨後少甦, 然三兩之價終歲不減, 及秋獲新糙亦復如是.

여름작물인 콩과 보리가 다 자랐을 때는 정월과 2월에 비교해 가격이 반 정도 내려갔지만, 쌀 가격은 여전히 이전과 같았다. 굶주린 사람들은 길거리에서 자고, 으슥한 곳이나 들판에서 남녀가 사람고기를 먹었는데,[100] 눈으로 목격한 사실이어서 마음이 참담하였다.

値春花豆麥大熟, 較之正、二月, 價減其半, 而米價猶然如昨. 餓殍枕路, 幽僻曠野, 男女相食, 目擊時事, 五內慘裂.

경신庚申 신사辛巳[101]에 홍수가 나고 가뭄이 발생했는데, 논을 많이 가진 사람은 곡식으로 세금을 내느라 고생하였고,[102] 빚이 많은 사람은 모두 다른 고장으로 도망가고, 유독 소작료를 내는 오만한 소작인에게만 유리하여, 주인을 속인 흉포한 노비들이 생기고, 관아는 부패하여 교활한 관리들이 백성을 마구 잡아들였

庚辰, 辛巳, 一水一旱, 田多者賠糧受累, 欠多者皆逃之他方, 獨利于租田頑戶, 欺主悍奴, 衙門積蠹, 猾吏狼捕, 虎差包頭, 保歇催糧發運之人,

98) 쌀 1섬이 3냥 5전으로 오른 것은 명대 후기에 한 번 나타난 것이다. 만력 시기에는 1섬당 5~6전에 지나지 않았고, 숭정 시기에 1섬은 1냥이었는데, 1섬에 3냥 5전으로 폭등한 것이다. 그러나 이후 쌀 가격의 오름세가 이와 같지는 않았다.

99) 이후 쌀 1섬에 3냥은 보통 해를 기준으로 한 것으로, 숭정 12년 이전 보통 쌀 1섬이 1냥이었던 평균 가격과 비교하면 2배가 넘게 오른 것이다.

100) '남녀상식(男女相食)'은 사람이 사람을 먹는 것이다. 명나라 및 모든 봉건시대의 흉년이 든 해에 이러한 현상은 늘 있었다.

101) '경진(庚辰)'은 숭정 13년(1640년)이고, '신사(辛巳)'는 숭정 14년(1641년)이다.

102) 논이 있는 집은 이전처럼 정부에 세금을 내었다. 지주 계급은 논을 가지고 있었기 때문에 큰 곤욕을 치렀다.

고, 무사들은 곡식을 운반하는 사람들을 보호하여 수입이 풍족했다.

15년 원단에 "큰눈이 내려 벼농사에 좋다."라고 하여, 사람들은 풍년이 들 조짐이라며 서로 기뻐했다. 하지만 뜻밖에 봄 이후 큰 전염병이 돌아 거지와 도둑이 들끓었고, 시체가 길에 버려져 있었다. 선을 베풀기를 좋아하는 사람들이 각자 집에서 돈을 내어 사람을 고용하여 시체를 거두어 주었는데, 죽은 사람은 많은데 관이 없어 그냥 흙을 파서 구덩이에 묻어 화장을 하였다. 이러한 상황은 도처에서 일어났는데 썩은 냄새를 없애기 위해서였다.

광범위한 추곡 수매 작업이 아직 끝나지 않았고, 죽배급소의 계획이 뒤따랐다. 부府, 주州, 현縣에서 이를 크게 알렸다. 매 지역에 죽배급소를 설치했는데 어떤 곳은 2곳 어떤 곳은 3곳으로 지역에 따라 각각 굶주린 사람들을 구제하였다. 한 달이 지나자, 창고에서 숭정崇禎 13년에 보관해왔던 구제비용 20냥을 달마다 수령하였다. 쌀 시세는 계속 오르고 있었으나, 관에서 수령한 가격은 그 반에도 미치지 못했다. 그 밖에 드는 비용은 모두 자신의 돈으로 충당하였다. 이때 우리 집도 단독으로 죽배급소 하나를 맡아서 전력을 다해 일을 마쳤다.[103)]

囊悉飽.

十五年元旦"大雪好種田", 人相慶以爲豐年有兆矣. 豈意春後大疫時行, 乞匄盈門, 屍骸載道. 諸大家好善者, 各舍錢雇人收斂, 人多無棺, 但用土覆土埋火葬. 隨地而施, 以免穢氣而已.

廣糴之事未竣, 粥廠(卽場, 下同—引者)之議踵至. 同符、州、縣大張告示. 每區各立粥廠, 或二座或三座, 隨地各濟饑民. 月餘, 每領在庫十三年存貯賑銀二十兩. 時値米價正高, 所領官價不夠其半. 除外所費, 皆出自囊物也. 此時吾家獨任一廠, 勉力竣事.

103) 심씨는 소작을 주는 지주임과 동시에 경영 지주였기 때문에, 한 집이 하나의 죽배급소를 맡을 수 있었다. 그 재력은 분명 적지 않았을 것이다.

아! 홍수와 가뭄이 잦고 역병도 뒤따라 발생하고, 또한 엄격한 형벌로 세금을 재촉하고, 정액을 초과해 무겁게 세금을 거두었으니[104] 이때의 백성은 그 얼마나 견디기 어려웠겠는가!

嗟嗟. 水旱頻仍, 癘疫交作, 又復嚴刑催科, 額外苛征, 斯時之民, 其何以堪.

호주지역의 백성[105]을 모두 계산하니, 흉년 3년에 죽은 자가 열에 세 명이고, 산 자는 열에 일곱이었다.[106] 지금 다행히 산 사람들은 14년, 15년 두 해에 거둔 콩과 보리로 나날을 보내고 있을 뿐이다.

總計湖民, 其荒三載, 沒者十三, 存者十七. 今之幸生者, 全賴十四、十五兩年豆麥滿收以度日耳.

지금 잠상은 호주 지역 사람들의 의식의 근본이 되었다. 뜻밖에 14년에 뽕잎의 생산이 적어 가격이 비쌌는데, 실솜은 가치가 지푸라기와 같았다. 15년에 실솜 가격이 조금씩 올랐지만, 뽕잎 가격은 터무니없이 하락해 버렸고, 두잠누에는 전부 망쳐서 수확하지 못했다. 뽕밭에 남겨놓은 첫 뽕잎, 그리고 새로 딴 두 번째 잎으로 겨우 생활의 반을 이어갈 수 있었다. 모두 소비와 경작을 줄이고 땅을 포기했으며, 반대로 임금을 지불해도, 안타깝게도 힘이 없거나 소심한 사람은 그 이익을 얻지 못했다. 욕심을 부려 잎을 많이 가진 사람들도 그 화를 입

至今蠶桑, 乃湖民衣食之本. 何意十四年葉少價貴, 絲綿如同草芥, 十五年絲綿稍稍得價, 而葉賤如糞土, 二蠶全白無收. 所留頭葉在地, 并新抽二葉, 幾及一半生息. 悉翦耗耘耕拋地, 反費工食, 可惜無力而膽小者, 不蒙其利. 貪婪而多葉者, 獨受

104) 더욱이 흉년이었기 때문에 관리와 아전은 세금 징수를 재촉하였다. 그리고 '각양각색'의 세금 징수 명목도 많아졌다.

105) 역자주 이 책의 앞에서 호(湖)를 호주(湖州)로 파악했기 때문에 이에 근거하여 호민(湖民)을 호주 지역의 사람/백성으로 해석하였다.

106) 명말에 인구는 대량으로 사망해 농업생산력이 약화되었다.

었다. 인간의 일이 어찌 이리 공평하지 못하고, 호주 사람들의 박복함이 어찌 이 정도에 이르렀는가!

其殃. 何人事之不齊, 湖民之福薄至此耶.

올해[107] 농사일이 바빠 비가 온 후 모내기를 하려고 했는데, 갑자기 6월 중순 연일 큰비가 내려 높은 지역만이 다행히 큰 화를 당하지 않고, 단지 수차로 물을 배수하는 비용 정도만 치렀다. 그렇지만 우리 집의 동쪽 남오교南吳橋에서부터 시작해 서쪽 익박鷁泊, 유림儒林, 사촌謝村, 홍성洪城 일대는 모두 물에 잠겼다. 한 달이 넘도록 물이 빠지지 않아 모가 있어도 심지 못했고, 많은 제방들이 모두 못이 되었다. 올해 겨울, 나라의 세금을 어떻게 내어야 할지 모르겠다.

今年田事忙種, 得雨將次挿秧, 忽六月中旬, 連朝大雨, 高阜者幸無大害, 只費車戽. 自家以東起自南吳橋, 迤西鷁泊、儒林、謝村、洪城一帶, 盡被淹沒, 水勢經月不消, 有苗無種, 百千圩岸, 悉成沼地. 不知今冬國稅, 又將何償.

더욱 심한 것은 최근의 물가이다. 1전으로 콩깻묵[豆餠]은 단지 7근밖에는 살 수 없고, 기름 가격은 6~7전이며, 닭, 오리, 고기, 건어는 모두 약간씩 값이 올랐고, 뱀장어, 자라, 대합, 새우도 모두 5~6분씩 올랐다. 오리알은 1개당 20문전이고, 찹쌀은 1말당 1,000전인데, 이런 현상은 모두 눈으로도 보지 못했고 귀로도 듣지 못한 것들이다. 따라서 특별히 이를 글로 기록하여, 후대 사람들이 농가의 어려움과 재해 후

更有大可異者, 近時物價. 豆餠一錢止買七斤, 油價六、七錢, 雞、鴨、肉、鯗俱上錢許, 鰻、鱉、蚌、蝦, 俱上五、六分. 鴨蛋每個廿文, 糯米每斗千錢, 此皆非但目之所未擊, 亦耳之所

107) '올해[今年]'는 숭정 16년(1643년)을 가리킨다. 문장 속에서 '기황삼재(奇荒三載)'라고 말한 것은 숭정 13년, 14년, 15년을 가리키고, 이 3년이 지난 올해는 즉 숭정 16년이 된다.

에 점차 쇠퇴하는 것이 이와 같다는 것을 알게 하고자 한 것이다.	未聞也. 故特書以記之, 令後人聞之, 使知稼穡之艱難, 災沴之遞降如此也.
앞에서 거론한 것은 모두 기후와 땅, 나라의 세금과 백성의 고통이다. 가족과 친척들이 이를 불쌍하게 여겨 여러 사람을 구제하고자 했는데, 이때 오吳지역의 일급, 이급 관리의 가족들이 연이어 구제를 시행하여 흉년을 극복하자고 연이어 간곡하게 말하기에 우리 가족도 협조하여 같은 의견을 내었다.	前所云者, 皆天時地理, 國賦民瘼. 至如敦族周親, 恤隣濟衆, 斯時吳下一、二官族紛紛執說, 求賑度荒, 我族協助之議亦起.
무릇 있음과 없음, 느림과 급함이 서로 연이어 온다는 것은 옛날부터 있어 왔다. 오랜 인생에서 친구와 재산은 있다가도 없어진다. 친족과 벗 사이에서 비록 후덕하다는 말을 감당할 수는 없지만, 감히 도를 저버리고 스스로 안주한 적은 없었다. 늘 우리 고향의 덕이 많은 노인을 흠모하여 그에 감동하여 함께 구제했기에, 비록 힘은 미치지 못하나 항상 이를 장려하고자 했다. 오직 원하는 것은 나의 자손들이 열심히 공부하고, 농사를 짓고, 남은 것을 절약하여 재난에 대비하고, 조상의 공덕을 저버리지 않는 것이 간절한 소망이다.	夫有、無、緩、急相周之誼, 自古有之. 老朽一生, 交際財帛往還. 親族隣友之中, 雖不敢當厚之一字, 然亦未嘗敢以薄道自居. 嘗追慕我鄉碩德耆英, 慷慨同濟, 故力雖不逮, 常勉爲之. 惟願我子孫盡力耕讀, 節儉留餘, 以備災患, 無墜先業, 是所切望也.
『농상보農桑譜』 4권은 가족인 학고鶴皐의 숙부에게 청해 얻은 것이다. 기재한 경작과 잠상 및 방직은 빠뜨린 부분이 없도록 상세하게 하	『農桑譜』四卷, 從族鶴皐叔乞得. 所載耕耘蠶織之事纖悉

여 농가의 규범이 되도록 했다. 뒤에 『기황기사奇荒紀事』를 덧붙였다. 명말에는 세상이 혼란스러웠고, 천재도 빈번했으며, 사람 또한 미혹되어 앞으로 나아갈 수 없는 매우 위험한 형국이었다. 그 내용을 보면 단지 고을의 작은 관리를 바로잡아 그 위를 올바르게 했던 것 같다. 대개 군자가 이 고을에 거주한 것은 대부大夫의 뜻이 아닐 수 없다. 곤궁한 시기에 구휼의 의로움을 잊지 않은 것은 오래된 유풍遺風이다. 애석한 것은 그 이름이 전해지지 않아 우러러 볼 수가 없다는 것이다. 가경嘉慶 20년 을해乙亥 6월 구소산인九銷山人 심이징沈以澄이 적다.108)

無遺, 眞農家之模範也. 後附『奇荒紀事』一篇. 明季四方擾攘, 天災旣頻, 人爲亦悖, 岌岌乎不可爲之勢. 觀其言, 但讎胥役而神明其上. 殆君子居是邦, 不非其大夫之意. 至于處顚沛之際, 不忘賙恤之誼, 有古長者之遺風焉. 惜乎逸其名, 無從景仰焉. 嘉慶二十年乙亥六月九銷山人沈以澄識.

교석자고찰

『기황기사奇荒紀事』의 문장은 명말 태호太湖 지역의 자연재해가 농업생산에 미친 중요한 영향을 연구하는 데 있어서 매우 중요한 사료가 된다. 이 글은 명 숭정 16년, 즉 1643년에 쓰였다.

108) 심이징(沈以澄)은 호주(湖州) 사람이다. 그는 이미 전하지 않는 『기황기사(奇荒紀事)』의 작자 심씨(沈氏)의 후손이다. 그의 손을 거쳐 이 글이 편집되었고, 문장의 끝에 이러한 말을 덧붙인 것이다.

2. 비를 비는 글(덧붙임)[禱雨疏(附記)][109]

(원래는 『양원선생전집楊園先生全集』 권15에 기재)

번 역

음양의 운수運數는 일치할 때도 있고 일치하지 않을 때도 있다. 일치하는 것은 하늘의 도리[數]이고, 일치하지 않는 것은 사람이 만든 것이다. 나는 이를 마을 어른에게서 들었다. 만력 무자(戊子: 만력 16년, 1588년 — 인용자 주)에 큰 홍수가 났고, 이듬해 기축(己丑: 만력 17년, 1589년 — 인용자 주)년에는 가뭄이 들어 하천 물이 마르고 우물이 말랐다. 5월부터 비가 오지 않았는데, 가을 7월 23일이 되어서야 비가 연이어 내려 갑자기 3~4척으로 불어났다. 이에 앞서 농민들 중 게으른 자는 열 명씩 백 명씩 무리지어 논일을 버리고 물고기, 새우, 다슬기, 대합을 잡아먹었다. 부지런한 사람은 힘을 다해 수레로 물을 대었고, 물이 다 차야 그만두었다. 비는 부지런한 사람에게는 곡식을 여물게 하여 손해를 주지 않지만, 게으른 사람에게는 희망을 잃게 한다.

올해 60년[110]이 되는 무자戊子년에는 만력

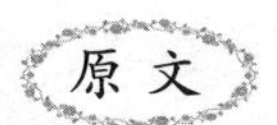

陰陽運數，有齊有不齊. 齊者，數也，不齊者，人事使然. 予聞之里老. 萬曆戊子大水， 明年己丑旱，河水涸，井泉竭. 自五月不雨，至秋七月二十有三日連雨忽三、四尺. 先是，農之惰者十百爲輩，棄田業，取魚、蝦、蠃、蚌以爲食. 其勤者，力于車救， 水盡乃已. 雨至勤者登不損，惰者失望.

至今戊子爲一周

109) 미신의 색채가 진한 이 글을 통해 명대 후기에서 청나라 초까지의 홍수와 가뭄과 같은 재해의 역사적 법칙성을 살펴볼 수 있다.

110) '일주갑자(一周甲子)'는 60년이다. 앞에서의 무자년(戊子年)은 명 만력 16년

때와 같은 홍수는 일어나지 않았다. 그러나 4년 동안 계속 비가 오지 않게 됨으로써 호수의 물이 광물질로 오염[苦水111)]되었다. 이는 음이 성행한 효과인가? 임진壬辰112)년에 가뭄이 들어 하천 물이 마르고 우물도 말랐다. 5월부터 비가 오지 않았고, 가을 7월 임진壬辰일이 되어서야 비가 내렸는데 이 날 또한 23일이다.113) 8월 임인壬寅일이 되자 배가 다니기 시작했다. 농사의 근면함과 게으름은 이전과 다름이 없는데, 이후 무자戊子114)에는 어떻게 될지 알 수 없다.

甲子, 水不逮萬曆間. 然四歲連苦水. 此或陰盛之效. 壬辰旱, 河水涸, 井泉竭. 自五月不雨, 至秋七月壬辰雨, 亦二十有三日也. 積八月壬寅, 舟始盡通. 農之勤惰, 亦如昔時, 不知更後戊子宜如何. 姑識以

(1588년)이고, 장리상이 제기한 또 다른 무자는 60년이 지난 순치 5년(1648년)이다.

111) 역자주 '고수(苦水)'는 황산납과 황산마그네슘 등의 광물질이 함유된 물로서 맛이 쓰다. 대개 오랫동안 비가 오지 않은 호수 속의 물이 이렇게 변한다.

112) '임진(壬辰)'은 순치 9년, 즉 1652년이다.

113) 만력 16년 가을 7월에 23일 동안 비가 오지 않았고, 순치 5년 또한 가을 7월에 비가 23일 동안 내리지 않았는데, 이러한 공교로운 역사적 사건의 일치로 인해, 장리상은 "일치하는 것은 하늘의 도리이다."라는 천수(天數) 숙명론의 '법칙'을 얻을 수 있었다. 광서『가흥부지(嘉興府志)』권35「상이(祥異)」, 동치『호주부지(湖州府志)』권18「상이(祥異)」, 광서『소주부지(蘇州府志)』권140「상이(祥異)」의 각 책을 살펴보면, 순치 5년에 모두 큰비가 없었다고 기재하고 있다. 혹은 사서와 지방지의 기재가 누락되었을 수도 있다.

114) 장리상이 말한 "이후 무자(戊子)에는 어떻게 될지 알 수 없다."에서 장리상 이후의 첫 번째 무자는 강희(康熙) 47년(1708년)이고, 두 번째 무자는 건륭(乾隆) 33년(1768년)이다. 오중(吳中) 지역의 각 부지(府志)의 기록을 살펴보면 다음과 같다.

1. 소주(蘇州)

강희 47년 큰비가 오다.

건륭 33년 3월부터 8월까지 비가 오지 않아 태호의 동쪽이 말랐다. 4월 기해(己亥)일에 비와 우박이 내렸다. (광서『소주부지(蘇州府志)』권140「상이(祥異)」).

2. 호주(湖州)

강희 47년 2월 매일 강풍과 비와 우박이 내렸고, 5월과 6월 비가 잦아 벼가 물에 잠겼다. 백성들은 기아에 허덕이고, 태호의 물이 제방까지 불어났다. 7월 초

이것을 적어 후대를 기다리고자 한다.

俟來者.

3. 동향의 자연재해와 특이한 자연현상 기록[桐鄕災異記]

(출처: 『양원선생전집楊園先生全集』 권17, 본서에서는 절을 삭제)

번 역

만력萬曆 무오戊午년 겨울에 지진이 발생하

萬曆戊午冬地動,

파일 강풍과 큰비가 왔다. ….

건륭 33년 큰 가뭄이 들었다. 4월 비와 우박이 내렸다(동치 『호주부지(湖州府志)』 권18 「상이(祥異)」).

3. 송강(松江)

강희 47년 무자 여름에 장맛비가 내렸고, 가을에 큰비가 내렸다.

건륭 33년 재해와 특이한 기우현상을 기록하지 않았다[가경 『송강부지(松江府志)』 권80 「상이지(祥異志)」].

4. 가흥(嘉興)

강희 47년 여름 5일 동안 큰비가 내려 물이 넘치고 논의 벼가 모두 잠겼다.

건륭 33년 여름 큰 가뭄이 들었다[광서 『가흥부지(嘉興府志)』 권35 「상이(祥異)」].

소주, 송강, 가흥, 호주의 각 부지 및 만력 16년 큰 홍수와 가뭄이 나 수확을 하지 못했다는 기록을 살펴보면, 아래의 몇 가지를 알 수 있다.

1) 홍수와 가뭄의 흉년은 역사적 법칙성이 있다.

2) 재해가 발생한 연도가 있지만, 지방지에서 기재하지 않고 있다. 순치 15년의 큰 홍수는 『양원선생전집』에는 기술하고 있지만, 각 지방지에는 모두 누락되어 있다.

3) 홍수와 가뭄의 흉년은 인력으로 극복할 수 있는 것이다. 봉건시대에 농촌의 노동력은 조직화되지 않아 인력으로 흉년을 극복하는 것은 개인 혹은 소수의 자발적 행동이었다. 대부분의 농가는 앉아서 재해의 손실을 보고 어찌할 바를 몰라 했다. 지금 사회주의 농업 건설에서 인민공사(公社)는 노동력을 조직화해 자각적으로 홍수와 가뭄 흉년을 극복하여 농업생산의 손실(전부나 일부분)을 만회할 수 있다. 물론 근본적인 방법은 통일적인 계획과 시스템으로 수리 보수를 하여 일시적인 수동적 국면을 변화시키는 것이다.

고,[115] 이듬해 여름 큰비가 내렸다. 쌀 1되에 160전이었는데, 은 1전 6분과 맞먹었다. 인심이 흉흉했다. 그 해 가을 현윤縣尹 담공[譚公: 이름은 승조(承詔)]이 준비해둔 창고의 곡식을 풀어 구휼을 하자 비로소 안정되었다.

次年夏大水. 米斗錢百六十, 當銀一錢六分. 人情大棘. 其秋, 縣尹譚公(名承詔)發預備倉穀賑之, 乃定.

천계天啓 갑자甲子[116]년 봄 정월에 요술을 하는 사람이 흑일黑日이 불길하다고 해를 씻는 소동을 벌였다. 겨울에는 궁녀를 뽑는다는 거짓 소문이 돌아 전부 시집을 가버렸다.

天啓甲子春正月, 妖人爲黑日蕩日. 冬, 訛言選宮人, 婚嫁殆盡.

무진戊辰년 가을 7월[117] 해일이 일어 해녕海寧으로부터 밀려들어와 하룻밤에 물이 3척 넘게 불어났다. 강물이 짜게 되서 우물과 연못물을 길어 마셨다. 밤에 물을 움켜 뜨자 밝기가 불과 같았다. 논이 말라 감히 물을 댈 수가 없었다. 바다 생선과 새우가 알을 남기기도 했다. 돈 가치가 떨어지기 시작했다.

戊辰秋七月, 海潮溢, 自海寧入, 一夕水漲三尺餘. 河流鹹, 汲井池以飮. 夜掬水, 明如火. 田涸不敢灌. 海魚蝦頗遺種焉. 錢始賤.

숭정崇禎 연간에 꿩과 토끼가 갑자기 많아지고 야생 사슴이 운하 옆을 뛰어다녔다. ….

崇禎間雉兎忽多, 有野鹿走運河側. ….

경진庚辰[118]년 정월 13일에 비와 눈이 크게 내렸고, 18일이 되어서야 개었다. 5월 초 6일

庚辰正月十三日大雨雪, 至十八日乃

115) '만력무우(萬曆戊午)' 즉 46년(1618년)에 지진이 일어났다.

116) 즉 천계(天啓) 4년(1624년)이다.

117) '무진(戊辰)'은 숭정 원년(1628년)이다. 원서의 주에는 "'무진(戊辰)'이다. 한 곳에는 병인(丙寅: 숭정 11년, 1639년)이라 했는데, 분명 병인은 아니다."라고 되어 있다. 이 글은 시간 순서로 된 것이기 때문에, 앞에서는 '천계 4년(1624년)'을 설명하고 뒤에서 말하는 것은 숭정 9년(1636년) 등등이다. 중간에 병인의 사건을 삽입했을 리가 없다. 7월은 한 곳에서는 8월로 되어 있다.

118) '경진(庚辰)'은 숭정 13년(1640년)이다.

즈음 비가 세차지기 시작했다. 부지런한 농민은 급히 모내기를 했고 게으른 자는 관망만 했다. 모심기는 1/3도 하지 않았다. 큰비가 열 사흘간 밤낮없이 내렸는데, 평지에 물이 2~3척이 불어나, 배가 육지로 다녔다. 십여 일이 지나자 물이 조금 빠져 논두렁이 다시 드러나기 시작했지만 모는 이미 죽어 있었다. 일찍 심은 모들은 다시 살아났지만, 가을에 수확은 적었다.

霽. 五月初六日雨始大, 勤農急種插, 惰者觀望. 種未三之一. 大雨連日夜十有三日, 平地水二、三尺, 舟行于陸. 旬餘稍退, 田疇始復見, 秧盡死, 早插者復生, 秋熟大少.

이듬해 여름, 메뚜기 떼가 하늘을 덮었다. 쌀은 1말에 은 3전이었고, 콩과 보리의 값은 폭등했다. 굶주린 사람들이 집을 쳐다보며 구걸을 했고, 먹을 수 있는 초목을 뜯어 먹으며, 쭉정이와 겨를 섞어 끓여 먹었다. 풀뿌리와 나무껍질이 남아나질 않았다.

次年夏, 飛蝗蔽天, 斗米銀三錢, 豆麥踊貴, 饑人望屋而丐, 掇草木可食之, 雜秕糠煮啖之, 草根木皮幾盡.

또 이듬해 봄 도처에 굶어죽는 사람들이 생겨났다. 노비는 쌀 1말로 두 사람을 살 수 있었는데, 남편과 아내, 어미와 자식이 서로 헤어져도 울 수조차 없었다. 죽은 사람의 관을 거두어도 들판에 묻을 수가 없었다. 그릇, 목재, 기와가 골목에 가득해도 사람들은 신경 쓰지 않았다. 도둑은 문묘의 제사 용품을 훔쳤다. 역병도 발생했다. 거인擧人의 처가 관리와 내통하고, 복건[閩] 출신 현령은 구운 고기와 밥을 개에게 먹이고, 격문을 붙여 백성들에게 자신의 사당을 짓고 알현하게 하였다. 백성들은 분노하여 사당 앞을 영로공令盧公으로 바꾸어 놓았다. 그

又明年春, 道殣相望, 買奴婢斗米二人, 夫妻子母相離而不泣. 死人棺斂者不得至中野. 用器、材木、瓦石盈街衢, 人弗顧. 盜竊文廟祭品. 大疫. 擧人妻與官交際, 邑令閩人以火肉稻飯喂犬, 檄民爲生祠, 入覲. 民憤, 改以祠前令盧公. 其秋蝗息,

해 가을 메뚜기 떼가 없어지고 벼가 조금씩 익자 쌀 가격도 조금 내려갔다. 동전 가치는 더욱 떨어져 3천이 은 1냥과 맞먹었다. 갑신년에 혼란이 시작되었고 정월에 조금 진정되었다.

稍熟, 米價差減, 錢益賤, 三千當銀一兩. 甲申始亂, 五月稍定.

다음해 봄 강남에서 후궁을 선발하자 어린 남녀들이 서둘러 결혼하지 않음이 없었다. 여름 5월에 정鄭의 군대가 도망치던 중 조림皂林을 지나면서, 사람들이 서로 죽였고, 많은 무리들이 큰 건물[巨室]을 불태우고 분묘를 파헤치고 같은 일족의 형제들이 약탈을 자행했고, 진신搢紳이 이를 주동하였다. 6월에 패륵貝勒이 절강[浙] 지방에 들어와 조림을 경유했는데, 현령[令]이 현승[丞], 현위[尉], 학박學博 노인 및 거인[擧], 공생[貢], 생원生員을 대동하고 가서 소와 술을 바치고 읍을 들어 투항하였다.

明年春選妃江南, 童男女無不婚嫁者. 夏五月, 鄭兵逃歸, 過皂林, 人相殺, 聚衆焚巨室. 發墳墓, 同宗兄弟行劫奪, 搢紳主之. 六月, 貝勒如浙, 經皂林, 令率丞、尉、學博, 父老及擧、貢、生員, 獻牛酒, 以邑降.

이 해 조림진皂林鎭이 폐허가 되었고, 사람의 흔적도 끊어졌다. 도둑떼가 크게 일어났는데, 해를 거듭할수록 그 기세가 더욱 심해져, 동쪽으로는 가흥현嘉興縣 가회嘉會로부터 동향桐鄕으로 들어왔고, 동서 양쪽의 팔도八都가 모두 도둑 소굴이 아닌 곳이 없었다. 서쪽으로는 귀안현歸安縣 함산含山의 경계로부터 동향현으로 들어와 이십, 이십삼 양도兩都에서 이십사, 이십오의 여러 도都로 늘어났다. 밤낮으로 살인을 하고 집을 태우고 아들과 딸을 납치하였는데, 성읍으로 도망가 숨은 양민만이 화를 면할 수 있었다. 그러나 여전히 세금이 무거웠고, 농지

是年皂林鎭爲墟, 人煙絶. 盜乃大起, 連歲勢益甚, 東自嘉興縣嘉會都入桐鄕, 東、西兩八都無非盜窟者. 西自歸安縣含山界入桐鄕二十、二十三兩都, 蔓延至二十四、 二十五諸都. 日夜劫殺, 焚廬舍, 掠子女, 良民奔匿城邑者僅免. 然催科急,

는 황폐했으며, 먹을 것과 입을 것이 없었다. 여기에 후궁을 뽑는다는 거짓 소문이 돌아, 백성들은 크게 놀랐고, 황급히 혼인을 시켜 부녀자들이 모두 시집을 갔다.

田業荒, 衣食靡給矣. 訛言選西女, 民大駭, 亟配合, 嫠婦嫁且盡.

무戊와 기己일[119] 사이에 강물이 연일 넘쳤다.

戊、己間, 水連溢.

신묘辛卯[120]년 봄에 비가 그치지 않아 보리와 콩이 물에 잠겨 죽었고, 생선과 고기 및 소금의 가격이 서로 같았으며, 쌀 1말은 5전이 되었다. 강한 자는 도둑이 되었고, 약한 자는 유랑민이 되었다.

辛卯春, 雨不止, 麥豆浸死, 魚、肉、鹽價相若, 米斗至五錢. 強者爲盜, 弱者流亡.

이듬해 5월부터 비가 오지 않고, 가을 7월이 되자 하천이 흐르지 않았고, 우물이 말랐으며, 운하도 바닥이 드러나 지나다녀도 신발이 젖지 않았다. 모도 다 말라버렸는데, 23일이 되어서야 비가 왔다. 이 이전에 부지런한 농민이 수레로 물을 길어 3번 논에 물을 대자 모가 다시 살아났다. 게으른 자는 논을 버리고 생선과 새우를 잡아먹었고, 가을이 되자 희망을 잃어버렸다. 햅쌀 1말이 8백 전이었다. 학궁學宮의 다리가 기울어졌다.

次年, 自五月不雨, 至于秋七月, 河流絶, 井泉竭, 運河底見, 行不沾履. 苗盡槁, 二十三日乃雨. 先是, 勤農車救及三次者, 苗復生. 惰者棄田取魚蚌以食, 秋失望. 新米斗錢八百. 學宮傾圮.

이듬해 정월보름[元宵]에 현관은 백성들을 시켜 등불을 많이 만들게 하고, 술을 마시고 놀았는데 20일이 지나서야 그만두었다. 도둑이 몰래 들어와 창고에 저장된 것을 훔쳐 달아났

次年元宵, 縣官檄民盛張燈火, 飲酒爲樂, 至二十日乃罷. 盜潛入, 劫庫藏去.

119) 무자(戊子), 기축(己丑)은 순치(順治) 5년, 6년(1648년, 1649년)이다.
120) '신묘(辛卯)'는 순치 8년(1651년)이다.

다. 도둑을 잡지 못하자 백성들에게 화가 미쳤다. 그 해 겨울은 혹독하게 추워 금수들이 많이 죽었고, 열흘간 배가 다니지 못했다. 이 때 어떤 거인擧人이 부자가 되었는데, 어미는 다시 시집을 가고 동생은 구걸을 하다 죽었다.

索盜不得, 延及平民. 其冬大凍, 禽獸多死, 旬日舟楫不行. 是時有擧人富于財, 母再適, 弟行乞死.

병신丙申[121]년에 거짓 소문이 다시 일어나 혼인이 끊이질 않았다. 여름과 가을의 교차기에 사악한 사람이 요술을 부렸다. 사람들은 크게 두려워하며 물과 불을 준비하여 지켰는데, 사악한 사람이 잡히자 요술도 끊어졌다. 강희 초에 호랑이가 동쪽에서 팔도八都로 들어와 양씨楊氏 무덤에 머무르면서 사람과 가축을 상하게 하였고, 며칠이 지나서야 가버렸다.

丙申, 訛言又興, 婚嫁不已. 夏秋之交, 邪人爲妖術. 人大怖, 家貯水火以伺, 執邪人, 妖乃絶. 康熙初, 有虎來自東, 入八都, 踞楊氏墳, 傷人畜, 數日乃去.

신축辛丑년과 임인壬寅[122]년에 연이어 가뭄이 들었는데 임진壬辰년보다 심하지는 않았다. 쌀 가격은 조금 내려가고 도둑은 점차 없어졌다.

辛丑、壬寅連旱, 稍不及壬辰. 米價稍賤, 盜漸息.

갑신甲申[123]년 가을에 큰비가 내리자 쌀 가격은 더욱 내려갔고 백성들의 경제는 더욱 궁핍해졌다. 해녕海寧의 부녀자들이 선사전先師殿에 모여 술을 마셨다. 이듬해 생원이 선사전에서 볼기를 맞았고, 별이 떨어져 문이 부수어졌다(책의 아래에는 "도둑이 생겨나면서부터 20년 넘

甲辰秋大水, 米益賤, 民財益匱. 海寧婦女, 群飮于先師殿. 次年, 笞生員于殿陛, 靈星門毁. (一本下有: "自盜起, 至是越二十

121) '병신(丙申)'은 순치 13년(1656년)이다.

122) '신축(辛丑), 임인(壬寅)'에서 신축(辛丑)년은 순치 18년이고, 임인(任寅)년은 강희 원년(1662년)이다.

123) '갑신(甲申)'은 강희 3년(1664년)이다.

게 이르도록 죽은 양민을 계산하면 천만이고, 죽은 도둑은 몇 배가 넘었다. 살 곳을 잃어버리고 떠돌아 다니거나 이리저리 도망 다니는 사람들은 계산할 수도 없었다."라는 내용의 40글자가 있다).

年, 良民死者猶千萬計, 盜賊死者不啻倍蓰. 若其流離失所、竄徙奔亡者何可勝算"四十字).

동향의 지세를 살피건대 북쪽 끝은 난계爛溪[124]이고, 남쪽은 장수長水와 접해 있고, 가운데는 운하가 관통하고, 거계車溪, 사저沙渚가 그 사이에 그물 같이 이어져 있으며, 진택震澤과도 백 리 가까이에 있다. 만약 물을 저장할 수만 있다면 가뭄과 홍수 재해가 없게 된다. 게다가 토양은 비옥하고 인구는 조밀하여, 남자는 경작과 잠상을 하고 여자는 누에를 기르고 길쌈을 해 쉽게 부유해질 수 있다. 다만 수리를 중요시하지 않아 흙이 퇴적되거나 수위가 낮아져, 비오는 날이나 맑은 날이 시기적절하지 않으면 해를 입을 수 있다. 최근 36년이 지나면서[125] 사람들의 인심은 흉흉해지고 관리는 잘못을 하고, 신사紳士와 아전은 고향을 생각하지 않아 백성이 재앙을 입게 되었다. 나아가 학정이 갈수록 심해지고, 겉과 속이 좋지 않고, 도적이 함부로 날 뛰어서 선량한 풍조가 사라지고 폐허가 되어가고 있다.

按桐鄉之地, 北枕爛溪, 南接長水, 中貫運河, 車溪、沙渚綿絡其間, 去震澤百里而近. 苟蓄泄得宜, 可無旱澇之患. 加以土沃人稠, 男服耕桑, 女尚蠶織, 易致富實. 特以水利不講, 所至壅淺, 雨暘愆時, 遂足爲害. 近自三紀, 人情淺薄, 官長下車, 紳士胥隸罔念桑梓, 導以殃民之方, 遞乃弊政日滋, 表裏爲厲, 盜賊奸宄, 無憚肆行, 而善良喪氣, 往往邱墟矣.

내가 태어날 때를 생각하면, 집집마다 풍요로웠고 행복하여 흔히들 후덕하다고 하였는

念自我生之初, 家幸殷穰, 俗號長厚,

124) '난계(爛溪)'는 지금은 '난계(蘭溪)'로 불린다. 절강(浙江) 천목산(天目山)에서 나와 북쪽으로 흘러 태호(太湖)로 흘러간다.

125) '삼기(三紀)'는 즉 36년의 시간이다. 12년이 일기(一紀)이다.

데 아마 즐거운 고장이었을 것이다. (그러나 시간이 흘러) 임오壬午[126]년 이전에는 굶주려 죽고, 갑신甲申[127]년 이후에는 도적, 군대, 아전에게 죽었다. 옛 고향 옛 우물이란 말을 어찌 차마 하겠는가!

蓋樂郊也. 乃壬午以前死於饑, 甲申而後死于盜、于兵、于吏, 舊鄕舊井, 其忍言哉.

교석자 고찰

이 책의 문장은 명말청초의 홍수와 가뭄 재해의 상황을 비교적 상세하게 기재하고 있어, 명나라와 청나라 농업생산과 지역적인 농업의 상황을 연구하는 데 있어 귀중한 자료가 된다. 이것의 사료적 가치는 심씨의 『기황기사奇荒紀事』와 같다. 그러나 당시의 사회현상에 대한 저자의 여러 기록은 봉건질서를 옹호하는 그의 입장을 반영하고 있다.

126) '임오(壬午)'는 숭정 15년(1642년)이다.
127) '갑신(甲申)'은 명 숭정 17년, 즉 청 순치 원년(1644년)이다.

四. 생 계生計

1. 오씨 생업의 대책[策鄔氏生業][128]

(『보농서補農書』 각 판본의 「부록附錄」 중에는 원래 있었다.)

번 역

행소行素는 죽으면서, 노모와 어린 아들에게 논 10무, 못 한 군데, 집 몇 칸을 남겼을 뿐이었다. 세심하게 사후를 위한 계책을 세우고자 했지만, 아마 장기적인 대책은 마련하지 못한 것 같다. 내가 개인적으로 계획을 세워 보았다. 처와 장남 및 형의 아들이 스스로 생활하기에는 경제적으로 어렵다[129]는 것을 듣고, 행소의 결연한 뜻을 이루고자 했던 것이다. 그의 노모, 어린 아들[130]에게 매년 쌀 10섬을 거두어 5년 동안 주면, 후에 아들과 조카가 모두 관리가 되어 그의 조모[131] 및 동생을 보살필 수 있게

原 文

行素子沒(歿), 母老子幼, 遺田十畝, 池一方, 屋數楹而已. 親厚爲其身後之計, 蓋無長策. 予竊籌之. 寡妻、長子及兄之子, 聽其竭蹶自養, 以成行素子倜然之志. 其老母、稚子, 則每歲聚米十石, 致之五年, 而後子姪俱冠, 能養

128) '오씨(鄔氏)'는 아래 글에 근거하면, 장리상의 친구인 오행소(鄔行素)임을 알 수 있다. 오행소는 노모, 처, 어린 아들을 남기고 죽었다. 장리상은 이들을 위해 계획을 세워 이후의 일들이 잘되도록 하고자 했다. '생업(生業)'은 지금 이후 어떻게 가계를 경영하고 생활을 유지하는가를 말한다.

129) '갈궐(竭蹶)'은 아버지가 없는 아들의 생활이 어렵고 곤란한 것이 이루 말할 수 없다는 것을 가리킨다.

130) '치자(稚子)'는 어린 아들이다.

131) '대모(大母)'는 조모이다.

될 것이다. 그러면 친구는 부담을 놓을 수 있을 것이다.[132] 지금 그의 유지를 이루기 위한 경영 계획은 아래와 같다.

척박한 논[133] 10무를 자신이 경작하면 한 가족은 먹여 살릴 수 있다. 만약 사람을 고용해 대신 경작하게 하면 돌이 많은 논[134]과 다를 바 없게 된다. 만약 다른 사람에게 소작을 준다면, 그 수입을 계산해 보았을 때 단지 세금만 낼 수 있을 정도가 된다. 여러 식구들이 고생을 해야 마지막에 안정되게 살 수 있을 것이다. 지금 몸소 경작하여 감당할 수 없는 것에 대해, 『시경』의 "논을 많이 경작하지 마라. 오직 강아지풀[狗尾草]만이 왕성할 것이다.[135]"라고 한 말은 역량에 합당해야 한다는 것을 말한 것이다. 뽕나무 3무를 심는 것이 더 낫다(뽕나무 아래에는 겨울에 채소를 심을 수 있어 사방에 콩과 토란을 심을 수 있다. 이것은 행소가 이미 1무 넘게 심은 것이다. 지금은 그것을 더욱 확대하여 이미 심은 것이 못쓰게 되지 않게 해야 한다). 콩 3무[136]를 심는다(콩

其大母及弟. 則知交可以息擔矣. 今卽其遺業, 爲經畫之如左.

瘠田十畝, 自耕僅可足一家之食. 若雇人代耕, 則與石田無異. 若佃于人, 則計其租入, 僅足供賦役而已. 衆口嗷嗷, 終將安籍. 今爲力不任耕之計, 『詩』曰, "無佃甫田. 惟莠驕驕" 言當量力也. 莫若止種桑三畝(桑下冬可種菜, 四旁可種豆芋. 此項行素已種一畝有餘, 今宜廣之, 已種者勿令荒廢). 種豆三畝(豆起則種麥, 若能種

132) 친구를 도울 의무가 있다. 죽은 친구의 자식이 자립하게 되면 친구에 대한 책임을 완전히 벗어날 수 있다.

133) '척전(瘠田)'은 마르고 척박한 논이다.

134) '석전(石田)'은 수확이 아주 적고 작물이 살 수 없는 돌밭과 차이가 없다는 것을 말한다.

135) "무전보전, 유수교교(無佃甫田, 惟莠驕驕)"(『시경』「국풍(國風)·남산(南山)」편)이다. '보전(甫田)'은 큰 논이다. '수(莠)'는 강아지풀[狗尾草]이고 '교교(驕驕)'는 건강한 모습이다. 재배에 너무 많은 욕심을 내지 말라는 뜻으로, 욕심을 내어 많이 하면 정경세작을 할 수 없다. 이로 인해 농사는 좋지 못하게 되고, 도리어 강아지풀은 왕성하게 자라게 된다.

이 자라면 보리를 심는데, 만약 삼[麻]을 심을 수 있다면 삼이 더 낫다.[137] 벼를 심지 않으면 그 힘을 절약할 수 있다. 행소가 금년에 보여준 콩 2~3무를 심은 것은 좋은 생각이었다). 대나무 2무를 심는다(대나무는 큰 것과 작은 것이 있고, 죽순도 늦은 것과 이른 것이 있으니, 섞어서 심으면 모두 쌀과 바꿀 수 있다). 과실수를 2무 심는다(예를 들면, 매화, 자두, 대추, 귤 같은 종류는 모두 쌀과 바꿀 수 있다. 자라는 데도 늦고 빠른 것이 있으니 심는 것을 고려해야 한다. 오직 비옥한 것에 적합한 것과 척박한 것에 적합한 것이 있다. 비옥한 것에 적합한 나무 아래에는 오이와 채소를 심을 수 있으며, 또한 마른 곳에 적합한 것과 습한 곳에 적합한 것이 있는데, 습한 곳에 적합한 것은 낮은 곳에 심는다). 못에는 물고기를 기른다[(연못 속의) 비옥한 흙은 대나무밭에 줄 수 있고, 남은 것은 뽕밭에 복토할 수 있다. 물고기는 연말에 쌀과 바꿀 수 있다]. 양 5~6마리를 길러 뽕나무를 심을 수 있는 자본으로 삼는다(새끼 양 또한 쌀로 바꿀 수 있다. 돼지를 먹이면 자본이 드는데, 양을 기르면 사료로 풀만 있으면 된다). 그의 논의 형세는 모두 높아 벼를 심을 때 매번 물을 대기가 어렵다. 뽕나무와 콩

麻更善. 不種稻者, 爲其力省耳. 行素今年見已種豆二、三畝, 善策也). 種竹二畝(竹有大小, 笋有遲早, 雜植之, 俱可易米). 種果二畝(如梅、李、棗、桔之類, 皆可易米. 成有遲速, 量植之. 惟有宜肥宜瘠. 宜肥者樹下仍可種瓜蔬, 亦有宜燥宜濕, 宜濕者于卑處植之). 池畜魚(其肥土可上竹地, 餘可壅桑. 魚, 歲終可以易米). 畜羊五、六頭, 以爲樹桑之本(稚羊亦可易米. 喂豬須資本, 畜羊飼以草而已). 蓋其田形勢俱高, 種稻每艱于水. 種桑豆之類, 則用力既省, 可以勉而能, 兼無水

136) 3무에 콩을 심는다는 것은 10무의 논 중 3무는 콩을 심고, 그 나머지에는 3무의 뽕나무를 심고, 대나무와 과실수를 각각 2무를 심는다. 전부 논벼는 심지 않는데, 이로써 노동력이 부족한 어려움을 해결할 수 있다.

137) 콩밭의 윤작 그루갈이로 콩 이후에 재배하는 것은 보리이다. 혹은 콩 앞에 삼[麻]을 심는다.

같은 종류를 심으면 힘을 덜 들이고도 부지런하면 행할 수 있으며, 홍수와 가뭄의 걱정에서 벗어날 수 있다. 대나무와 과실류와 같은 종류는 비록 본업은 아니지만 한 번의 노동으로 오랜 경제적 효과를 볼 수 있다. 5년이면 그 이익을 향유할 수 있다[뽕나무가 자라는 것을 계산하면 20광(筐)[138]의 누에를 기를 수 있으며, 누에가 자라면 30근의 견사를 얻을 수 있다. 만약 부족하면 여름누에[139]로 보충하면 된다. 한 가족의 입을 것과 먹을 것이 그다지 부족하지는 않게 된다. 콩과 보리를 수확하면 2인이 충분히 먹을 수 있다. 만약 삼[麻]이면 더 수입을 얻을 수 있지만, 자본과 노동력이 배로 든다. 노동력이 부족할 때는 보리를 심는 것이 더 낫다. 대나무가 자라면 1무당 1~2인이 생활할 수 있고, 과실수가 자라면 1무당 2~3인이 생활할 수 있다. 그렇지만 아직 이윤을 다 본 것은 아니다. 만약 물고기를 수확하면 1무당 2~3인이 생활할 수 있고, 그것이 잡어이면 그 반이 된다].[140] 일찍 일어나 일하고 밤에는 생각하니 생업에 종사하다가 남은 시간에 공부를 할 수 있다. 부지런히 일하고 절약해 사용하고 여자가 길쌈하여 돕는다면, 어른을 잘 봉양하고 정중히 장사지내더

旱之憂. 竹果之類, 雖非本務, 一勞永逸. 五年而享其成利矣(計桑之成, 育蠶可二十筐. 蠶苟熟, 絲綿可得三十斤, 雖有不足, 補以二蠶, 可必也. 一家衣食已不苦乏. 豆麥登, 計可足二人之食. 若麻則更贏矣, 然資力亦倍費. 乏力, 不如種麥. 竹成, 每畝可養一、二人, 果成, 每畝可養二、三人. 然尙有未盡之利. 若魚登, 每畝可養二、三人, 若雜魚則半之). 早作夜思, 治生餘暇, 尙可讀書. 勤力而節用, 佐以女工, 養生送死, 可以無缺. 旣壯, 能勝稼事, 累其贏餘, 益市

138) 누에 20광을 기르면 1광의 누에는 잎 8개, 즉 160근을 먹는다. 20광의 누에는 모두 3,200근을 먹는데. 지금 시세의 근으로 환산하면 3,819근이다. 3무의 뽕나무에서 평균 1무당 생산되는 잎은 1,273근이다. 이는 당시의 평균 생산량이다.

139) '이잠(二蠶)'은 여름누에를 가리킨다.

140) 괄호 안은 원래는 두 줄로 된 작은 글자로 되어 있다.

라도 부족함이 없을 것이다. 어른이 되면 농사일을 감당할 수 있고, 그 남은 이윤을 저축한다면, 여러 무의 논을 더 사들일 수 있다.[141)]

田數畝.

내가 본 것은 사정이 그다지 절박하지는 않았다. 그렇지만 내가 행소의 생전 계획을 관찰해본 바 아마 이미 이러한 뜻이 있었던 것 같다. 안타까운 것은 그와 함께 의논해 결정할 수 없다는 것이다. 세상에[142)] 물어봐도 반드시 수긍하지 않을 것 같지는 않다. 아무 쓸모없는 계책을 기다리지 말라고 두 아들에게 말을 전한다.

右鄙人所見, 似乎不切事情. 然竊觀行素生前規劃, 或者已有此意. 恨不及與之論定也. 正使九原聞之, 未必不爲首肯. 寄語二孤, 勿等道旁之築.

〈그림 9〉 강아지풀[狗尾草]

141) 이는 한 소농 경제의 계획이다. 이를 통해 당시 소농 경영의 일반적인 상황을 유추할 수 있다.

142) 역자주 '구원(九原)'은 '구천(九天)'의 의미로서 온 세상을 뜻하기도 하지만, '구천(九泉)'을 의미하여 '죽은 뒤에 넋이 돌아가는 깊은 밑바닥'이라는 뜻도 있다. 여기서는 전자의 의미에 따랐다.

2. 누상漊上[143] 위전圍田의 생업 대책[策漊上生業]

임인壬寅[144]년 봄 하何선생의 편지에서 보인다.[145]

(『보농서補農書』 각 판본의 「부록附錄」 중에는 원래 있음)

번 역

앞에서 본 누상漊上의 위전圍田은 내가 뜻하여 계획한 다른 글[146]과도 같다. 일에는 크고 작은 것이 없고 사람이 다 할 수 있는 것은 아니니, 묵묵히 그것을 따르면 된다. 이것이 옛 사람이 안심하고 떠나거나 남았던 까닭이다. 만약 살 수 있는 논이 있다면 여름과 가을 사이에 집의 재산을 파는 계획을 세우면 된다. 현재 사람의 일이 잘되는 것은 천지신명에 달려 있을 뿐이므로, 진실로 유용하지 못한 계획이나 쓸모없는 말을 기다려서는 안 된다. 또한 1년이나 반년 사이에 다하려고 해서도 안 된다.

原 文

前所看漊上田, 弟以意規度, 如別楮. 事無大小, 皆非人所能爲, 有默主之者. 古人所以委心任去留也. 若田有可買, 則夏秋之間, 卽可爲家邊變産之計. 目下人事得盡, 祇此而已, 固不敢等于道旁之築, 空言無實, 亦不能取必於一年、半

143) 태호(太湖)로 통하는 수로가 태호 부근 단계에 이르는 것을 '누(漊)'라고 한다. 명대 오정현(烏程縣)에는 39개의 누경(漊涇)이 있었다. 누경의 위전(圍田)을 누상(漊上)이라고 부른다.

144) '임인(壬寅)'은 청 강희 원년(1662년)이다.

145) '하선생(何先生)'은 이름이 상은(商隱)이다. 「누상(漊上) 위전(圍田)의 생업 대책[策漊上生業]」은 『여하상은서(與何商隱書)』에서 발췌한 일부분으로, 『양원선생전집』 권5에 기재되어 있다.

146) '저(楮)'는 종이이다. '여별저(如別楮)'는 즉 다른 종이에 설명한 것을 참조하라는 뜻이다.

年之間也.

못의 흙을 파내면 땅을 북돋을 수 있다.[147] 땅은 높을 필요는 없지만 못은 반드시 깊어야 한다. 나머지 흙으로는 못 주위의 땅을 북돋을 수 있다. 못의 서쪽 혹은 못의 남쪽에 재배하는 몇 무의 논이 대략 못의 면적 무수畝數와 같으면 못에 있는 물을 끌어들여 논에 물을 댈 수 있다. 못은 도랑과 통해서는 안 된다. 도랑과 통하면 이웃의 논과 싸움이 일어난다. 못 주위의 땅은 반드시 두터워야 한다. 두텁지 않으면 이웃 논을 방해해 원망이 쌓이게 된다. 못 안에 흙이 쌓이면 매년 그것을 퍼 올려 뽕밭이나 대나무밭을 북돋우면 뽕나무와 대나무도 무성해지고 못도 더 깊어진다.

鑿池之土, 可以培基. 基不必高, 池必宜深. 其餘土可以培周池之地. 池之西, 或池之南, 種田之畝數, 略如其池之畝數, 則取池之水, 足以灌禾矣. 池不可通于溝. 通于溝, 則妨隣田而起爭. 周池之地必厚. 不厚, 亦妨隣田而叢怨. 池中淤泥, 每歲起之以培桑竹, 則桑竹茂, 而池益深矣.

집은 다섯 칸으로 짓고 7가架: truss는 2개는 들어가고 2개는 나오게 한다.[148] 나온 2개는 각각 두 칸으로 만든다. 앞마당에는 채소밭을 만들고, 뒤에는 대나무를 심고, 옆에는 뽕나무를 심는다. 못의 북쪽에는 작은 축사 3칸을 만들고, 채소밭을 관리하는 사람을 그곳에 거주

築室五間, 七架者二進二過, 過各二間. 前場圃、後竹木、旁樹桑. 池之北爲牧室三小間, 圃丁居之. 溝之東, 傍室穿井.

147) '배기(培基)'는 하나는 방의 기초를 북돋는 것이고, 다른 하나는 땅의 기초를 북돋는 것이다. 땅의 기초는 뽕나무밭의 기초이다. 뽕나무의 본성은 마른 것을 좋아하므로 뽕나무밭은 반드시 높게 지어야 한다. 명나라부터 시작해 그 지역에서는 뽕나무를 심고 밭을 북돋았다. 청나라 말에 이르는 300~400년 사이 지형의 변화가 매우 심했다.

148) 역자주 가(架): 트러스(truss)로서 양 기둥 사이를 1가(架)라고 한다. 그리고 평방의 주택은 앞뒤로 배열되는데, 들어간 배열이 진(進)인 듯하다.

시킨다. 도랑의 동쪽 집 옆에다 우물을 판다.

이와 같이 계획을 세우고 땅을 사고 못을 팔려면 약 100금이 필요하다. 적어도 60~70금이 필요하다.[149] 방을 만드는 데도 이 정도의 돈이 필요하나, 그렇게 할 여력이 없다. 점차 재산이 줄어들게 된 것도 상당한데, 집을 지으려고 하면 필요한 돈을 구할 방법이 없다.

如此規置，置産鑿池，約需百金矣．少亦需六、七十金．其作室亦約需此數，非力之所及也．積漸廢産以置産，約略相當，作室則金無措手矣．

교석자고찰

장리상은 여기에서 지주 경영을 위한 설계를 하였다. 그 중에서 농지 설계는 역사적인 큰 문제를 언급하고 있다. 봉건시대 한 집, 한 호戶 단위로 진행된 기본 건설에서 한 집의 논 10무 혹은 20무는 이웃집의 10무, 20무와 떨어져 있었다. 많은 집들이 이러했기 때문에 논의 형성은 분산되었고, 논두렁은 떨어져 있어, 서로 연결되지 못했다. 한 가정의 10무 혹은 20무의 논 중에는 각각 하천, 못, 뽕밭이 같이 섞여 있었는데 각각의 집들도 모두 이와 같았다. 이로 인해 지면이 고르지 못해 울퉁불퉁했는데, 뽕밭은 높았고, 논은 평지에 있었으며, 못과 하천이 논보다 낮게 있는 모습이 형성되었다. 지형은 장기적이고 인위적인 개조를 통해 개인 소생산의 수요에 완전히 적합하게 되었다. 소농업 단계에서 이러한 건설은 필연적이지만, 봉건 소농업에서 사회주의 대농업으로 전환하는 데 이러한 지형은 심각한 장애가 되므로, 반드시 고르지 못한 울퉁불퉁한 소토지를 개조해서 평평한 대토지로 만들어야 한다.

149) 보통 작은 집은 10무이고, 논밭을 사거나 가공에 드는 비용 100금은 즉 은자 100냥이다. 은자 100냥은 쌀 100석과 같은데, 시세 근으로 환산하면 약 쌀 2만 근이다. 1무를 쌀 가치로 하면 2,000근이고 작은 것은 1,200근에서 1,400근(작은 것은 60~70금이 필요했다)이다. '소역 … 십금(少亦 … 十金)': 원래는 두 줄로 된 작은 글자로 되어 있다.

사회주의 대생산의 각도에서 보면 봉건농업과 근대농업에는 두 종류의 서로 다른 지형개조의 문제가 있었다.

1954년 하북성河北省 제1 트렉터 역이 요양현饒陽縣 오공촌五公村 경장쇄농업합작사耿長鎖農業合作社에 설치되었다. 당시 진항력陳恒力 동지가 이 촌락에 있었다. 기계를 사용해 경작하는데 매우 많은 지형적인 장애가 있음을 보았다. 예를 들면, 도로가 너무 조밀하게 분포되어 있고 또한 체계적이지도 않았다. 한 논과 다른 논에는 일정한 경사도(높이의 불일치)가 있었고, 논 가운데 우물이나 무덤이 있거나, 수로가 막고 있기도 했었다. … 이로 인해 기계가 논 가운데를 지나기에는 매우 많은 한계가 있는 듯했다. 1956년 다시 절강浙江 항현抗縣, 구현衢縣, 가흥嘉興 등의 농촌에 가 지형이 고르지 못한 상황을 보니 하북성 요양현보다 더욱 심하였다(동향의 지형상태에 대해서는 『보농서연구』 제5장에 보인다). 곧 이러한 지형에서 어떻게 농업을 기계화해야 할지를 생각하게 되었다. 마르크스의 책들을 회상해 떠올려보니, 서유럽이 봉건농업에서 근대농업으로 전환할 때도 또한 '토지평탄'이란 역사적 작업이 있었다는 것을 알게 되었다. 『자본론』 제3권에 농업토지의 장기적 개량에는 배수, 관계설비, 굴곡 평탄 및 농업건축물 등등이 있다고 하였다. 여기에는 대규모의 자본이 뒷받침되어야 하는데, 이를 토지자본이라 부르고 고정자본 범주에 속한다. 『자본론』 제3권에는 또 자본주의 대농업에서 토지 평탄을 위해서는 토지의 각종 자연적 속성을 개조해야 한다고 말하고 있다. 예를 들면 한 토지가 천연적으로 평탄하면 다른 토지도 평탄하게 개조해야 하고, 한 토지에 천연적인 수로가 나있으면 다른 토지는 인공으로 배수해야 하는 것이다 … (카우츠키도 『토지문제』에서 이러한 문제를 언급한 바 있다). 따라서 봉건농업에서 근대농업으로의 전환은 본래 토지가 갖고 있던 자연적 속성을 개조해야 하는 것이라는 걸 알게 되었다. 이는 공장수공업과 같은 농업단계에서 완성되는 것이다. 이와 같이 하면 농업 기계화를 위한 도로포장을 할 수 있다. 이것이 마르크스가 말한 '토지 평탄'이다.

지형 개조, 즉 '토지 평탄' 방면에서 절서浙西 지역에는 서유럽과 중국 북방보다 더 심각한 어려움이 있다. 서유럽과 중국 북방의 지역은 거의 자연적인 형태이지만, 절서의 지형은 장기적이고 인공적인 개조를 거쳐 왔기 때문이다. 우리가 본 것에는 세 종류가 있다. 첫째, 동향桐鄉 형태이다. 인공 도랑(즉 인공 하천), 인공저수지, 인공뽕밭 지대, 고르지 못하고 울퉁불퉁한 인공논두렁이다. 둘째, 금산金山 형태이다. 멀리서 보면 지형은 평탄하지만, 그러나 각 촌락에 가서 보면 큰 하천과 저수지로 둘러싸여 있는 평탄한 지역에 모래사장, 항구, 수로, 도랑이 복잡하게 얽혀 있어 지형이 평탄하지 않다(동향보다는 훨씬 양호하다). 셋째 신등新登 형태이다. 반 산악지역에는 논이 아주 적고, 계단식 논과 산 저수지 사이의 지형은 더욱 복잡하다. 이로 보아 절서 지역의 지형은 장기적이고 인공적인 개조를 거쳐 왔던 것이다. 이는 고대의 소농업 지형에 적합한 개조였다. 현재는 대생산에 적합하게 지형을 개조해야 하는데 그 역사적 사명은 다른 것이다. 따라서 절서 지역의 지형 개조는 서유럽과 중국의 북방보다는 더욱 어렵고 힘든 것이다. 그렇지만 만약 지형 개조를 하지 않으면 공장수공업과 같은 농업단계의 역사적 임무를 완성할 수 없다. 토지가 평탄하지 않으면 이른바 농업현대화라는 높은 노동 환경의 전제 조건을 가지지 못하게 된다.

3. 나무심기[種樹]

(『보농서補農書』 각 판본의 「부록附錄」 중에는 원래 있음)

번 역

대개 나무심기는 마른 땅에 옮겨 심는 것이 적합하다. 젖은 흙은 뿌리가 활착해 살기가

凡樹木俱宜乾土栽種. 濕土著根難活,

어려운데, 심고 나서 비가 오는 것은 상관없다. 비올 때 심는 것은 좋지 않다. 축축하고 가는 흙으로 뿌리를 보호하여, 집안에 보관하여, 뿌리가 마르지 않도록 해야 하며, 또한 추위로 인해 뿌리가 해를 입지 않도록 한다. 이렇게 하면 비록 5~10일이 지날지라도 해를 입지 않는다. 만약 뽕나무 가지일 경우는 보름이나 한 달이 되어도 해를 입지 않는다. 이 때 고운 흙은 촉촉하고 충분해야 하며, 뿌리 근처는 다소 실하게 다져준다. 대략적인 것은 나무를 심는 방법과 같다. 날이 맑으면 옮겨 심으며 똥오줌을 한 두 번 뿌려주면 잘 살아난다. 만약 집안에 고운 흙이 없으면, 뽕나무 밭에서 반 자[尺] 깊이로 촉촉한 흙을 파내서 심으면 물기가 있어서 괜찮다. 수유茱萸나무는 비가 올 때도 심을 수 있는데 이 나무는 습한 것을 좋아하기 때문이다. 이 항목은 하선생의 편지[150] 중에서 보인다. 지금 여기에 수록한다.

種後遇雨卽不妨. 雨中不便種植. 則以潮濕細泥護根, 而藏之屋內, 旣不至于枯燥, 又不寒凍傷根. 雖五日、十日無害也. 若桑枝則雖至半月、一月, 無害也. 但細泥亦需潤澤而深厚, 近根處稍稍築實. 略如種樹法. 天晴移植, 隨以淸糞灌一、 二次, 無不活矣. 若家內無細泥, 則桑地面去濕泥半尺許, 其下卽潮潤可用. 茱萸卽雨中可種, 以此樹喜濕故也. 此條見何先生扎中. 今錄于此.

150) 역자주 본문 중에는 '찰(扎)'이라고 하고 있지만 문맥의 의미로 미루어 '찰(札)'로 해석하는 것이 좋을 듯하다.

4. 살 곳을 점침[卜居][151]

(『양원선생전집楊園先生全集』 권48 「훈자어하訓子語下」에 수록)

번 역

살 곳을 정하는 데 있어서 산의 구릉지대가 가장 좋다. 멀리까지 힘들이지 않아 좋고, 마을이 후미져서 더 좋다. 가까운 도시와 하천을 경계로 삼을 수 있다. 산의 구릉지대는 다섯 가지의 우환[152]이 없고, 세금과 부역의 고생이 없으며,[153] 또 평지의 곡식을 해치지 않는다. 그 때문에 좋다.[154] 다만 무림武林의 여러 산들은 이러한 것에 적합하지 않다.[155]

原 文

卜地以山中爲上. 力不能遠, 則鄕僻猶可. 當以近城市、河渠爲切戒. 山中不特五患皆無, 兼免賦役之累, 又不害穀土. 故以爲上. 惟武林諸山不可.

151) 제목은 교석한 사람이 덧붙인 것이다.

152) 『양원선생전집』 권48 「훈자어하(訓子語下)」의 각 항목에 열거한 것에 따르면 다섯 가지 해(害)는 첫째는 인심이 야박한 것, 둘째는 도둑, 셋째는 탈영병, 넷째는 홍수와 가뭄, 다섯째는 흉년이다.

153) 산의 구릉지대는 평지보다 세금이 가볍다. 동치 『호주부지』 권34 「전부(田賦)」의 기재에 따르면 오정(烏程)현의 평지의 우전은 1무당 쌀 1말 8되를 납부했고, 은 1전 4분 8리를 납부했다. 그리고 조운(漕運) 비용도 더 많았다. 산의 구릉지대, 예컨대 장흥(長興)의 높은 언덕배기의 밭은 1무당 1되 8홉을 내었고, 은 8분 7리를 내었다. 쌀의 차이는 10배이고 은의 차이는 절반에 가까웠다. 따라서 산중의 세금 부담이 평지보다 적다

154) 산의 구릉지대의 논은 평지와 같이 양식을 생산한다. 산의 구릉지대에서 황무지를 개간하여 작물을 심기 때문에 평지와 땅 때문에 싸우지 않는다. 따라서 평지의 양식을 생산하는 토지에 손해를 입히지 않는다.

155) '무림제산(武林諸山)'은 항주(杭州), 서호(西湖) 부근의 여러 산이다. 아래 단락에서 설명한 '항주에는 농업이 적다', '무림의 여러 산'은 도시와 가깝기 때문이며, '무림의 여러 산'은 좋은 지역이 아니다. 따라서 무림의 여러 산에는 살 곳을 정하지 말아야 한다.

항주杭州는 농업이 적고,156) 가흥嘉興은 겉만 화려해, 점차 그곳에 조금씩 익숙해지면, 명예와 전통을 지키고, 자손을 기르기가 어렵지 않겠는가? 살 곳을 정하는 데 있어서 좋은 지역은 아니다. 호주 근처는 소박하지만, 세금이 많고 부역이 심해, 정치가 호랑이보다 가혹하다.157)

杭州少本業, 嘉興尙浮誇, 漸習其間, 欲厲名節、長子孫, 不亦難乎. 非卜居之善地也. 湖州近樸, 然賦繁役重, 政猛于虎矣.

당대와 송대 이후, 집들은 종종 강가나 산중턱에 있었다. 하지만 송대와 원대 이래의 옛집들은 마을 근처에 있었고, 성읍이 보이지 않는 곳을 추구하였다. 훗날에 지금을 보는 것은, 지금의 관점에서 옛날을 보는 것과 같으니, 본받을 만하도다.158)

唐、宋以來, 故家上江、山中往往有之. 宋、元以來, 故家則近地鄉間尙有, 求之城邑蓋未之見. 後視今, 猶今視昔, 噫. 可鑒矣.

156) '본업(本業)'은 농업이다. 항주는 공업과 상업을 위주로 하고, 농업 생산에 종사하는 사람은 적다.

157) 호주의 세금 명목은 많았고, 세금의 액수도 심했다. 동치 『호주부지』 권34 「전부(田賦)」를 조사하면 알 수 있다. 논의 한 항목에는 우전(圩田), 고부전(高阜田), 저로전(低澇田) 등의 구분이 있었다.

158) 당대 이전에 산악 지역 개발을 중시했기 때문에 사람들은 산에서 많이 살았다. 이를 통해 당대의 산악 수리 건설의 흔적을 찾을 수 있다.

5. 토란심기[種芋]

(『보농서補農書』 각 판본의 「부록附錄」 중에는 원래 있음)

번 역

혹자는 이르기를 일찍이 촌로의 말에 의하면, 토란의 잎사귀는 매일 아침 수분을 머금고 있기 때문에, 햇빛이 비추어야 건조해져 손상을 입지 않는다. 만약 햇빛이 비추지 않으면 잎이 차례로 떨어지고 토란 열매도 시들어 맛이 없게 되며 벌레가 생긴다. 선생이 이르기를[159] 『보농서』에는 미치지 못한다고 한다.[160]

或云, 嘗見野老說. 芋葉尾每早亦含水味, 須日出照乾則無害. 若太陽未照, 爲物所挨落, 則芋實焦枯無味, 或生蟲. 先生云, 可補農書之不及.

---

159) '선생'은 장리상을 가리킨다.

160) 본 단락의 작은 글자와 앞의 '누상(漊上) 위전(圍田)의 생업 대책[策漊上生業]' 편의 제목에 달린 '임인 … 찰중(壬寅 … 札中)'과 「나무심기[種樹]」편의 본문 마지막의 '차조 … 우차(此條 … 于此)'는 모두 『양원선생전집(楊園先生全集)』의 편집자가 첨가한 것이다.

五. 천하의 대세 및 기타[天下大勢及其他]

1. 천하의 대세[天下大勢][161]

(출처: 『양원선생전집楊園先生全集』 권28)

번역

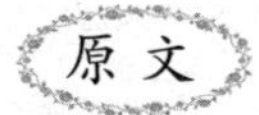

原文

대개 세상의 추세를 종합적으로 관찰해 계산해보니 농민이 1/3에도 못 미치며, 개간한 토지는 1/5에도 못 미친다. 이로 인해 정부의 재정도 나쁘고 백성의 형편도 어려웠다. 점점 쇠퇴하는 것을 볼 수 있다.[162] 옛날 이길보李吉甫[163]는 국가의 군현의 세금 수입을 정할 때 관리의 봉록, 군대의 식량, 상인과 승려의 수를 살폈는데, 대개 두 가구가 군인 한 사람을 먹여 살리고,[164] 농부 3인이 농업생산에 종사하지

蓋嘗綜天下之大勢而計之, 農夫不及三之一, 墾土不及五之一. 是以財不在官, 亦不在民, 而日見其不足也. 昔李吉甫以爲天下郡邑財賦之入, 校吏祿、兵廩、商賈、僧道之數, 大

161) 이 글은 임오(壬午), 즉 숭정(崇禎) 15년(1642년)에 쓰였다. 명말 농업생산의 쇠퇴 및 그 원인의 하나를 설명하고 있다.

162) 명대 후기 농업생산에 종사하는 사람 수는 이미 많지 않았다. 인구 총수의 1/3도 차지하지 못했다. 농지는 황폐하고, 경작할 수 있는 땅이 20%밖에는 되지 않기에 농업총생산은 갈수록 감소되고, 경제는 불황이었다. 정부의 재정 수입도 부족하고, 백성의 경제도 갈수록 궁핍하였다. 이것이 명말 국민경제의 대체적인 윤곽이다.

163) '이길보(李吉甫)'는 당 헌종(憲宗) 시대(9세기 초)의 재상이다. 그는 백성의 고통에 대해서 잘 알았고, 정치경제의 형세에 통달한 당대의 유명한 재상 중 한 사람으로서, 저서로는 『원화군현도지(元和郡縣圖志)』가 있다.

164) '교(校)'는 살핀다는 뜻이다. 국가의 각 항목의 지출 상황을 살펴 대략 두 가구

않는 7인을 먹여 살린다고 보았다.[165] 아! 지금도 단지 여기에 머물고 있는가?[166]

率以二戶而資一兵, 以三農而養七遊手. 嗚呼. 今止是也與.

2. 전비田碑를 고친 후에 쓰다[書改田碑後][167] 갑신甲申 이후

(출처:『양원선생전집楊園先生全集』 권20, 본서에서는 절을 삭제)

번 역

귀안歸安 18개 지역에 역役, 도途, 엄奄의 세

歸安十八區役、途、

가 병사 1인을 먹여 살렸다.

165) 또한 생산에 종사하지 않는 상인(수공업 생산에 종사하는 노동자는 계산하지 않았다)과 승려가 있었다. 대략 농업노동력 3인이 사회의 물질적 재화를 생산하지 않는 인구 7인을 먹여 살렸다.

166) 명 말의 상황은 아마 이길보의 말보다 더욱 심하였을 것이다. 어떤 사람은 말하기를 명대 후기의 수공업 인구는 많았고 농업에 종사하는 노동력은 적었다고 한다. 이러한 말과 당시의 종합적 경제 상황은 일치하지 않는다. 장리상의 이러한 경제 상황의 기록은 기타 각종 문헌의 기재와 서로 부합되고, 설명이 믿을 만한 사실이다. 당시 농업노동력의 감소는 유민의 증가 때문이었는데(아래의 「걸식과 유민[游食與游民]」의 다른 기재 참조), 결코 유민이 도시로 유입되어 수공업인구가 되었기 때문은 아니다.

167) 이 문장을 통해 다음을 알 수 있다.

첫째, 명대의 세금 액수가 심각했다는 점이다.

둘째, 지방 관리와 하수인 또한 그 속에서 부정행위를 했다는 점이다. 일반 백성들의 세금을 비교적 가벼운 '탕(蕩)'에서 세금 액수가 무거운 '논[田]'으로 바꾸었던 것이다. 당시에 가벼운 것을 무거운 것으로 하거나 무거운 것을 가벼운 것으로 하는(당시 지방 관리와 부자들이 결탁해 종종 부자의 논 세금을 가난한 사람들에게 옮겨 놓았다) 폐해를 '변경[挪移]'이라고 불렀다. 백성들은 일단 가지 형태의 우전[圩]168)이 있었는데, 본래는 (가장 가벼운) 탕蕩의 세금이었던 것을 (가장 무거운) 전田의 세금으로 하였다.169) 세종世宗 시대에170) 고을 백성 예문수倪文秀는 관리에게 상황을 알렸는데, 관리가 상대하지 않아 다시 도어사都禦史에게 알려171) 마침내 세금을 탕蕩으로 하였다. 이러한 사실은 예씨의 족보에 기재되어 있다.

奄三圩，本蕩也，厥賦惟田. 世廟時邑民倪文秀以狀白有司，有司不能理，復白都禦史，卒賦以蕩. 事載倪氏譜云.

나는 예씨의 족보를 다 읽고 감탄하여172) 다음과 같이 기록한다. 세금이 백성에게 주는 고통은 너무 심하도다! 호주의 세액은 고을마다 고르지 못한데 귀안이 가장 심하다.173) 귀

張子閱倪氏譜，既畢. 作而歎曰，賦役之病民甚至矣哉. 湖州，稅額不均之府也，

‘변경[挪移]’에 당하면 대대로 빠져나올 수 없었다. 만약 이러한 ‘변경[挪移]’의 고통에서 벗어나고자 한다면 대단히 힘이 들었는데, 천 명 중에 한두 사람도 벗어나지 못했다. 문장 속에서 가리킨 고을 백성 예문수(倪文秀)는 힘든 투쟁을 통해 ‘변경[挪移]’의 고통을 벗을 수 있었다.

셋째, 이러한 세금제도와 ‘변경[挪移]’은 농업생산력의 발전을 방해했다는 점이다. 농업경제사 연구에서 이 자료는 대단히 귀중한 것이다. 이는 그 지역 농업경영이 쉽게 성행하고 쉽게 쇠퇴한 원인을 설명해준다.

168) 오(吳) 지역의 우전(圩田)은 여러 우(圩)의 이름을 가지고 있었다. 이 세 가지 우(圩)는 즉 역자우(役字圩), 도자우(途字圩), 엄자우(奄字圩)이다.

169) 명청시대, 오(吳) 지역의 세금은 크게 전(田), 지(地), 산(山), 탕(蕩)[전(田), 지(地), 산(山), 탕(蕩) 안에도 각각 다른 세금 항목이 있었다]의 네 가지로 분류되는데, 전의 세금 액수가 가장 무거웠고, 탕의 세금이 가장 가벼웠다(비교해서 한 말이다). 하지만 지방 관리는 종종 원래는 네 번째인 탕 세금을 명부에는 첫 번째인 전 세금으로 변경하였다.

170) ‘세묘(世廟)’는 명 가정(嘉靖) 황제를 가리키며, 후기 명나라 사람은 그의 묘호(廟號)를 ‘세종(世宗)’이라 칭하였다.

171) ‘유사(有司)’는 현급의 지방 관리이다. ‘도어사(都禦史)’는 황제가 임명한 성을 시찰하는 직책이다. 당시의 순무(巡撫)는 종종 도어사(都御史)의 직책이었다.

172) ‘장자(張子)’는 장리상이 스스로 부른 것이다. ‘작이탄왈(作而嘆曰)’은 예씨 족보를 본 후 감탄이 생겼고 이를 빌어 그의 세금제도에 대한 의견을 말한 것이다.

안의 논은 낮기 때문에 해마다 수재를 입는데,[174] 십 년을 경작해도 오 년의 풍년 수확만큼도 얻지 못하였다.[175] 그렇지만 세금은 가장 많다.[176] 그 땅에서 잠상을 했을 경우의 수익

歸安爲甚. 爲歸安田者卑下, 歲患水, 十年之耕不得五年之獲, 而稅最重. 其地,

173) 호주(湖州)는 전무과(田畝科)의 명목이 가장 많았고, 세금도 일정하지 않은 부(府)였다. 그리고 호주부 중에서 귀안현이 가장 심했다. 동치『호주부지』「정경략(政經略)·전부(田賦)」(각 부지 중에서 이것은 세금을 비교적 상세하게 기재한 지서(志書)이다)를 조사하면, 전(田)에는 일반전(一般田), 우전(圩田), 지성전(地成田), 산성전(山成田), 탕성전(蕩成田)의 분류가 있었고, 지(地)에는 안삼구산지(安三區山地), 장삼구산지(長三區山地), 산개지(山改地)의 분류가 있었다. 산에는 안삼구산(安三區山), 장삼구산(長三區山), 신승산(新升山)이 있었으며, 탕(蕩)에는 상, 중, 하 세 등급이 있었다. 광서『가흥부지』「전부」에는 전(田), 지(地), 산(山), 탕(蕩)의 네 큰 부류만 있었지, 호주와 같이 많은 작은 분류들은 없었다. 이는 호주는 세금 징수가 복잡한 '세금 액수가 고르지 못한 부'였던 것을 설명해준다.

174) 호주는 물의 고장이다. 귀안 동부의 전(田), 탕(蕩)의 지형은 더욱 낮은 구덩이이다. 경전은 모두 물이 둘러싸고 있어서 늘 수재의 해를 입었다.

175) 호주 오흥현의 낮은 논 지대는 자주 수해를 입었기 때문에 평균 단위 면적의 생산량이 매우 낮았다. 수해를 입지 않은 해의 생산량은 특히 높았다. "십 년 경작해도 오 년의 풍년 수확도 얻지 못한다."라는 것은 풍년을 기준해 계산한 것이다. 우리는 그 지역에서 나이가 가장 많은 늙은 농부(청나라 사정을 아는 늙은 농부)와 계산을 해본 적이 있었는데, 물이 많은 고장인 호주의 풍년은 1무당 쌀 3섬에서 4섬을 수확하였다. 이렇게 10년 1무당 쌀 30~40섬을 수확할 수 있었다. 하지만 수재로 인해 10년 중 오직 3년만 풍년 수확을 할 수 있었다. 즉 3년 동안 쌀 9~12섬을 수확하였다. 그 밖에 7년은 풍년 기준의 40%에 따라 계산하면, 즉 1무당 연 수확은 쌀 1섬 2말에서 1섬 6말이고, 7년 총 수확한 쌀은 8섬 4말에서 11섬 2말이다. 10년간 전체 수확한 쌀은 풍년의 9섬에서 12섬에다 흉년의 8섬 4말에서 11섬 2말을 더한 17섬 4말에서 23섬 2말이 된다. 앞에서와 뒤에서의 평균 1무당 쌀 생산량은 1섬 7말 4되에서 2섬 3말 2되가 된다. 이는 풍년 기준의 1무당 3섬에서 4섬의 58%이다. 나이 많은 늙은 농부가 여러 해의 법칙에 근거해 계산한 것은 대략 이와 같다. 장리상은 명 말에 생활하였는데, 바로 홍수와 가뭄의 재해가 심각한 시기였다. 그 10년의 평균 생산량은 당연히 청 말기보다 못하였다. 따라서 '십 년 경작해도 오 년의 풍년 수확도 얻지 못하는' 것은, 즉 그 당시 10년으로 계산한 평균 생산량이 풍년의 50%에 미치지 못했다고 말한 것이니, 이는 사실이다.

176) 전세(田稅)가 가장 심했다. 동치『호주부지』권34「전부(田賦)」를 조사하면, 청대 후기 귀안현의 논에서, 우전(圩田)은 1무당 '정미(正米)' 1말 7되 4홉을 납

은 논의 2배이고, 또 해마다 수확은 좋지만 세금은 논보다 가볍다.177) 탕蕩에서 최상의 배양은 물고기 양식이고, 그 다음이 마름과 세발마름[芰] 종류이다. 이윤은 논보다 나았는데, 세금은 더 가벼웠다.178) 인두세[役] 또한 이와 같았다.179) 다만 산山은 이윤이 적어 세금도 가벼웠

桑蠶之息旣倍于田, 又歲登, 而稅次輕. 其蕩, 上者種魚, 次者菱、芰之屬. 利猶愈于田, 而稅益輕. 役亦如之. 惟山之利

입했고, '은(銀)' 1전 4분 5리를 납부했다. 명나라는 이 세금 액수보다 더 무거웠다. 명나라 때는 '정미(正米)' 외에 '백량(白糧)'을 납부했다. '정미'와 '백량'을 거둘 때 북경으로 배로 운반해야 했는데, 비용이 '정미'보다 훨씬 많았다. 명나라 부역의 횡포는 '백량'과 '조운'에 있었다. '백량'은 갱백미[粳白米: 粳稻米]를 논 안에서 할당했고, 그 나머지 지, 산, 탕은 이 항목 이외의 지출은 납입하지 않았다. 따라서 전세(田稅)가 가장 무거웠다.

177) '상잠지식(桑蠶之息)'은 밭을 경영할 때 드는 총수입을 말한다['식(息)'은 여기서 총수입을 가리킨다]. 밭 1무당 수입은 논보다 많았는데 건륭『동향현지(桐鄉縣志)』권2에 따르면, 밭에서의 "뽕나무와 콩의 수입이 논의 네 배이다."라고 한다. 즉, 여기서 말하는 잠상의 수입이 논의 배가 된다는 것도 가장 낮은 수치를 말할 때이다. 밭의 경영이 해마다 수입을 보장해주었는데도(해마다 곡물 수익이 풍부했다.) 밭의 세액은 논보다 가벼웠다. 동치『호주부지』권34「전부(田賦)」의 기록에 따르면 귀안 지역은 한지 1무당 매년 '정미' 7홉[升]을 납부했다. 한지의 무당 '정미'세액을 납입했는데 겨우 논의 4.04%(아래 비교표를 보라)였다. 그래서 밭의 세금이 논보다 가볍다는 것이다.

178) '탕(蕩)'은 여러 종류가 있는데 수탕(水蕩), 어탕(魚蕩), 초탕(草蕩)으로 나눌 수 있다. 상등급의 탕은 물고기를 기룰 수 있어 매년 수입이 아주 풍부했고, 그 두 번째 탕은 마름[菱]이나 세발마름[芰]를 기를 수 있어 수확이 좋을 때는 1년에 마름 수십 석(石)을 생산하기도 한다(동치『호주부지』「물산상(物山上)」에 보인다). 그 수입의 보장 정도는 밭과 동일하다. 마치 "십 년 경작해도 오 년의 풍년 수확도 얻지 못하는" 논과는 같지 않으며, 탕의 세액도 논보다는 가벼웠다. 동치『호주부지』권34「전부(田賦)」의 기록에 따르면 호주의 늪[蕩] 1무당 연간 '정미(正米)' 4홉을 납입했다.

〈논, 밭, 탕의 정미 세액 비교표〉

토 지	1묘당 정미(斗)	비 율
논	1.73	100.00
밭	0.07	4.04
탕	0.04	2.31

으며, 탕蕩에서 갈대를 키우는 사람도 이윤이 작았는데 모든 것은 산과 같았다.[180)]

세금제도의 법은 밭의 세금을 중하게 하고 논의 세금은 가볍게 하는 것이 적합하다고 말한다. 부득이할 경우에는 논과 밭의 세금이 같을 수 있다.[181)] 탕과 논의 세금은 같아야 적합한데, 그렇지 못하면, 논의 손실 1/3은 탕에서 충당하는 것이 좋다.[182)] 그런데 해마다 이윤을 보는 경우는 세금이 가볍고, 오히려 10을 경작해 5의 이익을 얻는 경우는 반대로 세금이 무겁다.[183)] 이 때문에 부자가 탕과 밭을 차지하고,[184)] 가난한 사람은 논을 개간하는 것이니,

薄, 而稅亦薄, 蕩之葭葦者利薄與山等.

制賦之法, 謂宜重地之稅而輕田稅, 無已, 田地等可也. 宜蕩與田等, 無已, 損田之三以益蕩可也. 乃歲歲息者稅輕, 而十耕五獲者反重. 是以豪民占蕩與地, 而弱民墾田, 其勢已不能支. 甚者, 奸民以

179) '역역여지(役亦如之)', '역(役)'은 성인의 인두세를 납부하는 것을 말한다. 명대 후기부터 청대에 이르기까지 '일조편(一條鞭)'법을 실행하였는데, 성인의 인두세[人丁]는 토지세 안에 포함되어 있었다. 논의 세금을 내는 것을 '부(賦)'라고 하고 인두세를 내는 것을 '역(役)'이라고 한다. 역(役)은 논, 밭 그리고 상등급의 탕에만 부과되는 것이고, 하등급의 탕과 산에는 '부(賦)'만 부과되고 '역(役)'은 없었다.

180) 산의 수입이 적고, 세액 또한 적다. 갈대만을 생산하는 탕은 세액이 대체로 산과 비슷하다.

181) 논과 밭의 생산량과 매년 보장 정도에 근거해 본다면, 마땅히 밭의 세금은 무거워지고 논의 세금이 더 가벼워져야 하는데, 만약 그럴 수 없다면 최소한 논과 밭의 세금을 동일하게 해야 하며, 논의 세금이 밭의 세금보다 무거워서는 안 될 것이다.

182) 탕(蕩)의 수입 또한 논에 비해 보장성이 있었는데, 이치에 따르자면 탕의 세금과 논의 세금 또한 마땅히 서로 같아야 한다. 만일 이럴 수 있는 방법이 없다면, 논 세금의 3분의 1을 감소시키고 탕의 세금 내에서 충당해야 한다.

183) 지금은 오히려 이렇지 않다. 해마다 수입이 보장되는 밭과 탕은 반대로 세금이 가벼워졌고, 반대로 논의 수입은 믿을 수 없는데도 많은 세액을 부담해야 했다. 이러한 세금부과는 불합리한 것이다.

184) 밭과 탕의 세금이 가볍기 때문에 부자들은 이 두 가지 쪽으로 더 확대시켜 정부의 과중한 논 세금을 피하고자 하였다. 그래서 탕이 대체로 수리 공사 근처에

그 상황을 더 이상 지속할 수는 없다.185) 심한 경우 간사한 사람은 논을 밭이나 산 및 탕으로 바꾸어 무거운 세금을 피하고 가벼운 세금을 낸다. 어리석은 사람은 밭이나 산 및 탕을 논으로 바꾸어 가벼운 세금이 아닌 무거운 세금을 낸다.186)

田爲地、爲山、爲蕩, 而逃重得輕. 愚民以地、以山、以蕩爲田, 而失輕得重.

아! 이곳 18개에 보이는 역役, 도途, 엄奄의 세 가지 형태의 우전[圩]은 갈대가 있는 탕인데도 논의 세금을 내고 있다.187) 한 지역만으로도 나머지 지역을 알 수 있다.188) 이 예씨의 계산이 전해진 이후로 처와 자식을 이끌고 먼 곳으로 이사를 간 사람이 50~60%에 이른다.189)

嗟乎! 此十八區役、途、奄三圩所由以葭葦之蕩而賦以田也. 卽一區而餘區可知. 此倪氏數傳以來, 所由挈妻子而遠徙者,

있게 되었고, 역사적으로 각 조대마다 부자들이 "늪을 전유하여 논을 만들었다." 라는 일이 있었으며, 논으로 점유하는[占湖爲田] 일들이 늘 있어 왔던 것이다. "늪을 전유하여 논을 만들었다."는 것은 홍수의 수위 조절량을 저하시키고, 수리공사를 훼손시켜 홍수와 가뭄의 재해를 야기하는 중요한 원인 중 하나가 되었다.

185) 가난한 농민들은 단지 논을 경작할 수밖에 없어(뽕나무 밭을 기르고 탕을 경영할 힘이 없다) 높은 논 세금을 부담하였다. 건륭 『동향현지(桐鄕縣志)』 권2에는 "백성들이 대부분 논에 힘쓰는 것을 업으로 삼는다."라고 기록했는데 '역전(力田)'이 바로 수전에 파종하는 것을 말한다.

186) 지주와 부호들은 관리를 사서 자기 명의의 많은 논을 밭, 산, 탕으로 바꾸어 기록하도록 하였다. 반면 가난한 농민들은 원래 있던 밭, 산, 탕이 이 관리들에 의해 논으로 '변경'되기도 하였다. 부호들은 무거운 세금을 피하고 가난한 농민들은 밭, 산, 탕의 가벼운 세금을 대신해 아무 이유 없이 부호들의 논의 무거운 세금을 부담하였다.

187) 귀안(歸安) 18구(區)의 세 가지 형태의 우전의 빈농들이 원래는 초탕(草蕩)인데도 어째서 본래는 풀이 자라는 늪이 논의 무거운 세금으로 바뀌게 내었는가? 바로 서리와 부호들이 결탁하여 '변경[挪移]'한 결과이다.

188) 한 구(區)가 그러하니 각 구가 모두 그러했다. 우리는 명대 오중(吳中)의 사료 곳곳에서 '변경[移轉]'의 기록을 볼 수 있다.

189) 세액이 한 번 '변경[挪移]'되면 빈농들은 무거운 세금의 부담을 오래 버티지 못해 도망갈 수밖에 없었다. 예씨(倪氏) 일족은 이미 50에서 60% 정도가 도망갔으

한 사람으로부터 다른 사람의 상황을 알 수 있다.190)

至于五、六也. 卽一姓而他姓可知.

국가가 태평한 지 200여 년이 되었다. 이곳의 관리도 수십 명이 넘고, 고을에서 귀하게 된 사람도 수백 명이 넘는데, 무엇 때문에 이러한 생각을 할 수 없는 것일까?

國家承平二百有餘歲矣. 吏于茲土者不下數十餘人, 其爲鄕之貴達者亦不下數十百人, 曾爲念及此者, 何也.

이곳의 관리로 있는 자는 또 말하기를 오래 된 사람은 다시 시험을 쳐서 다른 곳으로 옮겨가고, 혹은 합격하지 못하면 사임을 해 알지 못한다고 한다.191) 그렇다면 고을에서 귀하게 된 사람들은 어찌해 자손을 위한 장기적인 대책을 만들지 못하는 것일까? 그들은 단지 목전의 성행함만을 보고, 그 권세로 백성의 이익을 뺏고 탕과 땅의 세금을 차지하기 때문이다.192) 또한 귀하다가도 천할 때가 있고, 항상 영달만 있는 것이 아니라는 사실을 생각하지 않는다면, 사후 그 자손은 살아갈 수가 없다.193) 이익

夫吏于茲土者, 猶曰, 久者兩考而遷, 或不及考而去, 置罔聞知, 宜也. 乃若鄕之貴達者, 獨不爲子孫計長久乎. 彼徒見目前之盛, 其勢足以奪民之所利, 而占蕩與地之賦矣. 抑不念貴有時賤, 達有時窮, 一旦身死, 而子

니 이것이 바로 그 예라고 할 수 있다.

190) 예씨 성뿐 아니라 다른 성씨들도 대체로 세액의 '변경[挪移]'으로 도망갈 수밖에 없는 상황이었다.

191) 명대의 관제로는 삼 년에 한 번 업적을 평가하고, 두 번째 시험에서 업적이 있으면 바로 승진하였고, 만일 합격하지 못하면 바로 실직하였다. 그래서 지방 관리는 늘 오래 있지 못하고 쫓겨났다. 그들이 눈앞에 세액의 불균형으로 인한 폐해를 보고도 따져 묻지 못한 것은 아주 자연스러운 것이었다.

192) 지방의 신사(紳士) 자신들은 밭과 탕을 강점하여 무거운 세금 부담은 가난한 농민들에게 이전시키는 악당들이었으니 세액이 고르지 못한 것은 부호나 신사들이 이익을 도모할 수 있는 좋은 기회가 되었다.

이 되는 것만을 좇는 권세가가 다시 그것을 빼앗아가니,[194] 비록 우전圩田 10무의 세금을 낼 수 있는 경제력이 있다고 하더라도, 감옥에서 죽기가 쉽다. 그렇지 않으면 유랑하여 떠돌아다니다 고향의 땅을 지키지 못한다. 어찌 이렇게 보낼 것인가? ….

孫不能支. 向之所謂利者, 勢家復從而奪之, 則雖存圩田十畝之稅, 已足死於囹圄矣. 不然, 將流離奔竄不得保其鄕土也, 況過此者乎 ….

나는 이 때문에 수 년 동안 한탄했다. 홍수와 가뭄이 이어서 오고, 백성은 세금으로 인해 죽었는데, 그 수를 헤아릴 수 없다. 권세가의 자손도 포승줄에 묶여 계곡으로 끌려가서 죽은 자가 줄을 이었다. 문수가 먼저 탕으로 세금을 내게 하는 것을 고치지 않았다면, 역, 도, 엄의 세 가지 형태의 우전의 백성들은 감옥의 귀신이 되지 않은 자는 거의 드물 것이다! 비록 예씨의 자손이어도 지금에 이를 수가 있었겠는가?

予因歎近數年間. 水旱接至, 民之死于賦役者, 不可勝計. 其勢家子弟被縲絏而轉溝壑者相踵也. 向使文秀不爲改蕩于前, 三圩之民所不爲囹圄之鬼者幾希矣. 雖倪氏子孫, 亦得以至今日也乎.

193) 명대와 청대 전기의 고시에서 수재, 거인, 진사 관리에 합격한 자는 모두 요역면제의 특권이 있었는데 이는 곧 약간의 토지와 정남이 있는 경우에는 조세와 역역을 납부하지 않았다. 그러나 이 신분상의 특권은 다만 본인에게만 한정되는 것이었으니 본인이 죽으면 신분상의 특권은 곧 취소되어 자손들은 계승받지 못해 평민이 되었다. 이러한 신분 특권제도는 서구 유럽의 중세기 영주 세습제와는 결코 같은 것이 아니다. 그래서 자손들은 빈농이나 유랑민이 되는 경우가 많았고, 이에 선조가 남겨주는 많은 재산들이 오래 유지되지 못했다.

194) 현존하는 부호들은 다른 사람들의 경작지를 빼앗은 것이니 그가 죽으면 그 자손들은 바로 다른 부호들에게 약탈당하였다. 그래서 명대 토지의 이전률은 아주 높았다. 구상산(丘象山)의 시 한 수에서는 이러한 현상을 다음과 같이 묘사한다. "한낮 청산 한 언덕의 논을 보면 이전 사람의 논을 이후 사람이 수확한다. 이후 사람은 수확한다고 즐거워하지 마라, 다시 뒤에 있는 사람이 수확할지어다. [徒見靑山土一邱, 前人田土後人收. 後人收得休歡喜, 還有收人在後頭.]"

〈그림 10〉 세발마름[芰]

3. 걸식과 유민[游食與游民][195]

(출처: 『양원선생전집楊園先生全集』 권40 등)

번 역

국가의 관리가 너무 많고, 공문서도 너무 번잡하다. 관리가 많으면 일이 복잡하고, 공문서가 많으면 법이 혼란해진다.[196] 주나라의 관리는 360명이고, 당나라의 관리는 700여 명을 두었다. 지금 한 성省에는 문文, 무武, 대大, 소小

原 文

國家設官太多, 文移太繁. 官多則事煩, 文繁則法亂. 周官三百六十, 唐制設官七百餘員. 今一省文、

195) 제목은 교석한 사람이 첨가한 것이다. 명말에는 생산에 종사하지 않거나 생산과 관계가 없는 사람이 너무 많았는데, 이는 사회 총재산이 감소하는 원인이 되었다. 우리는 『양원선생전집』에서 이와 관계된 자료를 따로 발췌하여 기록하였고, 어떤 한 권에 상세히 주를 달았다.

196) 명나라 봉건관료 정치에서 관료는 많고 일은 번잡했다. 모든 일은 단지 공문(空文)에 따라서 이루어졌다. 청나라 또한 이러한 방법을 답습해 중국식의 '공문정치(公文政治)'의 국면을 형성했다. 이는 중국정치에 있어서 하나의 폐단이었다. 명나라 때부터 이렇게 하였다(물론, 명나라 이전에도 있었지만, 명나라보다 심하지는 않았다).

가 이미 2,000여 명이 된다. 수도 근방과 변방에는 얼마나 되는지 알 수 없다. 게다가 공훈이 있는 황족, 귀족자제, 내관[197]의 친속들이 또 그 얼마나 되는지 알 수 없다. 봉록도 박하지 않은데 어찌 사람을 또 다시 뽑는 것인가! 사람이 많아 뽑지 않는 것보다는 사람을 뽑을 때 세밀한 것이 더 낫다. 복록이 작아 청렴함을 지키지 못하는 것보다는 복록을 많이 주어 사대부의 대접을 하는 것이 더 낫다.[198] 이는 쉽게 알 수 있는 이치이다. 공문서들이 방과 책상을 가득 채우니 비록 민첩하다고 해도 다 살펴보기는 어렵다. 대개는 번잡스러워 살펴보지 않는다.[199] 이러한 것은 관리가 부정행위를 하는데 도움을 주어 더욱 (잘못을) 늘어나게 할 따름이다![200] [권40 「비망이(備忘二)」]	武、大、小已不下二千餘員. 京畿、邊塞又不知幾何. 加以勳戚、舍人、宦監之屬, 又不知幾何. 祿安得不薄, 人安可復擇. 與其人衆而不擇, 何如精于擇人. 與其祿薄而不足以養廉, 何如厚祿以待士. 此易明之理也. 至于文移案牘充室盈幾, 雖甚精敏. 亦難稽考, 叢脞者則概不省視而已. 徒以供胥吏之奸

197) 원문에는 '수(豎)'로 되어있는데, '감(監)'의 오기로 의심되어 지금 수정하였다.

198) 명나라 관리의 봉급이 적어 부정부패를 조장하는 한 원인이 되었다.

199) 공문이 너무 많으면 관료주의를 형성한다. 관료주의의 문제로 한편에서는 관리가 이러한 문건을 볼 수 없으며 또 한편에서는 관리가 근본적으로 이러한 문건을 보지 않는다는 것이다.

200) 지방관리가 전적으로 익숙한 공문에 의지하고 아울러 각종 형식주의 관료 규칙을 이해하는 모순은 법조문을 왜곡하여 부정행위를 일삼는 기회를 제공했다. 법조문을 왜곡하여 부정행위를 하는 것은 폐단이 있고 또 봉급이 너무 적은 것과 관계가 있었다. 광서『오정현지(烏程縣志)』권25「전부(田賦)」에는 지방관리의 봉급이 적은 것을 필연적으로 부정행위를 하는 원인으로 기재하고 있다. 여기서는 "세금의 법에 따르면 관리가 부당하게 착취하는 것을 금지하고자 한다면 먼저 청렴한 관리가 부정행위를 하도록 해서는 안 된다(봉급이 적당하여 청렴해질 수 있도록 해야 한다 — 인용자 주). 입법을 할 때는 전적으로 백성을 위해 계획을 세워야지 관리를 위해 계획해서는 안 된다. 다른 날에 반드시 핑계를 들어 부정행위를 하여 문란함이 더 쉬워질 수 있다. 이러한 형세는 반드시 근본

弊, 亦何益之有哉.
(卷四十「備忘二」)

[번 역]

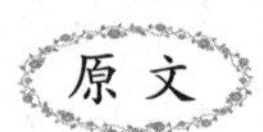

천하가 빈곤한데, 그 원인은 유민이 많기 때문이다.201) 다른 것은 논할 필요 없이, 바로 생원生員,202) 군오軍伍, 서리胥吏 이 세 종류의 사

四海困窮, 其原只在遊民之衆. 且未論其他, 正如生員、軍

이 변화되고 나쁘게 되는 것으로 백성들이 더욱 곤궁해진다."라고 하였다. 명나라 세금이 근본적으로 무겁고, 게다가 관리의 부정행위가 있어 백성들의 부담은 더욱 가중되었다.

201) 명대 후기 유민이 점차 많아지기 시작했다. 특히 '일조편(一條鞭)'을 시행한 이후 많은 농민은 농사에 전념하지 못하고 사방으로 떠돌아다니며 구걸을 했다. 농업생산은 나날이 쇠퇴하였는데, 각 지방지에 모두 이를 기재하고 있다.

202) '생원(生員)'은 즉 수재(秀才)이다. 수재는 지나치게 많았는데, 면책[優免](세금과 요역을 납부하지 않았다)의 특권을 받았는데, 이는 농업생산력을 저해하는 한 요소이다. 고염무(顧炎武)는 『일지록(日知錄)』 권17 「생원액수(生員額數)」에서 말하기를, "이길보(李吉甫)는 중당 시대에 관리가 너무 많음을 질타하면서 한대부터 수대까지도 지금보다 많지는 않았다고 했다. 세상에 힘든 노동을 하는 자는 3명이고, 앉아서 입을 것과 먹을 것을 얻기만 하는 사람은 7명이다. 그리고 지금(명 말을 가리킨다 - 인용자 주) 멀리 편벽한 작은 고을에도 또한 생원이 100명이나 있는데, 관과 백성을 어지럽히지는 않지만, 놀고먹는 무리가 되어 다섯 개 좀[蠹] 중의 하나로 부르기 충분하다. … 그 중에서 악랄한 것은 첫째가 제생(諸生)이었는데 관리를 좌지우지해 백성을 착취하였다."라고 한다. 생원은 또한 세금과 부역을 면할 수 있는 조건을 가지고 있었다. 『천하군국이병서(天下郡國移病書)』 권23에 각급 관리 및 진사, 거인(擧人), 생원의 세금과 부역 면제 조례가 열거되어 있다. 그 중에서 관리, 거인, 감생, 생원의 세금의 부세 납부 면제는 논 40무이고, 요역 면제는 장정 2명으로 되어 있다. 당시 논 1무당 소작료는 대략 쌀 1섬이었고, 세금은 1/3, 부역이 1/3, 지주 자신이 얻는 것이 1/3이었다.

람들이 모두 적지 않다. 하는 일 없이 불필요하게 식량을 축내는 사람이 10명 중에 8~9명은 된다. 왕이란 자가 나타나서 손해는 무엇이고, 이익은 무엇인가? 나머지는 미루어 짐작할 수 있다. [권40 「비망이(備忘二)」]

伍、胥吏三種人均不可少者. 然無用冗食, 十而八、九矣. 有王者起, 在所損乎.在所益乎.余可類推也. (卷四十「備忘二」)

번 역

풍속이 나빠지고 본업[203]이 황폐해지고, 도적이 많아진 것은 모두 유민이 많아지고 논의 세금이 무겁기 때문이다.[204] 강남을 다스리는 사람은 마땅히 이것을 최우선으로 삼아야 할 것이다. [권39 「비망일(備忘一)」]

風俗之敗, 本業之荒, 盜賊之起, 皆緣遊民多而天賦重. 經理江南者, 竊謂當以爲首務. (卷三十九「備忘一」)

세금과 부역 두 항목이 1무당 6말 6되이니, 40무면 쌀 26섬 4말이 된다. 한 작은 현에 생원이 100명이 있으면 쌀 2,666섬을 생산하지도 않는 사람이 놀고먹은 것이다. 큰 현은 더 많았다. 장리상과 고염무는 비록 함께 생원의 폐단에 대해서 논했지만 두 사람의 입장은 달랐다. 장리상은 생원제도를 반대하지 않았는데, 본문에서 말하기를 "바로 생원(生員), 군오(軍伍), 서리(胥吏) 이 세 종류의 사람들이 모두 적지 않다."라고 하여 단지 생원의 수가 너무 많다는 것을 반대한 것이다. 왜냐하면 장리상도 세금과 부역의 면제 특권이 있었던 생원이었기 때문이었다. 고염무는 생원제도의 존재에 대해 근본적으로 반대하였다.

203) '본업(本業)'은 농업을 가리킨다.

204) 유민이 많은 것은 조세와 역역이 무거운 것과 서로 관련된 요소의 하나이다.

번 역

수리를 중요시하지 않아 농업정책이 폐기된 것이 지금 시대보다 심한 적은 없었다. 유민이 많은 것도 지금 시대보다 심했던 적이 없었다. 세상이 어찌 헛되이 소모되지 않을 수 있겠는가? [권42 「비망록유(備忘錄遺)」]

原文

水利不講, 農政廢弛, 未有如近代之甚者. 遊民之多, 亦未有如近代之甚者. 海內如何不虛耗乎. (卷四十二「備忘錄遺」)

六. 노상魯桑 접목기술의 남방지역 전파와 호상湖桑 형성의 문제

[魯桑嫁接技術的南傳和湖桑形成的問題]

노상魯桑 재배 기술의 남방 지역 전파와 호상湖桑 형성의 문제는 뽕나무 재배역사상 하나의 큰 사건이다. 당시 우리가 『보농서연구補農書研究』를 집필하면서 한 차례 연구하고 고증하여 노상 재배 기술이 가호嘉湖 지역으로 전파된 대체적인 경위와 호상 형성의 역사적 연원을 해결하는 데 약간의 실마리를 제공하기는 하였다. 그러나 역사적 사료를 충분히 확보하지 못하였고, 연구 또한 철저하지 못하여 충분히 분명하게 논술하지 못하였다. 중국농업과학원 잠상 연구소의 주광명周匡明 선생이 이에 대해 몇 가지 의견을 가지고 나와 얘기한 적이 있는데, 이번 『보농서연구』를 증보하여 재판할 때 바쁜 가운데서도 대량의 자료를 채집하여 논증을 해주었고 서면으로 의견을 제시해주기도 하였다. 이러한 정신은 높이 평가할 만하며 우리들이 배워야 할 것이다.

주광명 선생은 잠상 역사 면에서 조예가 깊고 노상 접목 기술의 남방 지역 전파와 호상 형성의 문제에 대해서 상당히 깊이 연구하였다. 주광명 선생의 견해에 대해서는 기회가 되어 『보농서연구』를 수정 재판하게 된다면 신중하게 고려하도록 할 것이다. 주광명 선생은 역사적 가치가 있는 자료들을 적지 않게 제공해주었으며, 동시에 모두 노상 접목 기술의 남방 지역 전파와 호상 형성의 문제에 대해 전반적으로 이해할 수 있도록 이쪽 방면의 역사적 자료들을 비교하고 감별하였으니 그 원고는 특별히 뒤쪽에 부록(『보농서교석補農書校釋』 193~199쪽)으로 수록하였다.

주광명 선생은 복濮씨가 가호지역에서 북방 지역의 뽕나무 재배

기술에 대해서 논술한 『보농서 연구』에 대해 다른 의견을 가지고 있었는데 그 초점은 바로 『복원진지濮院鎭志』의 '개진원류開鎭源流'라는 한 단락의 기록에 있다. 이 문장에서는 "송대 건염建炎부터, … 복씨는 남송을 따르는 사람이었다. 곡부曲阜의 복봉濮鳳은, … 순淳, 경景 이후 송대 황실이 점점 쇠약해져 복씨 집안도 벼슬길이 줄어 가업에 종사하면서, 천 명의 장정을 거두어, 농상을 관리하고 가르쳤는데, 방직에서 나오는 이익은 실제로는 이때부터 시작된 것이다."라고 말하고 있다.

건염建炎: 1127년이 원년부터 순우淳祐: 1241년이 원년까지는 114년이며, 경정景定: 1260년이 원년까지는 시간이 더 길다. 『보농서연구』를 집필할 때 필자 또한 일찍이 복봉이 건염부터 순, 경에 이르기까지 그렇게 오랜 시간 장수했을 리는 없다고 생각하였다. 문제는 이 부분의 내용에 대해 어떻게 정확하게 이해해야 하는가에 있었다. 당시 필자는 복봉이 건염 때부터 조송趙宋을 따랐고, 소흥紹興: 1131~1162년 연간에는 또 동향桐鄉으로 가서 살았으며, 그 때 그는 높은 관리로서 높은 봉록을 받았고, 주위가 순조로웠기 때문에 스스로 가서 농상을 경영했을 리가 없다. 정말로 정치를 버리고 농업에 종사하며, 또 북방의 선진적인 뽕나무 재배 기술을 보급하는 데 주력한 것은 순, 경 이후 복봉의 후예들이 한 일이라고 생각된다.

남송은 임안臨安: 지금의 항주에서 근거하여 순, 경에 이르기까지 이미 백여 년이 지났다. 조씨의 조정 정치는 날마다 부패하고 안팎으로 논쟁이 끊임없이 심화되었다. 그래서 '송 황실은 점진적으로 쇠퇴하였고', 복봉의 후손들 — 복씨 집안은 하향길을 걷기 시작해 그들의 자손 중에는 관료가 되는 이가 점점 적어졌다. 그래서 그들은 농상 경영에 종사하며 현지에 기술을 보급하였는데, 이렇게 가호 지역의 뽕나무 재배를 촉진하고 특히 접목[접붙이기] 기술의 발전 부분에서는 객관적으로 보아도 어느 정도 긍정적인 작용을 하였다. 이후 현지의 노동인구는 장기적인 생산 활동의 결과, 중국의 뽕나무 재배 역사상 독특한 수

목형태인 호상형湖桑型을 육성하게 되었다.

본고가 발송될 즈음에 가홍도서관측이 우리의 부탁에 응하여 복원진濮院鎭의 『개진원류開鎭源流』 등의 자료들을 보내주었다. 이 자료들은 몇 가지 문제를 설명해줄 수 있어 우리들이 원래 이해하였던 바를 증명해 줄 수 있을 듯하다. 동시에 이를 빌려 『보농서 연구』가 이 문장을 발췌할 때 잘못 기록한 개별 글자들을 교정할 수도 있다. 지금 『개진원류』의 원문을 아래와 같이 상세하게 발췌 인용하면 다음과 같다.

『복천소문기濮川索聞記』 권1의 1~2쪽은 청淸, 금회金淮, 복횡濮鐄이 찬술하고, 청 가경嘉慶 25년 책을 새겼다.

『개진원류』:

"복원진은 원래 취리檇李의 옛터[205]였다. 수 대업大業때부터 경하涇河 800리를 개착하여 지류가 모두 소통되어 취리 일대가 안정되기 시작하였다. 진鎭은 건염(1127년이 고종 건염 원년 ― 소괄호 내의 글자는 인용자가 첨가한 것이며, 이는 아래 모두 같다) 이전부터 그저 시장터[草市]였을 뿐이었는데, (한때) 오나라와 월나라의 전쟁터로 위협을 받기도 하였다. 넓은 지대가 천 경頃에 달해 오늘날 남북 초탕草蕩이라 불린다. 송 고종이 남쪽으로 넘어오자 곡부의 복봉이 뒤따라 절강까지 왔고 그 곳에서 살았다. 여섯 아들은 모두 관료가 되고 작위를 받았으니 후손들이 계속 이어받는 것이 내내 계속되었다. 가정嘉定: 1208년이 원년 중에는 이부시랑 두남斗南이라는 자가 황제의 총애를 받기도 하였다. 경원慶元: 1195년이 원년 초기에 정치에서 물러나 낙향하니 왕이 그 집을 하사하여 '복원'이라 명명하였다. 당시 대도[帝都] 무림武林, 두문당陡門塘은 사신들이 지나다니는 길이었는데, 험난함으로 인해 오랫동안 고통을 받았으나 복씨가 제방을 쌓은 후 만수산萬壽山에서 조림皀林까지 한 번에 쉽게 이르니 모두 복

205) 역자주 취리(檇李)는 동향의 이름난 특산이다. 그 과일의 형태는 크고 껍질은 진홍색이며, 달고 신선하다. 고대부터 제왕의 진상품으로 이름을 날렸다.

씨 집안의 제방[濮家塘]이라고 불렀다. … 복씨는 사교를 좋아하고 널리 베푸니 사방의 사대부나 유랑객이 모두 그에게로 모였다. 순淳, 경景 이후 송대 황실이 점점 쇠약해져 복씨 집안도 벼슬길이 줄어 가업을 경영하면서, 천 명의 장정을 거두어, 농상을 관리하고 가르쳤는데, 방직에서 나오는 이익은 실제로는 이때부터 시작된 것이다. 원 세조 대덕大德 정미년(1307년), 복감濮鑒은 곡식[조]을 내어 기아를 구휼하고, 회안淮安에 길을 개척하고, 다포동제거[打捕同提擧: 복감]는 마침내 곧 성 안에 4대 아행(행상소)을 세워 방직가구가 생산한 직물을 거두어 들였다. 또한 먼 곳의 상인들이 오고 가고 머무르는 데 고생이 없어지니 이로 '영락시永樂市'라는 이름을 가지게 되었다. 유지에 이르기를, 옛날에는 영락시로 불렀다고 한다. 이후 사업이 나날이 성행하여 황경皇慶: 1312년이 원년, 연우延祐: 1314년이 원년 그리고 천력天曆: 1328년이 원년, 지순至順: 1330년이 원년 연간에 사원이 성대하고 장원이 사방으로 가득했으니 그 성세를 알 만하다. 수읍지秀邑志에는 복원진은 …, 원 지정至正 연간의 대호족 복감濮鑒 일족이 여기에 살았다고 하였다." (『복원진지』, 『복원지략濮院志略』 등에 모두 유사한 기록이 있다)

주광명 선생은 『기감병지寄龕丙志』가 『동여잡지東畲雜志』를 인용한 것을 발췌한 후에 이르기를, "이에 따르면 『복원진지』에서 기록하고 있는 '순淳', '경景'은 실제로는 '순희淳熙'를 잘못 쓴 것이다." 과연 그러한가? 논의해야 할 듯하다. 만일 이것이 '순희' 연간을 가리키는 것이라면 다소 이해하기 어렵다. '순희(1174년이 원년)'부터 남송이 임안에 정착한 소흥 8년(1138년)까지는 겨우 36년의 차이가 난다. 이때는 복봉이 뜻을 이루던 시기이므로 몸소 농업에 종사할 리 없다는 것은 둘째 치고, 송 황실의 조정이 강산의 절반인 상황에서 비록 어떤 커다란 공적을 세우지는 못했을지라도 동남지역 사람들이 오랫동안 축적해온 재물을 가지고 '항주를 변주汴州로 삼아' '태평성대를 노래하던' 흥성시기였다. '점진적으로 쇠퇴해가는' 국면이 드러나지는 않았던 것이다. 더구나 '복씨'가 복봉 자신을 가리키는 것인지 또한 확실하지 않으며 복봉의 후예일 수도 있다. '벼슬길이 줄어든다.'라는 문장의 의미에 근거하여 관료로 있던 사람이 결코 많지 않았으니 복봉 한 사람에게만 (해당하는 문제가) 아닐 수도 있다. 동시에 그 때 당시 복봉 본인은 부마로서 그 지위가 분명하였으니, '벼슬길이 줄어든다.'라는 문제 또한 있을 수 없었다. 복봉의 여섯 아들은 '중임을 맡고 작위를 받았으니 후손들이 계속 이어받는 것이 내내 계속되었다.' 가정 연간에 이르러 봉의 손자 두남斗南의 관직이 이부시랑吏部侍郞이라는 높은 지위를 이어받아 황제의 총애를 받았으니 이러한 것을 두고 어찌 '벼슬길이 적다.'라고 할 수 있겠는가? 만약 남송 조정이 안팎의 분쟁이 일어난 '순淳', '경景' 시기의 백여 년을 겪으면서 나날이 쇠퇴하니 복씨의 자손에게 관운이 형통하던 황금시대는 이미 과거가 되었고 세력이 있는 집정자는 이미 없어져 거의 몇 되지 않았다. 조정의 총애를 잃어 벼슬길에 아무 희망이 없는 자들은 경제적으로 다른 활로, 즉 농상 경영에 종사하고 아울러 북방의 선진적인 뽕나무 재배와 접목 기술을 보급하는 데 주의를 기울였을 것으로 생각된다. 이것이 비교적 이치에 맞을 것이다.

여기까지 언급하였으니 다시 돌아가 살펴보아도 무방할 것이다. 도대체 『개진원류開鎭源流』에서 '순희淳熙'를 '순淳', '경景'으로 잘못 쓴 것인지, 『기감병지寄龕丙志』나 『동여잡기東畬雜記』에서 '순淳', '경景'을 '순희淳熙'로 잘못 쓴 것인가. 사실이 어떠하든 존경하는 독자들이 분명히 판단하기 바란다. 가호 지역의 뽕나무 접목 기술이 복씨에서 시작된 것이 아니라는 점에 대해서는 주선생의 제안이 정확한 것이다. 아래는 주광명 선생의 『노상魯桑 접붙이기 기술의 남방 지역 전파와 호상湖桑 형성의 문제』와 관련된 원문이다(일부 삭제한 부분도 있음).

20여 년 전, 진항력陳恒力 선생과 왕달王達 선생이 공동으로 쓴 『보농서 연구』는 명청시기 농업사를 연구하는 아주 가치 있는 책이다. 진항력 선생은 이미 돌아가셨으나 농업출판사에서 왕달 선생께 위탁하여 새로 교정한 후 재판하였으니, 이는 아주 의미 있는 학술활동이다. 현재 '노상 접붙이기 기술의 남방 지역 전파와 호상의 형성'에 대해서는 졸저 『호상의 기원론[論湖桑的起源]』 중의 관련 내용에서 아래와 같이 미숙하나마 의견을 제시하고 있다.

『보농서 연구』(제3판, 『연구研究』로 간칭. 이하 동일)에서는 다음과 같이 생각한다. "연주兗州 뽕나무 재배법을 가호嘉湖로 옮겨온 후 가을에 바람이 많이 부는 현지의 폐해를 피하고, 관리도 쉽게 하기 위해 해마다 끝을 잘라내어 작고 건조한 뽕나무 ― '호상湖桑'['노상魯桑'학에서 나온 것으로 '노상魯桑'과 이를 구분한다]을 만들어내었다. 농민들은 '호상'의 경작 기술 경험을 모두 개괄해 내었다(『연구』 249쪽 '부록 5'를 참조)." 원작에서 지적한 "호상은 '노상魯桑'학에서 나온 것으로 '노상魯桑'과 이를 구분한다."라는 부분은 분명 '호상'의 형성이 북방의 노상이 뽕나무의 접목 기술이 남쪽으로 넘어오면서 따라온 것으로, 항주[杭], 가홍[嘉], 호주[湖] 지역에서 다년간의 외지 배양을 거쳐 점진적으로 만들어진 것임을 말한다. 이러한 논단은 기본적으로 정확한 것이지만 『연구』 원작 중 역사적으로 전례가 없는 이 일을 복봉이 남송의 연주에서 항주[杭], 가홍[嘉], 호주[湖]로 가져온 것으로 만들었다. 복봉이 호상 형성의 창시자라는 설은 고증해 보건데 틀린 것이다. 그 이유는 세 가지이다.

一, 『연구』 제1장, 제1절(원작에는 3쪽)에서 북송 진관秦觀의 『잠서蠶書』의 '서문'을 인용하기를, "… 지금 내가 쓴 것은 오나라 잠농과 다르며 그것을 얻은 자는 모두 연주兗州 사람이다."라고 한다. 이에 의거해 서술하면, "진관의 이 책은 대체로 북송 철종哲宗: 1086~1100년시대에 만들어졌다. 당시 오나라의 잠사蠶事와 연주의 것은 서로 달랐으니, 연주의 잠농법은 겨우 소북蘇北[진관은 소북의 고우인高郵人]까지 전해졌을 따름이었다. 남송에 이르러 복씨는 또 연주의 잠농법을 오흥吳興 일대에 보급하였다. 오중吳中의 잠농법은 연주에서 가져온 것이므로 오중의 잠상 경제 발전은 연주의 잠농법에 연원을 두고 있다."라고 할 수 있다. 원저의 이러한 논술은 절강의 지방지인 『복원진지濮院鎭志』(복원은 동향현 내에 있다)의 '개진원류' 중의 한 구절을 근거로 얻은 것이다. 원문은 다음과 같다. "송 건염 이전부터(1127) 그저 시장터[草市]였을 뿐이다. 이 진은 오나라와 월나라의 전쟁터였으며, 넓은 지대가 천 리에 달해 오늘날은 (남)북초탕草蕩이라 불린다. 복씨는 남송을 따르던 자로(송 고종이 남쪽으로 옮긴 이후를 말함) 곡부 복봉, … 순淳, 경景 이후 송대 황실이 점점 쇠약해져 복씨 집안도 벼슬길이 줄어 가업을 경영하였는데, 천 명의 장정을 거두고 있었으며(천명의 건장한 노비가 있었다), 농상을 관리하고 가르쳤으니 방직에서 나오는 이익은 실제로는 이때부터 시작된 것이다."

그 해 진항력 선생은 『호주부지』 권30, 『복원진지』와 진관秦觀의 『잠서』 '서문'에서 연이어 관련 내용을 서술한 후 북방의 잠상 생산 기술은 북송 중·후기에는 소북蘇北까지만 전파되었고, 항주, 가호지역까지 전파된 것은 남송 초기이니, 단언하건대 '관계를 맺어준' 이는 복봉濮鳳이고, 역사적으로 기록할 만한 가치가 있는 사건은 노상 접목 기술이 남쪽으로 보급된 것이라 하였다. 이에 호상의 기원 또한 이때부터, 이 사람에서부터 시작된 것이라고도 하였다. 나는 하나의 오해가 또 다른 오해를 불러일으킨 것이라고 여긴다. 우선 중국의 잠상 기술이 북쪽에서 남쪽으로 침투해간다는 사실은 개미가 지도 위를 기어 다니는 것처럼 그렇게 간단한 일이 아니다. 무슨 뜻인가? 역사적인 객관적 사실은 이러하다. 중국 역사상 위진 남북조부터 수당에 이르기까지 경제 중심은 점점 남쪽으로 이동했고, 북송, 남송에 이르러 남쪽은 홍성하고 북쪽은 쇠퇴해가는 국면이 이미 정형화되었다. 잠상은 고대사회의 경제범주 중 중요한 분야이다. 많은 역사적 사실이 우리에게 알려주길, 위진 이래 경제의 중심이 남쪽으로 이동해감에 따라 비교적 선진적인 북방의 잠상 생산도 더불어 남쪽 방향으로 보급되었다. 더 분명히 말할 수 있는 것은, 북송 중, 후기에 이르러, 더욱 확실히 말하면 남송 때에 이르러 당시 사회, 정치, 경제적인 여러 요인으로 인해 북방의 선진적 농업기술은 태호강 유역의 우수한 자연환경의 조건 아래서 점차 거대한 생산의 위력을 나타냈다. '결과'를 '원인'으로 잘못 보았으니 그로 얻은 결론 또한 당연히 옳지 않다. 이에 관해 여기서는 다만 원칙상으로만 제의할 뿐 얘기하자면 너무 길어질 것이니 더 얘기하지 않겠다. 있는 그대로 얘기하자면, 『연구』 원작 중에서 이러한 결론을 이끌어낸 것은 『복원진지』의 '순, 경 이후'라는 연호의 사용에서 문제가 발생한 것이라고 보기 때문이다. 만일 그 해 진항력 선생이 교정하면서 오류가 있음을 발견했다면 아마도 결론 전체가 다시 고려되었을 것이다. 그러나 사실상 작자가 '3판 서문'에서 언급한 바와 같이, "업무(농업과학 좌담회에서 받은 임무)가 너무 바빠 농촌 현지조사부터 역사자료 강독까지 모두 채 3개월이 되기 전에 이 책의 원고를 완성하였다. 너무 촉박해 보인다."라는 이유 때문인지 등한시되었다. 사실은 이러하다. 남송 건염建炎 원년, 즉 1127년 조구趙構가 남경南京: 하남 상구商丘에서 즉위한 해이다. 복봉은 조구의 부마로 황실의 귀한 인물이었으니 자연히 작은 정부를 따라 정처 없이 도망쳐야 했을 것이다. 소흥 8년에서야, 남송 통치 집단은 정식으로 임안(항주)에 수도를 정했고, 그 때가 이미 1138년이었다. 이는 역사적으로 근거가 있는 것이다. 복봉이 복원에 거주지를 정한 것은 1138년 이후이다. 원저는 『복원진지』의 기술에 근거하여 아래와 같이 판단하였다. "남송 건염 연대(1127년), 곡부의 복봉이 연주兗州의 접목 기술을 가흥까지 가지고 왔으니 순, 경 연간(1241~1260년)부터 연주의 접목 기술을 보급하기 시작했다."(원저 165~166쪽에 보인다) 인용문 중 순, 경은 남송 순우淳祐부터 경정景定까지의 연도 표시는 『보농서 연구』에 작자가 모두 부가해 두었다. 작자는 연도표시를 할 때 아마도 1127년부터 1241년까지 이미 114년이 경과했다는 사실을 주의하지 않은 듯하다. 복봉이 건염부터 순, 경에 이르기까지 정말 백 몇십 년을 살았겠는가? 결코 복봉이 그처럼 장수했을 리는 없다. 이는 『복원진지』에서 잘못 새긴 것이다. 『보농서 연구』의 작자가 깨닫지 못했기 때문에 가져온 결론은 대체로 믿을 수 없는 억측에 빠져 버린 것이다. 잘못은 어디에 있는가? 청대 말기 완위산민宛委山民이 쓴 『기감병지寄龕丙志』 중 『동여잡기東畬雜記』의 한 단락을 살펴보면 이 의문을 해결할 수 있다. 『병지丙志』에서는 아래와 같이 쓰고 있다.

> "어릴 때 비단은 복원濮院이 유명하다는 걸 들었는데, 지명이라고만 알았지, 그 지역이 그 이름을 얻은 자세한 까닭은 알지 못했다. 『동여잡기』에서 이르기를, 송 이전에는 다만 시장터였을 뿐이고, 오동나무가 유난히 많아 오동향梧桐鄉이라고 불리었다고 한다. 고종趙構이 남쪽으로 이동하자 곡부의 복봉濮鳳은 덕양德陽 공주를 따라 부마로서 호위하며 그 곳을 지나면서 말하기를, 봉황은 오동이 아니면 머물지 않는다고 하였다. 이에 곧 그 곳에서 거주하였다. 복봉의 손자는 이부시랑 중 하나로 호는 두남斗南이고, 이종理宗이 즉위하는 데 도움을 주어 왕의 은혜를 받아 저택을 하사받았는데, 이름을 복원이라 하였다. 예전에는 복원방濮院坊이라는 돌제방[石坊]도 있었고, (지금까지) 두 그루의 은행나무가 있는데, 마치 복봉이 직접 손으로 심은 듯하다. 백영百詠이 스스로 주를 달아 말하기를, '남송 순희 이후, 복씨가 누에 방직을 경영하기 시작했다. 명대 융隆, 만萬 연간에 복씨가 비단을 제작하고 일꾼을 늘렸으니 이로 천하에 드러나게 되었다.'라고 했다."

이에 따르면, 『복원진지』가 순희를 순, 경으로 잘못 기록한 것이다. 순희 원년은 1174년으로 복봉이 남쪽으로 와서(1138년) 복원에 거주를 정하고, '벼슬길이 적어져' 잠상을 관리하는 것으로 전향하기까지 겨우 36년 후의 일이다. 이는 거의 사실에 가깝다. 복봉이 연주의 접목 기술과 북쪽의 유명한 노상을 가호 지역으로 가져와 항주, 가흥, 호주 지역의 잠상과 비단을 발전시켰고, '복주濮綢'는 원명 이래 몇백 년 간 번영을 누리는 명물이 된 것도 사실이다. 복봉이 이 방면에 공적이 있다. 다만 노상 접목 기술을 남쪽으로 전파한 것은 복봉이 처음은 아니다. 호상의 기원과 형성은 그 이전에 절강 지역의 노동자들이 장기적인 생산 활동 중 이미 점점 정형화시키고 있었다. 논증은 아래에서 찾을 수 있다.

二, 남송 소흥 19년(1149년)에 만들어진 『진부농서陳旉農書』 중에는 이러한 기록이 있다. "만약 접을 붙여서 묶어 두려고 한다면 쭉 뻗은 좋은 뽕나무가지를 택하고 옆으로 처진 가지는 사용하지 말아야 하며, 선택된 가지를 3, 4촌의 길이로 잘라서 과일나무를 접목하는 것[206]과 같이 접을 붙인다. 그 잎은 배로 좋지만 또한 쇠퇴하기 쉽다는 것을 알지 않으면 안 된다. 호[湖州]의 안길安吉사람들은 모두 그것을 잘 알고 있다." 여기서 말하는 '호의 안길 사람들은' 바로 지금의 절강의 안길이며, 당시에는 안길이 오흥吳興현에 속해 있었다. 진부陳旉는 '호의 안길 사람들은 모두 이것을 할 줄 안다.'라는 부분을 보고, 그곳에서 뽕나무 접붙이는 기술이 행해진 지 이미 오래 되었고 상당히 보편화되었다고 설명한다. 『진부농서』는 이미 작고하신 농업사학자 만국정萬國鼎 선생이 교감하고 주해한 평론에 근거하였다. 그것은 곧 "(『진부농서』는) 중국 고대 농학역사상 적지 않은 새로운 발전을 과시하였으니 마땅히 중국 제일의 종합적 농서 중 하나로 들어가야 한다."라고 하였다. 만국정 선생은 이어서 다음

206) 역자주 송대 과수(果樹)의 접붙이기 기술에 관해서는 알 수 없지만, 이미 『제민요술』에서 배나무[梨]나 감나무[柹]의 접붙이기에 관해서 상세하게 언급하고 있으므로, 추측하는 것은 가능하다.

과 같이 지적하였다. "『진부농서』는 책을 베낀 것이 아니라 본인이 직접 체득한 바에 주안을 두어 서술한 것이다. 즉, 고서를 인용하여 본인의 문장 속에서 체계적이고 철저하게 이해하였으며, 그 체제도 『제민요술齊民要術』과는 다르다"(만국정 선생이 교주한 『진부농서』 8쪽에 보인다). 진부의 이 농서는 그가 서문에서 말한 바에 따르면, "말로 허언을 늘어놓고, 남의 공을 훔쳐 과장하는"저작이 아니라 심혈을 기울여 관찰하고 직접 농업현장에 참가하여 만들어낸 최종 결론이다. 따라서 우리는 그가 뽕나무 접목 기술이 절강의 안길에서 실제로 보았던 사실 기록임을 충분히 믿을 수 있다. 이에 근거하여 분석하면 진부가 뽕나무 접붙이는 것을 보고 "안길 사람들이 모두 그것을 할 줄 안다."라고 말한 근거가 만일 그가 젊었을 때 방문하여 직접 본 것이라면 최소한 복봉보다 4, 50년은 빠른 시기이다. 이것이 이미 북송 말기의 일이었다. 『진부농서』의 작자는 "글에 능해 상당히 간결하게 서술하였다." 그래서 그가 "모두 그것을 할 줄 안다[皆能之]"에서처럼 단어 사용이 이처럼 간결하고 투철하다는 사실에서 볼 때, 오홍의 안길 사람들이 뽕나무 접목을 실행하고 뽕나무의 품종을 개량하였음은 그가 직접 가서 눈으로 보기 이전부터 이미 오랜 역사적 시간이 있었다는 것을 말해준다. 복원은 동향현에 있고, 안길은 오홍현에 있다. 역사적 시기로 볼 때 안길이 먼저이고, 복원은 그 후이다. 그래서 접목기술의 남쪽으로의 전파, 호상의 기원과 형성이 남송의 복봉에 의해 처음 시작했다는 설은 성립할 수 없는 것이다. 다만 상술한 바와 같이 복봉과 그 가족이 북방의 선진적 잠상 비단 기술을 널리 보급하는 데는 실제로 힘을 썼으니 중국 잠업발전사에 기술할 가치가 있는 일이다.

三, 남송 초기 절강 노동자들은 이미 노상魯桑 접목 기술을 남쪽으로 이동시키면서 호상湖桑의 새로운 유형을 형성했다. 역사적 근거는 남송 초기 시인 육유陸游가 쓴 『검남시고劍南詩稿』 중에서 찾을 수 있다. 그러나 육유의 시고 중 기록에 대해서는 전인들도 다른 견해를 가지고 있으니 원래의 사정[原委]의 본말을 밝혀보도록 하자.

십여 년 전 절강 비단의 역사 편집위원회가 발간한 진사호陳師顥 선생의 『절강성의 뽕나무 품종[浙江省的桑樹品種]』 중, 이러한 단락이 있다.

> "어떤 이는 육검남陸劍南의 시에 '호상태湖桑埭 아래서 고깃배를 타고 지난다.'라는 구절을 들어, 이는 '호상'의 지역이 있음을 가리키는 것이고, 이로써 송대 소흥에 이미 '호상'이라는 품종이 있었음을 증명한다고 한다. 그러나 『가진회지계加秦會志稽』 권4에 '산양현山陽縣'에서 보면, '호상언湖桑堰은 현의 서쪽 십리에 있다. 방죽 옆에 작은 시장이 있었는데, 거주민이 꽤 많았다.'라는 말이 있다. 같은 책 권6에는 '산양현에는 '류고묘柳姑廟가 현의 서쪽 11리 호상태의 동쪽에 있다. 앞으로는 경호鏡湖를 접해 있고, 호湖를 만드는 산은 절경이다.'라는 말이 있다. 이러한 두 단락의 기록에서 볼 때, 호상태湖桑埭는 산양현 내의 제방 이름이지 호상을 심던 지역은 아니다."

상술한 인용문에 대해 작자는 『검남시고劍南詩稿』 중의 호상태는 하나의 제방 이름이지 호상을 재배하던 지역은 아님을 가리킨다고 여긴다. 이러한 판단은 옳은 것이지만 '호상태'에는 확실히 항, 가, 호 구역에서 도입한 호상 유형의 품종을 심었다. 다만 당시에는 호상이라는 명칭이 없었을 뿐이고, '호상'이라는 이름을 이루어 널리 보급하게 된 것은 근래 백여 년 간 항주, 가흥, 호주 지역에서 종묘업이 발달하게 된 후로, 강소江蘇, 안휘安徽 등 외부에서 들여와 재배한 이름 없는 것들을 통칭하여 '호상'이라는 이름을 붙였던 것이다. 이에 대해서는 만청晩淸시기에 판각한 『잠상집요속편蠶桑輯要續編』 등의 책에서 그 근거를 찾을 수 있으므로 여기서는 더 깊이 파고들지 않겠다. 이제 『검남시고』

에서 기록하고 있는 내용을 살펴보자. 권75에는 『견여지호상태肩輿至湖桑埭』라는 시가 한 수 있다(1208년 작품).

가마를 타고 마음 따라 대문을 나서니,
해는 이미 산 아래로 졌는데도 어둠은 내리지 않았네.
호湖상의 길 가에는 제사 장이 열리고
짧은 담 키 큰 버드나무가 서촌西村을 감싸 앉았네.
맥과 벼가 천지에 가득해 빈 땅이 없고
못의 물과 평평한 둑에도 이전의 흔적이 없네.
…….

권83에는 『하야범계지남장도전호상귀夏夜泛溪至南莊渡田湖桑歸』라는 시가 한 수 있다(1209년 작품. 시와 본문의 내용의 고증은 무관하므로 생략한다).

이외에도 권40의 『효부曉賦』에서 나오는 「인어정환과고태人語正歡過古埭」에 육유가 주를 달기를, "호상태에는 오경五更에 배를 끄는 소리가 요란하게 들린다."라고 하였다(1199년 작품). 또 권75의 『춘한春寒』에서는 "제방[埭: 堡]을 지날 때 저녁나절 뱃소리가 떠들썩하다."라고 하였는데 육유가 주를 달기를, "호상태에 가서 낡은 집에 거하고자 한다."라고 하였다. 그곳에 정말 뽕나무가 있는 것은 아닌가? 실제로 있다. 권45의 시 중 "새 술을 거를 때가 되면 마침 뽕나무 잎이 떨어진다[新酒篘成桑正落]"라는 구절이 이를 증명해준다.

이상은 육유陸游의 순희 무신년(1188년)부터 가정 기사년(1209년)까지 만년의 작품(육유는 1210년에 죽었다)이다. 예를 든 시의 의미로 볼 때 육유의 집은 경호鏡湖 부근에 살았고, 1리 밖에 '호상태'라는 지명이 있었는데, 아주 시끄러운 곳이었다. 아침저녁으로 제방[埭: 堡]을 지나가는 배가 많았고, 또 제방 위에 있는 뽕나무가 경호에 가까웠으니 이를 모두 합해 '호상태'라고 불렀다. 호상태 위에 심겨져 있는 것은 무슨 품종의 뽕나무인가? 시인은 이 문제에 대해서는 생각하지 못했을 것이다. 그러나 시인은 순희 정미년(1174년) 전에 썼던 『촌사잡서村舍雜書』의 한 시구에서 시인이 '임안청臨安靑'이라는 뽕나무 품종을 시의 제재로 썼고, 의식하지 못한 채 우리들에게 역사적 근거를 제공하였다. 원작은 이러하다.

봄날 들판에 농사일이 있게 되면,
잠상 또한 이에 따라 시작된다.
손수 임안청臨安靑[207]을 심으면
백 잠박의 누에를 먹일 수 있다.
겹겹이 쌓인 고치가 섶에 가득하고,
끊이지 않고 실은 얼레에 감긴다.
노인은 편안히 잠이 들었지만,
비단옷을 입는 데 부끄러워할 필요는 없다.

시인 육유는 순희 정미년 이전의 시작품 중에서 우연히 7, 8백 년 이후 현대인들이 호상의 기원 문제를 고증하는 데 하나의 증거를 제공하였다. 공교롭게도 순희 정미년은 마침 앞서 언급한 복봉이 동향에서 연주의 접목기술을 보급하기 시작하던 연대이다. 이는 우리에게 또 하나의 시간 개념을 분명히 제공한다. 그것은 바로 남방의 접붙이는 기술 보급은 호상의 유형 형성을 유발하였으니 복봉이 처음 시작한 사람이 아니라는 것이다.

시인 육유는 '임안청'이라는 뽕나무 종류에 대한 극진함을 "누에 잠박 백 개를 먹일 수 있으니 겹겹이 쌓인 고치가 섶에 가득했다."라는

207) 육유자주(陸游自注): 뽕나무 이름이라고 한다.

시문으로 묘사하였는데 이는 현지에 원래 있던 '잎이 얇고 뾰족한' 형상荊桑을 빗대어 말하는 것이 절대로 아니며, '임안청'은 이미 당시 수확이 많기로 유명한 품종이 되어 있었다. 임안은 당시 남송이 잠시 피해 있던 조정의 수도로 지금의 항주를 뜻한다. 뽕나무 품종이 수도의 휘호를 얻어 산음山陰: 지금의 소흥 지방에 옮겨 심어지니 뜻밖에 시인의 주의를 끌게 될 정도로, 사람들의 생활에 어느 정도 큰 영향을 미친 것이다. 당송 이전에 산음山陰 지방은 고대부터 잠농 지역이었고 항, 가, 호의 잠상 생산은 이후에 시작된 것으로 접붙이는 기술이 남쪽으로 전파됨에 따라 노상은 강남의 항, 가, 호 지역에까지 이르렀다. 접목과 타지역의 재배를 통해 새로운 종류가 점점 형성되었으니 그것이 바로 호상이다. 다른 면으로 남송의 당시 사회・경제적 측면의 구체적인 조건들이 호상의 형성에 어느 정도의 촉진 작용을 하였다. 뽕나무 잎은 양잠의 기초이니 접목을 한 노상은 '뽕나무 잎이 둥글고 두꺼워 진물이 많았으며', 누에를 기르는 사람들은 이로써 누에를 기르니 '잎이 얇고 뾰족한' 형상보다 자연히 생산이 크게 늘어나자 양떼 중에 서 있는 낙타마냥 사람들의 이목을 끌기 시작하였다. 남송의 애국 시인의 붓 아래서 기록된 '임안청'이 가장 이른 역사적 기록으로 보이지만, 사실 품종을 가져와 접목하는 것을 통해 호상 유형에 속하는 새로운 품종이 이미 항, 가, 호 지역에서 끊임없이 형성되면서, 남송 말기에 이르러서는 8, 9개의 기록 속에서 이를 볼 수 있게 되었다(오자목吳自牧의 『몽량록夢粱錄』 참조). 지방의 특색이 짙은 뽕나무 품종의 명칭들 중 그 일부는 지금까지 보존되어 남아 있어 절강의 촌락에서 유행하고 있다.

補農書譯註
Bononseo

교석자의 서문과 이력

- 수정판 서문
- 증정보기
- 판본교간기
- 심씨와 장리상의 이력[沈張事略]

수정판 서문

1957년에 우리들은 일찍이 『보농서연구補農書硏究』란 책을 편집·저술한 바 있다. 상편은 「보농서정리연구補農書整理硏究」로 되어 있고, 하편은 「보농서교석補農書校譯」으로 구성되어 있다. 중화서국中華書局에서 1958년 제1판을 인쇄하였고, 1961년 농업출판사에서 제2판을 인쇄하였다. 1962년 농업출판사는 우리에게 원고를 수정하여 제3판을 인쇄할 것을 약속하였다. 재판[重印]의 기회를 통해 우리는 원고를 상하 편으로 나누어 두 권의 책으로 단독 인쇄하기로 계획하였다. 『보농서정리연구』는 우리 자신의 저작에 속한 반면, 『보농서교석』은 단지 원래의 책을 교정하고 주석한 것으로, 둘의 성격이 다르기 때문에 따로 출판해야만 했다. 원고의 상편은 약간의 증보를 더하고 『보농서연구』 원서 이름을 그대로 사용하여 제3판을 인쇄하였다. 하편은 수정을 거쳐서 원래의 편명인 『보농서교석』을 사용하여 이 책의 이름으로 하였다.

원편原編의 교석작업은 충분하지 못했다. 왜냐하면 당시 우리는 절서浙西 지역의 농업생산 상황에 대해 잘 알지 못했고, 『보농서』에서 열거한 경제와 기술적 내용을 이해하는 데 있어 요점을 파악하지 못한 부분이 있었기 때문이다. 이로 인해 책 속의 어휘 의미에 대한 해석이 완전하지 못하고 또한 구체적이지도 않았다. 제1판이 책으로 나온 이후 우리는 다시 가흥嘉興의 농촌으로 가 조사 연구를 진행하였고 소주[蘇], 송강[松], 가흥[嘉], 호주[湖] 지역의 역사문헌을 읽었다. 이를 통해 『보농서』의 중심 내용에 대해서 이전보다는 비교적 깊이 이해를 할 수 있었다. 따라서 수정을 통해 교석 원고의 많은 부분에서 원편의 결함을 보완하였다.

『보농서』는 지금으로부터 300년 전에 해당하는 명말청초에 나왔다. 현존하는 판본에는 진극감陳克鑒이 중각한 『양원선생전집楊園先生全集』 본[동치同治 10년, 1871년, 강소서국江蘇書局 발행] 연려각然藜閣의 『보농서』 단행본[광서光緖 23년, 1897년]이 있다. 문자의 교정은 연대가 오래된 고서처럼 힘이 들지는 않았다. 우리는 두 종류의 판본을 대조 검열하고 관련 자료를 참조해 틀린 구절이나 틀린 글자를 바로잡고, 특별히 주석방면의 수정에 주목하였다.

절서浙西에서 농업 일에 종사하는 사람들은 이 책에서 기재하고 있는 경작기술의 요점이 여전히 참고할 만한 가치가 많으며 농작제도의 역사적 결함과 수리水利문제에 대해 많은 서술을 하고 있으므로, 이것이 정리되어 출판되기를 희망한다고 했다. 우리는 그들의 요구에 따라 『보농서연구』의 제3판 인쇄 때, 「절서수리사제요浙西水利史提要」와 「가호평원농작제도의 금석[嘉湖平原農作制度的今昔]」 두 편(「부록」 5, 6)을 보태어 참고할 수 있도록 하였다. 경작기술 방면에 대해서는 『보농서교석』에서 가능한 알기 쉽게 주해를 달았고, 어떤 기술요점에 대해서는 '교석자안校者按' 부분을 따로 첨가해 법칙성이 높게 제기될 수 있도록 설명하였다. 최선을 다해 본서를 교석하기는 했지만, 절서의 농업기술 문제에 대해 우리가 아는 바가 부족하고 또한 얕아, 독자의 희망에 부합할 수 없을까 걱정이 된다.

『보농서』는 원래 『양원선생전집』의 제49, 제50 두 권으로 된 것이다. 권말에 「오씨 생업의 대책[策鄔氏生業]」 등 「부록附錄」 6편이 실려 있다. 우리는 『보농서연구』 초판에서 일찍이 『양원선생전집』 중의 「수리서를 논함[論水利書]」 등 5편의 문장을 첨가해 수록한 적이 있다. 지금 『보농서교석』을 수정 재판하면서 원래의 부록 중 농업과 관련이 없는 자료는 삭제하고, 농업사와 관련된 자료 몇 편을 선택하여 함께 묶어서 뒤에 부록으로 만들었다. 그리고 문장의 내용과 성격에 따라 분류를 하였다. 명말청초 가호嘉湖 평원의 농업은 이미 역사적 전환 시기에 근접해 있었는데(봉건농업이 이미 최후의 단계에 있었고, 근대농업은 아직 탄생하지 않았다), 『양원선생전집』 속의 적지 않은 글들이 이 문제를 언급하고 있었다. 여기서 편집한 몇 개의 부록은 근대농업사와 농업경제사를 연구하는 데 귀중한 자료가 된다.

본 소책자의 수정 작업은 가흥嘉興 지구당위원회, 인민당위원회, 절강浙江 문사관관원文史館館員인 동손관董巽觀 선생 등 많은 선생님들의 적극적인 지지를 계속 받았다. 이 자리를 빌려 진심으로 감사를 표한다.

진항력陳恒力

1963년 6월 5일 중주中州에서

증정보기增訂補記

이 책의 원고는 1957년 진항력陳恒力 선생이 편저하여 ―나도 참여하였다― 1958년에 간행된 『보농서연구』의 하편 부분이다. 농업출판사에서 제3판을 약정하고 간행할 때, 진 선생이 우리들이 앞서 토론한 적이 있는 견해에 의거해서 수정을 하여 1963년 출판사에 넘겼다. 하지만 이후에 여러 가지 이유들로 인해서 줄곧 출판하지 못하고 있었다.

진항력 선생은 임표林彪와 '사인방四人幇'이 위해를 끼칠 시기에 오랫동안 박해와 학대를 받아 1978년 봄 결국은 쓸쓸하게 세상을 떠나셨다. 현재는 당 중앙의 정확한 평가하에 누명을 벗게 되었고, 농업출판사는 이 책을 출판하기로 결정하였다. 기쁜 소식이 들려와 살아 있는 사람도 그것을 듣고 쾌재를 부르고, 지하에 계신 진 선생도 위로와 함께 기뻐하였을 것이다!

출판사의 부탁에 따라 이 책의 원고를 다시 살펴보니 약간의 문제들을 다시 수정하고 보충해야만 한다는 생각이 들었다. 하지만 대단히 유감스러운 것은 현재 진항력 선생이 계시지 않아 이 일을 친히 주관할 수 없고, 따라서 역량은 부족하지만 최선을 다해 어려운 일을 한다는 마음으로 내가 맡을 수밖에 없다는 것이다.

작년 초여름부터 나는 여가시간과 일부 작업 시간을 이용해 간간이 수정을 하였다(왜냐하면 내가 『중국농업과학기술사中國農業科學技術史』의 일부 편저 작업에 참여하고 있었기 때문이다). 이 과정에서 『보농서연구』를 편저한 전후로 나는 몇 번이나 『보농서』의 고향인 항주[杭]·가흥[嘉]·호주[湖] 지역으로 갔다. 비록 학습하고, 작업하고, 생활한 것을 계산하면 일 년이 넘었지만, 여전히 전면적인 조사와 깊이 있는 연구가 되지 못하고, 인식이 명확하지 못하다는 것을 절실하게 느끼게 되었다. 이로 인해 수정을 할 때 어떤 구체적인 문제에 대해 여전히 명확히 쓰지 못하고 말을 다 할 수 없었다. 완벽하게 알지 못하거나 공연한 억측에 근거하면 그것은 엄격한 것이 아니다. 따라서 윗분들의 지지하에 나는 다시 현지로 가 마무리를 하여 많은 성과를 얻었다.

이전에 우리가 『보농서』를 교정할 때는 단지 강소서국江蘇書局에서 발행한 『양원선생전집』 중의 『보농서』와 연려각然藜閣에서 발행한 『보농서』 단행본(모두 「심씨농서沈氏農書」를 포함하고 있다)의 두 판본만을 찾았다. 이번의 증정본에서는 명말청초 조용曹溶이 편집한 『학해류편學海類編』 중 "청대 나계邏溪의 전이복錢爾復의 아들 상湘이 교정"한 『심씨농서』(장리상의 『보농서』는 포함되어 있지 않다), 건륭 47년(1782년) 복천濮川 진재陳梓[1)]가 판각 인쇄한 권선당장판보간본權宣堂藏板補刊本인 『양원선생전집』 중의 『보농서』, 통학재通學齋에서 교정 인쇄한 『보농서』, 그리고 아직 인쇄와 발행자가 밝혀지지 않은 『보농서』(이 세 권은 모두 「심씨농서」를 포함하고 있다)를 수집하여 내용에 포함하였다. 또한 『황조경세문편皇朝經世文編』 「호정상戶政上」과 『총서집성叢書集成』 중의 『보농서』를 참고하였다. 이렇듯 교정에 참고한 것은 모두 8개 판본이다. 이 판본들을 이용하여 서로 교감할 때 나는 그 중에서 어떤 방면들의 차이가 매우 크다는 사실을 발견하였다. 이에 강소서국에서 발행한 『양원선생전집』 중 진극감陳克鑒이 원본을 교감하고, 만곡천萬斛泉이 순서를 편찬한 『보농서』를 위주로 해 비교적 상세한 감별과 수정을 하여 '교기校記'를 작성하였다.

『보농서』는 비록 봉건사회 후기에 쓰였지만, 어떤 글자들은 여전

1) 역자주 진재(陳梓, 1683~1759)는 청대의 절강 여요(余姚)사람으로, 가흥의 복원(濮院)에서 벼슬하였다. 옹정(雍正) 연간에는 효렴방정(孝廉方正)에 추거되었지만 벼슬을 하지 않고 아이들을 가르쳤다. 고문과 시에 밝아 행서와 초서가 진인(晋人)인 당오(堂奧)를 능가하고 북쪽의 이개(李鍇)와 이름을 나란히 하여 남진북리(南陳北李)라고 일컬었다.

히 고문 위주로 되어 있고, 전고典故 또한 적지 않다. 그리고 이 책은 지역성이 매우 강한 농업역사의 경험을 종합적으로 반영하고 있기 때문에 방언과 토속어도 매우 많다. 이 때문에 많은 분들이 알기 어렵다고 말했다. 이분들은 비록 개별 글자와 문장을 참고하여 주석을 달기는 했지만, 문장 전체의 내용을 완전히 이해하기는 어렵다고 말했다. 따라서 많은 사람들이 쉽게 이 책을 읽고, 또한 이 책의 역사적 경험을 전체적으로 이해할 수 있도록 이 책의 주요 부분은 백화문으로 번역을 하였다.

우리는 역사유산을 모두 받아들여 보존할 수도 없지만, 그렇다고 모두 버려서도 안 된다. 역사유산을 비판적으로 계승하고 선택적으로 수용해야 하는데, 고농서와 역사자료를 연구하고 정리할 때도 이러한 태도에 입각해야 한다. 그렇지만 『보농서』에서 구체적으로 무엇을 비판하고, 어떤 것을 계승하는지에 대한 내용은 '번역' 부분에서도 다루지 않았고, '주석'에도 반영되어 있지 않았다. 따라서 이번 증정에서는 '교석자 고찰[校者按]' 항목 보충에 역점을 두었다. 이를 통해 『보농서』 중의 어떤 독특한 생산기술 업적, 농업경제에 관한 논술 및 경영관리의 경험과 문제 등을 각각 '교석자 고찰'에서 집중적으로 상세하게 토론하고 서술하여, 관련 방면에서 참고할 수 있도록 하였다.

이 책의 '부록' 중 『양원선생전집』 및 기타 자료 중 농업과 관련된 약간의 논술을 보충 수록한 것 외에, 「노상魯桑 접목기술의 남방지역 전파와 호상湖桑 형성의 문제[魯桑嫁接技術的南傳和湖桑形成的問題]」를 보충해, 이에 대해 관심이 있는 사람들의 연구에 자료로 제공하였다. 여러 분들의 가르침이 전해지기를 바란다.

이 책은 이제 독자들과 만날 것이다. 나는 이 자리를 빌려 『보농서』를 깊이 연구하였고 농업사 작업에 대해 업적이 있는 진항력 선생께 깊은 애도를 표한다. 또한 이 책의 수정 작업에 도움을 주신 분들에게도 진심으로 감사드리고 아울러 존경을 표한다. 나의 학식이 얕고,

견문도 적고, 또한 시간이 너무 짧았던 관계로 이 책의 수정이 비록 완성은 되었지만, 결함과 오류도 분명 적지 않을 것이다. 여러 전문가와 학자 및 많은 분들이 지적을 아끼지 않아 주시기를 간절히 바란다.

중국 농업과학원 농업사 연구실

왕달王達 1980년 2월 남경南京에서

판본교간기版本校刊記

원래 『보농서교석』이 근거로 삼는 책은 1871년 강소서국江蘇書局이 발행한 『양원선생전집』 중 제49권, 50권본이다. 동향桐鄕 장리상張履祥(세칭 양원선생)이 명말 숭정崇禎 임신壬申(숭정 5년, 1632년)에 저술하기 시작해 청대 순치順治 정해丁亥(순치 4년, 1647년)에 『심씨농서』를 초록하고, 순치 무술戊戌(순치 15년, 1658년)에 장선생은 다시 『심씨농서』에서 언급하지 않은 것을 보충하여 이르길 『보농서』라 하였다. 장리상은 강희康熙 갑인甲寅(강희 13년, 1674년)에 작고하였다. 이 때 장리상이 기록한 문장은 이미 수많은 편수에 이르렀으나, 다만 그 작품들은 흩어져 있는 단편들이었다.

장리상의 제자인 요사하姚四夏[오강吳江 사람]는 일찍이 장리상의 시부, 서찰, 논의, 『언행견문록言行見聞錄』, 『원학기願學記』, 『초학비망初學備忘』, 『근고록近古錄』, 『훈자어訓子語』, 『훈문인어訓門人語』, 『보농서補農書』 등(손으로 기록한 판본)을 수집하여 기록하였으나 『심씨농서』를 포함하진 않았다. 이후 범곤範鯤[해창海昌 사람]이 『양원선생전집』을 판각 인쇄하고 세상을 떠났다. 그 중 장리상의 문장을 수집한 것이 요사하가 손으로 초록한 것보다 많다. 그러나 이 책은 판각 인쇄된 후, 소수의 학자들 사이에서만 유행하였다.

강희 갑신甲申(강희 43년, 1704년), 축인재祝人齋[해녕海寧 사람, 거인擧人]가 『양원전집』을 다시 판각하였는데, 청 왕조의 금기를 건드린 곳은 모두 고치거나 삭제하였다. 건륭乾隆 연간에, 주곤朱坤[오중吳中 사람]이 『양원전집』을 다시 판각하면서 『심씨농서』를 포함하였다.

건륭 계사癸巳(건륭 38년, 1773년), 기균紀筠이 청 왕실의 명을 받들어 『사고전서四庫全書』를 편집하면서, 『양원전집』을 『잡가류존목雜家類存目』 중에 편집해 넣었는데 그 근거는 축인재의 판본이었고, 『심씨농서』를 『농가류존목農家類存目』 중에 편집해 넣었다.

건륭 임인壬寅(건륭 47년, 1782년) 복천濮川의 진재陳梓가 근선당勤宣堂 장판 보관본을 각인하여 『양원선생전집楊園先生全集』이라고 제목을 달았다.

동치 경오庚午(동치 9년, 1870년)에, 만곡천萬斛泉[홍국興國 사람]이 『양원선생전집』을 새롭게 교감하면서 요사하의 수초본과 범곤의 각본에 따라 축인재의 판본(역시 『사고전서』 판본)에서 고치고, 삭제한 부분을 교정하여 장리상의 각 편 원문 본래의 모습을 회복하였다. 『양원선생전집』은 이 때 이르러 최후의 판본이 되었다.

동치 신미辛未(동치 10년, 1871년), 진극감陳克鑒[해녕海寧 사람]이 만곡천萬斛泉이 편찬한 것에 근거하여, '진극감이 원본을 교감하고, 만곡천이 순서를 편찬한' 『양원선생전집』으로 다시 판각하였다. 강소서국에서 발행한, 즉 우리가 지금 볼 수 있는 현존하는 완전한 판본이다.

광서 정유丁酉(광서 23년, 1897년), 연려각은 『양원선생전집』에서 『보농서』를 뽑아 단행의 판본으로 출판하였다.

그리고 '통학재通學齋'와 인쇄와 발행자를 알 수 없는 『보농서』가 잇달아 인쇄되어 세상에 나왔다. 『황조경세문편皇朝經世文編』, 『총서집성叢書集成』 중에도 이 책을 수록하고 있다.

이번에 우리가 『보농서』를 정리하는 것도 주로 진극감이 판각한 『양원선생전집』을 근거로 하되 기타 판본과 관련 자료들을 결합하여 진행한 것이다.

『보농서』가 만들어진 연대에 관한 것은 다음과 같다. 『보농서』는 상, 하 두 권으로 나뉜다. 상권은 『심씨농서』로 명나라 말기 호주湖州 심씨가 찬술한 것이나 심씨의 이름은 전해지지 않는다. 도광道光 연대 호주 심이징이 편집한 심씨 『기황기사奇荒紀事』(청대 『쌍림진지雙林鎭志』 「예문류藝文類」에 수록되어 있음) 중의 한 문장에서 또한 이르기를 명대 말기에 이르러 심씨가 지었음에도 이름이 실전된 『농상보農桑譜』 4권이 있다 하였는데, 그 권수가 장리상이 편집한 『심씨농서』에 부합한다. 현지의 학식 있는 노인이 말하기를, 심씨 일족은 호주에서 아주 큰 성씨로서, 청대 중엽에 이르러 심씨 일가 중 이름이 실전된 『농상보』(초본)가 아직 전해지고 있다고 한다. 심씨가에서 전해져오는 『농상보』인지, 장리상이 편집한 『심씨농서』인지는 알 수가 없다. 어쨌든 호주湖州의 심씨 일가에서 전해져오는 『농상보』의 단행 초본이 있다는 것은 사실이다.

『심씨농서』는 명대 숭정 말기(『사고전서총목제요四庫全書總目提要』와 장리상의 『심씨농서』 발문에 따르면)에 완성되었다. 이에 따르면, 책속에 기록하고 있는 경제적 사항들은 모두 숭정 13년 이전의 일들이다. 예를 들어 벼, 뽕나무 잎, 돼지고기, 콩, 보리의 가격들은 엽몽주葉夢珠의 『열세편閱世編』에서 기록하는 바와 서로 같은데, 숭정 13년 이전에는 쌀 한 섬에 은 한 량이던 것이 14년 이후에는 해마다 홍수와 가뭄 등의 재해가 잇달아 물가가 끊임없이 올랐다. 이에 『심씨농서』에서 쌀 한 섬에 은 한 량이라고 기록한 것은 숭정 13년 이전의 일이라고 판단할 수 있다. 숭정은 17년 동안 재위하였으니 13년 때는 '숭정 말기'라고 해도 좋을 것이다. 『심씨농서』의 초사抄寫와 발행 상황은 지금까지 분명히 밝혀지지 않고 있다. 청대 초기 조용曹溶이 편집한 『학해류편』 총서는 일찍이 '청대 나계邏溪의 전이복錢爾復[2]'이 수정한 『심씨농서』를 넣고 있다. 건륭 간 『사고전서』 편수관인 정진방程晉芳의 집에 그 장본이 있는데, 이 또한 장리상이 발간한 것이라고 한다. 장리상의 『보농서』는 『심씨농서』의 부족한 점을 보충하였는데, 『양원선생전집』과 연려각이 발행한 단행본은 모두 『보농서』를 책이름으로 하였다. 그 중에서 다시 상권을 나누어 『심씨농서』라 하고 하권을 『보농서』라고 하였다. 장리상은 청대 순치 15년(1658년)에 『보농서』를 완성하였다. 『보농서』

2) 역자주 앞의 「증정보기(增訂補記)」에는 청대 나계(邏溪)의 전이복(錢爾復)의 아들 상(湘)이 교정한 것으로 되어 있다.

와 『양원선생전집』은 모두 강소江蘇, 안휘安徽, 강서江西 등지에서 차례로 유행하였다. 당시 이 책은 이 지역들에서 어느 정도의 영향력을 가지고 있었다.

『보농서』에 대한 교정 작업은 비교적 순조로웠다. 왜냐하면 이 책의 연대가 아직 오래되지 않았으므로 각 판본 간에 약간의 착오를 제외하고는 대부분의 문자들은 맞는 것이었기 때문이다. 현지의 조사와 기타 관련 문헌에 대한 대조작업을 통해 잘못 표기된 글자와 문구가 어느 정도 있다는 것을 증명하였다. 이번 교정 중에 더 수정하며, 원문에서 어떤 이유로 인해 교정하였는지를 주해하여 설명하였다. 최후에 각 단락의 끝에 교기를 썼다. 정리의 중점을 '주석'과 '교석자 고찰'에 두었는데, 이는 이 책이 농업사의 연구에 유익할 뿐만 아니라 오늘날의 농업생산에 대해 식목기술과 경영관리 측면에서 여전히 어느 정도 참고 가치가 있기 때문이다.

심씨와 장리상의 이력[沈張事略]

1. 심씨의 이력[沈氏事略]

『심씨농서』(즉, 『보농서』 상권)의 작자 심씨의 이름은 알 수가 없다. 『사고전서총목제요』에서 이르기를, "고찰에 따르면 이 편은 동향桐鄉의 장리상이 간행하였는데 연천漣川의 심씨가 찬술하였다고도 하나 심씨가 누구인지는 알 수 없다."라고 하였다. 연천은 오늘날 절강성 오흥吳興현 동쪽 변의 쌍림雙林과 연시漣市의 두 진鎮 사이에 있으며, 동향의 양원촌楊園村(장리상의 집이 있는 곳)에서 몇십 리 정도 떨어져 있다. 장리상과 심씨는 동시대의 사람이다(모두 명대 후기에 태어났다). 귀안歸安 심씨는 장리상의 외조부집안이다[장리상의 모친이 심유인沈孺人이다. 『양원선생연보楊園先生年譜』에 보인다]. 장리상은 친구와 지인들과 왕래하던 편지 속에 모두 이름이 보이지만(『양원선생전집』과 여러 부분의 서신들에 보인다), 『심씨농서』를 편집할 당시에는 "대체로 연천漣川 심씨에게서 나왔다."라고만 할 뿐, 심씨의 이름은 보이지 않는다. 장리상과 『심씨농서』의 저자는 같은 시대 같은 향리鄉里에서 살았으며 친척관계인데도 그 이름을 숨겼으니 틀림없이 이유가 있을 것이다. 『양원선생전집』을 자세히 살펴보면 여呂씨 성을 가진 한 사람만 그 이름을 부르지 않는다. 『가구문헌嘉區文獻』(민국 연대 출판)에서 기록하는 바에 따르면 명 왕조가 멸망한 후 장리상은 여유량呂留良 등의 반청 인물들과 왕래하였다. 당시 절강의 반청 인물들 중 여유량이 가장 눈에 띄었으므로 장리상과 여유량 일파와의 서신 중 그 성만 언급하고 이름은 말하지 않은 것이다. 이로 미루어 보건대, 심씨 또한 여유량 등과 관련된 반청 인물이었을 것으로 추측된다.

심씨는 호주湖州 사람이다. 장리상이 말하기를 "심씨가 쓴 것은 귀안과 동향을 교차한 것이다."라고 하였다. 명청시대 호주부 소속으로 오정烏程, 귀안歸安 두 현이 있었다. 민국 시대에 오정, 귀안을 합병하여 오흥현으로 만든 것이다. 오정은 오늘날 호주시 서북부이고, 귀안은 오늘날 호주시 동남부로 동향과 이웃이다. 심씨는 귀안 동쪽의 쌍림과 연시 두 진 사이에 있는 어떤 마을에 있었다.

심씨의 이름이 이미 실전되어 그 행적은 고찰할 수가 없다. 우리가 현지에서 각 방면으로 고찰한 결과 『쌍림진지雙林鎭志』[청대의 지지地誌이다. 민국 연간에 상무인서관에서 다시 출판하였다]에서 약간의 흔적을 찾을 수 있을 뿐이었다. 이 지지地誌의 『문예文藝』란의 기록에 청대 가경嘉慶 연간에 심이징沈以澄이라는 자가 있어 일찍이 이름을 알 수 없는 심씨 『기황기사奇荒紀事』라는 글을 저술하였는데, 심이징은 스스로 이름을 알 수 없는 심씨의 후손이라고 말했다. 『기황기사』에는 명대 숭정 말기에 해마다 홍수와 가뭄이 연이어 일어난 것에 대해 상세하게 기록하고 있다. 이 글에서 심씨는 경영지주이면서 조세를 내는[出租] 지주이며 (『심씨농서』의 심씨는 이러한 신분이었다), 그는 가내 수공업에 매우 관심이 많음을 알 수 있다(그의 일가는 흉년이 되어 굶주린 이들에게 죽 배급소를 운영하기도 하였다). 심이징은 『기황기사』를 편집한 뒷부분에 부연 설명하기를,

> "『농상보』는 4권이 있는데, 밭을 갈고 김을 매며 누에 치고 베를 짜는 것을 상세하게 기록하였으니 진실로 농가의 모범이다. … 그 이름을 알 수가 없어 존경할 방법이 없으니 안타깝다."

『심씨농서』를 살펴보면 「월별 농사일[逐月事宜]」, 「토지이용방법[運田地法]」, 「양잠과 잡무[蠶務]」, 「가계일상잡무[家常日用]」의 네 부분으로 나누어진다. 이로써 알 수 있는 것은 『기황기사』의 심씨가 혹자는 바로 『심씨농서』의 심씨일 수도 있다는 것이다. 왜냐하면 이 두 책(『기황기사』와 『심씨농서』)에서 기록하는 신분이 동일하고(모두 경영지주이면서 조

세를 내는 지주이며, 또한 가내 수공업의 업주), 두 책에서 언급하고 있는 농서 기술방법 또한 동일하기 때문이다(모두 농상을 4권 혹은 4부분으로). 동일한 시대(숭정 말기)에 동일한 지역(쌍림과 연시 부근)에서 갑자기 이름을 알 수 없으면서 농서를 쓰는 두 심씨가 출현한 것은 불가능한 것이다. 우리는 『기황기사』의 심씨와 『심씨농서』의 심씨가 동일한 사람이라고 보고, 그의 농업 학술 사상(설사 한 사람이 아니라고 해도 그 사상은 동일한 유형의 것이다)을 연구하고자 한다. 그래서 『기황기사』를 이 책의 「부록」 중 하나로 넣어두었다.

이 책에서 알 수 있는 것은 심씨는 일반적인 농부가 아니며, 학식이 있는 사람으로 농업학을 연구하려는 정신이 풍부한 사람이라는 것이다.

심씨의 계급 배경에 대해 살펴보면, 그는 봉건 가장제의 경영지주이면서 조세를 내는 지주였으며 가내 수공업의 업주(가내방직, 벽돌 가마, 양조, 식초 및 기름 제조업 등등)로서 다른 사람(고용인과 소작인)의 노동을 착취하여 자기의 생활과 치부致富의 원천으로 삼았다. 계급의 본질적 측면에서 말하자면 그는 반동反動인 것이다. 심씨의 사상체계 중에는 봉건생산 질서에서 탈피하고자 하는 어떠한 요소도 찾아볼 수 없다[이는 그와 동일한 시대의 황종희黃宗羲, 고염무顧炎武와 다르다].

그러나 심씨는 지주 계급의 지식인으로 농업생산 경영에 참여하면서 심혈을 기울여 농업학을 연구하였으며, 현지의 전통적인 농업지식을 종합하여 체계적인 농서를 만들었다. 또한 그는 그 외에도 현지의 수리 건설에 적극적으로 종사하거나 참여하여 '가뭄과 재해를 막고 환란을 벗어나고자 하는 계획'을 중시하여서(「토지이용방법」의 제19단에 보인다), 농업생산을 발전시키는 데 보탬이 되는 일을 하였는데, 이는 논, 밭에는 나가보지도 않는 거부가 위전과 우전을 독점하여서 이익을 한 가문에 오로지하여 백성을 괴롭히는 세력가(건륭 『오청진지烏青鎭志』 권6에 보인다)들과는 달랐다.

심씨가 집성한 농업지식은 중국 전통 농학에 일정한 공헌을 하였다. 장리상은 『심씨농서』의 발문에서 심씨에 대한 평가를 아래와 같이 언급하였다.

> "곡식을 경작하고, 뽕나무를 재배하고 누에를 치고 가축을 키우는 일들은 모두 법도가 있는데, 나이 많은 농부나 누에치는 아녀자는 알지 못할 것이다. 월령月令을 첫머리에 나열하여 절기에 따라서 일할 수 있도록 하였다. 순서에 따라서 노동을 하니 상세하고 자세하며 계획이 주도면밀하였다. … 뽕밭에 적합하게 하고 수준 높은 규칙에 따르도록 하였다."

이러한 평가는 아주 후한 것이다. 물론 심씨의 농업지식은 일반적인 경영지주의 소농생산범주를 뛰어넘지 않는다. 그러나 그의 농업지식, 특히 경작기술의 지식은 독특한 부분이 적지 않아 오늘날에 이르기까지 여전히 참고할 만한 가치가 있으며 우리는 이를 비판적으로 계승할 필요가 있다. 명말청초 태호太湖 지역의 사회경제상황에 관해서 『심씨농서』가 기록하고 있는 바는 농업사 자료라는 측면에서 매우 믿을 수 있는 것들이며, 이 시기와 이 지역의 경제발전사에 대한 연구에 아주 귀중한 자료를 제공해준다.

2. 장리상의 이력[張履祥事略]

『보농서』의 편찬자 장리상의 별호는 고부考夫이고, 절강성 동향桐鄕 사람으로 몰락한 지주 가정 출신이다. 명대 만력萬曆 39년(1611년)에 태어나 청대 강희康熙 13년(1674년)에 작고하였으니 그 때 나이 64세였다. 장리상은 청년기에 팔고문을 익혔으며, 과거에서 공명을 얻고자 하였으나 15세 때 현의 수재秀才가 된 후에 여러 차례 거인擧人에 합격하지 못하고 결국 고향으로 돌아와 학생들을 가르쳤다. 그러나 여전히 벼슬을 하고자 하는 마음을 잊지 못하다가 숭정 말기에 유종주劉宗周: 산음(山陰) 사람, 집에서 놀고 있는 전직어사를 스승으로 삼았다. 갑신년(숭정 17년, 즉 순치 원년으로 1644년)에 청나라 병사들이 산해관으로 들어가서 북경을 점거하고 다음 해 절강을 함락하자 유종주는 스스로 목을 매서 순절하였다. 장리상은 명나라가 멸망하였다는 소식을 듣고 3일간 곡식을 끊고 유종주의 죽음을 탄식하였다. 청대 귀족이 중화를 통치하던 초기에는, 절강 및 강소 지주 계급의 정치적 태도가 크게 세 가지 파로 나누어진다. 첫 번째 파는 여유량을 대표로 하여 청 왕조의 통치를 반대하는 파이다. 이 파의 사람들은 명나라 말기에 모두 각기 다른 특수 신분을 가지고 있었는데, 크게는 중앙관리와 지방 관리도 있고 작게는 거인擧人과 제생諸生도 있었다. 그들은 각기 다른 특권을 누리고 있었다. 예를 들어 수재 신분을 가진 사람은 40무畝의 논과 두 사람의 부역 부담 면제 및 지방의 모든 경비를 지급받았는데 신분이 올라가면 올라갈수록 특혜와 면제 금액은 점점 더 커졌다(고염무의 『천하군국이병서天下郡國利病書』 권11과 지방지 『전부田賦』편에 보인다). 이 파의 사람들은 계속해서 청에 적대적이거나 청 조정의 통치에 대해 불만스러워했다. 두 번째 파는 가용[柯聳: 가선嘉善 사람, 일찍이 포정사布政使였다]을 대표로 하는데 청 왕조에 투항하였다. 사회 모순을 완화시키기 위해 입관 이후 청 조정은 농업 세액을 경감하고 부역제도를 바꾸었으며, 명대 후기의 토지 면적에 따라서 부역을 분담하던 제도를 없애고, 토지상의 우면법優免法을 혁파하고 단지 인정人丁의 방면에 있어서는 수재 이상의 인물은 자신만 인정의 부역을 면제받았다(토지의 세금은 면제되지 않았음). 도광道光 『소주부지蘇州府志』 권8에서 권16까지는 절서지역 서부의 부역제도 변화 상황을 기록하고 있다(이는 소주[蘇]·호주[湖] 지방지 중 가장 훌륭한 것 중 하나이다). 그 중 가용이 명대의 우면제도를 반대한 상주문 한 편에는 신분특권이 없는 지주 계급에 대한 사상을 집중적으로 반영하고 있다. 왜냐하면 부역이 경감되고 신분 특권의 제한도 없기 때문에 이 파의 사람들은 청 왕조의 통치를 옹호하였던 것이다. 세 번째 파는 황종희를 대표로 하는데, 그들은 청 조정을 반대할 뿐 아니라 봉건주의의 속박에서 탈피하고자 하는 경향이 강하였다. 이 파의 사람들은 신분특권을 갖지 못하는 경영 지주나 공상업자들을 대표하고 있다.

장리상과 심씨는 첫 번째 파에 속했다. 명이 망한 이후 장리상은 서경가徐敬可, 하상은何商隱 등과 함께 명 황실의 회복을 도모하였다. 그는 서경가, 하상은, 여유량과 모두 서신 왕래를 했다(『양원선생전집』의 서신 및 『가구문헌嘉區文獻』, 『여유량전呂留良傳』, 『장리상전張履祥傳』에 보인다). 청조 순치順治 4년(1647년)에 이르러 청 왕조의 통치가 안정되자 장리상은 서경가, 하상은 등과 함께 고향에서 평생 은거할 것을 결심하였다.

순치順治 4년부터 장리상은 한편으로는 학생들을 가르치고 한편으로는 농사에 주의를 기울였다. 『심씨농서』를 편집하고 집안사람들(노비와 처)과 농상 생산기술 지식을 연구하였으며, 사람을 고용하여서 뽕나무 밭과 논을 경영하고 직접 노동에 참여하기도 하였다. 『양원선생연보楊園先生年譜』(『양원선생전집』과 광서 『동향현지桐鄉縣志』에 보인다)에서 특별히 이 일을 언급하여 이르기를,

> "선생은 해마다 논 십여 무畝와 밭 수 무畝를 경작하였다. 씨를 뿌리고 거둘 때 반드시 직접 감독하였다. 짚신을 신고, 삿갓을 쓰고, 광주리를 들고 일꾼들의 점심을 거들었다(몸소 논으로 나가서 참을 날랐다). 뽕나무 가지를 자르는 법은 경험 많은 농부도 미치지 못하였다. 채소를 파종하고, 약초를 심고, 닭・거위・양・돼지를 길렀다. 그는 매우 검소하여 일생동안 무명옷에 채식을 하였다. 제사 때가 아니면 살생을 하지 않았고, 손님이 오지 않으면 고기를 차리지 않으니 그렇게 채식을 주로 하였다. 다만 고용한 농민들에게는 술과 고기로써 대접하였는데, 비록 명절이라고 할지라도 술과 고기를 올려 조상을 받들지 않았다."

이로써 장리상이 소박하고 근면한 사람이었음을 알 수 있다. 매년 가르치고 농업에 종사하면서 다른 지방[예컨대 해염海鹽, 평호平湖, 귀안歸安, 소흥紹興 등의 현]에 가서 현지의 농업사정에 관심을 가졌다. 왜냐하면 농업방면에 종사했기 때문이다. 따라서 당시 현지의 농업 경제와 농업기술에 대해서 "그 일을 익히지 않으면 그 이치를 말할 수 없었던 것이다"(진극감, 『보농서』서문[『補農書』引]). 이때부터 다른 사람이 알아주길 바라지 않고 집에서 여생을 보냈다. 학문을 구하고 농사에 힘쓰는 것과 관련하여 장리상은 강江, 절浙, 환[皖: 안휘] 지역에서 명성이 아주 높았다. 장리상이 일생동안 쓴 글은 매우 많았다. 장리상이 세상을 떠난 이후 그 제자 요련姚璉 등이 『양원전집』 필사본을 편집하였고, 청대 건륭 연간에 『사고전서총목』의 『잡가류존목雜家類存目』에 포함되었다.

도광道光 4년(1824년), 절강의 순무巡撫인 황승영黃承瀛이 청 조정에 장리상을 공자묘에서 더불어 제사지내기를 간청하였다. 그러나 장리상이 일찍이 반청 사상을 가지고 있었음을 청조정이 알고 있었기 때문에 간청하는 바를 허락하지 않았다. 그 후에 또 어떤 사람이 여러 차례 간청하였으나 함풍 황제가 붉은 글씨로 써서 단호하게 이를 물리쳤다. 동치 3년(1864년), 절강의 순무巡撫인 좌종당左宗棠이 또 이 일을 제기하였고, 약간의 곡절을 겪은 후 동치 13년(1873년)에 이르러 청 조정으로부터 장리상을 공자묘에서 더불어 제사지내는 것을 허락받았다. 당시 동향桐鄉, 가흥嘉興, 항주杭州, 호주湖州 일대의 사람들은 일찍이 이를 인용하는 것을 영광으로 삼았다(광서 『동향현지』와 민국 연대에 출간된 『가구문헌』에 보인다). 『청사고淸史稿』에서는 장리상을 『유림전儒林傳』에 넣었다.

장리상의 계급 배경에 관해 살펴보면 다음과 같다. 장리상의 가족은 원래 동향에서 유명한 가문이었으나 장리상의 조부 때에 이르러 몰락한 지주가 된다. 그는 15세에 현의 제생諸生: 秀才이 되었다. 명대에 제생은 우면의 조건이 있었는데, 이는 장리상의 생활을 유지하는 데 도움이 되었다. 하지만 명말 이후에는 토지에 대한 우면제도가 이미 폐지되었다. 장리상은 한편에서는 여전히 옛날처럼 학생들을 가르치고 한편에서는 노동력을 고용하여 농업을 경영하였다. 장리상은 『심씨농서』의 발문에서 다음과 같이 말하였다.

"내가 여러 해 농사를 공부하고 여기저기 득과 실을 물어 그 원인도 제법 알게 되었다. 그러나 어려서 농사짓는 법을 배우지 못해 몸이 감당하지 못하니 사람을 고용하여서 대신 농사지었다."

장리상이 노동력을 고용하여 농업을 경영한 것은 청대 부역이 경감된 후이다. 광서 『동향현지』에는 『양원선생종사십이조楊園先生從祀十二條』가 실려 있는데, 그 중 제5조에서 이르기를, "선현(장리상을 가리킴 — 인용자 주)은 해마다 논과 밭을 각각 십여 무(畝)를 경작하였다."라고 했다. 소돈원蘇惇元의 『양원선생연보』에서는 "장리상은 해마다 논 십여 무畝와 밭 수 무畝를 경작하였다."라고 했다. 두 종류의 내용은 서로 같지 않다. 그러나 어찌되었든 그 경영 규모가 그렇게 크지는 않았다(심씨보다 작다). 장리상이 논밭을 경영한 수량을 보면 중농의 범위를 넘지 않는데, 다만 청대 초기 부역 부담이 다소 경감되어 겨우 약간의 '이익'을 얻어 생활할 수 있을 정도였다. 그러나 그는 도리어 봉건 생산 질서의 옹호자였으며, 그의 말들은 모두 지주계급의 입장에 있는 것이었다. 예를 들어 그가 『여서경가서與徐敬可書』(『양원선생전집』 권8에 보인다)에서 언급하기를,

"떠난 이후에 그대가 전호[소작농]를 부리는 일을 하게 된다면, 재삼 생각해 보게나. 논은 척박하지 않는데 사람됨은 완고하고 고집스러워서 스스로 말을 따르지 않는다. … 토지는 많은데 사람이 부족하게 되면 특별히 모으려고 의도하여도 차마 이르지 못하고 나 또한 스스로 그들을

부릴 수 있는 힘을 잃게 되어서, 설령 특별히 경작할 만한 전호를 불러도 반드시 어진 사람을 얻을 수 없다.… 때마침 고집스러운 마음은 빠르게 전파되어가니…지금의 소인들은 교활하고 간사한 것이 풍조가 되어 열 명 중에 두세 사람도 선량한 사람이 없다."라고 하였다.

장리상은 전호를 완고하고 고집스럽다고 인식하여 열 명 중 선량한 사람은 두세 명도 안 될 것이라고 하였다. 이는 심씨가 『기황기사』에서 말한 '횡포하고 고집 센 전호'라는 평가와 궤를 같이한다. 이것은 바로 지주계급의 어투이다. 당시 지주계급과 전호의 모순이 아주 첨예했음을 알 수 있다. 청대의 지방지에는 늘 '고집 센 전호'와 지주간의 충돌이 기재되었다. 이러한 기록과 장리상의 말을 한 번 대조해 본다면 우리는 그가 봉건질서의 옹호자로서의 계급 본질을 지녔음을 느낄 수 있다. 장리상과 심씨는 모두 경영지주이긴 하지만 두 사람은 확연히 다른 부분이 있었다. 심씨의 경영은 '조세'를 거두어서 치부의 원천으로 삼았다. 심씨는 「토지이용방법」 제21단에서 먼저 '조세액'을 계산했는데, 왜냐하면 조세액에 의지하지 않고서는 '이익'을 남긴다는 것은 믿을 수 없기 때문이었다(가장 풍년이 들 때 겨우 '쌀이 남아돌고[盈米]', 일반적인 해에는 "각 항목에 따라 납입하고 나면 조금도 남는 이익이 없다"). 명말에 우면의 특권을 받은 사람은 겨우 조세액 전부를 자기의 지갑에 넣을 수 있었지만, 그렇지 않은 경우에는 부역이 너무 무겁고, 지역에서 부과되는 것이 너무 많아서 지주는 조세를 받거나 직접 경영하는 것을 막론하고 조세액 전부를 가지지 못했던 것이다. 이로 미루어 볼 때 심씨는 당시 우면의 특권을 가진 인물임을 알 수 있다. 장리상은 이익이 남도록 경영하였는데, 『보농서』 제1단에서는 남는 이익이 어느 정도인가를 계산하고 있다. 즉, 토지를 빌려주면 부역 외 2/3의 수입을 얻을 수 있다(하권의 「총론總論」 제6단을 참조). 이것은 청대에 부역을 경감한 이후의 상황으로써 심씨와 장리상의 경영 조건은 같지 않았던 것임을 알 수 있다.

여기서 우리는 심씨와 장리상의 모든 사상 체계를 평가하려는 것은 아니다. 우리에게 중요한 것은 그들이 농업 경영에 참가하거나 직접 농업생산에 참가하였기 때문에 명말청초에 태호太湖지역의 농업 경영과 농업생산 기술의 경험을 집결하여 우리들에게 하나의 중요한 유산인 『심씨농서』와 『보농서』를 남겼다는 것이다. 오늘날 우리는 이 유산 속에서 유익한 내용을 비판적으로 수용함으로써, 현재의 농업 생산과 농업과학 연구에 활용할 수 있다.

찾아보기

補農書譯註
Bonongseo